Implizite Kollusion im Lichte der Tankstellenmärkte - Defizite im europäischen und deutschen Kartellrecht?

Europäische Hochschulschriften Recht

European University Studies in Law

Publications Universitaires Européennes de Droit

Band/Volume 6719

Franziska Peters

Implizite Kollusion im Lichte der Tankstellenmärkte - Defizite im europäischen und deutschen Kartellrecht?

PETER LANG

Bibliografische Information der Deutschen Nationalbibliothek
Die Deutsche Nationalbibliothek verzeichnet diese Publikation in der Deutschen Nationalbibliografie; detaillierte bibliografische Daten sind im Internet über http://dnb.d-nb.de abrufbar.

Zugl.: Heidelberg, Univ., Diss. iur., 2022

D 16
ISSN 0531-7312
ISBN 978-3-631-88542-0 (Print)
E-ISBN 978-3-631-89400-2 (E-PDF)
E-ISBN 978-3-631-89401-9 (E-PUB)
DOI 10.3726/b20416

Peter Lang – Berlin · Bruxelles · Lausanne · New York · Oxford

Diese Publikation wurde begutachtet.

www.peterlang.com

Für meine Eltern in Dankbarkeit

Vorwort

Die vorliegende Promotionsschrift ist das Resultat kontinuierlicher Arbeit neben Tätigkeiten als Wissenschaftliche Mitarbeiterin, Referendarin und Rechtsanwältin. Mein Dank gilt der Ruprecht-Karls-Universität Heidelberg und insbesondere Prof. Dr. Müller-Graff für die Betreuung während dieser Zeit.

Anlass für die Auseinandersetzung mit der kartellrechtlichen Bewertung von impliziter Kollusion war die Sektoruntersuchung Kraftstoffe des Bundeskartellamts, welche im Jahr 2011 abgeschlossen wurde. Aufgrund des Preisanstiegs für Kraftstoffe seit der Eskalation des Ukrainekriegs zu Beginn des Jahres 2022 haben die Diskussionen zur Preissetzung für Kraftstoffe an den Tankstellen in Deutschland und zu mögliche Maßnahmen zur Entlastung der Kunden noch einmal zugenommen. In dieser Promotionsschrift konnten allerdings die aktuellen Entwicklungen und Diskussionen dazu nicht mehr Berücksichtigung finden. Hinzuweisen ist daher an dieser Stelle insbesondere auf die noch einmal verstärkte Fokussierung des Bundeskartellamts auf dieses Thema. So hat das Bundeskartellamt im Mai 2022 eine Sektoruntersuchung der Raffinerie- und Großhandelsebene eingeleitet. Unabhängig davon sind die in dieser Promotionsschrift dargestellten Überlegungen sowie unterbreiteten Lösungsansätze weiterhin aktuell und relevant.

Inhalt

Erstes Kapitel Vorbemerkungen und Einführung

A. Anlass und Relevanz der Untersuchung

Das europäische und deutsche Kartellrecht, welches grundsätzlich den effektiven Wettbewerb schützen und garantieren soll, stößt bei einem gleichförmigen Marktverhalten von Wettbewerbern, das nicht auf expliziter Kommunikation, sondern auf einer hohen Reaktionsverbundenheit der Unternehmen beruht und stillschweigend geschieht (implizite Kollusion)[1], an seine Grenzen. Nach bisheriger Rechtsprechung und Behördenpraxis sowie der Mehrheit der Stimmen in der Literatur stellt ein solches gleichförmiges Verhalten keinen Verstoß gegen das Kartellverbot dar[2], obwohl dieses typischerweise zu Marktergebnissen führt wie sie auch bei einer expliziten Kollusion, die vom Kartellverbot umfasst ist, entstehen[3]. Bisherige Ansätze, diesem Phänomen mit dem Missbrauchsverbot[4] oder der Fusionskontrolle[5] zu begegnen, lassen die Frage offen, ob das Kartellrecht Defizite im Hinblick auf Marktverhalten beruhend auf impliziter Kollusion aufweist.

Typischerweise kommt es auf Oligopolmärkten häufig zu einem stillschweigenden gleichförmigen Verhalten, weil auf diesen vielfach Marktbedingungen herrschen, die Verhaltenskoordinierungen ohne Kommunikation begünstigen, wie insbesondere eine hohe Transparenz oder eine hohe Produkthomogenität.[6]

---

1 Siehe zur Begriffsbestimmung und allgemeine Ausführungen zur impliziten Kollusion S. 27ff.

2 z.B. EuGH, Urt. v. 16.12.1975, verb. Rs. 40-48, 50/73 u.a. - Slg 1975, 1663, 1965 - *Suiker Unie*; EuGH, Urt. v. 14.7.1981, Rs. 172/80 - Slg 1981, 2021, Rn 14 - *Züchner*; EuGH, Urt. v. 28.5.1998, Rs. C-7/95P - Slg 1998, I-3111, Rn 86-92 - *John Deere*; EuGH, Urt. v. 14.7.1972, Rs. 48/69 - Slg. 1972, 619 - *ICI*; *Schröter/ Voet van Vormizeele* in: Groeben, von der /Schwarze/Hatje, Europäisches Unionsrecht, Art. 101 AEUV, Rn. 60, 66; *Emmerich* in: Immenga/Mestmäcker, EU-Wettbewerbsrecht, Art. 101 AEUV, Rn. 93; *Bechtold/Bosch/Brinker* in: Bechtold/Bosch/Brinker, EU-Kartellrecht, Art. 101 AEUV, Rn. 54.

3 *Chamberlin*, Quarterly Journal of Economics 1929, 63, 66; *Petit* in: Liannos/Geradin, The Oligopoly Problem in EU Competition Law, S. 4; *Enchelmaier*, Europäische Wettbewerbspolitik im Oligopol, S. 74.

4 Siehe S. 143ff.

5 Siehe S. 55ff.

6 Siehe S. 28ff.

Daher behandelt diese Arbeit im Schwerpunkt die implizite Kollusion auf Oligopolmärkten und entwickelt Lösungsansätze für deren Regulierung.

Anlass für die Auseinandersetzung mit der kartellrechtlichen Bewertung von impliziter Kollusion war die Sektoruntersuchung Kraftstoffe des Bundeskartellamts im Jahr 2008 („Sektoruntersuchung"), welche im Jahr 2011 abgeschlossen wurde. Diese befasst sich mit dem Preissetzungsverhalten auf den deutschen Tankstellenmärkten, insbesondere mit der Parallelität des Preissetzungsverhaltens, und geht detailliert auf einzelne kartellrechtliche Aspekte ein. Sie bildet außerdem bislang die Blaupause für Überlegungen einer kartellrechtlichen Regulierung des dort auftretenden, speziellen Wettbewerbsverhaltens.

Die an den deutschen Tankstellen verlangten Kraftstoffpreise sind schon seit vielen Jahrzehnten Gegenstand von öffentlichen, wirtschaftswissenschaftlichen und rechtswissenschaftlichen Diskussionen. Diesen liegt insbesondere die Behauptung zugrunde, die verlangten Preise seien mangels eines funktionierenden Wettbewerbs auf den Tankstellenmärkten überhöht und die Unternehmen würden kartellrechtswidrige Verhaltensweisen in Bezug auf die Preissetzung zeigen.[7]

Die Preissetzung auf den deutschen Tankstellenmärkten soll deshalb an geeigneten Stellen dazu dienen, allgemeine Überlegungen zu impliziter Kollusion anhand eines Referenzgebiets zu vertiefen. Denn die deutschen Tankstellenmärkte sind ein ideales Referenzgebiet, um die Schwierigkeiten aufzuzeigen, welche sich bei der Erfassung impliziter Kollusion durch das Kartellrecht stellen. Die erwähnte Sektoruntersuchung dient dabei vielfach als Ausgangspunkt.

Doch nicht nur auf Oligopolmärkten kann implizite Kollusion auftreten und zum Thema kartellrechtlicher Diskussionen werden. Die in den letzten Jahren zunehmend verwendeten Preissetzungsalgorithmen können ebenfalls zu einer stillschweigenden (automatisierten) Koordinierung bei der Preissetzung führen.[8] Insbesondere könnten Preissetzungsalgorithmen dazu führen, dass sich die kartellrechtlichen Probleme im Zusammenhang mit impliziter Kollusion nun auch auf Märkte ausdehnen, die keine oligopolistischen Strukturen aufweisen.[9]

---

7 Siehe dazu Bundeskartellamt, Sektoruntersuchung Kraftstoffe - Abschlussbericht Mai 2011, S. 12.

8 Monopolkommission, Hauptgutachten XXII: Wettbewerb 2018, 3.07.2018, Rn. 230; *Gal*, Competition Policy International, 2017, S. 3f.; Organisation for Economic Cooperation and Development (im Folgenden: „OECD"), Algorithms and Collusion, S. 24; Bundeskartellamt und Autorité de la Concurrence, Papier „Competition Law and Data", 2016, S. 15.

9 OECD, Algorithms and Collusion, S. 33ff.; *Roman*, E.C.L.R. 2018, 37, 40.

Dies verstärkt die Notwendigkeit, sich mit der Frage auseinanderzusetzen, welche rechtlichen Möglichkeiten bestehen, gegen Marktergebnisse vorzugehen, die auf implizite Kollusion zurückzuführen sind und die nicht den Marktergebnissen bei funktionierendem Wettbewerb entsprechen. So wird die implizite Kollusion weiterhin im Fokus der kartellrechtlichen Auseinandersetzung stehen.

B. Ziel und Untersuchungsgegenstand

Diese Arbeit möchte zunächst Schwierigkeiten und eventuelle Defizite beleuchten, die für das Kartellrecht im Hinblick auf implizite Kollusion durch Unternehmen bestehen, und davon ausgehend mögliche Lösungswege aufzeigen.

Dabei sollen sowohl das Unionsrecht als auch die Rechtsprechung und Behördenpraxis auf EU-Ebene im Mittelpunkt stehen, da nationale Kartellrechte sich diesen zunehmend annähern und eine weitestgehende Konformität bereits besteht. So findet auch eine immer stärkere Anpassung des deutschen Kartellrechts an das Unionsrecht statt. Mit der 7. GWB-Novelle 2005 wurde das deutsche Kartellverbot dem Wortlaut des Art. 101 AEUV angeglichen, sodass nun bis auf die Zwischenstaatlichkeitsklausel Textidentität herrscht.[10] Ebenso führten die 6. und 7. GWB-Novellen zu einer gezielten Harmonisierung des Missbrauchsverbots aus § 19 GWB mit Art. 82 EGV (jetzt Art. 102 AEUV).[11] Mit der Angleichung geht zwangsläufig auch eine unionsrechtsorientierte Auslegung der Normen einher[12], welche jedoch auch Abweichungen nicht gänzlich ausschließt. Für die Auslegung der Regelungen sind neben der Rechtsprechung der Unionsgerichte auch die Verwaltungspraxis der Europäischen Kommission und die von ihr erlassenen Bekanntmachungen und Leitlinien zu berücksichtigen.[13] Eine solche unionsrechtsorientierte Auslegung folgt sowohl aus dem Unionsrecht als auch aus dem deutschen Recht selbst.[14] Zumindest für das Missbrauchsverbot

---

10 *Roth/Ackermann* in: Frankfurter Kommentar Band IV, (Lfg. 73), § 1 GWB Rn. 2.

11 *Weyer* in: Frankfurter Kommentar Band IV, (Lfg. 58), § 19 GWB, Rn. 817; Begr. RegE zur 6. GWB-Novelle, BT-Drs. 13/9720, 1, 30, 36f., 51f.

12 Für § 1 GWB: *Roth/Ackermann* in: Frankfurter Kommentar Band IV, (Lfg. 73), § 1 GWB, Rn. 2, 17ff.; *Bechtold/Bosch* in: Bechtold/Bosch, GWB - Kommentar, § 1, Rn. 4; *Zimmer* in: Immenga/Mestmäcker, Wettbewerbsrecht, § 1 GWB, Rn. 10; Bundesrat, Stellungnahme v. 9.7.2004, BR-Drs. 441/04, S. 5; für § 19 GWB: *Weyer* in: Frankfurter Kommentar Band IV, (Lfg. 58), § 19 GWB, Rn. 815ff.

13 *Roth/Ackermann* in: Frankfurter Kommentar Band IV, (Lfg. 73), § 1 GWB, Rn. 2.

14 Siehe hierzu ausführlich: *Roth/Ackermann* in: Frankfurter Kommentar Band IV, (Lfg. 73), § 1 GWB Rn. 18-36.

ergibt sich aber aus Art. 3 Abs. 2 S. 2 VO 1/2003, dass keine vollkommene identische Auslegung angezeigt ist.[15] Ob dies auch für das Kartellverbot gilt, ist nicht abschließend geklärt.[16]

Das deutsche Recht soll dennoch ebenfalls Gegenstand dieser Arbeit sein. Es ist nicht ausgeschlossen, dass das Verhalten auf den deutschen Tankstellenmärkten mangels einer zu erwartenden Beeinträchtigung des zwischenstaatlichen Handels im Sinne des AEUV nach nationalem Recht zu bewerten ist, da von jeweils regionalen Märkten für Ottokraftstoffe und Dieselkraftstoffe ausgegangen wird.[17]

Soweit es im Rahmen dieser Arbeit möglich ist, sollen zu diesem Zweck jeweils die nationalen und europäischen Tatbestände zugleich erörtert werden. Bei Unterschieden zwischen beiden werden diese klar herausgearbeitet und der Sachverhalt wird nach beiden Rechtsordnungen getrennt bewertet werden. Bislang möglicherweise noch bestehende Unterschiede zwischen den beiden Rechtssystem sollen so hervorgehoben werden.

Schwerpunkt der Ausführungen ist die implizite Kollusion auf Oligopolmärkten und insbesondere die parallele Preissetzung auf den deutschen Tankstellenmärkten. Es soll hinterfragt werden, ob die Aussage des Bundeskartellamts zutrifft, dass zwar aufgrund des parallelen Preissetzungsverhaltens Schädigungen der Konsumentenwohlfahrt entstünden, aber auf dem klassischen wettbewerbsrechtlichen Weg nur versucht werden könne, mit Hilfe der Fusionskontrolle eine Stärkung der Strukturen *ex ante* zu vermeiden, die ein solches Verhalten begünstigen, und vertikale Marktmachtmissbräuche strenger zu ahnden[18]. Dazu soll insbesondere auf das Kartell- und Missbrauchsverbot eingegangen und anhand dessen untersucht werden, unter welchen Umständen und denkbaren Modifizierungen diese Verbote die implizite Kollusion erfassen könnten. Darüber hinaus

---

15 *Weyer* in: Frankfurter Kommentar Band IV, (Lfg. 58), § 19 GWB, Rn. 816.

16 Dafür: *Roth/Ackermann* in: Frankfurter Kommentar Band IV, (Lfg. 73), § 1 GWB Rn. 36; Dagegen: *Fuchs* in: Immenga/Mestmäcker, Wettbewerbsrecht, § 1 GWB, Rn. 18; *Bechtold/Bosch* in: Bechtold/Bosch, GWB - Kommentar, § 1, Rn. 4.

17 Für eine regionale Abgrenzung: z.B. Bundeskartellamt, *Sektoruntersuchung Kraftstoffe - Abschlussbericht Mai 2011, S.* S. 46ff.; BKartA, Beschl. v. 29.4.2009, Az. B8-175/08, Rn. 28f. - *Total/OMV*; BGH, Beschl. v. 6.12.2011, KVR 95/10 - WM 2012, 2111, Rn. 36 - *Total/OMV*; für eine sachlich getrennte Abgrenzung: Vgl. BKartA, Beschl. v. 7.3.2008, Az. B8-134/07 - *Shell/HPV*; Vgl. BKartA, Beschl. v. 29.4.2009, Az. B8-175/08, Rn. 21 - *Total/OMV*; Vgl. Komm., Entsch. v. 9.2.2000, COMP/M. 162, ABl. 2001 L 143/1, Rn. 27 - *TotalFina/Elf*.

18 Bundeskartellamt, Sektoruntersuchung Kraftstoffe - Abschlussbericht Mai 2011, S. 139.

wird eine Auseinandersetzung mit der Fusionskontrolle, dem Lauterkeitsrecht, Entflechtungsmöglichkeiten, sektorspezifischer Regulierung sowie Regelungen zum Preissetzungsverhalten sowie zur Erhöhung der Markttransparenz stattfinden.

Im Rahmen dieser Ausführungen sollen auch die Schlussfolgerungen, die das Bundeskartellamt hinsichtlich des Tankstellenkraftstoffsektors gezogen hat, sowie insbesondere die rechtliche Wertung des Preissetzungsverhaltens durch das Bundeskartellamt hinterfragt werden. Ebenso soll untersucht werden, ob Bemühungen, die Markttransparenz für die Verbraucher zu erhöhen und im umfassenderen Maße Daten durch staatliche Behörden zu sammeln, tatsächlich ein wirksames Instrument darstellen, um Schädigungen der Konsumentenwohlfahrt zu verhindern. Auch hier sollen die in den letzten Jahren entwickelten Maßnahmen hinsichtlich des Tankstellenkraftstoffsektors Erwähnung finden. Seit der Eskalation des Ukrainekrieges Ende Februar 2022 und eines damit verbundenen Anstiegs der Kraftstoffpreise[19] sind die Preissetzung an den Tankstellen und mögliche Maßnahmen zur Entlastung der Kunden wieder verstärkt im Fokus der Öffentlichkeit und Politik. Allerdings konnte diese Arbeit die aktuellen Entwicklungen dazu nicht mehr berücksichtigen.

19 Markttransparenzstelle für Kraftstoffe (MTS-K), Jahresbericht 2021, 12.04.2022 („Jahresbericht 2021“).

Zweites Kapitel Implizite Kollusion auf Oligopolmärkten - die deutschen Tankstellenmärkte als Referenzgebiet

A. Grundlagen

Oligopolmärkte bringen Besonderheiten mit sich, die häufig zu einer impliziten Kollusion, insbesondere in Form einer bewussten parallelen Preissetzung, führen, sodass es zu negativen Auswirkungen auf den Wettbewerb zwischen den Oligopolisten und damit zu Wohlfahrtsverlusten kommen kann. Nachfolgend werden diese Besonderheiten, ihre Voraussetzungen und ihre Auswirkungen allgemein dargestellt. Im Anschluss werden die Verhältnisse auf den deutschen Tankstellenmärkten erörtert, um im Rahmen der wettbewerbsrechtlichen Beurteilung auf diese zurückgreifen zu können.

I. Der Oligopolbegriff

Der Begriff „Oligopol" bezeichnet einen Marktzustand, in welchem eine geringe Zahl an Unternehmen auf der Anbieterseite steht.[20] Das Vorliegen eines Oligopols ist nicht mit einer gemeinsamen marktbeherrschenden Stellung gleichzusetzen.[21] Das heißt, ein Oligopol kann auch ohne eine kollektive Marktbeherrschung gegeben sein[22], denn der Begriff der „kollektiven Marktbeherrschung" entspringt dem Wettbewerbsrecht und der Begriff des „Oligopols" den Wirtschaftswissenschaften. Wird im Folgenden der Begriff „Oligopol" verwendet, so wird damit also keine Aussage zur Wettbewerbsintensität getroffen.

Ob in einem bestimmten Fall ein Oligopol oder ein Polypol vorliegt, kann nicht allein nach der Anzahl der Unternehmen bestimmt werden, da es keine

---

20 *Kantzenbach/Kottmann/Krüger*, Kollektive Marktbeherrschung: Neue Industrieökonomie und Erfahrungen aus der Europäischen Fusionskontrolle, S. 10.

21 Anders: Bundeskartellamt, Sektoruntersuchung Kraftstoffe - Abschlussbericht Mai 2011 z.B. S. 19, das Bundeskartellamt trennt zumindest nicht ausdrücklich zwischen der Prüfung des Vorliegens eines Oligopols und einer gemeinsamen Marktbeherrschung.

22 So auch: *Vecchi*, World Competition 2008, 385, 387.

feste Grenze gibt, nach welcher zwischen beiden Formen differenziert werden kann. [23]

Auch die häufig vorgenommene Unterteilung in weite und enge Oligopole ist fließend, kann aber für die Bestimmung, ob eine kollusive Marktmacht vorliegt, von Bedeutung sein[24]. In einem engen Oligopol gibt es nur sehr wenige große Anbieter. Neben der Anzahl der Anbieter bestimmen aber noch weitere Faktoren, ob ein enges Oligopol vorliegt, wie beispielsweise der Marktanteil der restlichen Anbieter oder die Markttransparenz.[25]

Wie im Falle der Tankstellenmärkte zu erkennen ist, steht die Existenz von Außenseitern, die wegen ihrer geringen Marktmacht nicht an dem Oligopol teilnehmen, der Annahme eines Oligopols nicht entgegen. Im Gegenteil, je höher die Anzahl dieser Außenseiter ist und je kleiner diese sind, desto weniger widersprechen sie dem Bestehen eines Oligopols.[26] Aus der Sicht der Oligopolmitglieder lassen sich diese sog. „*fringe firms*" als „passive Anpasser" bezeichnen, deren Interessen und Reaktionen nicht in die Überlegungen der Oligopolisten miteinbezogen werden.[27]

II. Die Reaktionsverbundenheit auf oligopolistischen Märkten

Im späten 19. und frühen 20. Jahrhundert stellten Wissenschaftler mathematische Modelle auf, die den Prozess und die Auswirkungen eines Oligopols auf das Verhalten der Oligopolisten stilisierten. Zahlreiche Wissenschaftler, wie unter anderem *Cournot*, *Bertrand* und *Chamberlin*, waren sich der in einem Oligopol herrschenden Reaktionsverbundenheit der Oligopolisten bewusst.[28] Sie waren sich einig, dass diese das prägende Charakteristikum der Marktform des Oligopols sei.

---

23 *Enchelmaier*, Europäische Wettbewerbspolitik im Oligopol, S. 28, 30; *Kantzenbach/Kottmann/Krüger*, Kollektive Marktbeherrschung: Neue Industrieökonomie und Erfahrungen aus der Europäischen Fusionskontrolle, S. 10.

24 *Enchelmaier*, Europäische Wettbewerbspolitik im Oligopol, S. 28.

25 S. dazu *Kantzenbach/Kottmann/Krüger*, Kollektive Marktbeherrschung: Neue Industrieökonomie und Erfahrungen aus der Europäischen Fusionskontrolle, S. 11 und Kapitel 3 und 4.

26 *Enchelmaier*, Europäische Wettbewerbspolitik im Oligopol, S. 29; *Kantzenbach/Kottmann/Krüger*, Kollektive Marktbeherrschung: Neue Industrieökonomie und Erfahrungen aus der Europäischen Fusionskontrolle, S. 12, 14.

27 *Kantzenbach/Kottmann/Krüger*, Kollektive Marktbeherrschung: Neue Industrieökonomie und Erfahrungen aus der Europäischen Fusionskontrolle, S. 14.

28 *Petit* in: Liannos/Geradin, The Oligopoly Problem in EU Competition Law, S. 3f.

Der Begriff „Reaktionsverbundenheit" beschreibt die Tatsache, dass mehrere Unternehmen ihr Verhalten von dem Verhalten der Wettbewerber abhängig machen. Je enger ein Oligopol ist, desto einfacher können die Unternehmen das Verhalten der anderen Oligopolisten aufgrund ihrer geringen Anzahl beobachten sowie zuordnen und dieses so in ihre Planung miteinbeziehen. Es ist den Wettbewerbern außerdem aufgrund der hohen Transparenz und mangelnden Anonymität eines Verhaltens möglich, in kurzer Zeit auf das Verhalten eines anderen zu reagieren.[29]

III. Auswirkungen der Reaktionsverbundenheit auf das Markverhalten - implizite Kollusion

Die Wissenschaftler befassten sich aber nicht nur mit der Reaktionsverbundenheit in einem engen Oligopol, sondern auch mit den Folgen der Reaktionsverbundenheit auf das Marktverhalten, insbesondere die Angebotsmenge und das Preisniveau.[30]

1. Ursprüngliche Oligopolmodelle

Zunächst modellierte *Cournot* im Jahr 1838 die Unternehmensstrategie in einem Oligopol, bei welchem der Wettbewerb über die Angebotsmenge geführt wird und die Unternehmen simultan über diese entscheiden. Er kam zu der Schlussfolgerung, dass Wettbewerber ihre Angebotsmenge auf eine Menge unterhalb der Wettbewerbsmenge beschränkten. Damit würde ein Marktergebnis eintreten, das zwar für die Unternehmen vorteilhafter als ein Ergebnis bei vollkommener Konkurrenz, aber schlechter als ein Ergebnis in einem Monopol sei, denn die Preise würden höher als der Wettbewerbspreis aber geringer als der Monopolpreis sein.[31]

Nach dem Modell von *Bertrand* aus dem Jahr 1883 konkurrieren die Unternehmen dagegen nicht über die Menge, sondern über die Preise und setzen diese ebenfalls simultan. Laut *Bertrand* führt der Preiskampf in einem Duopol, also der stärksten Form des Oligopols, mit homogenen Gütern, einer unbegrenzten

---

29 *Bergmann/Fiedler* in: Loewenheim/Meessen/Riesenkampff/Kersting/Meyer-Lindemann, Kartellrecht, 3. Auflage, Art. 102 AEUV, Rn. 148; *Enchelmaier*, Europäische Wettbewerbspolitik im Oligopol, S. 56.

30 Ausführlichere Darstellung in: *Petit* in: Liannos/Geradin, The Oligopoly Problem in EU Competition Law, S. 3ff.

31 Ausführlicher Darstellung in: *Ewald* in: Wiedemann, Kartellrecht, § 7, Rn. 46f.; *Niels*, E.C.L.R. 2001, 168, 170.

Kapazität der Anbieter, gleichen Grenzkosten und einer unendlich großen Preiselastizität dazu, dass beide zu den Grenzkosten anbieten. Denn aufgrund der hohen Transparenz in einem Duopol würde auf eine Senkung der Preise durch einen Wettbewerber in kurzer Zeit eine Unterbietung dieses Preises durch den anderen folgen, da ersterer anderenfalls die gesamte Nachfrage auf sich ziehen würde. Es würde also ein Preiskampf entstehen, der erst endet, wenn beide zu den Grenzkosten anbieten. Sind sich beide Anbieter aber dieser Interpendenz bewusst und sehen die Reaktionen des jeweils anderen voraus, werden beide sofort zu ihren Grenzkosten anbieten und keine Erhöhung vornehmen, denn der andere könnte aufgrund der unbegrenzten Produktionskapazität die abgewanderten Nachfrager befriedigen. Beide Unternehmen machen danach keinen Gewinn, ebenso wie bei vollständigem Wettbewerb. Dieses Ergebnis ist aus der Sicht der Wettbewerber nicht wünschenswert und entspricht nicht dem Ergebnis auf anderen Märkten, sodass das Ergebnis auch Bertrand-Paradoxon genannt wird.[32]

Entgegen der Annahme *Bertrands* hat *Chamberlin* im Jahre 1929 die These aufgestellt, dass unter bestimmten Voraussetzungen, dazu gehört insbesondere eine wiederholte Interaktion zwischen zwei unabhängigen Oligopolisten, auch ohne Abstimmung kein Preiswettbewerb stattfindet und die Unternehmen zu Preisen über den Grenzkosten anbieten. Denn bezieht ein rationaler und vernünftiger Wettbewerber das Verhalten eines Konkurrenten in seine Überlegungen mit ein, ist ihm bewusst, dass der Konkurrent auf eine durch ihn erfolgende Preissenkung aufgrund der hohen Reaktionsverbundenheit unmittelbar mit einer Senkung seines Preises reagieren würde und er damit Einnahmeverluste hinnehmen müsste. Folglich verzichten beide Oligopolisten auf eine Preissenkung. Die Unternehmen verhalten sich also gleichförmig, um ein Preisequilibrium, welches den Grenzkosten entspricht, zu vermeiden und selbst Profit zu generieren.[33]

„*If each [oligopolist] seeks his maximum profit rationally and intelligently, he will realize that when there are only two or a few sellers, his own move has a considerable effect upon his competitors, and that this makes it idle to suppose that they will accept without retaliation the losses he forces upon them. Since the result of a cut by anyone is inevitably to decrease his own profits, no one will cut, and, although the sellers are entirely independent, the equilibrium result is the same as though there were a monopolistic agreement between them.*“[34]

---

32 Ausführlicher Darstellung in: *Ewald* in: Wiedemann, Kartellrecht, § 7, Rn. 44, 49f.

33 *Chamberlin*, Quarterly Journal of Economics 1929, 44, 63, 85, 89.

34 *Chamberlin*, Quarterly Journal of Economics 1929, 44, 85.

Diese Ausführungen beschreiben das Phänomen der stillschweigenden Koordinierung, welches auch oftmals als „Oligopolproblem" bezeichnet wird.

In einem Oligopol muss also eine Koordination nicht zwangsläufig explizit erfolgen. Sie kann auch ohne Kontaktaufnahme, das heißt implizit, allein aufgrund der Reaktionsverbundenheit der Wettbewerber in Form einer stillschweigenden Koordinierung erfolgen.[35] Häufig besteht diese implizite Kollusion in einem parallelen Verhalten der Wettbewerber, welches wiederum in vielen Fällen die Preissetzung betrifft. Dies entspricht einerseits dem Interesse der Anbieter möglichst hohe Gewinne zu erzielen und andererseits dem Streben der Anbieter nach Gewinnsicherung. Aufgrund letzterem wird auf kurzfristige Einnahmensteigerungen durch Preisesenkungen verzichtet.[36] Als Folge befindet sich das Preisniveau, ähnlich wie bei einer abgestimmten Verhaltensweise, durchschnittlich über dem Preisniveau bei Wettbewerb.

Eine solche stillschweigenden Koordinierung ist jedoch auch auf einem engen oligopolistischen Markt nicht zwingend. Auch auf einem engen Oligopolmarkt kann es zu effektivem Wettbewerb zwischen den Wettbewerbern kommen.[37]

2. *Spieltheoretische Untermauerung*

In der Folgezeit wurde basierend auf diesen Modellen untersucht, unter welchen Voraussetzungen eine implizite Kollusion auftritt oder auftreten kann.[38] Einhergehend mit neuen Erkenntnissen in der Spieltheorie in den 1970er Jahren fand eine spieltheoretische Untermauerung der Aussagen von *Chamberlin* statt. Zudem wurde eine Erklärung für die unterschiedlichen Schlussfolgerungen von *Betrand* und *Chamberlin* gefunden.[39]

Nach dem spieltheoretischen Modell des klassischen Gefangenendilemmas[40] mit nur einem Spielzug („*one shot game*") werden sich zwei rational handelnde Gefangene jeweils für ein Geständnis entscheiden, obwohl dies für beide zu einer höheren Bestrafung führt als bei beiderseitigem Schweigen.

Überträgt man dieses spieltheoretische Modell auf die Wettbewerbssituation in einem Duopol, werden zwei Marktteilnehmer vor die Wahl gestellt, ob sie

---

35 *Enchelmaier*, Europäische Wettbewerbspolitik im Oligopol, S. 59; *Zohlnhöfer*, Wettbewerbspolitik im Oligopol, S. 191f.

36 *Zohlnhöfer*, Wettbewerbspolitik im Oligopol, S. 23.

37 *Niels*, E.C.L.R. 2001, 168, 172.

38 *Petit* in: Liannos/Geradin, The Oligopoly Problem in EU Competition Law, S. 5.

39 *Petit* in: Liannos/Geradin, The Oligopoly Problem in EU Competition Law, S. 6.

40 Für eine Erläuterung des Modells s. *Zimmer*, ZHR 1990, 470, 473ff.

für ein Produkt einen niedrigen Preis oder einen hohen Preis ansetzen wollen. Damit bestehen vier verschiedene Kombinationsmöglichkeiten: Es können beide den hohen Preis oder beide den niedrigen Preis wählen oder der eine bzw. der andere wählt den hohen Preis und der jeweils andere den niedrigen. Die einzelnen Kombinationen führen zu abweichenden Profiten für die Unternehmen.

Liegt ein „*one-shot game*" vor, so würden die Unternehmen den Wettbewerb und damit beide den niedrigen Preis wählen. Denn wählt ein Unternehmen einen hohen Preis, so besteht für dieses immer das Risiko, dass der Wettbewerber den niedrigen Preis wählt und er somit keinen Gewinn macht. Dies entspricht auch den Überlegungen von *Bertrand*. Lediglich eine ihnen unmögliche Abstimmung würde einen Ausweg darstellen.

Sind dagegen eine unbegrenzte Anzahl an Handlungen möglich, wie auf einem realen Markt üblich, so wird ein gleichförmiges Marktverhalten der Duopolisten wahrscheinlich und ein Preiswettbewerb unwahrscheinlich.[41] Denn beide Wettbewerber würden die nächsten Schritte des jeweils anderen in ihre Überlegungen miteinbeziehen und zu dem Ergebnis kommen, dass beide mit der Wahl des höheren Preises langfristig höhere Gewinne machen. Sie wüssten auch, dass der jeweils andere gleiche Überlegungen anstellt. Zudem kann auf das jeweils vorhergehende Verhalten des anderen durch Belohnung oder Bestrafung eingegangen werden. Es ist damit wahrscheinlicher, dass die Unternehmen zu einem gleichförmigen und damit für sie vorteilhaften Verhalten gelangen als nur bei einer einmaligen Durchführung.[42]

Unter dem Phänomen der impliziten Kollusion als Folge einer Reaktionsverbundenheit zwischen Wettbewerbern ist also zusammenfassend ein Verzicht der Unternehmen auf Wettbewerb durch gleichförmiges Verhalten ohne Kontaktaufnahme zu verstehen, da sich beide der Vorteile dieses Verhaltens für sich selbst bewusst sind. Die Wettbewerber sind sich darüber bewusst, dass kein Widerspruch zwischen altruistischem und egoistischem Verhalten besteht. Es besteht eine sog. *Tit for Tat*-Situation.[43]

41 *Petit* in: Liannos/Geradin, The Oligopoly Problem in EU Competition Law, S. 6; *Niels*, E.C.L.R. 2001, 168, 171.

42 *Zimmer*, ZHR 1990, 470, 476.

43 *Zimmer*, ZHR 1990, 470, 481.

3. *Begriffsbestimmung*

Der Begriff „implizite Kollusion“ oder auf Englisch „tacit collusion“ stammt ursprünglich aus den Wirtschaftswissenschaften[44] und bezeichnet eine Verhaltenskoordinierung, die ohne Kommunikation der beteiligten Unternehmen zu Preisen führt, die über den Wettbewerbspreisen liegen[45]. Andere, gleichwertige Ausdrücke für diese Form der Koordinierung sind „stillschweigende Koordinierung“, „implizite Koordinierung“, „implicit collusion“, „tacit coordination“ oder „spontaneous coordination“.[46]

„Kollusion“ ist hier im ökonomischen Sinn so zu verstehen, dass ein kollusives Marktergebnis eintritt, das heißt ein Ergebnis, das nicht dem Ergebnis bei funktionierendem Wettbewerb entspricht. Anders als bei expliziter Kollusion geht dieses Ergebnis aber nicht auf eine ausdrückliche oder implizite Absprache zurück, sondern auf eine stillschweigende Koordinierung, die allerdings auch bewusst geschieht.[47]

Das implizite Parallelverhalten, oftmals auch bewusstes Parallelverhalten genannt, stellt lediglich eine besonders relevante Form der impliziten Kollusion dar[48], obwohl beide oftmals als Synonym verwendet werden[49]. Implizites oder bewusstes Parallelverhalten meint, dass mehrere Wettbewerber sich hinsichtlich eines bestimmten Marktverhaltens aufgrund impliziter Kollusion parallel verhalten. Die bekannteste und meist untersuchte Form ist die parallele Preissetzung.[50]

Der Begriff „bewusstes Parallelverhalten“ dient im Rahmen des Kartellverbots nach Art. 101 AEUV und § 1 GWB zudem als Abgrenzungskriterium zu dem

---

44 *Schuchmann*, Die Behandlung von tacit collusion im europäischen und deutschen Kartellrecht, S. 17.

45 *Ivaldi/Jullien*, The economics of tacit collusion, Final Report for DG Competition, European Commission, March 2003, S. 5 ff.

46 *Bechtold*, 9. Leitfaden zur Marktbeherrschung Rn. 81; Kling/Thomas, Rn. 207;

47 *Ivaldi/Jullien*, The economics of tacit collusion, Final Report for DG Competition, European Commission, March 2003, S. 4, Fn. 2; O`Donoghue/Padilla, The Law and Economics of Article 102 TFEU, S. 175; *Schuchmann*, Die Behandlung von tacit collusion im europäischen und deutschen Kartellrecht, S. 17.

48 *Schuchmann*, Die Behandlung von tacit collusion im europäischen und deutschen Kartellrecht, S. 18 f.

49 Z.B. das BKartA verwendet bewusstes Parallelverhalten und implizite Koordinierung synonym: Bundeskartellamt, Sektoruntersuchung Kraftstoffe - Abschlussbericht Mai 2011, S. 61.

50 *Schuchmann*, Die Behandlung von tacit collusion im europäischen und deutschen Kartellrecht, S. 18 f.

Begriff der „abgestimmten Verhaltensweise". Diese Arbeit beschäftigt sich daher auch mittelbar mit diesem Kriterium, indem sie hinterfragt, ob das bewusste Parallelverhalten als Form der impliziten Kollusion nicht doch eine abgestimmte Verhaltensweise im Sinne des Kartellverbots darstellen könnte oder der Tatbestand des Kartellverbots auf dieses erweitert werden müsste.

Eine implizite Kollusion muss sich aber nicht in einem parallelen Verhalten zeigen, sondern kann z.B. auch zu einem einheitlichen Verhalten in der Gestalt führen, dass sich Unternehmen nicht gegenseitig regionale Märkte streitig machen.[51] Die implizite Kollusion kann zudem auch andere Wettbewerbsfaktoren als den Preis, wie z.B. die Qualität oder Innovation, betreffen.[52] Allerdings beschäftigt sich die Mehrzahl der in dieser Arbeit angesprochenen Entscheidungspraxis und wissenschaftlichen Literatur mit dieser Form der impliziten Kollusion.

Da der Begriff bewusstes Parallelverhalten wie dargestellt ein eingeführter kartellrechtlicher Abgrenzungsbegriff zum Kartellverbot ist und damit bereits eine kartellrechtliche Wertung mit sich trägt, wird in dieser Arbeit vom impliziten Parallelverhalten gesprochen, wenn diese spezielle Ausformung der impliziten Kollusion gemeint ist. Vom bewussten Parallelverhalten ist nur dann die Rede, wenn es gerade um die kartellrechtliche Kategorie geht oder eine Zitierung stattfindet.

IV. Folgen impliziter Kollusion für die Marktverhältnisse

Das geschilderte gleichförmige Verhalten ermöglicht den Wettbewerbern, einen Preis durchzusetzen, der bei funktionierendem Wettbewerb nicht erzielt werden kann, und geht daher mit Wohlfahrtsverlusten einher.[53] Modelltheoretisch gedacht, stagniert der Preis auf einem Niveau, welches über dem Niveau bei Wettbewerb liegen würde, denn kein Wettbewerber besitzt einen Anreiz, seinen Preis zu senken, um in einem kurzen Zeitraum seinen Umsatz zu steigern. Laut *Chamberlin* würde gar ein Preis-Equilibrium in Höhe des Monopolpreises entstehen. („*The prices of all move together, and from this it follows at once that the*

51 *Schuchmann*, Die Behandlung von tacit collusion im europäischen und deutschen Kartellrecht, S.18 f.

52 *Schuchmann*, Die Behandlung von tacit collusion im europäischen und deutschen Kartellrecht, S.18.

53 *Chamberlin*, Quarterly Journal of Economics 1929, 63, 66; *Petit* in: Liannos/Geradin, The Oligopoly Problem in EU Competition Law, S. 4; *Enchelmaier*, Europäische Wettbewerbspolitik im Oligopol, S. 74.

equilibrium price will be the monopoly one."[54]) Daher kann festgestellt werden, dass enge Oligopole einer unvollkommenen Form des Monopols entsprechen können.[55]

Nur wenn der Preis neue Anbieter auf den Markt ruft oder ein Wechselverhalten der Marktgegenseite auftritt, widerspricht eine Preiserhöhung den Interessen der Oligopolisten.[56] Der Preis ist also kein wesentliches Wettbewerbsmittel mehr, sondern stellt lediglich ein Anpassungsparameter dar, der sich Veränderungen von anderen Parametern angleicht.[57]

V. Voraussetzungen impliziter Kollusion und begünstigende Faktoren

1. *Oligopolmärkte*

Auch in einem engen Oligopol ist implizite Kollusion kein zwingendes Marktverhalten der Wettbewerber. Es müssen mehrere Voraussetzungen erfüllt und mitunter auch begünstigende Faktoren hinzukommen, damit es zu einer impliziten Kollusion kommt.[58]

Voraussetzungen sind nach den wirtschaftswissenschaftlichen Erkenntnissen a) ein kooperatives Verhalten der Oligopolisten aufgrund der zwischen ihnen bestehenden hohen Reaktionsverbundenheit, b) eine hohe Wahrscheinlichkeit, dass ein abweichendes Verhalten aufgedeckt wird sowie c) das Bestehen von Sanktionsmechanismen.[59] Diese Voraussetzungen werden auch von der Rechtsprechung und Behördenpraxis aufgegriffen, wenn es um die Frage einer gemeinsamen Marktbeherrschung basierend auf einer oligopolistischen Reaktionsverbundenheit im Rahmen der Fusionskontrolle und dem Missbrauchsverbot geht.[60]

Neben diesen Voraussetzungen gibt es Marktfaktoren, die eine Kollusion fördern. Dazu gehören das Verhältnis von wenigen Anbietern zu vielen Abnehmern,

54 *Chamberlin*, Quarterly Journal of Economics 1929, 63, 89.

55 *Enchelmaier*, Europäische Wettbewerbspolitik im Oligopol, S. 74; *Joliet*, EuR 1973, 97, 123.

56 *Enchelmaier*, Europäische Wettbewerbspolitik im Oligopol, S. 74.

57 *Enchelmaier*, Europäische Wettbewerbspolitik im Oligopol, S. 71.

58 Siehe für eine ausführliche Darstellung: *Schuchmann*, Die Behandlung von tacit collusion im europäischen und deutschen Kartellrecht, S. 38ff.

59 *Schuchmann*, Die Behandlung von tacit collusion im europäischen und deutschen Kartellrecht, S. 38; *Etter*, World Competition 2000, 103, 124.

60 Siehe dazu S. 58ff. und S. 115ff.

Produkthomogenität, hohe Marktzutrittsschranken und damit geringer potentieller Wettbewerb, Kostensymmetrie, eine hohe Markttransparenz zwischen den Wettbewerbern (horizontale Transparenz), stabile Nachfrage mit geringer Elastizität sowie ein stabiles Marktumfeld im Allgemeinen.[61] Zusätzlich zu diesen Marktfaktoren kann die Wahrscheinlichkeit für eine implizite Kollusion durch verschiedene Verhaltensweisen der Wettbewerber erhöht werden (*facilitating practices*).[62]

Die Europäische Kommission gibt in den Leitlinien zur Bewertung horizontaler Zusammenschlüsse[63] Hinweise zur Entstehung koordinierter Wirkungen.[64] Sie stützt ihre Aussagen insbesondere auf vorangegangene Kommissionsentscheidungen sowie auf Urteile des Gerichtshofs der Europäischen Union. Die Europäische Kommission stellt ausführlich dar, welche Faktoren die Einigung über die Bedingungen einer Koordination erleichtern[65], und nennt dabei insbesondere auch die oben dargestellten Faktoren. Eine abschließende Bewertung koordinierter Wirkungen findet jedoch nicht statt.[66]

Im Rahmen der Ausführungen zum Vorliegen bewussten Parallelverhaltens auf den Tankstellenmärkten beschäftigt sich die Arbeit genauer mit einzelnen Faktoren, die eine implizite Kollusion begünstigen.[67]

2. *Auswirkungen von Preissetzungsalgorithmen auf relevante Faktoren für eine implizite Kollusion*

Der Einsatz von Preissetzungsalgorithmen nimmt Einfluss auf einzelne Faktoren, die für eine implizite Kollusion entscheidend, und kann die Wahrscheinlichkeit einer impliziten Kollusion zwischen Wettbewerbern erhöhen.[68]

---

61 Siehe für eine ausführliche Darstellung: *Schuchmann*, Die Behandlung von tacit collusion im europäischen und deutschen Kartellrecht, S. 40ff. mit weiteren Nachweisen.

62 Siehe zu einer kartellrechtlichen Bewertung dieser S. 182ff.

63 Europäische Kommission, Leitlinien zur Bewertung horizontaler Zusammenschlüsse gemäß der Ratsverordnung über die Kontrolle von Unternehmenszusammenschlüssen, (2004/C 31/03) („Leitlinien zur Bewertung horizontaler Zusammenschlüsse").

64 Für eine ausführlichere Zusammenfassung siehe: *Schuchmann*, Die Behandlung von tacit collusion im europäischen und deutschen Kartellrecht, S. 78f.

65 Leitlinien zur Bewertung horizontaler Zusammenschlüsse, Rn. 45 bis 57.

66 Leitlinien zur Bewertung horizontaler Zusammenschlüsse, Rn. 5; vgl. *Schuchmann*, Die Behandlung von tacit collusion im europäischen und deutschen Kartellrecht, S. 79.

67 Siehe S. 125ff.

68 Monopolkommission, Hauptgutachten XXII: Wettbewerb 2018, 3.7.2018, Rn. 230; *Gal*, Competition Policy International 2017, 3, 3f.; OECD, Algorithms and Collusion,

Preissetzungsalgorithmen führen unstrittig zu einer erhöhten Markttransparenz sowie einer erhöhten Häufigkeit von Preisanpassungen (Interaktionsfrequenz).[69] Die Frequenz der Interaktion kann sogar höher als auf Märkten ohne Algorithmen sein, da Algorithmen Preisanpassungen ohne Zeitverlust und in Echtzeit beliebig oft vornehmen können, sobald sie eine Veränderung auf dem Markt erkennen.[70] Dies führt dazu, dass der Anreiz für Unternehmen, als erster den Preis zu senken, noch einmal reduziert wird, da Kunden diese kurze Preisdifferenz zwischen den Wettbewerbern nicht mehr wahrnehmen.[71]

Algorithmen sammeln große Datenmengen über Wettbewerber und verarbeiten diese ohne weiteren Eingriff durch den Menschen, sodass es automatisiert zu einer erhöhten Transparenz der Preissetzung kommt. Zudem sind Algorithmen teilweise in der Lage, zwischen absichtlichen Abweichungen vom koordinierten Verhalten und Reaktionen auf veränderte Marktbedingungen zu unterscheiden.[72] Die Preissetzungsalgorithmen erhöhen die Markttransparenz daher signifikant und ermöglichen bzw. optimieren das sog. *Dynamic Pricing*, das heißt die kurzfristige und kontinuierliche Anpassung von Preisen.[73] Die Schnelligkeit der Algorithmen kombiniert mit der erhöhten Verfügbarkeit von Echtzeitdaten und die schnellere Datenkonnektivität erlauben den Unternehmen, Veränderungen der Marktbedingungen schnell zu erkennen und selbständig ihre Entscheidungsparameter entsprechend zu ändern.[74] Die Transparenz und Vorhersagbarkeit unternehmerischen Verhaltens wird auch dadurch erhöht, dass spontane menschliche Entscheidungen, die eventuell nur kurzfristig gewinnbringend sind, unterbunden und durch langfristig gewinnbringende Strategien ersetzt werden.[75] Zudem erscheint es technisch möglich, dass Algorithmen nicht nur die Preissetzung der Wettbewerber nachvollziehen, sondern

---

S. 24; Bundeskartellamt und Autorité de la Concurrence, Papier „Competition Law and Data", 2016, S. 15.

69 OECD, Algorithms and Collusion, S. 21; Bundeskartellamt und Autorité de la Concurrence, Papier „Competition Law and Data", 2016, S. 14f.; *Ezrachi/Stucke*, Virtual Competition, S. 61ff.

70 OECD, Algorithms and Collusion, S. 22; Monopolkommission, Hauptgutachten XXII: Wettbewerb 2018, 3.07.2018, Rn. 180.

71 *Gal*, Berkley Technology Law Journal, 2019, 67, 88.

72 OECD, Algorithms and Collusion, S. 21f.; Monopolkommission, Hauptgutachten XXII: Wettbewerb 2018, 3.07.2018, Rn. 181.

73 *Künstner/Franz,* K&R 2017, 688, 689f.; OECD, Algorithms and Collusion, S. 14.

74 *Gal*, Berkley Technology Law Journal, 2019, 67, 84.

75 *Wolf,* NZKart 2019, 2, 5.

dass sie auch die Geschäftsstrategie der Wettbewerber durch „Auslesen" deren Algorithmen in Erfahrung bringen. Algorithmen können also unter Umständen „die Gedanken" anderer Algorithmen lesen, ohne dass eine zwischenmenschliche Kommunikation stattgefunden haben muss.[76]

Algorithmen können auch die Effektivität von Sanktionsmechanismen erhöhen, da eine unmittelbare Reaktion möglich ist und die Algorithmen teilweise besser entscheiden können, welcher Sanktionsmechanismus notwendig ist.[77]

Es hängt von den Marktgegebenheiten im Einzelfall ab, ob Preissetzungsalgorithmen, die Marktzutrittsschranken heraufsetzen und damit Markteintritte weiterer Unternehmen verhindern. Zutrittsschranken können erhöht werden, da bereits bestehende Wettbewerber jeden Markteintritt sofort erkennen und darauf reagieren können.[78] Daneben können Algorithmen so spezielle Funktionen oder eine derart einzigartige Datenbasis besitzen, dass sie nur schwer von anderen Unternehmen nachgebildet werden können.[79] Auf der anderen Seite kann die große Anzahl an verfügbaren Daten und Informationen auch eine gewisse Sicherheit für Unternehmen, die auf den Markt eintreten wollen, bedeuten.[80]

Die Preissetzung im Online-Handel ist daher in einigen Aspekten vergleichbar mit der Preissetzungen auf engen Oligopolmärkten wie den Tankstellenmärkten, da eine ebenso hohe oder sogar höhere Markttransparenz sowie Interaktionsfrequenz herrschen und die Unternehmen über einen großen Umfang an Preisdaten verfügen.[81] Dies gilt insbesondere auf Märkten, auf denen eine geringe Produktdifferenzierung und eine niedrige Nachfragemacht bestehen.[82]

Die Anzahl der Unternehmen ist auf Märkten, auf denen Preissetzungsalgorithmen eingesetzt werden, aufgrund der hohen Effektivität und Funktionalität der Algorithmen von geringerer Bedeutung als auf anderen Märkten. Aufgrund der Möglichkeit, Daten in einer hohen Geschwindigkeit zu sammeln

---

76 Siehe dazu ausführlich, auch zur technischen Möglichkeit: *Gal*, Berkley Technology Law Journal, 2019, 67, 85ff.

77 *Gal*, Berkley Technology Law Journal, 2019, 67, 88; *Wolf*, NZKart 2019, 2, 5.

78 OECD, Algorithms and Collusion, S. 21; Monopolkommission, Hauptgutachten XXII: Wettbewerb 2018, 3.07.2018, Rn. 183.

79 *Gal*, Berkley Technology Law Journal, 2019, 67, 82f.

80 OECD, Algorithms and Collusion, S. 21; Monopolkommission, Hauptgutachten XXII: Wettbewerb 2018, 3.07.2018, Rn. 183.

81 *Göhsl*, WuW 2018, 121, 123.

82 CMA, Pricing Algorithms - Economic working paper on the use of algorithms to facilitate collusion and personalised pricing, 8.10.2018, Rn. 8.3; *Künstner*, GRUR 2019, 36, 38.

und auszuwerten, wird die Koordinierung, das Bemerken sowie die Sanktionierung von Abweichungen auch auf Märkten mit einer Vielzahl von Abnehmern ausführbar.[83] Eine geringe Anzahl an Unternehmen ist also keine notwendige Bedingung mehr für eine Koordinierung.[84] Obwohl im Online-Handel häufig Strukturen bestehen, die das Gegenteil eines oligopolistischen Marktes darstellen, da oftmals eine Vielzahl verschiedener Online-Shops die gleichen Produkte anbieten,[85] ist daher eine Koordinierung möglich.

Algorithmen können aber auch die Wahrscheinlichkeit impliziter Kollusion reduzieren. So begünstigen Algorithmen Innovation auf einem Markt, indem sie es den Unternehmen erlauben, innovative Geschäftsmodelle zu entwickeln sowie die Qualität und die Kundenanpassung zu steigern.[86] Des Weiteren können sie die Kostenasymmetrie zwischen Unternehmen fördern, indem sie den Unternehmen ermöglichen, ihr Angebot oder ihren Produktionsprozess zu differenzieren. Sowohl Innovation als auch Kostenasymmetrie erschweren es den Unternehmen, ein gemeinsames Ziel für eine Koordinierung zu finden.[87]

Obwohl also erhöhte Innovationsmöglichkeiten und Kostenasymmetrien eine Kollusion unwahrscheinlicher werden lassen, verliert dies auf Märkten umso mehr an Bedeutung je höher die Transparenz und Interaktionsfrequenz ist. Denn bei beinahe vollständiger Transparenz und hoher Interaktionsfrequenz wird jede Abweichung unprofitabel und lediglich eine Kollusion für die Unternehmen erstrebenswert.[88]

Derzeit mögen noch mehrere technologischen Herausforderungen bestehen, die das Risiko von impliziter Kollusion mit Hilfe von Algorithmen mindern.[89] Allerdings ist in Zukunft mit einer Weiterentwicklung der Algorithmen durch die Unternehmen zu rechnen, sodass das Risiko zunehmen dürfte.[90]

Vieles spricht danach für eine gesteigerte Kollusionswahrscheinlichkeit sowie eine erhöhte Wahrscheinlichkeit von kollusionsbedingten

83 OECD, Algorithms and Collusion, S. 21; Monopolkommission, Hauptgutachten XXII: Wettbewerb 2018, 3.07.2018, Rn. 182.
84 OECD, Algorithms and Collusion, S. 21; Monopolkommission, Hauptgutachten XXII: Wettbewerb 2018, 3.07.2018, Rn. 182.
85 *Künstner/Franz,* K&R 2017, 688, 692.
86 OECD, Algorithms and Collusion, S. 23.
87 OECD, Algorithms and Collusion, S. 23.
88 OECD, Algorithms and Collusion, S. 24.
89 *Ittoo/Petit,* Algorithmic Pricing Agents and Tacit Collusion: A Technological Perspective, S. 1.
90 *Gal,* Berkley Technology Law Journal, 2019, 67, 90.

Konsumentennachteilen durch Preissetzungsalgorithmen.[91] Sie besitzen grundsätzlich das Potential, ein kollusives Verhalten zu erleichtern, und können damit wettbewerbsbeschränkende Vereinbarungen bzw. Verhaltensabstimmungen, die vom Kartellrecht umfasst sind, entbehrlich machen.[92] Allerdings dürfte dies nicht für alle Märkte gleichermaßen gelten. Märkte, auf denen hoher Wettbewerbsdruck, eine hohe Produktdifferenzierung und niedrige Zutrittsschranken herrschen, dürften auch trotz des Einsatzes von Preisalgorithmen nicht anfällig für implizite Kollusion sein.[93]

VI. Möglichkeiten der Beschränkung impliziter Kollusion

Die Erkenntnis, dass eine oligopolistische Marktstruktur in vielen Fällen zu impliziter Kollusion führt, welche grundsätzlich unerwünschte Folgen für die Wohlfahrt mit sich bringt, führt zu der Frage, wie diesem Phänomen entgegengewirkt werden kann.

Denkbar sind eine Marktstrukturkontrolle, eine Regulierung und/oder eine Verhaltenskontrolle. Hinter einer Strukturkontrolle steht sowohl eine Vermeidung des Entstehens von Oligopolen durch Fusionskontrolle (*ex ante*) als auch eine nachträgliche Entflechtung der Anbieter (*ex post*). Eine unmittelbare Regulierung der Märkte, wie z.B. eine Preisregulierung, ist bisher auf EU und nationaler Ebene nur bezüglich einzelner Wirtschaftsbereiche eingeführt worden. Die Verhaltenskontrolle umfasst das Kartellverbot aus Art. 101 AEUV bzw. § 1 GWB sowie die Missbrauchskontrolle nach Artikel 102 AEUV bzw. §§ 19ff. GWB.[94]

---

91 Monopolkommission, Hauptgutachten XXII: Wettbewerb 2018, 3.07.2018, Rn. 230; *Gal*, Competition Policy International, 2017, S. 3f.; OECD Algorithms and Collusion, S. 24; Bundeskartellamt und Autorité de la Concurrence, Papier „Competition Law and Data", 2016, S. 15.

92 Monopolkommission, Hauptgutachten XXII: Wettbewerb 2018, 3.07.2018, Rn. 230; *Gal*, Competition Policy International, 2017, S. 3f.; OECD Algorithms and Collusion, S. 24; Bundeskartellamt und Autorité de la Concurrence, Papier „Competition Law and Data", 2016, S. 15.

93 Vgl. CMA, Pricing Algorithms - Economic working paper on the use of algorithms to facilitate collusion and personalised pricing, 8.10.2018, Rn. 5.37.

94 *Jungermann*, Kollektive Marktbeherrschung durch interdependentes Parallelverhalten und deren Missbrauch, S. 30ff.

VII. Zusammenhang mit den Tankstellenmärkten in Deutschland

Bevor in den nachfolgenden Ausführungen die Preissetzung auf den deutschen Tankstellenmärkten als Referenzgebiet für die Auseinandersetzung mit dem bewussten Parallelverhalten auf Oligopolmärkten herangezogen wird, sollen die rechtlichen Strukturen und Verhältnisse auf diesen knapp dargestellt werden, um die Argumentationen nachvollziehbarer zu machen. Danach sollen die wichtigsten Ergebnisse der Sektoruntersuchung erläutert werden.

1. Marktumstände

a) Marktabgrenzung

Diese Arbeit untersucht ausschließlich den Absatz von Kraftstoffen an Endkunden durch Tankstellen. Vorgelagerte Wirtschaftsstufen wie die Distributionsebene (Großhandel mit Kraftstoffen) und Produktionsebene (Raffinierung von Kraftstoffen) sind nicht Gegenstand der Arbeit. Zwar ist im Sinne der Marktabgrenzung im Rahmen des Kartell- und Missbrauchsverbots zwischen dem Markt für Dieselkraftstoff und dem Markt für Ottokraftstoff zu unterscheiden.[95] Die Macht- und Marktstrukturen sowie das Preissetzungsverhalten der Unternehmen unterscheiden sich aber nicht signifikant und auch das Bundeskartellamt unterscheidet in seinen Ausführungen nicht zwischen den beiden Kraftstoffarten[96], sodass eine gemeinsame rechtliche Bewertung in dieser Arbeit erfolgt.

Aufgrund der verschiedenen Wettbewerbsverhältnisse hinsichtlich des Absatzes durch Straßentankstellen sowie durch Bundesautobahntankstellen[97] muss aber bei einer kartellrechtlichen Bewertung des Preissetzungsverhaltens zwischen diesen beiden Geschäftsfeldern unterschieden werden. Da aufgrund der Rechtevergabe für Bundesautobahntankstellen die Frage der Anwendbarkeit des Kartellrechts auf paralleles Preissetzungsverhalten nur im Zusammenhang mit Straßentankstellen Bedeutung hat,[98] ist nur die Preissetzung an Straßentankstellen Gegenstand der nachfolgenden Ausführungen.

---

95 Bundeskartellamt, Sektoruntersuchung Kraftstoffe - Abschlussbericht Mai 2011, S. 14.

96 z.B. Bundeskartellamt, Sektoruntersuchung Kraftstoffe - Abschlussbericht Mai 2011, S. 48.

97 Siehe Bundeskartellamt, Sektoruntersuchung Kraftstoffe - Abschlussbericht Mai 2011, S. 13.

98 Bundeskartellamt, Sektoruntersuchung Kraftstoffe - Abschlussbericht Mai 2011, S. 7.

Die Begriffe „Tankstellenmarkt“ und „Tankstellenmärkte“ umfassen in dieser Arbeit daher den Vertrieb von Diesel- und Ottokraftstoff durch Straßentankstellen an Endverbraucher, also den Einzelhandel mit Kraftstoffen durch Straßentankstellen, in Deutschland.

Räumlich ist unter Anwendung des Bedarfsmarktkonzepts von regionalen Einzelmärkten für die Tankstellen auszugehen.[99]

b) *Vertriebsstruktur*

Der Mineralölmarkt in der Bundesrepublik Deutschland besteht grundsätzlich aus drei Stufen: Produktion bzw. Verarbeitung (Rohölförderung und Raffination), Vertrieb durch Großhändler (Distributionsstufe) und Vertrieb durch Einzelhändler bzw. Tankstellenbetreiber.[100] In einigen Fällen beziehen die Tankstellenbetreiber unter Schließung eines Markenpartnervertrags auch die Produkte direkt von dem Mineralölunternehmen, sodass in diesem Fall ein zweistufiger Markt vorliegt.[101]

Aral[102], Jet[103], Esso[104], Shell und Total, die von dem Bundeskartellamt in der Sektoruntersuchung gemeinsam als marktbeherrschendes Oligopol eingestuft werden, sind vertikal integrierte Mineralölkonzerne bzw. gehören Mineralölkonzernen an, die sich sowohl auf der ersten Marktstufe mit der Exploration, Erschließung und Förderung von Rohöl und/oder der Herstellung

99 z.B. Bundeskartellamt, Sektoruntersuchung Kraftstoffe - Abschlussbericht Mai 2011, S. 46ff.; BKartA, Beschl. v. 29.4.2009, Az. B8-175/08, Rn. 28f. - *Total/OMV*; BGH, Beschl. v. 6.12.2011, KVR 95/10, WM 2012, 2111, Rn. 36 - *Total/OMV*.

100 *Baum*, Wettbewerbspolitik auf dem Treibstoffmarkt, S. 14.

101 Bundeskartellamt, Sektoruntersuchung Kraftstoffe - Abschlussbericht Mai 2011, S. 159ff.

102 Aral ist ein Unternehmen des BP-Konzerns in Deutschland.

103 Bis 2012 gehörte Jet ConocoPhillips an. Seit 2012 gehört Jet zu der Mineralölgesellschaft Phillips 66. Diese beinhaltet das abgespaltene und als eigenständige Gesellschaft an die Börse gebrachte, ehemalige Downstream-Geschäft von ConocoPhillips.

104 Ende 2018 verkaufte ExxonMobil, die Muttergesellschaft von Esso, das gesamte deutsche Esso-Tankstellennetz an die EG Group, die Tankstellen in Europa und den USA betreibt. Die Tankstellen werden weiter mit Esso-Kraftstoffen und Schmierstoffen wie Motoröl beliefert und ExxonMobil will sich auf die Weiterentwicklung der Marke konzentrieren. Die EG Group übernimmt das operative Geschäft und ist damit Markenpartner. (https://www.handelsblatt.com/unternehmen/industrie/exxonmobil-verkauf-des-deutschen-esso-tankstellennetzes-an-eg-group-abgeschlossen/23136440.html?ticket=ST-727024-YZk60HbUhcfbdetuIGvt-ap3, zuletzt abgerufen am 6.1.2018)

von Mineralölprodukten in Raffinerien als auch auf der zweiten und dritten Markstufe mit dem Vertrieb dieser beschäftigen.[105]

c) Die verschiedenen Betreibermodelle sowie die vertraglichen Verhältnisse

Man kann zwischen verschiedenen Betreibermodellen in Deutschland unterscheiden. Es gibt sogenannte Freie Tankstellen, die den Kraftstoff und die sonstigen Waren und Leistungen im Eigengeschäft als selbstständige Tankstellenbetreiber vertreiben.

Nur wenige Tankstellengesellschaften führen ihre Tankstellen im Filialbetrieb. Dieses Vertriebssystem wird in der Branche auch als CoCo bezeichnet (CoCo bedeutet *Company owned and Company operated*). Vorherrschend betreiben aber Kaufleute unter der Marke der jeweiligen Tankstellengesellschaft die Tankstelle in selbstständiger Tätigkeit. Hierbei ist zwischen gesellschaftseigenen Tankstellen, die auch CoDo genannt werden (CoDo bedeutet *Company owned and Dealer operated*), und partnereigenen Tankstellen, die auch DoDo genannt werden (DoDo steht für *Dealer owned and Dealer operated*) zu unterscheiden.[106]

Von einer gesellschaftseigenen Tankstelle wird gesprochen, wenn das Unternehmen Eigentümerin des Grundstücks und der Tankstelle ist oder sie die Nutzungsrechte an der Tankstelle oder zumindest an dem Grundstück besitzt. Auf der Grundlage dieser Rechtsstellung wird die Tankstelle als Gewerbebetrieb an einen Betreiber, der häufig auch als Tankstellenpächter bezeichnet wird, verpachtet. Das Kraftstoffgeschäft wird von dem Tankstellenpächter regelmäßig im Handelsvertreterverhältnis geführt.[107]

Gehört die Tankstelle dem Betreiber selbst oder stehen ihm anderweitig die Nutzungsrechte an dem Grundstück, z. B. aufgrund eines Pachtvertrages, zu, und schließt er sich mit seiner Tankstelle einer Mineralölgesellschaft an, um für diese den Kraftstoff als Handelsvertreter (oder in Ausnahmefällen als Kommissionär) zu vertreiben, so wird von einer partnereigenen Tankstelle gesprochen. In den allermeisten Fällen enthalten diese Tankstellenverträge also die Regelung, dass der Tankstellenbetreiber den Kraftstoff als Handelsvertreter vertreibt.[108]

---

105 Vgl. Bundeskartellamt, Sektoruntersuchung Kraftstoffe - Abschlussbericht Mai 2011, S. 13, 19; diese Aussage trifft so nicht mehr uneingeschränkt auf Esso zu, da der Vertrieb an die Endkunden nun, wie in Fn. 64 dargestellt, nicht mehr durch Esso (ExxonMobil), sondern durch die EG Group vorgenommen wird.

106 *Berscheid* in: Martinek/Semler/ Flohr, Handbuch des Vertriebsrechts, §50, Rn. 10.

107 *Berscheid* in: Martinek/Semler/ Flohr, Handbuch des Vertriebsrechts, §50, Rn. 94.

108 *Berscheid* in: Martinek/Semler/ Flohr, Handbuch des Vertriebsrechts, § 50, Rn. 95.

Zudem gibt es noch die sog. Markenpartner. Dies sind Mineralölhändler, die über ein eigenes Tankstellennetz verfügen, und die einen Vertrag mit einem anderen Tankstellenunternehmen mit einer bekannten Marke schließen („Markengeber"), um ihre Tankstellen unter der Marke des anderen zu betreiben.[109]

d) Preishoheit der Mineralölkonzerne

Die Mineralölkonzerne verfügen im großen Umfang über die Preishoheit auf den deutschen Tankstellenmärkten. Denn die Tankstellenbetreiber setzen in den wenigsten Fällen die Kraftstoffpreise für den Endkunden selbst. Sie sind in der Mehrzahl der Fälle an die Preissetzung durch die Mineralölunternehmen oder durch die Mineralölhändler gebunden. In den allermeisten Fällen beruht die Preishoheit der Mineralölunternehmen auf der Tatsache, dass die Betreiber als Handelsvertreter für die Mineralölunternehmen tätig werden und sie in diesem Rahmen keine eigenständige Entscheidungen über diese treffen dürfen.[110]

Der Tankstellenbetreiber vertreibt die Kraftstoffe und zum Teil auch weitere Produkte, wie Schmierstoffe, in den allermeisten Fällen als Handelsvertreter und damit im Namen und für Rechnung der jeweiligen Tankstellengesellschaft.[111] Sowohl im Fall von gesellschaftseigenen Tankstellen als auch im Fall von partnereigenen Tankstellen regelt der zwischen den Unternehmen und den Betreibern geschlossene Tankstellenvertrag das Handelsvertreterverhältnis.[112] Die charakteristischsten Vertragselemente, wie vertikale Ausschließlichkeitsbindungen, de facto-Preisbindungen, die Vertragsdauer und Vertragskündigungsmodalitäten, führen dazu, dass sie zwar rechtlich selbständig, ökonomisch jedoch an die Mineralölkonzerne gebunden sind.[113]

Die Preishoheit der Mineralölkonzerne folgt in diesen Fällen aus der Weisungsgebundenheit des Handelsvertreters. Kartellrechtlich ist sie jedoch nur dann zulässig, wenn der Handelsvertretervertrag dem Anwendungsbereich des § 1 GWB bzw. Art. 101 AEUV entzogen ist, das heißt der Tankstellenvertrag so ausgestaltet ist, dass der Tankstellenbetreiber keine oder nur unbedeutende Risiken aus dem Handelsvertretergeschäft trägt.[114]

---

109 *Berscheid* in: Martinek/Semler/Flohr, Handbuch des Vertriebsrechts, § 50, Rn. 10; z.B. ist die EG Group seit Ende 2018 Markenpartner hinsichtlich Esso.

110 *Berscheid* in: Martinek/Semler/Flohr, Handbuch des Vertriebsrechts, § 50, Rn. 94.

111 *Berscheid* in: Martinek/Semler/Flohr, Handbuch des Vertriebsrechts, § 50, Rn. 69.

112 *Berscheid* in: Martinek/Semler/Flohr, Handbuch des Vertriebsrechts, § 50, Rn. 93.

113 *Baum*, Wettbewerbspolitik auf dem Treibstoffmarkt, S. 16, 78.

114 *Berscheid* in: Martinek/Semler/Flohr, Handbuch des Vertriebsrechts, § 50, Rn. 103.

Die Mineralölkonzerne verfügen jedoch häufig auch über die Preishoheit gegenüber Mineralölhändlertankstellen. Sind die Mineralölhändlertankstellen an eine Marke gebunden, so geht dies mit einer Bindung an die Preise bzw. Preissetzung dieser einher, denn in der Regel wird in den Markenhändlerverträgen bestimmt, dass die Preishoheit bei den Mineralölkonzernen verbleibt. Doch auch im Falle von Mineralölhändlertankstellen, die nicht an eine Marke der großen Mineralölgesellschaften gebunden sind, findet eine direkte Preisbestimmung oder zumindest eine indirekte Preisbeeinflussung häufig durch die Mineralölkonzerne oder anderen großen Mineralölunternehmen statt, indem diese Einfluss auf die Mineralölhändler ausüben.[115] Auch wenn die Mineralölkonzerne ausnahmsweise nicht ausdrücklich die Preishoheit behalten, können sie in vielen Fällen unter Nutzung verschiedener Wege die Preise beeinflussen.[116]

Zwischen den Betreibern und den Mineralölunternehmen findet, laut Bundeskartellamt, im Fall der Preishoheit der Mineralölunternehmen, häufig eine direkte Kommunikation mit dem Zweck der Preismeldung und Anordnung von Preisänderungen statt. Die Betreiber sind zur Beobachtung der Wettbewerber und Weitergabe der Informationen an die Händler und Mineralölunternehmen verpflichtet. Auf der Grundlage der an sie übermittelten Daten ordnen die Mineralölunternehmen gegenüber dem Mineralölhändler Preisänderungen an, die diese wiederum durch eine Anordnung gegenüber den Tankstellenbetreibern umsetzen. In der Praxis wird häufig auch auf eine Zwischenschaltung der Mineralölhändler verzichtet und es findet eine direkte Kommunikation zwischen den Tankstellenbetreibern und den Mineralölkonzernen statt. Teilweise stellen die Mineralölkonzerne die Preise auch direkt an den Kassen oder Preismasten der Tankstellen um.[117]

Letztendlich ist es den Mineralölkonzernen also in den allermeisten Fällen möglich, die Preise auf dem Endkundenmarkt für Kraftstoffe zu beeinflussen, und sie müssen in diesen Fällen als Akteure der Preissetzung angesehen werden.

---

115 Bundeskartellamt, Sektoruntersuchung Kraftstoffe - Abschlussbericht Mai 2011, S. 185.

116 Siehe zu den Details Bundeskartellamt, Sektoruntersuchung Kraftstoffe - Abschlussbericht Mai 2011, S. 179ff.

117 Bundeskartellamt, Sektoruntersuchung Kraftstoffe - Abschlussbericht Mai 2011, S. 172.

e) *Machtstrukturen auf den deutschen Tankstellenmärkten*

Auf dem gesamtdeutschen Tankstellenmarkt (bezogen auf den gesamten Kraftstoffabsatz) besaßen zu Beginn des Jahres 2020 die fünf Mineralölunternehmen einen gemeinsamen Marktanteil von ca. 68% (Aral: 21,%; Shell: 20%; Jet: 10,5%; Total: 9,5%; Esso: 7%).[118] Nur 10,5% entfielen 2018 auf die Freien Tankstellen, die dem Bundesverband Freier Tankstellen angehören.[119]

Auch im Rahmen der Sektoruntersuchung machte das Bundeskartellamt Angaben zu den Marktanteilen. Danach entfielen auf BP (Aral), Conoco Phillips (Jet), Exxon Mobil (Esso), Shell und Total im Jahr 2009 51,4% der Straßentankstellen sowie Autohöfe und 64,4% des über Straßentankstellen und Autohöfe erzielten Absatzes[120]. Das Bundeskartellamt ging von einem Marktanteil dieser Unternehmen auf einem Großteil der geprüften Regionalmärkte von über zwei Dritteln aus. Es rechnete den vertikal integrierten Unternehmen dabei auch die Marktanteile zu, die sich aus Markenpartner- und Agenturverträgen ergeben, solange die Unternehmen die Preishoheit besitzen.[121] Diese fünf Unternehmen wurden auch durch das Bundeskartellamt als marktbeherrschendes Oligopol eingestuft.[122]

2. *Die Preissetzungsmechanismen*

Nachfolgend soll das Preissetzungsverhalten auf den deutschen Tankstellenmärkten gegenüber den Endabnehmern von Kraftstoffen dargestellt werden. Dazu werden zunächst die Erkenntnisse der Sektoruntersuchung sowie im Anschluss aktuellere Beobachtungen dargestellt. Es wird keine detaillierte Wiedergabe der Ergebnisse in Bezug auf die Preissetzungsmuster stattfinden, da eine

118 Marktanteile der führenden Tankstellenmarken am gesamten Kraftstoffabsatz im Jahr 2020, https://de.statista.com/statistik/daten/studie/3444/umfrage/marktanteile-auf-dem-tankstellenmarkt-in-deutschland/#:~:text=Marktanteile%20auf%20dem%20Tankstellenmarkt%20in%20Deutschland%202020&text=Aral%20ist%20die%20Nummer%20Eins,Shell%20und%20Total%20zu%20finden..

119 http://de.statista.com/statistik/daten/studie/3444/umfrage/marktanteile-auf-dem-tankstellenmarkt-in-deutschland/, online zuletzt abgerufen am 6.1.2018.

120 Bundeskartellamt, Sektoruntersuchung Kraftstoffe - Abschlussbericht Mai 2011, S. 164.

121 Bundeskartellamt, Sektoruntersuchung Kraftstoffe - Abschlussbericht Mai 2011, S. 50.

122 Bundeskartellamt, Sektoruntersuchung Kraftstoffe - Abschlussbericht Mai 2011, S. 20.

solche für eine grundsätzliche wettbewerbsrechtliche Einordnung des Verhaltens, wie hier beabsichtigt, nicht notwendig erscheint.[123]

a) Die Sektoruntersuchung des Bundeskartellamts

aa) Allgemeines zur Sektoruntersuchung

Das Bundeskartellamt leitete im August 2008 die Sektoruntersuchung Kraftstoffe gestützt auf § 32 e) GWB ein und schloss diese mit der Vorlage des Abschlussberichts im Mai 2011 ab. Ziel war die Analyse des Wettbewerbs auf den Tankstellenmärkten für Ottokraftstoff und Dieselkraftstoff, um mögliche Kartellrechtsverstöße oder Missbräuche einer marktbeherrschenden Stellung aufzudecken und eine aktuelle Marktdatengrundlage zu erhalten. Dabei konzentriert sich die Untersuchung auf die Tankstellenmärkte ohne die Produktionsebene sowie die Distributionsebene gänzlich auszuklammern. Ausgangspunkt der Preisanalyse war der Preis auf der Einzelhandelsebene, welcher zu 60% aus Energiesteuer, Zuschlag für die Erdölbevorratung und die Umsatzsteuer besteht. Folglich bleiben nur etwa 40% des Kraftstoffpreises einer kartellrechtlichen Untersuchung zugänglich. Das Bundeskartellamt hat Daten zu Preisänderungen vom 1. Januar 2007 bis zum 30. Juni 2010 an insgesamt über 400 Tankstellen von 19 Mineralölunternehmen in Hamburg, Leipzig, Köln und München erfasst und ausgewertet.

bb) Die faktische Preispolitik

Das Bundeskartellamt konnte zyklische Preisentwicklungen beobachten. Es zeigte sich, dass die Preise an bestimmten Wochentagen sanken bzw. stiegen und dieses Muster relativ stabil war. Ferner waren die Anzahl der Preissenkungen innerhalb eines Jahres mehr als doppelt so hoch wie die Anzahl der Preiserhöhungen, wobei aber die Preiserhöhungsschritte jeweils erheblich größer waren als die Preissenkungsschritte. Die Preiserhöhungen fanden regelmäßig an allen Tankstellen eines Mineralölunternehmens statt. Die Preissenkungen erfolgten dagegen regional begrenzt. Preiserhöhungsrunden gingen dabei regelmäßig von Aral oder Shell aus, die beide im Zeitverlauf etwa gleich oft mit einer Runde starteten. Das jeweils andere Unternehmen und Total reagierten in etwa 90% der Fälle nach exakt drei Stunden und die restlichen Oligopolmitglieder nach

123 Siehe für die Details: Bundeskartellamt, Sektoruntersuchung Kraftstoffe - Abschlussbericht Mai 2011, S. 29ff., 80ff.

regional bedingten Reaktionsmustern. Jet hielt regelmäßig einen Preisabstand von einem Cent gegenüber den anderen Oligopolisten ein.[124]

Ferner waren zu bestimmten Zeiten, das heißt an den Wochenenden und vor allem während der Ferien, erhebliche Preissteigerungen erkennbar, die laut Bundeskartellamt nicht mit einer erhöhten Nachfrage oder dem Anstieg von Beschaffungspreisen erklärt werden können.[125] Im Allgemeinen ist laut Bundeskartellamt keine Korrelation zwischen einer erhöhten Nachfrage und erhöhten Preise erkennbar. Die Margen der Unternehmen waren an den Tagen, an denen Preiserhöhungen stattfanden, am höchsten. Damit liegt es laut des Bundeskartellamts nahe, dass die höheren Preise zumindest teilweise allein auf höhere Margen zurückzuführen sind.[126]

Laut Bundeskartellamt geschieht die jeweilige Preissetzung durch die Mineralölkonzerne und nicht durch Tankstellenpächter oder Angestellte. In der Mehrzahl der Fälle sind Tankstellenpächter oder Angestellte verpflichtet, mehrmals am Tag bei den festgelegten Wettbewerbstankstellen vorbeizufahren und die Preise zu notieren. Außerdem werden die öffentlichen Preisangaben der Wettbewerber genutzt. Im einfachsten Fall befindet sich der Wettbewerber aber in räumlicher Nähe, sodass nur die Preisanzeigen des „Nachbarn" beobachtet werden muss. Die beobachteten Preise werden dann dezentral in das jeweilige elektronische System des Mineralölunternehmens eingegeben.[127]

Laut dem Bundeskartellamt geschieht es auch, dass die Mineralölunternehmen an Mineralölhändler-Tankstellen, die nicht unter einer Marke des Mineralölkonzerns oder anderen großen Mineralölunternehmens betrieben werden, die Preise direkt bestimmen oder indirekt beeinflussen.[128]

cc) Die Deutung der faktischen Preispolitik durch das Bundeskartellamt

Das Bundeskartellamt geht wie erwähnt von einem marktbeherrschenden Oligopol durch BP (Aral), Jet, Esso, Shell und Total aus. Es nimmt an, dass das beschriebene Preissetzungsmuster Ausdruck des oligopolistischen Marktumfelds sei, das

---

124 Bundeskartellamt, Sektoruntersuchung Kraftstoffe - Abschlussbericht Mai 2011, S. 31.

125 Bundeskartellamt, Sektoruntersuchung Kraftstoffe - Abschlussbericht Mai 2011, S. 32.

126 Bundeskartellamt, Sektoruntersuchung Kraftstoffe - Abschlussbericht Mai 2011, S. 107.

127 Bundeskartellamt, Sektoruntersuchung Kraftstoffe - Abschlussbericht Mai 2011, S. 29.

128 *Bundeskartellamt*, Sektoruntersuchung Kraftstoffe - Abschlussbericht Mai 2011, S. 180, 189.

zu Preisen führt, die höher sind als es Preise bei funktionierendem Wettbewerb wären.[129]

So haben sich laut dem Bundeskartellamt auf dem Straßentankstellenmarkt durch kontinuierliche und flächendeckende Preisbeobachtung sowie -auswertung und durch ständige Interaktionen untereinander diese Preissetzungsmechanismen und -muster herausgebildet, welche von allen Marktteilnehmern eingehalten werden. Die Folge seien eine geringe Anzahl an aggressiven Preiskämpfen sowie, im Gegensatz zu einem Markt mit funktionierendem Wettbewerb, überhöhte Vertriebspreise bei der Mehrzahl der Straßentankstellen im vorgefundenen oligopolistischen Umfeld.[130] Das Bundeskartellamt belegt aber die Annahme, dass das Preisniveau über den Wettbewerbspreisen liegt, nicht. So wird die Höhe des Preises weder mit den Preisen in anderen Ländern verglichen noch werden anderweitige Versuche unternommen, den Wettbewerbspreis zu verifizieren. Daher könnte angenommen werden, dass das Bundeskartellamt allein aus seinen Beobachtungen und deren Einordnung als implizite Kollusion ein überhöhtes Preisniveau ableitet.

dd) Lösungsansätze des Bundeskartellamts für ein überhöhtes Preisniveau

Das Bundeskartellamt nimmt an, dass diesem überhöhten Preisniveau nur mit einer strengeren Kontrolle eventueller vertikaler Missbräuche, einer strengeren Fusionskontrolle, einer Erhöhung der Markttransparenz sowie einer verbesserten Sammlung von Informationen durch die staatlichen Stellen entgegengewirkt werden kann. Es geht von einer Unanwendbarkeit des Kartellverbots und zumindest von einer fehlenden Praktikabilität und Sinnhaftigkeit einer Kontrolle eventueller Ausbeutungsmissbräuche aus.[131] Allerdings teilte das Bundeskartellamt mit, die Einleitung von Verfahren wegen Preisbindungen, prüfen zu wollen.[132]

---

129 Bundeskartellamt, Sektoruntersuchung Kraftstoffe - Abschlussbericht Mai 2011, S. 28.

130 Bundeskartellamt, Sektoruntersuchung Kraftstoffe - Abschlussbericht Mai 2011, S. 20ff., 27.

131 Bundeskartellamt, Sektoruntersuchung Kraftstoffe - Abschlussbericht Mai 2011, S. 137ff.

132 Bundeskartellamt, Sektoruntersuchung Kraftstoffe - Abschlussbericht Mai 2011, S. 189.

b) Neuere Entwicklungen und Erkenntnisse zur Preissetzung

Seit der Sektoruntersuchung hat sich die Preissetzung auf den deutschen Tankstellenmärkten zwar in bestimmten Punkten geändert, aber die kartellrechtliche Bewertung dürfte davon nicht betroffen sein. Nachfolgend werden die wichtigsten neuen Erkenntnisse aus dem Jahresbericht 2021 der Markttransparenzstelle für Kraftstoffe dargestellt.

Schon im Jahresbericht 2017 der Markttransparenzstelle für Kraftstoffe wird dargestellt, dass seit Einführung der Markttransparenzstelle immer kürzere und stärker ausgeprägte Kraftstoffpreiszyklen zu beobachten sind. So hat sich aufgrund der im Tagesverlauf zunehmend schwankenden Preise, die aber dennoch einen klar erkennbaren Rhythmus erkennen lassen, die Anzahl der durchschnittlichen Preiserhöhungen und Preissenkungen zunehmend erhöht.[133] Je nach Tageszeit und Tankstelle unterscheiden sich die Kraftstoffpreise signifikant und es finden zahlreiche Preisänderungen im Laufe eines Tages statt. Tankstellenübergreifend ist ein grobes Muster für den Verlauf dieser Preisänderungen im Laufe eines Tages erkennbar.[134]

Für die typischen Urlaubszeiten, wie den Oster- und die Pfingstferien, konnte in den letzten Jahren, anders als noch im Rahmen der Sektoruntersuchung beobachtet, kein deutlich erhöhtes Preisniveau festgestellt werden. Aufgrund der pandemiebedingten Einschränkungen war der Reiseverkehr 2020 und 2021 jedoch reduziert.[135] Der Preisanstieg im Jahr 2021 war ähnlich dem Anstieg des Rohölpreises, teilweise war er aber höher.[136]

Anzumerken bleibt, dass mit der Eskalation des Ukrainekrieges Ende Februar 2022 die Kraftstoffpreise flächendeckend schockartig gestiegen sind.[137]

Der Jahresbericht 2021 trifft keine erheblichen neuen Aussagen zur Parallelität des Preissetzungsverhaltens und sonstiger möglicher Interaktionen der Tankstellen bzw. Mineralölkonzerne untereinander.

---

133 Markttransparenzstelle für Kraftstoffe (MTS-K), Jahresbericht 2017, 16.3.2018, S. 2, 11f., 17f.

134 Jahresbericht 2021, S. 4.

135 Jahresbericht 2021, S. 6.

136 Jahresbericht 2021, S. 5.

137 Jahresbericht 2021, S. 4.

VIII. Schutzgegenstand des Kartellrechts

Die Grundlage der Auseinandersetzung mit der kartellrechtlichen Bewertung impliziter Kollusion müssen der Sinn und Zweck des Kartellrechts sein. Die Ergebnisse, welche mit dem Kartellrecht zu erreichen erhofft werden, sind jedoch nicht statisch, sondern einem fortwährenden Wandel unterworfen, der auch von der nationalen und europäischen Wirtschafts- und Wettbewerbspolitik beeinflusst wird. Insbesondere ist in Wissenschaft und Praxis der Schutzgegenstand des Kartellrechts umstritten und bei dem Versuch, den maßgeblichen Schutzgegenstand zu bestimmen, ist ferner zu beachten, dass es sich hierbei nicht nur um eine juristische, sondern auch um eine wettbewerbspolitische Diskussion handelt.[138]

Aus dem Primärrecht der Europäischen Union und dem nationalen Recht selbst ergeben sich weder nach der semantischen noch nach der systematischen Auslegungsmethode eindeutige Aussagen zum Schutzgegenstand der Kartellrechtsvorschriften. Im europäischen Recht scheint aber eher eine Orientierung an Effizienz- und Konsumentenwohlfahrtsaspekten stattzufinden als dies bisher im deutschen Recht der Fall ist.[139] Insofern haben sich zwei bedeutende Schulen herausgebildet. Dies wird nachfolgend näher erläutert.

1. *Freiburger Schule und Chicago School*

Ursprünglich lag der primäre Fokus des europäischen und deutschen Kartellrechts auf dem Schutz des Wettbewerbs als Institution sowie auf dem Schutz der Handlungsfreiheiten Einzelner nach dem ordoliberalen Konzept der *Freiburger Schule*[140].[141] Der Staat setzt danach einen ordnungspolitischen Rechtsrahmen in Form eines starken Wettbewerbsrechts und einer unabhängigen Wettbewerbsbehörde, um die Wettbewerbsfreiheit gegen private und staatliche Macht zu schützen sowie die Voraussetzungen für einen funktionierenden Wettbewerb zu schaffen und zu erhalten. Zentraler Schutzzweck des Wettbewerbsrechts soll also

---

138 Vgl. *Höft*, Die Kontrolle des Ausbeutungsmissbrauchs im Recht der Wettbewerbsbeschränkungen, S. 177; *Paul*, Behinderungsmissbrauch nach Art. 82 EG und der "more economic approach", S. 74.

139 Siehe dazu ausführlich *Höft*, Die Kontrolle des Ausbeutungsmissbrauchs im Recht der Wettbewerbsbeschränkungen, S. 178f.

140 Wichtige Vertreter dieser waren Walter Eucken, Franz Böhm, Leonhard Miksch und Hans Großmann-Doerth; nahestehende Nationalökonomen waren Alfred Müller-Armack, Wilhelm Röpke und Alexander Rüstow.

141 *Engelsing* in: Ahrens/Behrens/v. Dietze, Marktmacht und Missbrauch, S. 89ff.

die Handlungsfreiheit und der Wettbewerb an sich ohne eine Orientierung an bestimmten Ergebnissen sein.[142]

Es wird zwar erhofft und erwartet, dass der Wettbewerbsprozess zu positiven Ergebnissen für die Konsumentenwohlfahrt oder zu einer „ökonomischen Effizienz" führt[143], aber es wird nicht als Aufgabe des Kartellrechts gesehen, das Eintreten dieser Effekte unmittelbar abzusichern. Unmittelbare Aufgabe sei nur der Schutz des Wettbewerbsprozesses als solcher.[144] Dieser Ansatz findet Bestätigung in Protokoll Nr. 27 über den Binnenmarkt und den Wettbewerb[145], welchem nach Art. 51 AEUV Primärrechtsrang zukommt. Dort wird dargelegt, dass der Binnenmarkt ein System umfasst, das den Wettbewerb vor Verfälschungen schützen soll.

Hinsichtlich des europäischen Wettbewerbsrechts spielte vor allem zu Beginn der Realisierung eines gemeinsamen Binnenmarkts zusätzlich dessen Schutz eine größere Rolle. Durch die weitgehende Verwirklichung des Binnenmarktes richtete sich der Fokus mit der Zeit aber immer mehr auf den Institutionen- und Individualschutz.[146]

Die bereits in den 1950er Jahren in den USA begründete sog. *Chicago School* erachtet, anders als die ordoliberale Schule, den Schutz der allgemeinen Konsumentenwohlfahrt und damit den Schutz des Endkunden und Verbrauchers als Zweck des Wettbewerbsrechts.[147] Damit verfolgt sie einen ökonomischeren, auf die Wirkung des zu beurteilenden Handelns abstellenden Ansatz.[148]

---

142 Siehe u.a. *Eucken*, ORDO Jahrbuch für die Ordnung von Wirtschaft und Gesellschaft, Vol. 2 (1949), 1-93, insbes. S. 29f.; zur weiteren Erläuterung dieser Position s. *Höft*, Die Kontrolle des Ausbeutungsmissbrauchs im Recht der Wettbewerbsbeschränkungen, S. 172f.

143 z.B. *Zimmer*, WuW 2007, 1198, 1198.

144 z.B. *Höft*, Die Kontrolle des Ausbeutungsmissbrauchs im Recht der Wettbewerbsbeschränkungen, S. 167f.

145 Protokoll Nr. 27 über den Binnenmarkt und den Wettbewerb, 12008M/PRO/27, ABl. Nr. 115, S. vom 09/05/2008, S. 0309-0309.

146 *Brinker* in: Schwarze, EU-Kommentar, Art. 101 AEUV, Rn. 8.

147 Wichtige Vertreter dieser Position waren Harold Demsetz, Aaron Director, George Joseph Stigler, Robert Heron Bork und Richard Allen Posner; s. z.B. Bork, The Antitrust Paradox Vol. 2, 1993, Einf., S. XI: „*the exclusive goal of antitrust adjudication, the sole consideration the judge must bear in mind, is the maximization of consumer welfare.*"; zur weiteren Erläuterung dieser Position s. *Höft*, Die Kontrolle des Ausbeutungsmissbrauchs im Recht der Wettbewerbsbeschränkungen, S. 172f.

148 *Brinker* in: Schwarze, EU-Kommentar, Art. 101 AEUV, Rn. 9.

2. *Ein stärker auswirkungsbasierter Ansatz der Europäischen Kommission und der Gerichte*

Die Europäische Kommission begann sich bereits in den späten 1990er Jahren dem stärker auswirkungsbasierten Ansatz der *Chicago School* (auch genannt *more economic approach)* anzunähern. Dieser Ansatz umfasst verschiedene Aspekte, die sich gegenseitig bedingen und die zu drei wesentlichen Aussagen zusammengefasst werden können:[149]

Erstens soll bei der Bestimmung der Auswirkungen verstärkt auf empirische Methoden und Modelle zurückgegriffen werden.[150]

Zweitens sollen bei der Beurteilung von Verhaltensweisen marktbeherrschender Unternehmen eher ihre tatsächlichen oder wenigstens wahrscheinlichen Auswirkungen auf den Wettbewerb im konkret zu betrachtenden Marktumfeld beurteilt werden (sog. wirkungsorientierter Ansatz bzw. *effects-based analysis*).[151]

Letztendlich auch verstärkt auf die Auswirkungen fokussiert und damit in Fortschreibung des zweiten Ansatzes, soll es drittens überdies zu einer Verschiebung wettbewerbspolitischer Zielsetzungen kommen, indem die Förderung der Konsumentenwohlfahrt sowie Effizienzgesichtspunkte in den Mittelpunkt rücken. Zum einen sollen Effizienzerwägungen vor allem bei der Frage nach einer möglichen Rechtfertigung, z.B. im Rahmen der Beurteilung, ob ein möglicherweise missbräuchliches Verhalten gerechtfertigt werden kann, Berücksichtigung finden. So kann eine Rechtfertigung eines ansonsten wettbewerbswidrigen Verhaltens aufgrund von Effizienzerwägungen erfolgen, sollten die nachteiligen Wirkungen eines Verhaltens durch die Vorteile für den Wettbewerb und die Verbraucher ausgeglichen werden (Effizienzeinwand).[152] Zum anderen sollen Verbraucherschutzaspekte und die Konsumentenwohlfahrt im Allgemeinen bei der Beurteilung eines möglicherweise wettbewerbswidrigen Verhaltens verstärkt einbezogen werden.[153] Das heißt, es erfolgt eine Festlegung auf den Schutz und

---

149 Unterteilung Anlehnung an *Fuchs/Möschel* in: Immenga/Mestmäcker, EU-Wettbewerbsrecht, Art. 102 AEUV, Rn. 9.

150 *Albers* in: Ahrens/Behrens/v. Dietze, Marktmacht und Missbrauch, S. 11, 14.

151 *Fuchs/Möschel* in: Immenga/Mestmäcker, EU-Wettbewerbsrecht, Art. 102 AEUV, Rn. 9.

152 EuGH, Urt. v. 15.03.2007, Rs. C-95/04 P - *British Airways.*

153 *Fuchs/Möschel* in: Immenga/Mestmäcker, EU-Wettbewerbsrecht, Art. 102 AEUV, Rn. 9.

die Steigerung der Konsumentenwohlfahrt als primärem Ziel des Wettbewerbsrechts, wie sich aus den Vertikal-Leitlinien ableiten lässt.[154]

Die Konsumentenwohlfahrt soll nach diesem Ansatz der Mittelpunkt der europäischen Wettbewerbspolitik sein, sodass der Wettbewerb selbst nur ein Mittel zur Erreichung dieses Zwecks darstellt. Es findet also weniger ein Schutz des Wettbewerbs *per se* als ein Konsumentenwohlfahrtsschutz statt.[155] Um einen möglichst hohen Konsumentenwohlfahrtsschutz zu gewährleisten, müssen die Auswirkungen des fraglichen Verhaltens eingeschätzt und untersucht werden. Dafür ist wiederum eine Bewertung der Effizienzsteigerungen unerlässlich.[156]

Dieser neue Ansatz wird in allen Bereichen des Kartellrechts, das heißt im Zusammenhang mit der Fusionskontrolle, dem Kartellverbot und dem Missbrauchsverbot, diskutiert und zum Teil auch angewendet.[157] In jedem dieser Bereiche findet die Implementierung dieses Ansatzes aber auf unterschiedlichen Wegen und in unterschiedlichen Geschwindigkeiten statt.[158].

Es muss außerdem abgewartet werden, inwieweit der auswirkungsbasierte Ansatz auch die jeweils nationale Wettbewerbspolitik beeinflusst. Das GWB ist unter dem Einfluss der oben angesprochenen ordoliberalen Schule entstanden und bereits erfolgte Novellierungen des Gesetzes haben zu keiner größeren Annäherung an den neuen Ansatz geführt.[159] In Deutschland gibt es eine Debatte, ob und wie ökonomische Erkenntnisse und Methoden im Kartellrecht zur Anwendung kommen sollten. Dabei wird weniger über das Ob als über das

---

154 Vertikal-Leitlinien, Rn. 7: „*der Schutz des Wettbewerbs zum Wohle der Verbraucher und zur effizienten Verteilung der Ressourcen ist das Hauptziel der EG-Wettbewerbspolitik*"; Neelie Kroes SPEECH/05/512 v. 15.9.2005: „*Consumer welfare is now well established as the standard the Commission applies when assessing mergers and infringements of the Treaty rules on cartels and monopolies. Our aim is simple: to protect competition in the market as a means of enhancing consumer welfare and ensuring an efficient allocation of resources*.".

155 *Albers* in: Ahrens/Behrens/v. Dietze, Marktmacht und Missbrauch, S. 11, 11f.

156 *Albers* in: Ahrens/Behrens/v. Dietze, Marktmacht und Missbrauch, S. 11, 12.

157 *Fuchs/Möschel* in: Immenga/Mestmäcker, EU-Wettbewerbsrecht, Art. 102 AEUV, Rn. 8.; *Huttenlauch* in: Loewenheim/Meessen/Riesenkampff/Kersting/Meyer-Lindemann, Kartellrecht, 4. Auflage, Art. 102 AEUV Rn. 15.

158 Dazu, insbesondere iRd Art. 102 AEUV, mit weiteren Zitierungen *Huttenlauch* in: Loewenheim/Meessen/Riesenkampff/Kersting/Meyer-Lindemann, Kartellrecht, 4. Auflage, Art. 102 AEUV Rn. 15 f. und *Fuchs/Möschel* in: Immenga/Mestmäcker, EU-Wettbewerbsrecht, Art. 102 AEUV, Rn. 8 ff.

159 Vgl. *Schulte/Just* in: Schulte/Just, Kartellrecht, Einleitung Rn. 16.

Wie einer derartigen Herangehensweise diskutiert.[160] Teilweise wird befürchtet, dass die freiheitliche Zielsetzung des Kartellrechts in den Hintergrund gerate oder dass die Hürden für einen kartellbehördlichen Eingriff zu hoch angesetzt würden, um einen ausreichenden Wettbewerbsschutz zu gewährleisten.[161]

Es findet aber zumindest, wie bereits dargestellt, eine immer weiter voranschreitende Angleichung des nationalen Rechts an das Unionsrecht statt.[162] Daher sollte eine auf EU-Ebene in der Behördenpraxis und Rechtsprechung stattfindende Neuorientierung bezüglich der Schutzzwecke des Kartellverbots und bezüglich des Kartellrechts im Allgemeinen bei der Auslegung nationalen Rechts Beachtung finden.[163]

B. Wettbewerbsrechtliche Bewertung und Analyse

Im Folgenden werden die wettbewerbsrechtlichen Probleme untersucht und beurteilt, welche sich im Zusammenhang mit impliziter Kollusion ergeben. Dazu wird das Parallelverhalten auf oligopolistischen Märkten anhand des Kartell- und Lauterkeitsrechts untersucht und mögliche Regulierungsansätze hinterfragt werden. Zu Demonstrationszwecken wird das dargestellte Preissetzungsverhalten auf den deutschen Tankstellenmärkten unter einigen dieser Aspekte auf Basis der Sektoruntersuchung des Bundeskartellamts untersucht werden.

I. Fusionskontrolle

Die Fusionskontrolle stellt eine Möglichkeit dar, das Entstehen oder die Verstärkung von Marktstrukturen, die eine stillschweigende Koordinierung begünstigen, *ex ante* zu verhindern. Gemäß der FKVO bzw. §§ 35ff. GWB haben Unternehmen Zusammenschlüsse, die den Aufgreifkriterien entsprechen, vor Vollzug bei der Europäischen Kommission oder den nationalen Kartellbehörden anzumelden und die Europäische Kommission bzw. die Kartellbehörden prüfen, ob durch den Zusammenschluss wirksamer Wettbewerb erheblich behindert würde.

---

160 Siehe dazu ausführlich mit Verweis auf Stimmen aus der Literatur *Ewald* in: Wiedemann, Kartellrecht, § 7, Rn. 18.

161 Siehe dazu Ausführungen von *Ewald* in: Wiedemann, Kartellrecht, § 7, Rn. 18 mit Verweis auf die jeweiligen Kritiker.

162 Siehe S. 23f.

163 Vgl. *Roth/Ackermann* in: Frankfurter Kommentar Band IV, (Lfg. 73), § 1 GWB, Rn. 49.

Eine der Hauptaufgaben der Fusionskontrolle ist es daher, die aus einer oligopolistischen Marktstruktur erwachsenen Gefahren vor deren Entstehung zu beschränken.[164] Sie stellt das einzige Instrument zur präventiven Verhinderung einer oligopolistischen Marktstruktur mit geringem Wettbewerb dar. Damit ist sie ein wichtiges, aber kein ausreichendes Instrument, um eine stillschweigende Koordinierung auf oligopolistischen Märkten zu verhindern, wie nachfolgend erörtert werden wird.

Um zu bestimmen, ob ein Zusammenschluss zur Begründung oder Verstärkung einer gemeinsamen Marktbeherrschung und damit zu einer Wettbewerbsbeschränkung führen könnte, ist es zunächst relevant zu untersuchen, welche Bedeutung die implizite Kollusion für die Frage nach einer gemeinsamen Marktbeherrschung besitzt.

1. Gemeinsame marktbeherrschende Stellung als Wettbewerbsbeschränkung

Nach Art. 2 Abs. 3 FKVO und § 36 Abs. 2 GWB ist ein Zusammenschluss grundsätzlich unzulässig, wenn wirksamer Wettbewerb erheblich behindert wird, insbesondere durch Begründung oder Verstärkung einer beherrschenden Stellung.

Sowohl das nationale Kartellrecht in § 18 Abs. 5 und 6 sowie § 19 Abs. 1 GWB als auch das europäische Kartellrecht in Art. 102 Abs. 1 AEUV kennen eine gemeinsame Marktbeherrschung durch mehrere Unternehmen. Zudem ist es wie im Rahmen des Missbrauchsverbots auch im Rahmen der Fusionskontrolle möglich, auf eine gemeinsame marktbeherrschende Stellung mehrerer Wettbewerber abzustellen. Die Frage nach einer gemeinsamen marktbeherrschenden Stellung stellt sich im Falle eines bereits bestehenden oder durch den Zusammenschluss zu erwartenden engen Oligopols mit hoher Reaktionsverbundenheit regelmäßig. Es hat der Rechtsprechung bedurft, um Kriterien zu entwickeln, nach welchen von einer (zu erwartenden) gemeinsamen Marktbeherrschung aufgrund einer Reaktionsverbundenheit auszugehen ist. Dennoch führt die Bestimmung einer solchen weiterhin häufig zu Herausforderungen wie dargelegt werden wird. Daher sollen nachfolgend das Institut der gemeinsamen Marktbeherrschung und dessen Voraussetzungen näher beleuchtet werden.

---

164 *Thomas* in: Immenga/Mestmäcker, Wettbewerbsrecht, Vorbemerkung zu § 35 GWB, Rn. 5.

a) Marktbeherrschung im Allgemeinen

Anders als in § 18 Abs. 1 GWB werden im EU-Recht keine generellen Kriterien für das Vorliegen einer marktbeherrschenden Stellung gegeben. Ebenso wenig enthält das EU-Recht, wiederum im Gegensatz zum GWB, eine Marktbeherrschungsvermutung bei Vorliegen bestimmter Marktanteile. Bei der Abfassung des europäischen Missbrauchsverbots wurde bewusst auf eine solche Regelung verzichtet, um eine Anpassung des Verbots an die Veränderungen im Binnenmarkt [derzeitig: Gemeinsamer Markt] zu ermöglichen.[165]

Sowohl der EuGH als auch die Europäische Kommission waren daher gehalten, selbst eine Konkretisierung des Begriffs der marktbeherrschenden Stellung vorzunehmen, und sie verstehen heute unter diesem „die wirtschaftliche Machtstellung eines Unternehmens [...], die dieses in die Lage versetzt, die Aufrechterhaltung eines wirksamen Wettbewerbs auf dem relevanten Markt zu verhindern, indem sie ihm die Möglichkeit verschafft, sich seinen Wettbewerbern, seinen Abnehmern und letztlich den Verbrauchern gegenüber in einem nennenswerten Umfang unabhängig zu verhalten“[166].[167]

Diese Definition prägen also zwei Elemente, die sich bedingen. Das Unternehmen muss die Möglichkeit besitzen, sich unabhängig von anderen Marktteilnehmern, wie der Marktgegenseite und den Wettbewerbern, zu verhalten, und damit die Fähigkeit besitzen, wirksamen Wettbewerb zu verhindern. Beide sind Ausdruck eines übermäßigen Verhaltensspielraums eines Unternehmens, welcher der Kontrolle des Wettbewerbs nicht mehr unterliegt.[168]

---

165 *Emmerich* in: Dauses/Ludwigs, EU-Wirtschaftsrecht, H.I. § 3, Rn. 42; *Fuchs/Möschel* in: Immenga/Mestmäcker, EU-Wettbewerbsrecht, Art. 102 AEUV, Rn. 73; *Jung* in: Grabitz/Hilf/Nettesheim, Das Recht der Europäischen Union, Art. 102 AEUV, Rn. 61.

166 St. Rspr. z.B. EuGH, Urt. v. 14.2.1978, Rs. 27/76 - Slg. 1978, 207, Rn. 63/66 - *United Brands*; EuGH, Urt. v. 13.2.1979, Rs. 85/76 - Slg. 1979, 461, Rn. 38 - *Hoffmann-La Roche;* EuGH, Urt. v. 11.12.1980, Rs. 31/80 - Slg. 1980, 3775 Rn. 26 - *L´Oreal*; EuGH, Urt. v. 9.11.1983, Rs. 322/81 - Slg. 1983, Rn. 30 - *Michelin*; EuG, Urt. v. 7.10.1999, Rs. T-228/97 - Slg. 1999 II-2969, Rn. 70 - *Irish Sugar*; Kommission z.B. Komm., Entsch. v. 14.5.1997, 97/624/EG, ABl. 1997 L 258/1, Rn. 100 - *Irish Sugar*; Prioritätenmitteilung, Rn. 10.

167 Siehe zur Entwicklung der Spruchpraxis von EuGH und Kommission: *Jung* in: Grabitz/Hilf/Nettesheim, Das Recht der Europäischen Union, Art. 102 AEUV, Rn. 61ff.

168 Vgl. *Emmerich* in: Dauses/Ludwigs, EU-Wirtschaftsrecht, H. I. § 3, Rn. 35; *Jung* in: Grabitz/Hilf/Nettesheim, Das Recht der Europäischen Union, Art. 102 AEUV, Rn. 63f.

b) Die gemeinsame Marktbeherrschung

Sowohl im Unionsrecht als auch im nationalen Recht wurden die Voraussetzungen für eine gemeinsame Marktbeherrschung vor allem durch die Rechtsprechung entwickelt und konkretisiert. Für diese Arbeit ist insbesondere die Frage entscheidend, ob nur aus der Reaktionsverbundenheit in einem engen Oligopol ohne eine explizite Kollusion der Unternehmen eine gemeinsame Marktbeherrschung abgeleitet werden kann. Dies ist bisher noch nicht abschließend geklärt.[169]

aa) Die gemeinsame Marktbeherrschung im Unionsrecht

(1) Gesetzliche Regelung

Die Möglichkeit einer gemeinsamen Marktbeherrschung durch mehrere unabhängige Unternehmen ist anders als in den nationalen Vorschriften, § 18 Abs. 5 und 6 GWB, welche auch im Rahmen der Fusionskontrolle Anwendung finden, im Unionsrecht nicht ausdrücklich vorgesehen. In § 18 GWB hingegen wird die Marktbeherrschung durch mehrere Unternehmen ebenso wie die Einzelmarktbeherrschung im Rahmen der Vermutungsregelungen aufgegriffen. Daraus ergibt sich eine echte Umkehr der formellen Beweislast.[170]

Auf der europäischen Ebene hat es daher einer Vielzahl von Entscheidungen der Europäischen Kommission und des Gerichtshofs der Europäischen Union bedurft, um die Möglichkeit einer gemeinsamen Marktbeherrschung klarzustellen. Ebenso wie auf der nationalen Ebene, war außerdem eine Konkretisierung der Voraussetzungen für eine solche erforderlich.

(2) Rechtsprechung

Im Folgenden soll die wichtigste Rechtsprechung auf EU-Ebene dazu chronologisch dargestellt und im Anschluss bewertet werden.

(a) 1. Phase: Die Rechtsprechung vor der Entscheidung Flachglas

Vor der EuG-Entscheidung *Flachglas*[171] aus dem Jahr 1992 berührten die Europäische Kommission, das EuG und der EuGH zwar in verschiedenen

---

169 *Jung* in: Grabitz/Hilf/Nettesheim, Das Recht der Europäischen Union, Art. 102 AEUV, Rn. 77.

170 *Schuchmann*, Die Behandlung von tacit collusion im europäischen und deutschen Kartellrecht, S. 88; *Bechtold/Bosch* in: Bechtold/Bosch, GWB, § 18, Rn. 74, ausführlich *Wagner*, WuW 2009, 619, 619ff.

171 EuG, Urt. v. 10.3.1992, verb. Rs. T-68, 77, 78/89 - Slg. 1992, II-1403 - *Flachglas*.

Entscheidungen[172] das Problem der kollektiven Marktbeherrschung, aber eine umfassende Auseinandersetzung mit dieser Frage oder gar eine Bestimmung der Voraussetzungen für eine solche fand nicht statt.[173] Es wurde offengelassen, ob überhaupt mehrere Unternehmen zur gleichen Zeit marktbeherrschend sein können.

Aus dieser Phase der Rechtsprechung ist vor allem das EuGH-Urteil *Hoffmann-La Roche & Co.AG v. Commission*[174] hervorzuheben, da über die Aussage dieses Urteils zur kollektiven Marktbeherrschung verschiedene Auffassungen bestehen. In dem Urteil findet sich folgender Satz: „Ferner ist eine beherrschende Stellung von parallelen Verhaltensweisen, wie sie oligopolistischen Situationen eigen ist, dadurch zu unterscheiden, daß sich die Verhaltensweisen in einem Oligopol gegenseitig beeinflussen, während das Verhalten eines Unternehmens in beherrschender Stellung in großem Umfang einseitig festgelegt wird."[175].

Viele fassen dies als konkrete Aussage zu dem Problem der kollektiven Marktbeherrschung auf. Danach genüge interpendentes Parallelverhalten allein nicht, um eine gemeinsame Marktbeherrschung zu begründen.[176] Andere gehen dagegen davon aus, dass das Urteil keine Stellung zur kollektiven Marktbeherrschung, sondern zu der Möglichkeit, dass ein Oligopolist marktbeherrschend gegenüber den anderen Oligopolisten sein kann, nehme.[177]

(b) 2. Phase: Die Rechtsprechung im Fall Flachglas *und Folgeentscheidungen*

Mit der Entscheidung *Flachglas*[178] traf das EuG zum ersten Mal unumstritten eine konkrete Aussage zur kollektiven Marktbeherrschung. Dem Urteil ging eine Entscheidung der Europäischen Kommission in dieser Sache voraus, in der sich die Europäische Kommission mit dem Verhalten drei italienischer Produzenten

---

172 U.a. EuGH, Urt. v. 8.6.1971, C-78/70 - Slg. 1971, 487 - *Deutsche Grammophon/Metro*; EuGH, Urt. v. 16.12.1975, C-40 u.a./70 - Slg. 1975, 1663 - *Suiker-Unie*.

173 *Jungermann*, Kollektive Marktbeherrschung durch interdependentes Parallelverhalten und deren Missbrauch, S. 83; *Enchelmaier*, Europäische Wettbewerbspolitik im Oligopol, S. 143.

174 EuGH, Urt. v. 13.2.1979, C-85/76 - Slg. 1979, 461 - *Hoffmann-La Roche*.

175 EuGH, Urt. v. 13.2.1979, C-85/76 - Slg. 1979, 461, Rn. 39 - *Hoffmann-La Roche*.

176 So z.B. *Haupt*, Kollektive Marktbeherrschung in der europäischen Missbrauchs- und Fusionskontrolle, S. 66; *Aigner*, Kollektive Marktbeherrschung im EG-Vertrag, 58f.

177 So z.B. *Jungermann*, Kollektive Marktbeherrschung durch interdependentes Parallelverhalten und deren Missbrauch, S. 89.

178 EuG, Urt. v. 10.3.1992, verb. Rs. T-68,77, 78/89 - Slg. 1992, II-1403 - *Flachglas*.

von Flachglas auseinandersetzte.[179] Europaweit gab es lediglich sechs Flachglasproduzenten, sodass von einer oligopolistischen Marktstruktur ausgegangen wurde. Die Europäische Kommission nahm an, dass zwischen drei Unternehmen eine abgestimmte Verhaltensweise im Sinne des Art. 81 EG vorlag.[180] Doch die Europäische Kommission beschäftigte sich zugleich mit einem möglichen Verstoß gegen Art. 82 EG. Sie nahm eine kollektive marktbeherrschende Stellung der drei Unternehmen an. Begründet wurde diese Annahme damit, dass die Unternehmen als „Einheit und nicht als individuelle Marktteilnehmer" anzusehen seien.[181]

Nach Erhebung der Nichtigkeitsklage befasste sich das EuG mit der Frage der gemeinsamen Marktbeherrschung. Dabei stand hauptsächlich die Interpretation der Worte „mehrere Unternehmen" aus Art. 82 Abs. 1 EG im Vordergrund. Die Parteien und die Regierung des Vereinigten Königreichs deuteten diese Worte als Hinweis auf Unternehmen, die ein und demselben Wirtschaftssubjekt („*economic entity*") bzw. Konzern angehören.[182] Die Europäische Kommission dagegen vertrat weiterhin die Auffassung, dass das Konzept der kollektiven Marktbeherrschung ebenso auf voneinander unabhängige Unternehmen Anwendung finden könne, solange sie als Einheit auftreten.[183]

Das Gericht legte daraufhin Art. 82 Abs. 1 EG systematisch aus, indem es auf die anerkannte Bedeutung des Begriffs „Unternehmen" in Art. 81 EG hinwies. Es nahm an, dass nach Art. 81 EG zwei oder mehr Unternehmen gemeint seien, die im Wettbewerb miteinander stehen können. Es sei nicht ersichtlich, warum der gleiche Begriff in Art. 82 Abs. 1 EG eine andere Auslegung erfahren sollte.[184] Das Gericht schloss sich damit also der Europäischen Kommission an.

Es blieb aber offen, unter welchen Voraussetzungen die „wirtschaftliche Bande" vorliegt, wie sie vom Gericht gefordert wurde[185], insbesondere ob eine

---

179 Komm., Entsch. v. 7.12.1988, 89/93/EWG, ABl. 1989, L 33/44 - *Flachglas*.

180 Komm., Entsch. v. 7.12.1988, 89/93/EWG, ABl. 1989, L 33/44, Rn 59-73 und Art. 1 lit. a-e - *Flachglas*.

181 Komm., Entsch. v. 7.12.1988, 89/93/EWG, ABl. 1989, L 33/44, Rn. 79-82 - *Flachglas*.

182 EuG, Urt. v. 10.3.1992, verb. Rs. T-68, 77, 78/89 - Slg. 1992, II-1403, Rn. 342f. - *Flachglas*.

183 EuG, Urt. v. 10.3.1992, verb. Rs. T-68, 77, 78/89 - Slg. 1992, II-1403, Rn. 350 - *Flachglas*.

184 EuG, Urt. v. 10.3.1992, verb. Rs. T-68, 77, 78/89, - Slg. 1992, II-1403, Rn. 357f. - *Flachglas*.

185 EuG, Urt. v. 10.3.1992, verb. Rs. T-68, 77, 78/89 - Slg. 1992, II-1403, Rn. 357f. - *Flachglas*: „Grundsätzlich kann nicht ausgeschlossen werden, dass zwei oder mehr unabhängige wirtschaftliche Einheiten auf einem spezifischen Markt durch wirtschaftliche

Reaktionsverbundenheit in einem Oligopol eine solche herstellen kann. Folglich entstand eine erneute wissenschaftliche Debatte fokussiert auf die Definition des Begriffs der wirtschaftlichen Bande.[186] Einige entnehmen dem Urteil ein strenges Erfordernis einer Vereinbarung zwischen den Unternehmen[187], andere nehmen an, dass die Reaktionsverbundenheit in engen Oligopolen genügen soll[188].

Die Europäische Kommission erklärte im Jahr 1996 schließlich die Reaktionsverbundenheit im engen Oligopol für ausreichend, um eine gemeinsame beherrschende Stellung zu begründen.[189]

Der EuGH folgte in späteren Entscheidungen den Ausführungen des EuG in Sachen *Flachglas* nur bedingt. In dem Vorabentscheidungsverfahren *Almelo*[190] nahm der EuGH die Kriterien der Flachglas-Entscheidung nicht auf, sondern setzte für eine kollektive Marktbeherrschung voraus, „daß die Unternehmen der betreffenden Gruppe so eng miteinander verbunden sind, daß sie auf dem Markt in gleicher Weise vorgehen können“[191]. Ungeklärt blieb indes, ob der Fokus auf der Voraussetzung der engen Verbindung oder der Möglichkeit, gemeinsam vorgehen zu können, gerichtet sein sollte. Außerdem bedurfte auch der Begriff der engen Verbindung einer Definition.[192]

Auch in späteren Urteilen[193] nahm der EuGH weder die Rechtsprechung des EuG in der Sache *Flachglas* auf noch konkretisierte er die geforderte enge Verbindung, sodass weiter offenblieb, ob und wie die Rechtsprechung beider Gerichte miteinander zu vereinbaren ist.[194]

Bande („*economic link*“) so miteinander verknüpft sind, dass sie infolgedessen eine beherrschende Stellung im Verhältnis zu den anderen Marktteilnehmern einnehmen.“

186 *Petit* in: Liannos/Geradin, The Oligopoly Problem in EU Competition Law, S. 37.

187 *Soames*, E.C.L.R. 1996, 24, 39; *Whish/Sufrin*, Yearbook of European Law 1992, 59, 72.

188 *Jones/Sufrin*, EC Competition Law, S. 718.

189 Kommissionsmitteilung, Anwendung der Wettbewerbsregeln auf Zugangsvereinbarungen im Telekommunikationsbereich, ABl. 1998 C 265/2, Rn. 6, 79, 80.

190 EuGH, Urt. v. 27.4.1994, C-393/92 - Slg. 1994, I-1477 - *Almelo*.

191 EuGH, Urt. v. 27.4.1994, C-393/92 - Slg. 1994, I-1477, Rn. 42 - *Almelo*.

192 Vgl. *Jungermann*, Kollektive Marktbeherrschung durch interdependentes Parallelverhalten und deren Missbrauch, S. 100.

193 So z.B. EugH, Urt. v. 5.10.1995, C-96/94 - Slg. 1995, I-2883 - *Spediporto*; EuGH, Urt. v. 17.10.1995, verb. Rs. C-140-142/94 - Slg. 1995, I-3257 - *DIP*; EuGH, Urt. v. 17.06.1997, C-70/95 - Slg. 1997, I-3395 - *Sodemare*.

194 Vgl. *Jungermann*, Kollektive Marktbeherrschung durch interdependentes Parallelverhalten und deren Missbrauch, S. 104.

In der Rechtssache *Gencor*[195] folgte das EuG weitestgehend dem Verständnis der Europäischen Kommission und nahm eine marktbeherrschende Stellung allein aufgrund der nichtkooperativen Reaktionsverbundenheit in einem engen Oligopol an. Für eine enge Verknüpfung durch wirtschaftliche Bande genüge danach auch „die Wechselbeziehung zwischen Mitgliedern eines beschränkten Oligopols" sofern sie „unter einem starken Druck stehen, ihr Marktverhalten einander anzupassen".[196] Obgleich diese Rechtssache ein Fusionskontrollverfahren zum Inhalt hatte, ist aus dem Urteil zu erkennen, dass die Ausführungen zur kollektiven Marktbeherrschung auch für Art. 82 EG (nun Art. 102 AEUV) gelten sollten.[197]

In dem Urteil *Compagnie maritime belge*[198], welches zwar das Missbrauchsverbot betraf, aber dennoch auch Bedeutung für das Fusionskontrollverfahren besitzt, stellte der EuGH noch einmal klar, dass mehrere Unternehmen gemeinsam marktbeherrschend sein könnten, sofern sie in wirtschaftlicher Hinsicht auf einem bestimmten Markt gemeinsam als kollektive Einheit aufträten oder handelten.[199] Des Weiteren könne sich eine kollektiv beherrschende Stellung auch aus anderen verbindenden Faktoren als einer Vereinbarung oder einer anderen rechtlichen Bindung ergeben. Dies hänge von einer wirtschaftlichen Beurteilung und insbesondere einer Beurteilung der Struktur des fraglichen Marktes ab.[200] Damit macht der EuGH deutlich, dass die oligopolistische Reaktionsverbundenheit einer jener verbindenden Faktoren sein könnte, der an sich wirtschaftlich selbständige Unternehmen zu einem einheitlichen Marktauftritt befähige.[201]

---

195 EuG, Urt. v. 25.3.1999, T-102/96 - Slg. 1999, II-753 - *Gencor.*

196 EuG, Urt. v. 25.3.1999, T-102/96 - Slg. 1999, II-753, Rn. 276 - *Gencor.*

197 In Rn. 277 finden sich die Worte: „Diese Schlußfolgerung gilt um so mehr im Bereich der Kontrolle von Zusammenschlüssen, die das Auftreten oder die Verschärfung wettbewerbswidriger Marktstrukturen verhindern soll."; *Jung* in: Grabitz/Hilf/Nettesheim, Das Recht der Europäischen Union, Art. 102 AEUV, Rn. 78.

198 EuGH verb. Rs.C -395 u. 396/96 P - Slg. 2000, I-1365 - *Compagnie maritime belge.*

199 EuGH verb. Rs. C-395 u. 396/96 P - Slg. 2000, I-1365, Rn. 36 - *Compagnie maritime belge.*

200 EuGH verb. Rs. C-395 u. 396/96 P - Slg. 2000, I-1365, Rn. 45 - *Compagnie maritime belge.*

201 *Eilmansberger/Bien* in: MüKo, Europäisches Wettbewerbsrecht, Art. 102 AEUV, Rn. 86-92.

(c) Die Rechtsprechung in der Sache Airtours

Jedoch erst mit der Entscheidung in der Sache *Airtours*[202], ebenfalls ein Fusionskontrollverfahren, stellte das EuG klare Kriterien und eine Prüfungsstruktur für die kollektive Marktbeherrschung auf und benutzte zum ersten Mal den Ausdruck „stillschweigende Koordinierung" („*tacit coordination*").[203] Danach könne sich eine kollektiv beherrschende Stellung, durch die der wirksame Wettbewerb im Binnenmarkt oder in einem wesentlichen Teil desselben erheblich behindert wird, dann ergeben, wenn der Zusammenschluss dazu führt, dass jedes Mitglied des marktbeherrschenden Oligopols es in Wahrnehmung der gemeinsamen Interessen für möglich, wirtschaftlich vernünftig und daher ratsam hält, dauerhaft einheitlich auf dem Markt vorzugehen, um zu höheren als den Wettbewerbspreisen zu verkaufen, ohne zuvor eine Vereinbarung im Sinne des Art. 101 AEUV zu treffen oder auf eine abgestimmte Verhaltensweise im Sinne der Vorschrift zurückgreifen zu müssen. Zudem müssten weder Wettbewerber noch Kunden darauf wirksam reagieren können.[204] Das EuG setzt also für die Bejahung einer kollektiven Marktbeherrschung dreierlei basierend auf einer Reaktionsverbundenheit voraus:

1. Jedes Mitglied des beherrschenden Oligopols muss in der Lage sein, das Verhalten der anderen Mitglieder mit hinreichender Genauigkeit und Schnelligkeit in Erfahrung zu bringen, um festzustellen, ob sie einheitlich vorgehen. Es ist also eine hohe Markttransparenz notwendig.
2. Ferner muss die stillschweigende Koordinierung auf Dauer erfolgen können, das heißt, es muss auf Grund ausreichender Abschreckungsmittel einen Anreiz geben, nicht vom gemeinsamen Vorgehen abzuweichen. Dies setzt voraus, dass sich jedes Mitglied bewusst ist, dass eine Maßnahme, die auf eine Vergrößerung seines Marktanteils gerichtet ist, die gleiche Maßnahme durch die anderen Mitglieder auslösen würde und es daher keinen Vorteil aus dem Vorgehen erlangen würde.
3. Schließlich muss nachgewiesen werden, dass die erwarteten Ergebnisse des gemeinsamen Vorgehens nicht durch die voraussichtliche Reaktion der tatsächlichen und potentiellen Konkurrenten sowie der Verbraucher in Frage gestellt werden.

---

202 EuG, Urt. v. 6.6.2002, T-342/99 - Slg. 2002, II-2585 - *Airtours.*

203 *Jungermann*, Kollektive Marktbeherrschung durch interdependentes Parallelverhalten und deren Missbrauch, S. 123; *Petit* in: Liannos/Geradin, The Oligopoly Problem in EU Competition Law, S. 39.

204 EuG, Urt. v. 6.6.2002, T-342/99 - Slg. 2002, II-2585, Rn. 61 - *Airtours.*

Es stellt sich also die Frage nach der Stärke sowohl des Innen- als auch des Außenwettbewerbs.[205] Die ersten beiden in der *Airtours*-Entscheidung genannten Kriterien sind dabei Voraussetzungen für die Feststellung eines schwachen Innenwettbewerbs und letzteres Kriterium für die Feststellung eines schwachen Außenwettbewerbs. Entscheidende Kriterien für einen fehlenden wesentlichen Binnenwettbewerb sind strukturelle und verhaltensbezogene Wettbewerbsbedingungen.[206] Die Europäische Kommission muss zur Begründung einer Verbotsentscheidung „eindeutige Beweise" für das Vorliegen dieser Voraussetzungen, insbesondere hinsichtlich des letzten Punktes, vorlegen.[207]

(d) Die Rechtsprechung in der Sache Impala

Mit dem Urteil *Impala*[208] bestätigte der EuGH noch einmal, dass eine nichtkooperative Reaktionsverbundenheit eine gemeinsame Marktbeherrschung begründen kann.[209] Zusammengefasst sei dies der Fall, wenn die Unternehmen aufgrund der Marktstruktur in der Lage sind, die Verhaltensweisen der anderen Oligopolisten vorherzusehen und unter einem starken Druck stehen, ihr Verhalten anzupassen.[210]

bb) Die gemeinsame Marktbeherrschung im deutschen Recht

Wie bereits erwähnt, finden sich in § 18 GWB sowohl eine Definition der gemeinsamen Marktbeherrschung (Abs. 5) als auch eine Vermutung der

205 EuG, Urt. v. 6.6.2002, T-342/99 - Slg. 2002, II-2585, Rn. 62 - *Airtours.*

206 Vgl. *Haupt*, E.C.L.R. 2002, 434, 441ff.; *Bechtold/Bosch* in: Bechtold/Bosch, GWB-Kommentar, § 18, Rn. 60ff.

207 EuG, Urt. v. 6.6.2002, T-342/99 - Slg. 2002, II-2585, Rn. 63 - *Airtours.*

208 EuGH, Urt. v. 10.7.2008, C-413/06 P - Slg. 2008 I-4951 - *Impala.*

209 EuGH, Urt. v. 10.7.2008, C-413/06 P - Slg. 2008 I-4951, Rn. 122 - *Impala*: „Eine kollektive beherrschende Stellung,[...], kann sich daher aus einem Zusammenschluss ergeben, wenn dieser - aufgrund der Merkmale des relevanten Marktes und deren Änderung durch den Zusammenschluss - dazu führt, dass jedes Mitglied des betreffenden Oligopols es in Wahrnehmung der gemeinsamen Interessen für möglich, wirtschaftlich vernünftig und daher ratsam hält, dauerhaft einheitlich auf dem Markt vorzugehen, um zu höheren als den Wettbewerbspreisen zu verkaufen, ohne zuvor eine Vereinbarung im Sinne von Artikel 81 EG [Art. 101 AEUV] treffen oder auf eine abgestimmte Verhaltensweise im Sinne dieser Vorschrift zurückgreifen zu müssen und ohne dass die tatsächlichen oder potenziellen Wettbewerber oder die Kunden und Verbraucher wirksam reagieren können."

210 EuGH, Urt. v. 10.7.2008, C-413/06 P - Slg. 2008 I-4951, Rn. 121, 122 - *Impala.*

gemeinsamen Marktbeherrschung für mehrere Unternehmen bei Vorliegen bestimmter Umsatzschwellen (Abs. 6). Abs. 5 nimmt eine gemeinsame Marktbeherrschung an, wenn zwischen den Unternehmen an sich kein wesentlicher Wettbewerb besteht (kein wesentlicher Binnenwettbewerb) und für die Gesamtheit der Unternehmen die Voraussetzungen des Abs. 1 erfüllt sind (kein wesentlicher Außenwettbewerb). Eine hohe Markttransparenz und ein wirksamer Sanktions- und Ausgleichsmechanismus sind wichtige Indizien für einen mangelnden Binnenwettbewerb auf der Grundlage impliziter Kollusion.[211] Zusammen mit dem Kriterium des mangelnden Außenwettbewerbs stellen diese beiden Kriterien die in der Entscheidung *Airtours* aufgestellten Voraussetzungen für eine gemeinsame Marktbeherrschung im Unionsrecht dar. Das *Airtours*-Urteil findet also mittelbar Eingang auch in das deutsche Recht.[212]

§ 18 Abs. 6 GWB vermutet je nach Anzahl der Unternehmen bei Vorliegen bestimmter Marktanteile (50% bzw. zwei Drittel) eine gemeinsame Marktbeherrschung. Sie gilt aufgrund des Grundsatzes der Unschuldsvermutung jedoch nicht für Kartellverfahren, welche zu Zwangs- oder Bußgeldern führen sollen.[213]

cc) Zusammenfassende Stellungnahme

Auch bei Unternehmenszusammenschlüssen in einem engen Oligopol sind die möglichen Auswirkungen auf den Wettbewerb für jeden Fall gesondert zu ermitteln. Eine unwiderlegliche[214] oder auch nur widerlegliche[215] Vermutung, dass bei einem Zusammenschluss von zwei Mitgliedern eines Oligopols mit mehr als zwei Mitgliedern Binnenwettbewerb ausgeschlossen ist, besteht nicht.[216] Bestehen aber schon Anzeichen für einen geschwächten Wettbewerb, sinken die Anforderungen an den Umfang der zusammenschlussbedingten

---

211 BGH, Beschl. v. 11.11.2008 - KVR 60/07 - NJW-RR 2009, 264, Rn. 39 - *E.ON/Stadtwerke Eschwege*; Bundeskartellamt, Sektoruntersuchung Kraftstoffe - Abschlussbericht Mai 2011, S. 49f.

212 Bundeskartellamt, Sektoruntersuchung Kraftstoffe - Abschlussbericht Mai 2011, S. 50.

213 *Kühnen* in: Loewenheim/Meessen/Riesenkampff/Kersting/Meyer-Lindemann, Kartellrecht, 3. Auflage, § 18 GWB, Rn. 118.

214 So aber RegE der 4. Kartellnovelle; siehe dazu: *Mestmäcker/Veelken* in: Immenga/Mestmäcker, Wettbewerbsrecht, 4. Auflage, Vorbemerkung zu § 35 GWB, Rn. 41f.

215 So aber der Entwurf des Wirtschaftsausschusses; siehe dazu: *Mestmäcker/Veelken* in: Immenga/Mestmäcker, Wettbewerbsrecht, 4. Auflage, Vorbemerkung zu § 35 GWB, Rn. 41f.

216 *Mestmäcker/Veelken* in: Immenga/Mestmäcker, Wettbewerbsrecht, 4. Auflage, Vorbemerkung zu § 35 GWB, Rn. 41f.

Verschlechterungen.[217] Zu beachten ist außerdem, dass das Entstehen oder die Verstärkung einer marktbeherrschenden Stellung nur ein hervorgehobenes Beispiel für eine zu erwartende Wettbewerbsbeschränkung darstellt. Eine Beschränkung ist auch auf andere Weise möglich.

2. *Unzulänglichkeit der Fusionskontrolle*

Die Kartellbehörden und Gerichte präferieren die Fusionskontrolle gegenüber anderen wettbewerbsrechtlichen Instrumenten, wenn es um die Verhinderung negativer Wirkungen durch implizite Kollusion geht.[218] Auch das Bundeskartellamt möchte zur Einschränkung des bewussten Parallelverhaltens und des damit verbundenen erhöhten Preisniveaus insbesondere auf eine strenge Zusammenschlusskontrolle zurückgreifen.[219]

Es wird dabei angenommen, dass die Verhinderung einer Marktstruktur, die die implizite Kollusion sowie die gemeinsame Marktbeherrschung begünstigt, in ausreichendem Umfang mit der Fusionskontrolle möglich sei.[220] Es sei zudem grundsätzlich besser, eine solche von Vornherein zu verhindern, als später auf deren Folgen zu reagieren.[221] Des Weiteren wird angenommen, dass strukturelle Maßnahmen das geeignete Instrument darstellten, um problematischen Marktstrukturen zu begegnen, und diese mit dem Instrument der Fusionskontrolle besser durchzusetzen seien als mit den Mitteln der Missbrauchs- und Kartellverbote.[222]

Die Fusionskontrolle kann aber nicht das vorherrschende oder gar einzige Mittel zur Begegnung der stillschweigenden Koordinierung auf engen oligopolistischen Märkten sein. Denn sie verhindert allein die Entstehung solcher Marktstrukturen und verändert eine bereits bestehende Marktstruktur nicht.

---

217 *Hirsbrunner/Hacker* in: Groeben, von der/Schwarze/Hatje, Europäisches Unionsrecht, FKVO, Rn. 364.

218 *Hawk/Motta*, 8th edition of the Treviso Conference on "Antitrust Between EC Law and National Law" 2008, 65, http://ssrn.com/abstract=1301693, zuletzt abgerufen am 6.1.2018; *Petit* in: Liannos/Geradin, The Oligopoly Problem in EU Competition Law, S. 43.

219 Bundeskartellamt, Sektoruntersuchung Kraftstoffe - Abschlussbericht Mai 2011, S. 139.

220 Vgl. *Petit* in: Liannos/Geradin, The Oligopoly Problem in EU Competition Law, S. 44.

221 Vgl. *Petit* in: Liannos/Geradin, The Oligopoly Problem in EU Competition Law, S. 44.

222 Beispiel für die Präferenz struktureller Maßnahmen: EuG, Urt. v. 25.3.1999, T-102/96, Rn. 210 - *Gencor*; vgl. *Petit* in: Liannos/Geradin, The Oligopoly Problem in EU Competition Law, S. 44.

Finden auf einem Markt keine Zusammenschlüsse statt, so hat das Instrument der Fusionskontrolle auch keinen Anknüpfungspunkt und bleibt wirkungslos. Dies ist vor dem Hintergrund, dass eine implizite Kollusion eher auf stabilen Oligopolmärkten auftritt, umso bedeutender.[223] Ferner vermag die Fusionskontrolle auch der zunehmenden Konzentration auf einem Markt durch internes Wachstum der Unternehmen nicht zu begegnen. Der Wettbewerbsprozess bringt es aber mitunter mit sich, dass ineffiziente Unternehmen aus dem Markt verdrängt werden und andere Unternehmen wachsen, sodass eine engere Marktstruktur entsteht. Dieser Tatsache kann die Zusammenschlusskontrolle nicht gerecht werden.[224]

Darüber hinaus stellt sich das Problem der impliziten Kollusion zunehmend auch auf Märkten, die kein Oligopol darstellen, wie im Zusammenhang mit den Preisalgorithmen noch dargestellt werden wird.[225] Hinsichtlich dieser ist die Fusionskontrolle selten einschlägig.

Es muss außerdem berücksichtigt werden, dass nicht bei jedem Vorliegen eines Oligopols von fehlendem Wettbewerb und impliziter Kollusion auszugehen ist. Damit kann eine zu strenge Fusionskontrolle mitunter, zum Beispiel durch eine unnötige Verhinderung von Synergieeffekten, auch kontraproduktiv sein.[226]

Es sind also weitere Instrumente erforderlich, um impliziter Kollusion auf engen oligopolistischen Märkten und dem damit verbundenen geringen Wettbewerb zu begegnen. Insbesondere resultiert diese Notwendigkeit aus der Tatsache, dass im Falle einer Marktmachtkonzentration ohne das Vorliegen eines Zusammenschlusses die Fusionskontrolle keine Anwendung finden kann. Es wird mitunter sogar von einer vorläufigen Immunität der Unternehmen gesprochen, sollte dieser Notwendigkeit nicht nachgekommen werden.[227]

II. Kartellverbot

Findet ein Parallelverhalten oder ein sonstiges gleichförmiges Verhalten von Wettbewerbern auf einem Markt statt, so entsteht häufig der Verdacht, dass eine verbotene wettbewerbsbeschränkende Vereinbarung oder eine aufeinander

---

223 *Petit* in: Liannos/Geradin, The Oligopoly Problem in EU Competition Law, S. 48f.

224 *Petit* in: Liannos/Geradin, The Oligopoly Problem in EU Competition Law, S. 50.

225 Siehe dazu S. 36ff.

226 *Jungermann*, Kollektive Marktbeherrschung durch interdependentes Parallelverhalten und deren Missbrauch, S. 30f., *Niels*, E.C.L.R. 2001, 168, 170.

227 *Petit* in: Liannos/Geradin, The Oligopoly Problem in EU Competition Law, S. 51.

abgestimmte Verhaltensweise zwischen den Unternehmen vorliegt. Da in den meisten Fällen eines gleichförmigen Verhaltens auf einem Oligopolmarkt keine Hinweise auf eine tatsächliche Kommunikation zwischen den Unternehmen bestehen, stellt sich die Frage, ob eine implizite Kollusion oder sogar bereits ein diese innewohnendes Beobachten der Wettbewerber ein abgestimmtes Verhalten im Sinne des Kartellverbotes darstellen und eine Wettbewerbsbeschränkung bewirken kann. Das Bundeskartellamt nahm im Rahmen der Sektoruntersuchung ohne weitere Ausführungen an, dass eine implizite Kollusion in Form einer parallelen Preissetzung nicht unter das Kartellverbot fällt.[228]

1. Implizite Kollusion als Kartellverstoß

a) Abgestimmte Verhaltensweise

aa) Allgemeine Definition der abgestimmten Verhaltensweise

Die Alternative der abgestimmten Verhaltensweise stellt einen Auffangtatbestand im Rahmen des Kartellverbots dar.[229] Die Rechtsprechung[230] sowie die herrschende Lehre[231] fordern für eine abgestimmte Verhaltensweise keine Willensübereinstimmung, sondern lediglich eine willentliche Kommunikation bzw. eine Fühlungnahme zwischen den Unternehmen. Nach dem EuGH muss diese eine praktische Zusammenarbeit bewusst an die Stelle der mit dem Wettbewerb verbundenen Risiken treten lassen.[232] Danach setzt der EuGH basierend auf dem Selbstständigkeitspostulat in dieser Definition der abgestimmten Verhaltensweise für eine solche eine Risikominimierung voraus, sodass das Wettbewerbsrisiko durch die Fühlungnahme der Unternehmen untereinander verringert wird.[233] Das zu verringernde Wettbewerbsrisiko besteht typischerweise darin,

---

228 Bundeskartellamt, Sektoruntersuchung Kraftstoffe - Abschlussbericht Mai 2011, S. 81.

229 *Lübbig* in: Wiedemann, Kartellrecht, § 8, Rn. 12; *Emmerich* in: Immenga/Mestmäcker, Art. 101 AEUV, Rn. 85.

230 z.B. EuGH, Urt. v. 14.7.1972, Rs. 48/69 - Slg. 1972, 619, Rn. 64/67 - *ICI*; EuGH, Urt. v. 31.3.1993, verb. Rs. C89/85 u.a Slg. 1993, I-1307, Rn. 63 - *Ahlström (Zellstoff II).*

231 z.B. *Zimmer* in: Immenga/Mestmäcker, Wettbewerbsrecht, § 1 GWB, Rn. 91ff.; *Grave/Nyberg* in: Loewenheim/Meessen/Riesenkampff/Kersting/Meyer-Lindemann, Kartellrecht, 3. Auflage, Art. 101 AEUV, Rn. 230; *Bechtold/Bosch/Brinker* in: Bechtold/Bosch/Brinker, EU-Kartellrecht, Art. 101 AEUV, Rn. 54.

232 EuGH, Urt. v. 14.7.1972, Rs. 48/69 - Slg. 1972, 619, Rn. 64/67 - *ICI*; EuGH, Urt. v. 31. 3. 1993, verb. Rs. C89/85 u.a Slg. 1993, I-1307, Rn. 63 - *Ahlström (Zellstoff II).*

233 *EuGH*, Urt. v. 14.7.1972, C-48/69 - Slg. 1972, 619, Rn. 121/123 - *ICI*; EuG, Urt. v. 29.6.1995, T-30/91 - Slg. 1995, II-177, Rn. 66 - *Solvay*; EuGH, Urt. v. 31.3.1993, verb. Rs. C-89/85 u.a. - Slg. 1993, I-1307, Rn. 64, 126 - *Ahlström (Zellstoff II).*

dass die Wettbewerber einem Unternehmen nicht folgen, wenn es Wettbewerbsparameter zu Lasten der Marktgegenseite ändert, und es selbst nicht folgen kann, wenn die Wettbewerber ihre Parameter zu Gunsten der Marktgegenseite ändern.[234]

Es sei außerdem eine gewisse Koordinierung der Wettbewerber erforderlich.[235] Für den EuGH sind demnach die Elemente der Koordinierung und der Zusammenarbeit in Anlehnung an die Alternative der Vereinbarung entscheidend.[236] Laut des EuGH reicht ein bloßes einseitiges Verhalten nicht aus, ohne dass eine vorherige zweiseitige Fühlungnahme stattgefunden hat. Verboten sei jede Fühlungnahme zwischen Unternehmen mit dem Ziel oder der Wirkung, andere über das eigene geplante Verhalten zu informieren oder das Verhalten der anderen zu beeinflussen, um so die Risiken des autonomen unternehmerischen Verhaltens im Wettbewerb auszuschalten.[237]

bb) Implizite Kollusion als abgestimmte Verhaltensweise in der Rechtsprechung

Es stellt sich die Frage, ob eine implizite Kollusion diese Anforderungen erfüllt. Nach der derzeitigen Rechtsprechung und der herrschenden Meinung unterfällt implizite Kollusion nicht dem Kartellverbot.[238] In diesem Zusammenhang wird, wie oben erläutert, der Begriff des bewussten Parallelverhaltens gerade in

---

234 *Enchelmaier*, Europäische Wettbewerbspolitik im Oligopol, S. 86.

235 EuGH U. v. 14.7.1972, C-48/69 - Slg. 1972, 619, Rn. 64/67 - *ICI*; *Grave/Nyberg* in: Loewenheim/Meessen/Riesenkampff/Kersting/Meyer-Lindemann, Kartellrecht, 3. Auflage, Art. 101 AEUV, Rn. 229.

236 EuGH, Urt. v. 28.5.1998, C-7/95P - Slg. 1998, I 3138, 3162f., Rn. 86 - *John Deere.*

237 Grundlegend die sog. Farbstoffurteile: u.a. EuGH, Urt. v. 14.7.1972, Rs. 48/69 - Slg. 1972, 619, 658ff. - *ICI;* EuGH, Urt. v. 14.7.1972, Rs. 49/69 - Slg. 1972, 713, 733ff. - *BASF;* EuGH, Urt. v. 14.7.1972, Rs. 51/69 - Slg. 1972, 745, 774ff. - *Bayer;* EuGH Urt. v. 14.7.1972, Rs. 52/69 - Slg. 1972, 787, 829ff. - *Geigy;* weitere Urteile aufgeführt in *Zimmer* in: Immenga/Mestmäcker, EU-Wettbewerbsrecht, Art. 101 AEUV, Rn. 89 Fn. 254.

238 z.B. EuGH, Urt. v. 16.12.1975, verb. Rs. 40-48, 50/73 u.a. - Slg 1975, 1663, 1965 - *Suiker Unie*; EuGH, Urt. v. 14.7.1981, Rs. 172/80 - Slg 1981, 2021, Rn 14 - *Züchner*; EuGH, Urt. v. 28.5.1998, Rs. C-7/95P - Slg 1998, I-3111, Rn 86-92 - *John Deere*; EuGH, Urt. v. 14.7.1972, Rs.48/69 - Slg. 1972, 619 - *ICI*; *Schröter/ Voet van Vormizeele* in: Groeben, von der/Schwarze/Hatje, Europäisches Unionsrecht, Art. 101 AEUV, Rn. 60, 66; *Emmerich* in: Immenga/Mestmäcker, EU-Wettbewerbsrecht, Art. 101 AEUV, Rn. 93; *Bechtold/Bosch/Brinker* in: Bechtold/Bosch/Brinker, EU-Kartellrecht, Art. 101 AEUV, Rn. 54.

Abgrenzung zur abgestimmten Verhaltensweise genutzt. Fraglich ist aber, ob der Ausschluss dieser Art der Anpassung berechtigt ist. Bei impliziter Kollusion liegt zwar lediglich ein „Anpassen mit wachen Sinnen" im Sinne der Rechtsprechung[239] und kein Anpassen durch Zusammenarbeit vor. Dagegen gleichen die Folgen für das Preisniveau und damit die Konsumentenwohlfahrt denjenigen der wettbewerbsbeschränkenden Verhaltensweisen, die von dem Kartellverbot unstreitig erfasst sind. So kommt es auch bei einem bloßen „Anpassen mit wachen Sinnen" zu Preisen über dem Wettbewerbspreis und damit zu einer nicht optimalen Allokation der Ressourcen sowie negativen Folgen für die Konsumentenwohlfahrt.[240]

Sollte implizite Kollusion tatsächlich nicht als abgestimmte Verhaltensweise anzusehen sein, ist zu bewerten, ob ein Parallelverhalten zusammen mit sogenannten Plusfaktoren, als Indiz für eine Abstimmung zu sehen sein kann.

Vorab soll knapp die Entwicklung der amerikanischen Rechtsprechung sowie der Rechtsprechung der Unionsgerichte dazu dargestellt und hinterfragt werden, um einen Vergleich anstellen zu können.

(1) Entwicklung in den USA

Ein Überblick über die Rechtslage in den USA vor einer Auseinandersetzung mit der europäischen und nationalen Rechtslage ist sinnvoll, da es im amerikanischen Recht zunächst Ansätze gab, implizite Kollusion unter Art. 1 Sherman Act, der das Kartellverbot regelt und der ebenfalls eine Koordinierung voraussetzt, fallen zu lassen. Es ist daher von Interesse zu untersuchen, welche Argumente die Gerichte und die Wissenschaft bewogen haben, ihre Meinung zu ändern.

Art. 1 Sherman Act nennt als vom Tatbestand erfasstes Verhalten jeden Vertrag („*contract*"), jede Verbindung („*combination*") und jede Verschwörung („*conspiracy*") zur Beschränkung des Handels („*restraint of trade*"). Ob eine implizite Kollusion zwischen Wettbewerbern als eine Verschwörung anzusehen ist, war längere Zeit von dem US Supreme Court nicht abschließend beantwortet worden. Bis zur Entscheidung *Theatre Enterprises*[241] aus dem Jahr 1954 konnte die Rechtsprechung des Supreme Courts und der unteren Gerichte durchaus so

---

239 EuGH, Urt. v. 28.5.1998, C-7/95 - Slg. 1998 I 3138, 3162 f., Rn. 87 - *John Deere;* EuGH, Urt. v. 16.12.1975, verb. Rs. 40/73 u.a. - Slg.1975, 1663, 1965, Rn. 174 - *Suiker Unie u.a.*; EuGH, Urt. v. 14.7.1981, Rs. 172/80 - Slg. 1981, 2021, 2035, Rn. 14 - *Züchner.*

240 *Posner*, Stan. L. Rev. 1969, 1562, 1578.

241 Theatre Enterprises Inc. v. Paramount Film Distributing Corp. et. Al, US Supr. Crt., 346 U.S. 537 (1954).

verstanden werden, dass wettbewerbsbeschränkende implizite Kollusion *per se* verboten sein soll.[242] Der Supreme Court traf im Rahmen des Urteils *Interstate Circuit*[243] im Jahr 1939 folgende Aussage: „*(i)t is elementary that an unlawful conspiracy may be and often is formed without simultaneous action or agreement on the part of the conspirators.*"[244]

Es folgte der Fall *American Tabacco*[245] aus dem Jahr 1946, in welchem der Supreme Court weniger klare Worte wählte. Zwischen den Jahren 1930 und 1940 hatten sich die drei führenden Produzenten von Zigaretten und Tabakwaren in Bezug auf die Preispolitik gleichartig verhalten. Es gab aber keinen Hinweis darauf, dass zwischen ihnen auch nur eine mittelbare Kommunikation stattgefunden hat. Die Gerichte schlossen daraus auf eine wettbewerbsbeschränkende Kooperation. Der US Supreme Court schloss die Entscheidung mit den Worten: „*Where the circumstances are such as to warrant a jury in finding that the conspirators had a unity of purpose or a common design and understanding, or a meeting of minds in an unlawful arrangement, the conclusion that a conspiracy is established is justified.*"[246]

Diese Aussage kann einerseits meinen, dass es in dem vorliegenden Fall keine andere Erklärung für das Parallelverhalten außer eine Vereinbarung gab. Die Aussage kann andererseits aber auch als Verzicht auf das Erfordernis einer Vereinbarung im eigentlichen Sinne gesehen werden, sodass bereits implizite Kollusion als *conspiracy* genügen würde.[247] Die zweite Variante würde der später im Jahr 1948 von der Federal Trade Commission verabschiedeten Richtlinie[248] entsprechen, der zufolge gegen implizite Kollusion auch bei Fehlen jeder Absprache einzuschreiten sei, weil dieses zu den gleichen wirtschaftlichen Ergebnissen führe wie eine Absprache.

In der Entscheidung *Theatre Enterprises*[249] stellt der Supreme Court dann jedoch klar, dass ein bloßes bewusstes Parallelverhalten keine „*conspiracy*"

---

242 *Zohlnhöfer*, Wettbewerbspolitik im Oligopol, S. 192.

243 Interstate Circuit, Inc. v. US, U.S. Supr. Crt., 306 U.S. 208 (1939).

244 Interstate Circuit, Inc. v. US, U.S. Supr. Crt., 306 U.S. 208, 227 (1939).

245 American Tabacco Co. v. US., US Supr. Crt., 328 U.S. 781 (1946).

246 American Tabacco Co. v. US., US Supr. Crt., 328 U.S. 781, 810 (1946).

247 *Jungermann*, Kollektive Marktbeherrschung durch interdependentes Parallelverhalten und deren Missbrauch, S. 60

248 Federal Trade Commission, Notice to the Staff in re: Commission Policy toward Geographie Pricing Practices (12.10.1948) zitiert in *Trimarchi*, GRUR Int 1970, 311, 311, 313.

249 Theatre Enterprises Inc. v. Paramount Film Distributing Corp. et. Al, US Supr. Crt., 346 U.S. 537 (1954).

darstellen kann. „*(The US Supreme Court) has never held that proof of parallel business behaviour conclusively establishes agreement (...); but conscious parallelism has not yet read conspiracy out of the Sherman Act entirely.*"[250] Bei der Entscheidungsbegründung war ausschlaggebend, dass es einleuchtende wirtschaftliche Gründe für das Parallelverhalten gab.[251] Obwohl ein bewusstes Parallelverhalten laut dem Supreme Court nicht als Beweis für eine Verschwörung ausreichen soll, so spielt es doch eine wichtige Rolle bei der Feststellung einer solchen.[252] Es müssen neben dem Parallelverhalten für die Annahme einer Verschwörung noch weitere auf eine solche hinweisende Faktoren („*plus factors*") hinzutreten.[253]

Nach der aktuellen Rechtsprechung kann somit ein Parallelverhalten plus weitere Faktoren durchaus zu der Annahme einer Verschwörung führen. Die Plusfaktoren überbrücken also im amerikanischen Recht die konzeptionelle Lücke zwischen bewusstem Parallelverhalten und dem Tatbestandsmerkmal der Verschwörung.[254] Es existiert jedoch weder eine abschließende Liste der in Frage kommenden Faktoren noch eine Regel, wie die einzelnen Faktoren untereinander zu gewichten sind.[255]

---

250 Theatre Enterprises Inc. v. Paramount Film Distributing Corp. et. Al, US Supr. Crt., 346 U.S. 537, 541 (1954).

251 *Jungermann*, Kollektive Marktbeherrschung durch interdependentes Parallelverhalten und deren Missbrauch, S. 61.

252 *Jungermann*, Kollektive Marktbeherrschung durch interdependentes Parallelverhalten und deren Missbrauch, S. 63.

253 U.a. Naumkeag Theaters Co. v. Paramount Film Dist. Corp., US Crt. of App., 345 F.2d 910, 911f. (1st Cir. 1963); für weitere Entscheidungen s. *Jungermann*, Kollektive Marktbeherrschung durch interdependentes Parallelverhalten und deren Missbrauch, S. 64 Fn. 260.

254 *Simonetti*, Vand. L. Rev. 1977, 1227, 1231; *Dibadj*, San Diego Law Review 2010, 589, 597f.

255 *Jungermann*, Kollektive Marktbeherrschung durch interdependentes Parallelverhalten und deren Missbrauch, S. 64; Für eine Übersicht über die wichtigsten Faktoren s. *Jungermann*, Kollektive Marktbeherrschung durch interdependentes Parallelverhalten und deren Missbrauch, S. 64ff.

(2) Europarechtliche und nationale Entwicklung

(a) Rechtsprechung des Gerichtshofs der Europäischen Union

Der Gerichtshof der Europäischen Union, insbesondere der EuGH, hat in zahlreichen Urteilen einen ähnlichen Weg wie der US Supreme Court verfolgt. Nachfolgend sollen die wichtigsten Entscheidungen knapp dargestellt werden.

In der Entscheidung *ICI*[256], Teil der sog. Farbstoff-Urteile, definierte der EuGH die abgestimmte Verhaltensweise als „Form der Koordinierung zwischen Unternehmen [...], die zwar noch nicht bis zum Abschluss eines Vertrages im eigentlichen Sinn gediehen ist, jedoch bewusst eine praktische Zusammenarbeit an die Stelle des mit Risiken verbundenen Wettbewerbs treten lässt"[257]. Diese Definition ist noch heute für die Rechtsprechung und die Kartellbehörden maßgeblich.

Der EuGH ging im Rahmen dieses Falles erstmals auf das Phänomen des Parallelverhaltens ein. Die siebzehn betroffenen Unternehmen der Farbproduktionsbranche erklärten ein dreimaliges paralleles Erhöhen der Preise in mehreren getrennten Märkten ohne Rücksicht auf die Eigenarten der verschiedenen Märkte mit der vorhandenen oligopolistischen Marktstruktur. Der EuGH stellte daraufhin klar, dass „zwar [...] ein Parallelverhalten für sich allein noch nicht mit einer abgestimmten Verhaltensweise gleichzusetzen [ist], doch kann es ein wichtiges Indiz für eine solche darstellen, wenn es zu Wettbewerbsbedingungen führt, die im Hinblick auf die Art der Ware, die Bedeutung und Anzahl der beteiligten Unternehmen sowie den Umfang des in Betracht kommenden Marktes nicht den normalen Marktbedingungen entsprechen".[258] Mit dieser Aussage hatte der EuGH das bewusste Parallelverhalten noch nicht ausdrücklich von dem Begriff der abgestimmten Verhaltensweise ausgeschlossen und es wäre vertretbar, ein bewusstes Parallelverhalten basierend auf einer Reaktionsverbundenheit unter diese Bedingungen des EuGH zu subsumieren[259].

Eine weitere Aussage des EuGH widerspricht jedoch diesem weiten Verständnis des Urteils. Laut des Gerichts „[steht es] zwar [...] jedem Hersteller frei, seine Preise nach Belieben zu ändern und hierbei dem gegenwärtigen oder vorhersehbaren zukünftigen Verhalten seiner Konkurrenten Rechnung zu tragen, doch

---

256 EuGH, Urt. v. 14.7.1972, C- 48/69 - Slg. 1972, 619 - *ICI.*

257 EuGH, Urt. v. 14.7.1972, Rs. 48/69 - Slg. 1972, 619, Rn. 64/67 - *ICI*; EuGH, Urt. v. 31.3.1993, verb. Rs. C89/85 u.a. - Slg. 1993, I-1307, Rn. 63- *Ahlström (Zellstoff II).*

258 EuGH, Urt. v. 14.7.1972, C-48/69 - Slg. 1972, 619, Rn. 64/67 - *ICI.*

259 Vgl. *Jungermann*, Kollektive Marktbeherrschung durch interdependentes Parallelverhalten und deren Missbrauch, S. 34.

verstößt es gegen die Wettbewerbsregeln des Vertrages, wenn ein Hersteller mit seinen Konkurrenten - in welchem Form auch immer - zusammenwirkt, um [...} ein koordiniertes Vorgehen festzulegen und den Erfolg [...] dadurch zu sichern, dass im Voraus hinsichtlich wesentlicher Faktoren dieses Vorgehens [...] jede Unsicherheit über das wechselseitige Verhalten beseitigt wird."[260]

Diese Aussage deutet daraufhin, dass der EuGH eine bloße implizite Kollusion unter Einbeziehung des zukünftigen und gegenwärtigen Verhaltens der Konkurrenten als normale Marktbedingung ansieht und das Vorliegen einer abgestimmten Verhaltensweise in einem solchen Fall verneint. Der EuGH untersuchte daher, ob sich das gleichförmige Verhalten allein mit den speziellen Marktverhältnissen erklären ließ. Nur wenn dies nicht der Fall sei, könne das Parallelverhalten als Indiz für ein abgestimmtes Verhalten zu sehen sein.[261]

Hinsichtlich dieses konkreten Falls befand der EuGH, dass die herrschenden Marktverhältnisse ein bewusstes Parallelverhalten ohne Abstimmung gerade nicht ermöglicht hätten und damit das Parallelverhalten ein Indiz für eine Abstimmung darstelle.[262] Der EuGH gab damit aber der Auffassung der Beklagten, dass ein bloßes Parallelverhalten nicht den Tatbestand des Art. 101 AEUV erfülle, wenn es nur einem rationalen Verhalten auf einem Markt mit Interdependenz entspreche, indirekt Recht.[263]

In dem Fall *Suiker Unie u.a.*[264] verfolgte der EuGH diese Linien weiter, indem er feststellte, „dass das Selbstständigkeitspostulat nicht das Recht der Unternehmen beseitigt, sich dem festgestellten oder erwarteten Verhalten ihrer Mitbewerber mit wachem Sinn anzupassen"[265].

Auch in dem Urteil *CRAM/Rheinzink*[266] bekräftigt der EuGH seine Aussage, dass einem Parallelverhalten nur dann Indizwirkung für eine abgestimmte Verhaltensweise zugesprochen werden kann, wenn es keine andere plausible Erklärung insbesondere in Form der Interdependenz gibt.[267]

---

260 EuGH, Urt. v. 14.7.1972, C-48/69 - Slg. 1972, 619, Rn. 104/109, 115/119 - *ICI.*

261 *Jungermann*, Kollektive Marktbeherrschung durch interdependentes Parallelverhalten und deren Missbrauch, S. 34f.

262 EuGH, Urt. v. 14.7.1972, C-48/69 - Slg. 1972, 619, Rn. 104/109, 110/114 - *ICI.*

263 *Petit* in: Liannos/Geradin, The Oligopoly Problem in EU Competition Law, S. 28.

264 EuGH, Urt. v. 16.12.1974, verb. Rs. C-40 u.a./73 - Slg. 1975, 1663 - *Suiker Unie u.a.*

265 EuGH, Urt. v. 16.12.1974, verb. Rs. C-40 u.a./73 - Slg. 1975, 1663, Rn. 173/174 - *Suiker Unie u.a.*

266 EuGH, Urt. v. 28.3.1984, verb. Rs. C-29 f./83 - Slg. 1984, 1679 - *CRAM/Rheinzink.*

267 EuGH, Urt. v. 28.3.1984, verb. Rs. C-29 f./83 - Slg. 1984, 1679, Rn. 16 - *CRAM/Rheinzink.*

Eine ausdrückliche Bestätigung der in den vorhergehenden Urteilen eingeschlagenen Rechtsprechung erfolgte in der Entscheidung *Ahlström*[268] von 1993. Auf dem Markt für *Wood Pulp* hatte es zwischen 1975 und 1981 unter einer Vielzahl von Unternehmen parallele Verhaltensweisen gegeben, aber Beweise für eine Abstimmung lagen nicht vor. Die Europäische Kommission bejahte dennoch das Vorliegen einer abgestimmten Verhaltensweise, da es von einem Informationsaustausch zwischen den Wettbewerbern ausging und mangels eines engen Oligopols ein bewusstes Parallelverhalten ausschloss.[269]

Der EuGH hob jedoch die Kommissionsentscheidung auf und erläuterte: "In Hinblick auf die Entscheidung über den Beweiswert [...] ist darauf hinzuweisen, dass ein Parallelverhalten nur dann als Beweis für eine Abstimmung angesehen werden kann, wenn es sich nur durch die Abstimmung einleuchtend erklären lässt. Denn [Art. 81 EG] verbietet zwar jede Form der heimlichen Absprache, die geeignet ist, den Wettbewerb zu verfälschen; er beseitigt aber nicht das Recht der Unternehmen, sich dem festgestellten oder erwarteten Verhalten ihrer Konkurrenten auf intelligente Weise anzupassen."[270]

Das Gericht erkannte in dem Vorbringen einer Partei, dass das parallele Verhalten auf die oligopolistische Marktstruktur zurückzuführen ist, ein Verteidigungsmittel („*oligopoly defense*").[271] Die Europäische Kommission hat demnach also zu beweisen, dass das Parallelverhalten außer mit einer Abstimmung nicht zu erklären ist.[272]

(b) Indizwirkung und Plusfaktoren

Aus der dargestellten Rechtsprechung wird deutlich, dass einem gleichförmigen Verhalten, insbesondere in Form einer parallelen Preissetzung, zwar eine Indizwirkung zugesprochen wird. Es könne jedoch ohne das Hinzutreten weiterer Indizien, den sog. Plusfaktoren, nicht als hinreichende Beweisgrundlage dienen, da dieses auch auf die Interdependenz auf dem Markt bzw. auf den „Marktzwang" zurückzuführen sein kann.[273] Zu diesen Plusfaktoren werden insbesondere

---

268 EuGH, Urt. v. 31.3.1993, verb. Rs. C-89/85 u.a. - Slg. 1993, I-1307 - *Ahlström (Zellstoff)*.

269 Komm., Entsch. v. 19.12.1984, 85/202/EWG - ABl. Nr. L 85 vom 26.3.1985, S. 1.

270 EuGH, Urt. v. 31.3.1993, verb. Rs. C-89/85 u.a. - Slg. 1993, I-1307, Rn. 71 - *Ahlström (Zellstoff)*.

271 Vgl. *Petit* in: Liannos/Geradin, The Oligopoly Problem in EU Competition Law, S. 30.

272 *Wish*, Competition Law, S. 554.

273 Vgl. *Chang*, Abgestimmtes Verhalten im amerikanischen, europäischen und deutschen Kartellrecht, S. 139.

Verhaltensweisen gezählt, die eine Form des Informationsaustauschs darstellen.[274] Führt die umfassende Würdigung der zusätzlichen Faktoren dazu, dass sich das Parallelverhalten ohne eine Abstimmung nicht plausibel erklären lässt, wird eine Abstimmung angenommen.[275] Die Rechtsprechung sieht sich also weniger dem Problem der Definition des abgestimmten Verhaltens als dem Problem des Nachweises eines abgestimmten Verhaltens ausgesetzt.[276]

(c) Fazit

Aus den dargestellten Entscheidungen des Gerichtshofs der Europäischen Union wird deutlich, dass implizite Kollusion mangels einer geforderten Fühlungnahme bzw. bewussten Koordinierung zwischen den Unternehmen nicht als abgestimmte Verhaltensweise im Sinnen des Kartellverbots angesehen wird. Auch auf nationaler Ebene folgt die Rechtsprechung[277] dieser Ansicht. So stellt der BGH zum Beispiel in der Entscheidung zur Sache *Mustermietvertrag* fest: „(D) ie Vorschriften des § 1 GWB und § 25 Abs. 1 GWB (erfassen) ein gleichförmiges Verhalten von Marktteilnehmern als solches noch nicht (…), selbst wenn es sich um ein bewusstes Parallelverhalten handelt."[278]

cc) Stellungnahme zur Rechtsprechung

Es ist fraglich, ob diesem Verständnis des Merkmals der abgestimmten Verhaltensweise und damit dem Ausschluss impliziter Kollusion vom Kartellverbot zu folgen ist. In der Rechtsprechung und Literatur werden verschiedene Argumente gegen die Einstufung d impliziter Kollusion als abgestimmte Verhaltensweise angeführt. Nachfolgend soll bewertet werden, ob die angeführten Gründe tatsächlich der Anwendung des Kartellverbots entgegenstehen oder entkräftet werden können.

---

274 *Emmerich* in: Immenga/Mestmäcker, EU-Wettbewerbsrecht, Art. 101 AEUV, Rn. 101.

275 EuGH, Urt. v. 28.03.1984, verb. Rs. C-29 f./83 - Slg. 1984, 1679, Rn. 16 - *CRAM/Rheinzink*; EuGH; Urt. v. 31.3.1993, verb. Rs. C-89/85 u.a. - Slg. 1993, I-1307 - *Ahlström (Zellstoff)*; *Roth/Ackermann* in:Frankfurter Kommentar, Band II, (Lfg. 67), Art. 81 Abs. 1 EG, Rn. 215, 217; *Filippelli*, Collective Dominance and Collusion, S. 83.

276 Vgl. *Zimmer*, ZHR 1990, 470, 471; siehe dazu S. 95f.

277 BGH, Beschl. v. 22.3.1994, KVR 23/93, BGHZ 125, 315 - *Mustermietvertrag*; KG, v. 1.7.1983, Kart. 19/82 - WuW 1984, 233 - *Morris/Rothmans.*

278 BGH, Beschl. v. 22.3.1994, KVR 23/93, Rn. 15 - BGHZ 125, 315, 319 - *Mustermietvertrag.*

(1) Kein Verbot rationalen Verhaltens

Es wird vielfach argumentiert, dass eine implizite Kollusion nicht verboten sein dürfe, da sie lediglich ein rationales Verhalten der Unternehmen darstelle und die Marktgesetze befolge.[279] Die Oligopolisten verhielten sich in gleicher Weise wie Unternehmen auf einem Polypolmarkt. Sie berücksichtigten nur das Verhalten der Wettbewerber, um den maximalen Preis auf dem Markt zu bestimmen.[280] Man könne diese deswegen nicht zwingen, sich irrational und weniger klug zu verhalten. Der Marktzwang erlaube es ihnen gerade nicht, sich anders zu verhalten.[281] Es sei außerdem anerkannt, dass das bloße Fordern eines Monopolpreises für sich genommen nicht gegen gesetzliche Bestimmungen verstoße. Daher könne auch erst recht das Fordern eines Oligopolpreises allein keinen Gesetzesverstoß darstellen.[282]

Diese Argumentation kann bei genauerer Betrachtung nicht überzeugen. Es ist zwar zutreffend, dass es nach den Gesetzen des Oligopolmarktes häufig zu einer individuellen Gewinnmaximierung über eine gemeinsame Gewinnmaximierung kommt, und es daher aus Sicht des Oligopolisten nicht nachvollziehbar wäre, wenn er sich bei dieser gemeinsamen Gewinnmaximierung enthalten würde.[283] Jedoch wäre dann folgerichtig auch eine explizite Kartellabsprache vernünftig und ökonomisch vorteilhaft für das Unternehmen. Dennoch wird an einem Verbot einer solchen Verhaltensweise grundsätzlich nicht gezweifelt.[284] Ebenso wird nicht gefordert, dass der Tatbestand des Missbrauchs einer marktbeherrschenden Stellung abgeschafft werden sollte, weil das marktbeherrschende Unternehmen rational handelt.[285] Es sollen der Wettbewerb sowie die Konsumentenwohlfahrt und nicht die Unternehmen geschützt werden.

Ferner gibt es auch auf einem Oligopolmarkt durchaus Gründe für ein Abweichen vom gleichförmigen Verhalten, sodass dieses keineswegs generell als irrational dargestellt werden kann.[286] Würde implizite Kollusion unter das Kartellverbot fallen, läge in der Gefahr der Verfolgung durch Kartellrechtsbehörden

---

279 *Jungermann*, Kollektive Marktbeherrschung durch interdependentes Parallelverhalten und deren Missbrauch, S. 40.

280 *Turner*, Harv.L.Rev. 1962, 655, 666.

281 Vgl. *Enchelmaier*, Europäische Wettbewerbspolitik im Oligopol, S. 81.

282 *Turner*, Harv.L.Rev. 1962, 655, 667f.

283 *Jungermann*, Kollektive Marktbeherrschung durch interdependentes Parallelverhalten und deren Missbrauch, S. 40.

284 Im Ergebnis: *Filippelli*, Collective Dominance and Collusion, S. 224.

285 *Petit* in: Liannos/Geradin, The Oligopoly Problem in EU Competition Law, S. 19.

286 *Posner*, Stan. L. Rev. 1969, 1562, 1591.

außerdem gerade ein weiterer Anreiz zu kompetitivem Preissetzungsverhalten vor.[287]

Zudem ist es zwar richtig, dass Zwang eine Abstimmung ausschließt[288], den Wettbewerbern bleibt jedoch in der Regel mehr als eine Verhaltensmöglichkeit, denn der Markt zwingt sie nicht dazu, eine gemeinsame Gewinnmaximierung anzustreben. Sie können sich entscheiden aus dem gleichförmigen Verhalten auszubrechen und versuchen ihren Kundenstamm durch eine Preisreduzierung zu vergrößern.[289]

(2) Fühlungnahme der Unternehmen

Wie soeben erörtert, fordert die herrschende Meinung in Literatur, Rechtsprechung und auf Behördenebene für die Bejahung einer Abstimmung im Sinne des Begriffs der abgestimmten Verhaltensweise eine Fühlungnahme bzw. bewusste Zusammenarbeit zwischen Unternehmen. Diese Prämisse ist zunächst zu hinterfragen. Im Anschluss wird zu untersuchen sein, ob diese Voraussetzung durch das bewusste Parallelverhalten erfüllt sein könnte.

(a) Erforderlichkeit einer Fühlungnahme

Um zu ermitteln, ob das Kartellverbot tatsächlich eine Form der Fühlungnahme bzw. bewusste Zusammenarbeit zwischen den Unternehmen voraussetzt, wird der Begriff der „abgestimmten Verhaltensweise“ mit den juristischen Auslegungsmethoden analysiert, um anschließend die Anforderungen, die mit diesem Begriff einhergehen, zu untersuchen.

Eine historische Auslegung bleibt im Rahmen des EG-Vertrags bzw. des AEUV mangels Materialien, aus denen ein einheitlicher Wille der Mitgliedstaaten hervorgeht, verwehrt.[290] Auch den ursprünglichen deutschen Gesetzesmaterialien zu § 25 Abs. 1 GWB kommen aufgrund der Nachbildung des Art. 101 AEUV durch § 1 GWB mit dem Ziel der Vereinheitlichung der Handhabung von horizontalen Kartellen auf nationaler und EU-Ebene keine entscheidende Bedeutung zu.[291]

---

287 *Posner*, Stan. L. Rev. 1969, 1562, 1591f.

288 *Enchelmaier*, Europäische Wettbewerbspolitik im Oligopol, S. 81.

289 *Turner*, Harv.L.Rev. 1962, 655, S. 1562, 1571; *Petit* in: Liannos/Geradin, The Oligopoly Problem in EU Competition Law, S. 20.

290 Vgl. *Jungermann*, Kollektive Marktbeherrschung durch interdependentes Parallelverhalten und deren Missbrauch, S. 37.

291 *Jungermann*, Kollektive Marktbeherrschung durch interdependentes Parallelverhalten und deren Missbrauch, S. 37f. Fn. 125.

Schaut man allein auf den deutschen Wortlaut der beiden Vorschriften, so könnte man annehmen, dass eine Fühlungnahme bzw. eine bewusste Zusammenarbeit keine Voraussetzung für eine abgestimmte Verhaltensweise ist.[292] Insbesondere wurde in den deutschen Fassungen das Wort „aufeinander" und nicht „miteinander" verwendet worden. Nur letzteres setzt nach dem gängigen Sprachverständnis eine echte Kooperation voraus.[293] Außerdem kann ein Aufeinanderabstimmen bereits dann gegeben sein, wenn jeder sein Verhalten von dem Verhalten der anderen abhängig macht.[294] Anderseits lässt sich das Wort „aufeinander" auch als eine Forderung nach Wechselbezüglichkeit verstehen.[295]

Andere Sprachfassungen von Art. 101 Abs. 1 AEUV („*concerted practices*"; „*pratiques concertées*"; „*pratiche concordate*"; „*practicas concertadas*") weisen eher auf ein Erfordernis der Gegenseitigkeit und Gemeinsamkeit hin.[296]

Allein die Auslegung des Wortlauts der Vorschriften führt also nicht zu einer befriedigenden Aussage, unter welchen Voraussetzungen ein abgestimmtes Verhalten vorliegt, obwohl der Blick auf die anderen Sprachfassungen für das Erfordernis einer Kommunikation zwischen den Unternehmen spricht.

Es muss folglich auch auf die anderen Auslegungsmethoden zurückgegriffen werden.[297]

Das Tatbestandsmerkmal der abgestimmten Verhaltensweise ist unter Berücksichtigung der Tatbestandssystematik und damit der anderen Tatbestandsalternativen „Vereinbarungen" und „Beschlüsse von Unternehmensvereinigungen" zu beurteilen.[298] Hinsichtlich der anderen beiden Alternativen ist die Voraussetzung einer Verhaltensabstimmung zwischen den Unternehmen unumstritten. Da die Tatbestandsalternative der abgestimmten Verhaltensweise einen Auffangtatbestand darstellen soll[299] und oftmals nur schwer von einer Vereinbarung

292 *Zimmer* in: Immenga/Mestmäcker, Wettbewerbsrecht, § 1 GWB, Rn. 97; *Jungermann*, Kollektive Marktbeherrschung durch interdependentes Parallelverhalten und deren Missbrauch, S. 37.

293 *Zimmer*, ZHR 1990, 470, 483f.

294 *Zimmer*, ZHR 1990, 470, 483f.

295 *Enchelmaier*, Europäische Wettbewerbspolitik im Oligopol, S. 86.

296 Vgl. *Lettl*, WuW, 2017, 422, 425.

297 Vgl. *Jungermann*, Kollektive Marktbeherrschung durch interdependentes Parallelverhalten und deren Missbrauch, S. 37.

298 *Emmerich* in: Immenga/Mestmäcker, EU-Wettbewerbsrecht, Art. 101 AEUV, Rn. 87.

299 *Emmerich* in: Immenga/Mestmäcker, EU-Wettbewerbsrecht, Art. 101 Abs. 1 AEUV, Rn. 85; *Stockenhuber* in: Grabitz/Hilf/Nettesheim, Das Recht der Europäischen Union, Art. 101 AEUV, Rn. 106.

abgegrenzt werden kann[300], liegt es durchaus nahe auch diesbezüglich von der Voraussetzung einer bewussten Koordinierung auszugehen[301]. Auch der EuGH geht von einer Wesensähnlichkeit der Alternativen aus und sieht einzig in der Intensität und der Ausdrucksform einen Unterschied zwischen diesen.[302] Auch der Vergleich mit den anderen Tatbestandsalternativen legt daher die Forderung nach einer Fühlungnahme bzw. bewussten Zusammenarbeit nahe.

Abzustellen ist außerdem auf den Telos des Kartellverbots. Mit der Frage nach dem Normzweck ist auch die Frage nach dem Schutzobjekt des Kartellrechts generell und insbesondere des Kartellverbots verbunden. Der Begriff der abgestimmten Verhaltensweise ist im Sinne dieses Schutzobjekts auszulegen.

Das Kartellverbot und damit der Schutz des Wettbewerbs als Institution werden, wie oben bereits dargestellt[303], nach dem stärker auswirkungsbasierten Ansatz zunehmend als Mittel zur Förderung der Konsumentenwohlfahrt gesehen. Entscheidend sind nach diesem Ansatz die Auswirkungen eines Verhaltens und nicht mehr das Marktverhalten bzw. die Einschränkung der wirtschaftlichen Handlungsfreiheit an sich.[304] Ein Verhalten soll danach nur verboten sein, wenn ein Verhalten der Unternehmen in Effizienzverluste und insbesondere in einer Minderung des Wohlergehens der Verbraucher mündet.[305] Auch die Tatbestandsmerkmale sollten diesem Zweck dienend ausgelegt werden. Auch ein Verhalten ohne Fühlungnahme kann gerade zu ähnlichen Marktergebnissen wie eine ausdrückliche Abstimmung führen, sodass ein solches Verhalten von dem Kartellverbot erfasst sein könnte.

Eine Auslegung muss sich aber dennoch im Rahmen des Tatbestandes des Kartellverbots bewegen und den dem Kartellverbot zugrundeliegenden Gedanken beachten. Demnach liegt dem Kartellverbot das sogenannte Selbstständigkeitspostulat zugrunde, nach welchem „[…] jeder Unternehmer selbständig zu bestimmen [hat], welche Politik er auf dem Gemeinsamen Markt zu betreiben gedenkt".[306] Diese Anforderung ist Ausdruck der zu schützenden

---

300 *Emmerich* in: Immenga/Mestmäcker, EU-Wettbewerbsrecht, Art. 101 AEUV, Rn. 87.

301 Vgl. *Emmerich* in: Immenga/Mestmäcker, EU-Wettbewerbsrecht, Art. 101 AEUV, Rn. 87ff.

302 EuGH, Urt. v. 4.6.2009, Rs. C-8/08 - Slg. 2009, I-4562, Rn. 23 - *T-Mobile Netherlands.*

303 Siehe dazu S. 53ff.

304 *Fuchs/Möschel* in: Immenga/Mestmäcker, EU-Wettbewerbsrecht, Art. 102 AEUV, Rn. 9.

305 Vertikal-Leitlinien, Rn. 7; Horizontalleitlinien, Rn. 27; *Eckard*, Anwendung und Durchsetzung des Kartellverbots im dezentralen Legalausnahmesystem, S. 297.

306 EuGH, Urt. v. 16.12.1975, verb. Rs. 40 u.a./73 - Slg. 1975, 1663, 1665 - *Suiker Unie*, EuGH, Urt. v. 14.7.1981, Rs. 172/80 - Slg. 1981, 2021, Rn. 13f. - *Züchner.*

Handlungsfreiheit jedes Marktteilnehmers und prägt auch das Kartellverbot.[307] Das Kartellverbot soll also die Wettbewerbsfreiheit schützen.[308] Daher muss dieses Prinzip auch bei einer Auslegung der relevanten Tatbestandsmerkmale Beachtung finden.

Die Selbständigkeit der Unternehmen ist aber erst beeinträchtigt, wenn sie in einer irgendwie gearteten Form miteinander in Kontakt stehen und ihr Verhalten gegenseitig beeinflussen. Sie dürfen also nicht vollständig frei und ohne Beeinflussung durch die Wettbewerber handeln.

(b) Fühlungnahme im Falle impliziter Kollusion

Zwar sprechen insbesondere die systematische Auslegung und die teleologische Auslegung für das Erfordernis einer Fühlungnahme, aber es wird mitunter vertreten, dass auch bei impliziter Kollusion basierend auf der Reaktionsverbundenheit eine Form der erforderlichen Fühlungnahme stattfinden könnte. So wird argumentiert, dass sich bei wiederholenden Interaktionen an eine Verhaltenskoordinierung denken ließe, da sich eine Übereinkunft durch wiederholtes Marktverhalten auch ohne ausdrückliche Kommunikation erzielt werden könne.[309] Das enge Oligopol ermögliche gerade eine Verständigung auch ohne ausdrückliche Kommunikation[310] und die Unternehmen machten ihr eigenes Verhalten von dem der anderen abhängig[311].

---

307 S. dazu u.a. EuGH, Urt. v. 16.12.1975, verb. Rs. 40 u.a./73 - Slg. 1975, 1663, 1965 - *Suiker Unie*; EuGH, Urt. v. 29.10.1980 - Slg. 1980, 3125, 3267 ff. - *FEDETAB*; EuGH, Urt. v. 21.2.1984 - Slg. 1984, 883, 908, Rn. 46 - *Hasselblad*; EuGH, Urt. v. 20.11.2008, C-209/07 - Slg. 2008 I-8637ff, Rn. 15ff., 24 ff. - *BIDS*; s. auch Horizontalleitlinien, Rn. 27; *Wiedemann* in: Wiedemann, Kartellrecht, § 2, Rn. 3; *Stockenhuber* in: Grabitz/Hilf/Nettesheim, Das Recht der Europäischen Union, Art. 101 AEUV, Rn. 108; *Schröter* in: Groeben, von der/Schwarze/Hatje, Europäisches Unionsrecht, Art. 101 AEUV, Rn. 20.

308 *Schröter* in: Groeben, von der/Hatje, Europäisches Unionsrecht, Art. 101 AEUV, Rn. 15ff.

309 *Zimmer*, ZHR 1990, 470, 480 ff.; *Galle*, Ein wirtschaftlicher Ansatz im Kartellrecht, S. 355 mit Hinweisen auf ausführlichere Darstellungen.

310 Vgl. *Galle*, Ein wirtschaftlicher Ansatz im Kartellrecht, S. 355 mit Hinweisen auf ausführlichere Darstellungen; *Ivaldi/Jullien/Rey/Seabright/Tirole*,The economics of tacit collusion, Final Report for DG Competition, European Commission, March 2003, 4, http://ec.europa.eu/competition/mergers/studies_reports/the_economics_of_tacit_collusion_en.pdf, zuletzt abgerufen am 6.1.2018

311 *Zimmer*, ZHR 1990, 470, 484.

Eine solch weite Auslegung des Begriffs der abgestimmten Verhaltensweise ist aber nicht zu vertreten. Es ist gerade eine Fühlungnahme der Wettbewerber mit Bezug zueinander erforderlich und kein einseitiges Handeln, auch wenn dieses unter Beachtung der Verhaltensweise des Wettbewerbers gewählt wurde. Denn in diesem Fall ist das Selbstständigkeitspostulat nicht betroffen.[312] Die Unternehmen nehmen keinen Kontakt miteinander auf und reduzieren damit das dem Markt innewohnende Risiko. Vielmehr entscheiden sie über ihr Verhalten, indem sie das Verhalten der Wettbewerb zwar beobachten und versuchen, dieses vorherzusehen, aber nicht indem sie eine Fühlungnahme mit den Wettbewerbern herstellen.

Auch eine analoge Anwendung des Kartellverbots auf Fälle impliziter Kollusion ohne Fühlungnahme ist auszuschließen. Unabhängig von der Frage, ob überhaupt eine planwidrige Regelungslücke besteht, ist eine analoge Anwendung zumindest mangels einer vergleichbaren Interessenlage ausgeschlossen. Denn wie bereits dargestellt, soll das Kartellverbot vor gezielten Einschränkungen des Wettbewerbs und Verstößen gegen das Selbstständigkeitspostulat schützen. Eine Verhaltensweise, die das Selbstständigkeitspostulat nicht tangiert, kann nicht generell mit einer Verhaltensweise, die dem Kartellverbot unterfällt, gleichgesetzt werden. Es kann auch zu positiven Wohlfahrtseffekten führen, wenn ein Wettbewerber die Verhaltensweisen eines anderen beobachtet und daran sein eigenes Handeln ausrichtet. Nur bei Kenntnis des Verhaltens des anderen kann er versuchen, diesen zum Beispiel hinsichtlich Qualität, Angebot oder Preissetzung zu überbieten. Daher ist eine bestehende Markttransparenz ein anerkanntes Merkmal vollständigen Wettbewerbs.[313]

Im Falle eines bewussten Parallelverhaltens finde zudem keine Risikominimierung statt, wie sie vom EuGH für eine abgestimmte Verhaltensweise gefordert wird[314]. Auf einem oligopolistischen Markt besteht aufgrund der Markttransparenz von Natur aus ein geringeres Wettbewerbsrisiko als auf einem Polypolmarkt. Der einzelne Oligopolist kann sich relativ sicher sein, dass die anderen ihm bei einer Preiserhöhung folgen werden, wenn diese auch für sie vorteilhaft ist und die Marktgegenseite diese hinnimmt.[315] Diese Einschätzung

---

312 Nun in der Konsequenz so auch: *Zimmer* in: Immenga/Mestmäcker, Wettbewerbsrecht, § 1 GWB, Rn. 100.

313 *Sosnitza* in: MüKo, Lauterkeitsrecht, Teil I, Rn. 5; *Wish/Bailey*, Competition Law, S. 552.

314 EuGH, Urt. v. 14.7.1972, Rs. 48/69 - Slg. 1972, 619, Rn. 64/67 - *ICI*; EuGH, Urt. v. 31. 3. 1993, verb. Rs. C89/85 u.a Slg. 1993, I-1307, Rn. 63 - *Ahlström (Zellstoff II).*

315 *Krenzer/Le More*, E.C.L.R. 2012, 146, S. 87.

der Risikolage als gering kann aber den Oligopolisten nicht zum Vorwurf gemacht werden. Es besteht von Anfang an ein geringes Risiko, welches durch die Unternehmen nicht weiter verringert wird.[316] Die geforderte Minimierung dieses Risikos ist bei bloßer impliziter Kollusion nicht erfüllt, da der Vorreiter der Preisänderung nicht mit Sicherheit wissen kann, ob die anderen tatsächlich nachziehen.[317] Bei jeder Parameteränderung setzt sich das Unternehmen den gleichen Risiken aus. Im Zeitpunkt des Handelns besteht anders als bei einer vorhergehenden Absprache ein unbeeinflusstes Risiko.[318]

Zwar besteht auch bei einer ausdrücklichen Vereinbarung zwischen den Wettbewerbern die Gefahr, dass ein Unternehmen von dieser abweicht und ihm dadurch erhebliche wirtschaftliche Vorteile erwachsen. Diese Vorteile können sogar größer ausfallen als die Vorteile, die sich bei einer Abweichung von einem gleichförmigen Verhalten ergeben, da eine Interpendenz der Kartellmitglieder gering sein dürfte und daher die Abweichung mit erheblicher Zeitverzögerung entdeckt werden dürfte. Damit steigt auch der Anreiz für ein abweichendes Verhalten.[319] Es wird aber für eine Erfüllung des Tatbestandes kein vollkommener Ausschluss des Wettbewerbsrisikos, sondern lediglich eine Minimierung gefordert.[320] Eine Vereinbarung sowie die bei Abweichungen zu erwartenden Nachteilen führen durchaus zu einer solchen Risikoreduzierung. Die Unternehmen ändern durch die Absprache aktiv die Wettbewerbssituation auf dem Markt zu ihren Gunsten. Bei impliziter Kollusion werden dagegen die Chancen, die der Markt in Form eines geringen Risikos bietet, lediglich ausgenutzt. [321] Daher können beide Situationen nicht als vergleichbar angesehen werden.[322]

Zimmer dagegen nahm früher an, dass ein ohne Einwirkungen der Unternehmen vorhandenes geringes Risiko für die Wettbewerbswidrigkeit des parallelen Handelns schon ausreichen könne.[323] Er betonte, dass auch bei einer unstreitig vom Kartelltatbestand erfassten Abstimmung nie von einer absoluten Sicherheit

---

316 *Enchelmaier*, Europäische Wettbewerbspolitik im Oligopol, S. 87.

317 So z.B. *Enchelmaier*, Europäische Wettbewerbspolitik im Oligopol, S. 86ff.

318 *Enchelmaier*, Europäische Wettbewerbspolitik im Oligopol, S. 89.

319 *Jungermann*, Kollektive Marktbeherrschung durch interdependentes Parallelverhalten und deren Missbrauch, S. 39; *Zimmer*, ZHR 1990, 470, 485.

320 *Enchelmaier*, Europäische Wettbewerbspolitik im Oligopol, S. 87.

321 *Enchelmaier*, Europäische Wettbewerbspolitik im Oligopol, S. 90.

322 *Jungermann*, Kollektive Marktbeherrschung durch interdependentes Parallelverhalten und deren Missbrauch, S. 39, 42.

323 Vgl. *Zimmer*, ZHR 1990, 470, 484; diese Meinung zurücknehmend *Zimmer* in: Immenga/Mestmäcker, Wettbewerbsrecht, § 1 GWB, Rn. 100.

für die beteiligten Unternehmen auszugehen sei, und deutete Erklärungen der Unternehmen nicht als „Absicherung" des gleichförmigen Verhaltens, sondern als Mittel zur Verstärkung der Markttransparenz.[324] Mangels nennenswerter Risiken läge bei einer Koordinierung über den Markt basierend auf Markttransparenz kein wettbewerbskonformes Verhalten vor, sodass es keinen Grund gebe, dieses nicht unter den Anwendungsbereich des Verbots der abgestimmten Verhaltensweise zu fassen.[325]

Diese Meinung verkennt aber, dass es nicht entscheidend ist, ob die Wettbewerber in einem engen Oligopol starkem oder schwachem Wettbewerb ausgesetzt sind, solange nur eine Risikominimierung eintritt.[326] Eine solche muss aber aus den oben genannten Gründen festzustellen sein. Implizite Kollusion ist allein Ausdruck der Marktsituation, was nicht als taugliches Mittel einer Wettbewerbsverfälschung angesehen werden kann.[327]

(c) Zusammenfassung

Es ist den Gerichten und Behörden sowie der herrschenden Lehre darin zu folgen, dass eine implizite Kollusion mangels einer notwendigen Fühlungnahme bzw. bewussten Zusammenarbeit nicht als abgestimmte Verhaltensweise anzusehen ist.

Daher fehlt es auch an einer abgestimmten Verhaltensweise, wenn Preissetzungsalgorithmen anstatt Menschen lediglich die Preissetzung der Wettbewerber beobachten und analysieren und ihre Preissetzung selbständig dementsprechend anpassen.[328] Denn es würde auch dann kein Verstoß vorliegen, wenn das Verhalten durch einen Menschen ausgeführt werden würde.[329] Zu einem anderen Ergebnis könnte man nur gelangen, wenn die Algorithmen tatsächlich selbständig miteinander kommunizieren und sich möglicherweise sogar über Geschäftsstrategien austauschen.[330] Es ist aber zu beachten, dass sich im Kartellrecht traditionell eine Vereinbarung sowie eine abgestimmte

---

324 Vgl. *Zimmer*, ZHR 1990, 470, 485.

325 *Zimmer*, ZHR 1990, 470, 485.

326 *Enchelmaier*, Europäische Wettbewerbspolitik im Oligopol, S. 87.

327 *Enchelmaier*, Europäische Wettbewerbspolitik im Oligopol, S. 91.

328 Vgl. S. 43ff.; z.B. *Käseberg/von Kalben*, WuW 2018, 2, 5; Monopolkommission, Hauptgutachten XXII: Wettbewerb 2018, 3.07.2018, Rn. 227; *Gal*, Berkley Technology Law Journal, 2019, 67, 106.

329 *Künstner/Franz*, K&R 2017, 688, 692; *Ebers*, NZKart 2016, 554, 555.

330 *Gal*, Berkley Technology Law Journal, 2019, 67, 105ff.; OECD, Algorithms and Collusion - Background Note by the Secretariat, DAF/COMP(2017)4, Rn. 75ff.

Verhaltensweise auf Menschen mit einem eigenen Willen beziehen und somit ein subjektives Element voraussetzen.[331] Hält man an dieser Voraussetzung fest, ist es nur schwer vertretbar, eine Kommunikation zwischen Algorithmen als abgestimmte Verhaltensweise anzusehen. Die OECD denkt aus diesem Grund über einen Abstimmungsbegriff nach, welcher einen durch Algorithmen herbeigeführten „Gedankenaustausch" erfassen solle. So könnte z.B. im Sinne eines *„meeting of algorithms"* anstatt eines *„meeting of minds"*, die gegenseitige, schnelle Preisanpassung bis eine Übereinstimmung gefunden ist oder die Programmierung, einem Marktführer zu folgen, als gleichbedeutend mit einer Vereinbarung anzusehen sein.[332] Auch in der Literatur wird diskutiert, ob eine tatbestandliche Anknüpfung an den menschlichen Willen noch sachgerecht ist.[333]

(3) Zweistufigkeit der Abstimmung

Das Kartellverbot setzt zudem eine Zweistufigkeit der Abstimmung voraus. Das heißt, es sind zwei Handlungen für eine abgestimmte Verhaltensweise notwendig, die außerdem in einem Kausalzusammenhang zueinanderstehen müssen; die Abstimmung an sich und die darauffolgende entsprechende Verhaltensweise.[334]

Bereits die deutsche Fassung des Begriffs der abgestimmten Verhaltensweise legt dieses Erfordernis nahe, da das Wort „abgestimmt" das Partizip Perfekt darstellt und aus dem Wortlaut abgeleitet werden kann, dass die Abstimmung vor der Verhaltensweise erfolgen muss.[335]

---

331 *Roman,* E.C.L.R. 2018, 37, 43; *Künstner*, GRUR 2019, 36, 38.

332 OECD, Algorithms and Collusion, S. 38; *Capobianco/Gonzaga*, Competition Policy International 2017, 4.

333 *Käseberg/von Kalben*, WuW 2018, 2, 5; *Heinemann/Gebicka*, Journal of European Competition Law & Practice 2016, 431, 432; *Roman,* E.C.L.R. 2018, 37, 43

334 U.a. EuGH, Urt. v. 8.7.1999, Rs. C-49/92 P - Slg. 1999 I 4162, 4203 f., Rn.118ff. - *Anic;* EuGH, Urt. v. 8.7.1999, Rs. C-199/92 P - Slg. 1999, I-4287 Rn. 161- *Hüls;* EuGH, Urt. v. 4.6.2009, Rs. C-8/08, - Slg. 2009, I-4529, Rn. 49-51 - *T-Mobile Netherlands*; Komm., Beschl. v. 5.12.2001, ABl. EG 2002 Nr. L 239/18, 41, Rn. 142 - *Zitronensäure; Trimarchi*, GRUR Int 1970, 311, 314; *Lettl,* WuW 2017, 422, 424; *Enchelmaier*, Europäische Wettbewerbspolitik im Oligopol, S. 85f.

335 U.a. EuGH, Urt. v. 8.7.1999, C-49/92 P - Slg. 1999 I 4162, Rn. 118ff. - Anic; EuGH, Urt. v. 8.7.1999, C-199/92 P- Slg. 1999, I-4287, Rn. 162 - *Hüls*; EuGH, Urt. v. 4.6.2009, C-8/08 - Slg. 2009, I-4562, Rn. 51 - *T-Mobile Netherlands*; s. für weitere Urteile *Emmerich* in: Immenga/Mestmäcker, EU-Wettbewerbsrecht, Art. 101 AEUV, Rn. 95; *Lettl,* WuW 2017, 422, 424; *Bechtold/Bosch/Brinker* in: Bechtold/Bosch/Brinker, in: Art. 101 AEUV, Rn. 56.

Darüber hinaus ist eine weitere Verhaltensweise notwendig, um den Vorwurf eines Verstoßes gegen das Kartellverbot wie bei einer Vereinbarung oder einem Beschluss zu rechtfertigen. Die Tathandlung des sonstigen Zusammenwirkens („Abstimmung") erfordert eine Tathandlung von geringerer Intensität als die anderen Tatvarianten, sodass, anders als bei den anderen Tatvarianten, eine zusätzlichen Verhaltensweise vorliegen muss.[336]

Die Rechtsprechung fordert aber nicht den Nachweis, dass eine Abstimmung auch tatsächlich das Marktverhalten geändert hat, sondern vermutet widerleglich, dass im Falle einer Abstimmung eine Auswirkung auf das Marktverhalten entsteht.[337] Das Verhalten muss sich auch nicht konkret und unmittelbar negativ auf den Wettbewerb auswirken bzw. es muss zu keinen wettbewerbswidrigen Wirkungen des Verhaltens kommen. Es genügt ein „Bezwecken" dieser Konsequenz.[338]

Betrachtet man ein gleichförmiges Verhalten als Folge der hohen Reaktionsverbundenheit der Wettbewerber, so ist eine Zweigliedrigkeit zu verneinen. Die Frage nach der Zweigliedrigkeit knüpft an den Ausschluss des bloßen Ausnutzens der Wettbewerbssituation vom Kartellverbot an. Ein Ausnutzen des schon bestehenden geringen Wettbewerbsrisikos stellt nur eine und nicht zwei aufeinander aufbauende Verhaltensweise dar.[339] Da das Beobachten der Wettbewerber keine Abstimmung darstellt und das gleichförmige Verhalten die geforderte Verhaltensweise ist, mangelt es an einer vorausgehenden Abstimmung.[340]

Eine Anwendung des Kartellverbots scheitert also auch bereits daran, dass ein zweigliedriges Verhalten nicht vorliegt.

---

336 *Lettl,* WuW 2017, 422, 425.

337 EuGH, Urt. v. 8.7.1999, Rs. C-199/92 P - Slg. 1999, I-4287, Rn. 162 - *Hüls*; EuGH, Urt. v. 8.7.1999, Rs. C-49/92 P - Slg. 1999, I-4125, Rn. 121 - *Anic.*

338 EuGH, Urt. v. 8.7.1999, Rs. C-49/92 P - Slg. 1999 I-4125, 4203f., Rn. 123 - *Anic*; EuGH, Urt. v. 8.7.1999, Rs. C-199/92 P - Slg. 1999 I-4287, Rn. 164 - *Hüls*; *Mestmäcker/Schweitzer,* Europäisches Wettbewerbsrecht, § 11, Rn. 35; *Wollmann/Herzog,* in: MüKo, Europäisches Wettbewerbsrecht, Art. 101 AEUV, Rn. 171; *Emmerich* in: Immenga/Mestmäcker, EU-Wettbewerbsrecht, Art. 101 AEUV, Rn. 95.

339 *Enchelmaier*, Europäische Wettbewerbspolitik im Oligopol, S. 86ff.

340 Im Ergebnis z.B. *Trimarchi*, GRUR Int 1970, 311, 314 mit Verweis auf: *Franceschelli*, Trattato di diritto industriale. Bd. 1, Milano, 1960, S. 654; *Enchelmaier*, Europäische Wettbewerbspolitik im Oligopol, S. 85f.; *Zimmer* in: Immenga/Mestmäcker, Wettbewerbsrecht, § 1 GWB, Rn. 100.

b) Wettbewerbsbeschränkung

Nachfolgend wird ergänzend untersucht, ob implizite Kollusion zu einer Wettbewerbsbeschränkung im Sinne des Kartellverbots führen kann.

aa) Allgemeines zur Wettbewerbsbeschränkung

Eng verknüpft mit der Frage des Vorliegens einer abgestimmten Verhaltensweise ist das Erfordernis einer bewirkten oder bezweckten Wettbewerbsbeschränkung durch diese Verhaltensweise. Art. 101 AEUV und § 1 GWB setzen eine Verhaltensweise voraus, die eine Verhinderung, Einschränkung oder Verfälschung der Wettbewerbsbedingungen bewirkt oder bezweckt.

Bezweckt ist eine Maßnahme nach dem allgemeinen Verständnis dann, wenn sie objektiv geeignet ist, eine Wettbewerbsbeschränkung herbeizuführen, das heißt, wenn sie eine wettbewerbsbeschränkende Tendenz oder Zielsetzung aufweist. Auf die subjektive Absicht bzw. den Willen der Parteien kommt es danach nicht an.[341] In einer Verhaltensweise, die „ihrer Natur nach als schädlich für das gute Funktionieren des normalen Wettbewerbs" einzustufen ist, ist eine Verhaltensweise mit dem Zweck der Beschränkung zu sehen.[342]

Ist ein wettbewerbsbeschränkender Zweck dagegen nicht gegeben, so muss geprüft werden, ob eine wettbewerbsbeschränkende Wirkung vorliegt. Unter Beachtung der wirtschaftlichen und rechtlichen Zusammenhänge wird der Wettbewerb betrachtet und analysiert, wie er ohne die fragliche Vereinbarung bestünde bzw. bei ihrem Vollzug sich ergäbe.[343] Ein Wettbewerbsverstoß ist danach dann anzunehmen, wenn Unternehmen ihr Marktverhalten bzw. den Einsatz ihrer wettbewerblichen Möglichkeiten und Mittel entgegen diesem Selbstständigkeitspostulat mit anderen koordinieren und sie bzw. Dritte durch derartige Koordinierungshandlungen bei der selbständigen Bestimmung ihres

---

341 u.a. EuGH, Urt. v. 8.11.1983, verb. Rs. 96-102, 104, 105, 108, 110/82 - Slg. 1983, 3369, Rn. 25 - *IAZ*; EuGH, U. v. 20.11.2008, C-209/07 - Slg. 2008, I-8637, Rn. 15ff., 21 - *BIDS;* EuGH, Urt. v. 6.10.2009, verb. Rs. C-501/06 P, C-513/06 P, C-515/06 P, C-519/06 P - Slg. 2009, I-9291, Rn. 58 - *GSK Services; Emmerich* in: Immenga/Mestmäcker, EU-Wettbewerbsrecht, Art. 101 AEUV, Rn. 174; *Aicher/Schuhmacher/Stockenhuber/Schroeder* in: Grabitz/Hilf/Nettesheim, Das Recht der Europäischen Union, Art. 101 AEUV, Rn. 174.

342 EuGH, U. v. 20.11.2008, C-209/07 - Slg. 2008, I-8637, Rn. 17 - *BIDS*.

343 EuGH, Urt. v. 30.6.1966, C - 56/65 - Slg. 1966, 281, 304 - *LTM/MBU*; EuG, Urt. v. 2.5.2006, T-328/03 -Slg. 2006 II-1231 - *O2 Germany*; *Stockenhuber* in: Grabitz/Hilf/Nettesheim, Das Recht der Europäischen Union, Art. 101 AEUV, Rn. 142.

Marktverhaltens beschränkt bzw. in ihrer wirtschaftlichen Entscheidungsfreiheit behindert werden.[344]

Es ist dennoch weiterhin umstritten, was unter einer Wettbewerbsbeschränkung genau zu verstehen ist. Es besteht insbesondere Uneinigkeit darüber, ob eine Wettbewerbsbeschränkung im Innen- oder Außenverhältnisses vorausgesetzt wird.[345] Das heißt, ob lediglich eine Beschränkung der Handlungsfreiheit der am Kartell beteiligten Unternehmen, eine Beschränkung der Handlungsalternativen Dritter oder gar lediglich negative Auswirkungen auf Preise, Produktion, Innovation oder Vielfalt und Qualität der Waren und Dienstleistungen gefordert werden.[346]

In diesem Zusammenhang kommt dem stärker auswirkungsbasierten Ansatz der letzten Jahrzehnte eine bedeutende Rolle zu. Legt man dem Kartellverbot allein das Selbstständigkeitspostulat zugrunde, so ist eine Wettbewerbsbeschränkung mit der Beschränkung der wirtschaftlichen Handlungsfreiheit der am Kartell beteiligten Unternehmen gleichzusetzen.[347] Auch die Europäische Kommission selbst nahm bisher in der Mehrzahl der Fälle und bei Vorliegen sogenannter Hardcore-Kartelle bzw. Kernbeschränkungen eine Wettbewerbsbeschränkung bei Beschränkung der Handlungsfreiheit der beteiligten Unternehmen an. Außerhalb der Kernbeschränkungen sollen nach Ansicht der Europäischen Kommission aber zusätzlich die Auswirkungen auf Dritte Beachtung finden.[348]

Es werden also auch insbesondere die Auswirkungen des Verhaltens auf die Handlungsmöglichkeiten Dritter zur Bestimmung einer Wettbewerbsbeschränkung herangezogen.[349] In den Horizontalleitlinien[350] sowie in den Leitlinien zu

---

344 *Stockenhuber* in: Grabitz/Hilf/Nettesheim, Das Recht der Europäischen Union, Art. 101 AEUV, Rn. 117.

345 *Zimmer* in: Immenga/Mestmäcker, Wettbewerbsrecht, § 1 GWB, Rn. 127ff.

346 Siehe für eine ausführliche Darstellung *Emmerich* in: Immenga/Mestmäcker, EU-Wettbewerbsrecht, Art. 101 AEUV, Rn. 107ff.

347 *Lübbig* in: Wiedemann, Kartellrecht, § 8, Rn. 21.

348 *Emmerich* in: Immenga/Mestmäcker, EU-Wettbewerbsrecht, Art. 101 AEUV, Rn. 114; *Emmerich* EuR 1971, 295, 316ff.

349 Siehe z.B. *Emmerich* in: Immenga/Mestmäcker, EU-Wettbewerbsrecht, Art. 101 AEUV, Rn. 107f.;
Zimmer in: Immenga/Mestmäcker, Wettbewerbsrecht, § 1 GWB, Rn. 127ff.; *Mestmäcker/Schweitzer*, Europäisches Wettbewerbsrecht, § 11, Rn. 6f.; *Hengst* in: Langen/Bunte, Europäisches Kartellrecht, Art. 101, Rn. 186ff.; *Zimmer/Paul*, JZ 2008, 611, 615f.

350 Horizontalleitlinien, Rn. 28ff.

Art. 81 Abs. 3 EGV[351] hat die Europäische Kommission dies dahingehend verallgemeinert, dass die negativen Auswirkungen auf den Markt, das heißt insbesondere auf Preise, Produktion, Innovation, Vielfalt und Qualität der Waren und Dienstleistungen, entscheidend sein sollen. Danach soll für die Beurteilung der Wettbewerbswidrigkeit auch eine Bilanzierung der positiven und negativen Wettbewerbswirkungen durchgeführt[352] und berücksichtigt werden, dass ein Zusammenwirken von Unternehmen auch positive Auswirkungen für den Wettbewerb haben kann[353]. Eine Wettbewerbsbeschränkung wird danach nur angenommen, wenn am Ende Effizienzverluste und insbesondere eine Minderung der Konsumentenwohlfahrt vorliegen.[354]

Andere vertreten dagegen die Meinung, dass die Auswirkungen für Dritte im Tatbestand des Kartellverbots gänzlich unberücksichtigt bleiben sollten. Der Missbrauchstatbestand sei für eine Überprüfung der Verhaltensweise anhand der Marktergebnisse die passendere Norm.[355] Ferner wird an dem oben geschilderten Vorgehen kritisiert, dass zunächst die negativen Auswirkungen für die Konsumenten festgestellt werden würden, um dann zu prüfen, ob diese durch Effizienzgewinne wieder ausgeglichen werden. Dieses zweistufige Vorgehen bereits auf Tatbestandsebene des Kartellverbots widerspreche aber dessen Struktur und Systematik. Fände schon im Tatbestand eine Gesamtabwägung statt, so wird kritisiert, würde dies zu einer nicht nachvollziehbaren Abkehr von den üblichen Beweislastregeln und damit zu einer erheblichen Rechtsunsicherheit führen.[356] Die Gemeinschaftsgerichte lehnen wohl auch daher eine Gesamtabwägung im Rahmen des Tatbestandsmerkmals Wettbewerbsbeschränkung ab

---

351 Bekanntmachung der Kommission, Leitlinien zur Anwendung von Artikel 81 Absatz 3 EG-Vertrag, (2004/C 101/08) („Leitlinien zu Art. 81 Abs. 3 EGV"), Rn. 25ff.

352 *Eckard*, Anwendung und Durchsetzung des Kartellverbots im dezentralen Legalausnahmesystem, S. 297.

353 *Eckard*, Anwendung und Durchsetzung des Kartellverbots im dezentralen Legalausnahmesystem, S. 297.

354 Vertikal-Leitlinien, Rn. 7; Kommission, Horizontalleitlinien, Rn. 27; *Eckard*, Anwendung und Durchsetzung des Kartellverbots im dezentralen Legalausnahmesystem, S. 297

355 *Mestmäcker/Schweitzer*, Europäisches Wettbewerbsrecht, § 11, Rn. 31f.

356 *Eckard*, Anwendung und Durchsetzung des Kartellverbots im dezentralen Legalausnahmesystem, S. 310f.; *Basedow*, WuW 2007, 712, 713.

und halten an der klaren Trennung zwischen Kartellverbots- und Freistellungstatbestand fest.[357]

Andere lassen zumindest eine bloße Außenwirkung auf die Marktgegenseite ohne jegliche Handlungsbeschränkung für eine Wettbewerbsbeschränkung im Sinne des Kartellverbots nicht ausreichen.[358] Da dem Kartellverbot, wie oben im Rahmen der Ausführungen zur abgestimmten Verhaltensweise dargestellt, das Selbstständigkeitspostulat zugrunde liegt, sei im Rahmen des Tatbestands immer auch eine Einschränkung der Handlungsfreiheit der Unternehmen notwendig. Erst im Rahmen der Legalausnahme könnten die Verbraucherschutzaspekte überwiegen.[359]

Im Rahmen der Praxis zum Informationsaustausch wird zum Teil gänzlich auf das Erfordernis der Beeinträchtigung der wirtschaftlichen Handlungsfreiheit verzichtet.[360] So nahm der EuGH an, dass eine Vereinbarung über einen Informationsaustausch bereits gegen die Wettbewerbsregeln verstößt, „wenn sie den Grad der Ungewissheit über das fragliche Marktgeschehen verringert oder beseitigt und dadurch zu einer Beschränkung des Wettbewerbs zwischen den Unternehmen führt“.[361]

Nachfolgend soll nun bewertet werden, ob ausgehend von den dargelegten unterschiedlichen Ansätzen zur Bestimmung einer Wettbewerbsbeschränkung implizite Kollusion eine solche Beschränkung bewirken könnte.

bb) Wettbewerbsbeschränkung durch implizite Kollusion

Es ist nicht anzunehmen, dass implizite Kollusion inklusive der gezielten Beobachtung der Wettbewerber das objektive Ziel der Beschränkung des Wettbewerbs besitzt. Tendenziell stellt das Verhalten ein rationales, den Marktgegebenheiten entsprechendes und für die einzelnen Unternehmen wirtschaftliches Verhalten dar.

Allerdings wäre es vertretbar anzunehmen, dass eine implizite Kollusion zu einer Wettbewerbsbeschränkung führt, also eine solche bewirkt. Es kann

357 *Eckard*, Anwendung und Durchsetzung des Kartellverbots im dezentralen Legalausnahmesystem, S. 311; z.B. EuG, Urt. 2.5.2006, Rs. T-328/03 - Slg. 2006 II-1231, Rn. 69f. - *O2*.

358 *Bechtold/Bosch* in: Bechtold/Bosch, § 1 GWB, Rn. 34.

359 *Schröter/Voet van Vormizeele* in: Groeben, von der/Schwarze/Helmuth/Hatje, Europäisches Unionsrecht, Art. 101 AEUV, Rn. 74.

360 *Wiedemann* in: Wiedemann, Kartellrecht, § 2, Rn. 3a.

361 EuGH 28.5.1998, Rs. C-7/95 P - Slg. 1998, I-3111 - *John Deere*

bei einer weiten Auslegung argumentiert werden, dass die Handlungsfreiheit der beteiligten Unternehmen beschränkt ist, wenn eine implizite Kollusion geschieht. Das Kartellverbot setzt nicht voraus, dass die Handlungsfreiheit im formellen Sinne eingeschränkt wird, sodass die Unternehmen aus vertraglichen Gründen nicht anders handeln können. Es genügt stattdessen eine Beeinflussung der „materialen Entschließungsfreiheit", die schon vor liegt, wenn es der gemeinsamen Zielvorstellung und kaufmännischen Vernunft entspricht, sich in einer bestimmten Weise zu verhalten.[362]

Die Wettbewerber besitzen das gemeinsame Ziel der Profitmaximierung, dass sie erreichen möchten, indem sie ein Preisniveau über dem bei funktionierendem Wettbewerb anzunehmenden Niveau schaffen. Das Streben nach diesem Preisniveau und das gleichförmige Verhalten, um dieses zu erreichen, entspricht, wie zuvor erläutert, in einem engen Oligopol gerade oftmals der kaufmännischen Vernunft. Die Unternehmen sind also nicht vertraglich oder in anderer formeller Form zu einem bestimmten Verhalten gezwungen, aber faktisch ist es für die Unternehmen sinnvoll, sich gleichförmig zu verhalten. Darin könnte eine Beschränkung der Handlungsfreiheit gesehen werden.

Neben dieser potentiellen Beeinflussung der Handlungsentscheidungen der Unternehmen sind durch implizite Kollusion auch negative Wirkungen für Dritte zu erwarten, die ebenfalls für das Vorliegen einer Wettbewerbsbeschränkung relevant sind. Die Europäische Kommission prüft im Rahmen ihrer Bewertung insbesondere, ob die Marktmacht der Unternehmen gestärkt wird bzw. die Unternehmen in der Lage sind, die Marktmacht auszunutzen. Unter Marktmacht in diesem Zusammenhang versteht die Europäische Kommission unter anderem die Fähigkeit, den Preis oberhalb des Marktpreises zu fixieren.[363] Folge impliziter Kollusion sind typischerweise Preise über dem Niveau bei funktionierendem Wettbewerb, sodass eine solche Marktmacht besteht. Danach könnte auch nach diesem Verständnis eine Wettbewerbsbeschränkung angenommen werden.

c) Potentielle Abhilfemaßnahme im Rahmen des Kartellverbots

Auch die Schwierigkeiten bei der Bestimmung einer passenden, sinnvollen und praktikablen Rechtsfolge sprechen gegen eine Anwendung des Kartellverbots auf bloße implizite Kollusion.

---

362 Zu § 1 GWB: BGH, Beschl. v. 18.11.1986, KVR 1/86, WuW/E 2313 (2317) - *Baumarkt-Statistik*; *Bechtold/Bosch* in: Bechtold/Bosch, GWB - Kommentar, § 1, Rn. 34.

363 Leitlinien zu Art. 81 Abs. 3 EGV, Rn. 25; *Emmerich* in: Immenga/Mestmäcker, EU-Wettbewerbsrecht, Art. 101 AEUV, Rn. 115.

Die intensivste Rechtsfolge wäre ein Verbot eines gleichförmigen Verhaltens auf der Grundlage des wahrscheinlich zukünftigen Verhaltens der Wettbewerber.[364] Als Alternative wäre eine Verpflichtung der Unternehmen, ihre Preise bis zu den Grenzkosten zu reduzieren, denkbar.[365]

Unabhängig davon, ob man dem letztgenannten Vorschlag folgt und von den Unternehmen eine Preissenkung bis auf Grenzkostenniveau fordert, oder lediglich ein Verbot gleichförmigen Verhaltens ausspricht, in jedem Fall wäre es mit den wettbewerblichen Grundsätzen unvereinbar, sollte der Staat jede Preiserhöhung untersagen.[366] Zweck des Kartellverbots ist nicht eine Preisregulierung, sondern der Wettbewerbsschutz und die freie Preisbildung. Aus diesem Grund müsste eine einseitige Preiserhöhung, die nicht das zukünftige Verhalten anderer Wettbewerber zur Grundlage hat, von dem Tatbestand des Kartellverbotes und damit auch von staatlicher Regulierung ausgenommen werden. Die Preisbildung würde damit grundsätzlich frei bleiben.[367] Als Konsequenz könnte nur der Wettbewerber, der die Preiserhöhung als Erster vornimmt, ohne Verstoß gegen das Kartellverbot handeln. Allen Nachzügler wäre das gleiche Verhalten aufgrund der Parallelität zum Verhalten des Ersten verwehrt.[368] Es würde zu einer Situation wie auf einem nichtoligopolistischen Markt mit funktionierendem Wettbewerb kommen, indem sich der Preis mit der Zeit auf dem Niveau des Wettbewerbspreises einpendeln würde. Natürlich müssten auch solche Preiserhöhungen von dem Kartellverbot ausgenommen werden, die anderweitig, etwa durch Kostensteigerungen, veranlasst wurden.[369]

Diese Rechtsfolgen würde allerdings den Staat, das heißt die Gerichte und die Kartellbehörden, im Rahmen des Kartellverbots zu einer ökonomischen Analyse des Marktes und der den Preis bestimmenden Faktoren zwingen. Eine Aufsicht über missbräuchliches Preisverhalten leistet aber bereits das Missbrauchsverbot, denn das Fordern überhöhter Preise ist ein typischer Fall einer missbräuchlichen Verhaltensweise. Daher sollte eine Überprüfung der Preishöhe auch in diesem Rahmen stattfinden, auch wenn dies allein ein Preissetzungsverhalten von

---

364 Angedacht aber abgelehnt, da diese Rechtsfolge irrational sein soll: *Turner*, Harv.L.Rev. 1962, 655, 655, 669; ebenso Judge Breyer in Clamp-All Corp. V. Cast Iron Soil Pipe Inst., 851 F.2d 478, 484 (1st Cir. 1988).

365 *Turner*, Harv.L.Rev. 1962, 655, 670.

366 *Zimmer* in: Immenga/Mestmäcker, Wettbewerbsrecht, § 1 GWB, Rn. 100.

367 *Zimmer*, ZHR 1990, 470, 486.

368 *Trimarchi*, GRUR Int 1970, 311, 303, 31, der diese Möglichkeit aber als nicht praktikabel abtut.

369 *Zimmer*, ZHR 1990, 470, 486.

Unternehmen mit alleiniger oder kollektiver Marktmacht betrifft.[370] In jedem Fall bringt eine staatliche Preishöhenkontrolle aber erheblichen praktischen Schwierigkeiten mit sich und führt nicht selten längerfristig zu negativen Effekten für den Wettbewerb.[371]

d) Zusammenfassende Stellungnahme

Im Ergebnis bleibt festzuhalten, dass in jüngerer Zeit die Konsumentenwohlfahrt als primäres Ziel des Kartellrechts in den Vordergrund getreten ist. Entscheidend sind danach die Auswirkungen eines Verhaltens auf die Konsumentenwohlfahrt und weniger die bloße formale Erfüllung einer bestimmten Verhaltensweise.

Dennoch ist nicht davon auszugehen, dass implizite Kollusion von dem Begriff der abgestimmten Verhaltensweise erfasst ist, und das Kartellverbot Anwendung findet. Eine andere Auslegung würde übersehen, dass dem Kartellverbot das Selbstständigkeitspostulat und der Schutz des Wettbewerbs vor Verfälschungen zugrunde liegen. Implizite Kollusion stellt mangels einer Betroffenheit des Selbstständigkeitspostulats und einer Risikominimierung keine abgestimmte Verhaltensweise im Sinn des Kartellverbots dar. Eine analoge Anwendung ist ebenfalls ausgeschlossen. Auch der stärker auswirkungsbasierte Ansatz im Rahmen des Kartellrechts kann nicht zu einer Tatbestandsauslegung mit dem alleinigen Ziel des Konsumentenschutzes führen. Anderenfalls wären differenzierte kartellrechtliche Regelungen obsolet und es würde ein Tatbestand ausreichen, der jedes für die Konsumentenwohlfahrt negative Verhalten verbietet. Mangels eines solchen Tatbestandes sollen die Auslegungsgrenzen der bestehenden Tatbestände respektiert und nicht künstlich überdehnt werden.

Eine Erweiterung der Tatbestandsvoraussetzung, sodass auch eine implizite Kollusion grundsätzlich neben einer Vereinbarung, einer abgestimmten Verhaltensweise und Beschlüssen von Unternehmensvereinigungen vom Kartellverbot umfasst wäre, ist aus denselben Gründen abzulehnen. Insbesondere würde eine solche Erweiterung des Tatbestands übersehen, dass Zweck des Kartellverbots der Schutz des Wettbewerbs ist und dem Kartellverbot das Selbstständigkeitspostulat zugrunde liegt.

Wie erörtert, ist es allerdings mit guten Argumenten vertretbar, in solchen Fällen eine Beschränkung der Handlungsfreiheit der Unternehmen sowie

---

370 *Lettl*, WuW, 2017, 422, 425.

371 *Zimmer*, ZHR 1990, 470, 486f.; *Ulmer*, Abgestimmte Verhaltensweise im Kartellrecht, S. 12f.; zu dem Aufwand und sich ergebenden Problemen S. 163ff.; zu den möglichen Folgen einer Preishöhenkontrolle siehe S. 153ff.

negative Wirkungen für Dritte und damit eine Beschränkung des Wettbewerbs anzunehmen. Diese Feststellung unterstreicht, dass die Ergebnisse bei impliziter Kollusion gegenüber den Ergebnissen bei expliziter Kollusion gleichartig sind.

Dies macht eine im Kartellrecht bestehende Lücke hinsichtlich der Konsumentenwohlfahrt sichtbar. Obwohl zumindest die Europäische Kommission das Ziel und den Fokus des Kartellverbots vermehrt auf die Effekte für den Markt und die Konsumenten richtet, ist es nicht möglich, implizite Kollusion mit dem Kartellverbot zu erfassen. Obgleich also ein anderes Verhalten von den Wettbewerbern erwartet werden kann und auch die Rechtsfolgen dem Wohlfahrtsziel dienen könnten, ist eine Erfüllung des Kartellverbots zu verneinen. Es müssen andere Wege zum Schutz der Konsumentenwohlfahrt gegangen werden, wie im Folgenden thematisiert wird.

2. Die Indizwirkung des parallelen Verhaltens und Beweisprobleme

a) Allgemeine Ausführungen zu engen Oligopolmärkten

Auch wenn implizite Kollusion für die Erfüllung des Tatbestands des Kartellverbots nicht als ausreichend angesehen werden kann, so kann sie dennoch auf der Ebene des Nachweises einer Abstimmung Bedeutung erlangen. Wie oben dargestellt[372], sieht die Rechtsprechung ein Parallelverhalten als Indiz für eine Abstimmung an, solange es keine andere Erklärung, wie etwa eine implizite Kollusion aufgrund der hohen Interdependenz auf dem Markt, gibt[373]. Der Indizienbeweis ist eine Form des mittelbaren Beweises und, anders als der Anscheinsbeweis, nicht nur im Zivilverfahren, sondern auch im Verwaltungs- und Bußgeldverfahren zulässig.[374]

Aufgrund der besonderen Vorsicht der Unternehmen beim Treffen einer Vereinbarung oder der Kontaktaufnahme zwecks Verhaltensabstimmung ist der Indizienbeweis oftmals die einzige Möglichkeit für die beweisbelastete Partei bzw. für die Gerichte und Behörden ihrer Beweispflicht nachzukommen und damit von besonderer Bedeutung für die Durchsetzung des Kartellverbots.[375]

---

372 Siehe dazu S. 73ff.

373 St. Rspr.: z.B. EuGH, Urt. v. 31.3.1993, C-89/85 u.a. - Slg. 1993 I-01307 Rn. 70-72 - *Ahlström (Zellstoff II);* EuG, Urt. v. 29.6.1995, T-36/91 - Slg. 1995 II-01847, Rn. 85 - *ICI.*

374 *Dannecker/Biermann* in: Immenga/Mestmäcker, Wettbewerbsrecht, § 81 GWB, Rn. 301ff.

375 Zum Bußgeldverfahren *Belke*, ZHR 1975, 129, 130.

b) Indizienbeweis auf einem engen Oligopolmarkt schwer möglich

Es stellt sich aber die Frage, welche genauen Anforderungen an einen Indizienbeweis gestellt werden und ob bei einem engen Oligopol die Möglichkeit, einen Indizienbeweis zu führen, tatsächlich eine erhebliche Erleichterung darstellt.

Grundsätzlich muss bei einem Indizienbeweis das Vorliegen bestimmter Tatsachen, die mit einer hohen Wahrscheinlichkeit nur einen bestimmten Rückschluss auf die zu beweisende Haupttatsache zulassen, voll bewiesen werden.[376] Mit anderen Worten, ein erfolgreicher Indizienbeweis setzt voraus, dass die der Schlussfolgerung zugrundeliegenden tatbestandsfremden Tatsachen oder Hilfstatsachen des Beweises zur Überzeugung des Gerichts feststehen.[377] Dazu findet eine Gesamtschau aller maßgeblichen Tatsachen statt.[378]

Basierend auf den Besonderheiten des jeweiligen Marktes muss außerdem geprüft werden, ob die Unternehmen überhaupt mehrere Handlungsmöglichkeiten besaßen, denn nur dann kann z.B. das parallele Verhalten Indiz für eine Abstimmung sein.[379] Die europäischen Gerichte sehen es für einen Indizienbeweis als ausreichend an, dass Einzelheiten durch Deduktion rekonstruiert werden und eine abgestimmte Verhaltensweise basierend auf einer Reihe von Koinzidenzen und Indizien angenommen wird, die mangels anderer schlüssiger Erklärungen in einer Gesamtbetrachtung den Beweis für einen Verstoß darstellen können.[380]

Aufgrund des herrschenden Untersuchungsgrundsatzes im Verwaltungsverfahren obliegt der jeweiligen Kartellbehörde im Rahmen dieses Verfahrens die Pflicht, alle belastenden, aber auch alle entlastenden Faktoren und Gegenindizien zu ermitteln und in ihre Bewertung miteinzubeziehen. Bestehen dann ernsthafte Anhaltspunkte für Entlastungsgründe, das heißt, besteht eine ernsthafte Wahrscheinlichkeit, dass das Parallelverhalten anders als mit einer Abstimmung zu erklären ist, gilt der Grundsatz *in dubio pro reo*.[381] Aber auch im Zivilverfahren müssen die Indizien so aussagekräftig sein, dass andere Schlussfolgerungen nicht ernstlich in Betracht kommen.[382]

---

376 U.a. *Prütting* in: MüKo, ZPO, § 284, Rn. 25; *Foerste* in: Musielak/Voit, ZPO, § 284, Rn. 7.

377 *Prütting* in: MüKo, ZPO, § 284, Rn. 24, 25.

378 U.a. *Foerste* in: Musielak/Voit, ZPO, § 284, Rn. 7.

379 *Emmerich* in: Immenga/Mestmäcker, EU-Wettbewerbsrecht, Art. 101 Abs. 1 AEUV, Rn. 100.

380 EuG, Urt. v. 5.12.2006, Rs. T-303/02 - Slg. 2006, II-4567, Rn. 106f. - *Westfalen Gassen Nederland.*

381 *Belke*, ZHR 1975, 129, 130, 133f.

382 *Prütting* in: MüKo, ZPO, § 284, Rn. 25.

Die Möglichkeit des Indizienbeweises kehrt die Beweislastverteilung also keineswegs um, sondern stellt nur ein Mittel der erleichterten Tatsachenfeststellung dar. Die Unternehmen können einen Gegenbeweis führen, indem sie gewichtige Umstände darlegen, die einen anderen Grund als eine Abstimmung für das Parallelverhalten wahrscheinlich erscheinen lassen, und damit die Ausführungen der Behörde oder der beweisbelasteten Partei schwächen. Ein voller Gegenbeweis ist also nicht notwendig. Es genügt, wenn der Sachverhalt in einem anderen Licht erscheint und eine andere Erklärung möglich ist.[383]

Diese Möglichkeit eines Gegenbeweises führt insbesondere im Zusammenhang mit dem Vorliegen eines engen Oligopols dazu, dass auch der Indizienbeweis nur schwer zu führen sein dürfte.[384] Sind die Marktbedingungen eines engen Oligopols einschließlich einer hohen Produkthomogenität und Markttransparenz gegeben, wird heute unter Zugrundelegung der modernen Spieltheorie mehrheitlich davon ausgegangen, dass das Parallelverhalten oftmals auf einem solchen Markt die beste und rationalste Strategie darstellt.[385] Daher kann im Umkehrschluss bei Vorliegen dieser Bedingungen nicht zwangsläufig von einer Abstimmung ausgegangen werden[386] und den Unternehmen wird bei Vorliegen dieser Bedingungen eine Gegendarstellung fast immer möglich sein.

c) Mögliche Erweiterung der Beweislastumkehr

Angesichts der oben dargestellten Schwierigkeiten, denen sich die Behörden und Gerichte im Verwaltungs- und Bußgeldverfahren sowie die im Zivilverfahren beweisbelastete Partei grundsätzlich und insbesondere bei Vorliegen eines engen Oligopols gegenübersehen, wenn sie eine Vereinbarung bzw. eine abgestimmte Verhaltensweise beweisen wollen, könnte sich als Ausweg eine Beweislastumkehr hinsichtlich dieses Tatbestandsmerkmals anbieten.[387] Vergleichbar damit

---

383 EuGH, Urt. v. 28.3.1984, verb. Rs. C-29/83 u. 30/83- Slg. 1984, 1679, Rn. 16 - *CRAM/Rheinzink*; *Hengst* in: Langen/Bunte, Kommentar zum deutschen und europäischen Kartellrecht, Art. 101 AEUV, Rn. 135; *Saenger* in: Saenger, ZPO, § 284, Rn. 29; Kling/Thomas, Kartellrecht § 5 Rn. 87.

384 *Zimmer*, ZHR 1990, 470, 483.

385 *Hansen*, ZHR 1972, 52, 59ff.; *Chang*, Abgestimmtes Verhalten im amerikanischen, europäischen und deutschen Kartellrecht, S. 141; *Jungermann*, Kollektive Marktbeherrschung durch interdependentes Parallelverhalten und deren Missbrauch, S. 44f.; S. zur spieltheoretischen Untermauerung dieser Meinung v.a. *Zimmer*, ZHR 1990, 470, 470ff.

386 *Zimmer*, ZHR 1990, 470, 483.

387 Vgl. *Belke*, ZHR 1975, 129, 130ff.

gibt es im Rahmen des Zivilverfahrens zwar mit § 33a Abs. 2 GWB mittlerweile eine widerlegliche Vermutungsregelung. Diese bezieht sich jedoch nur auf den Eintritt eines Schadens im Zivilverfahren und nicht auf das Vorliegen eines Verstoßes gegen das Kartellverbot im Zivil-, Bußgeld- und Verwaltungsverfahren.

aa) Zivilverfahren

Im Zivilverfahren sind Fälle der Beweislastumkehr durch die Rechtsprechung durchaus zulässig und üblich, wenn auch in engen Grenzen.[388] So darf eine solche nicht nur in Einzelfällen eingesetzt werden, sondern erforderlich ist eine generelle Regelbildung, deren Begründung verallgemeinerungsfähig sein muss. Außerdem muss eine Abweichung vom Gesetz zwingend notwendig erscheinen.[389] Alle Fälle, in welchen bereits eine Abweichung angenommen wurde, haben gemein, dass die belastete Partei typischerweise unzumutbar benachteiligt ist und die Herstellung einer prozessualen Waffengleichheit gegebenenfalls sogar verfassungsrechtlich geboten ist.[390]

(1) Grundsätzliche Anwendung auf das Kartellverbot

Im Falle des Kartellverbots könnte eine Beweislastumkehr im Zivilverfahren zumindest hinsichtlich der inneren Tatsachen einer Abstimmung untersucht werden, da es der anderen Partei im Zivilverfahren regelmäßig unmöglich ist, Einblick in die Geschäftssphäre der Unternehmen zu erlangen, und sie daher im Prozess unverhältnismäßig benachteiligt ist.[391] Mit inneren Tatsachen sind solche Vorgänge gemeint, die sich in der Geschäftssphäre eines Beteiligten ereignen und hinsichtlich derer die beweisbelastete Partei keinen Einblick besitzt.[392]

Eine solche generelle Beweislastumkehr würde andererseits aber zu einer zu hohen Belastung für die Unternehmen führen, weil die Nichtvornahme einer Handlung bzw. einer Absicht oftmals schwer zu beweisen sein dürfte, auch wenn die eigene Geschäftssphäre betroffen ist. Ferner würde dies nicht mehr die Anforderungen an eine Beweislastumkehr erfüllen. Denn in den meisten

---

388 *Belke*, ZHR 1975, 129, 147 zu dem Begriff der Abstimmung in § 25 GWB a.F.; *Foerste* in: Musielak/Voit, ZPO, § 286, Rn. 37.

389 Z.B. *Prütting* in: MüKo, ZPO, § 286, Rn. 123; *Foerste* in: Musielak/Voit, ZPO, § 286, Rn. 37; BGH, Urteil vom 10.3.2010, IV ZR 264/08 - NJW-RR 2010, 1378, 1379.

390 BVerfG, Beschl. v. 25.7.1979 - BVerfGE 52, 131, Rn. 75ff.; *Foerste* in: Musielak/Voit, ZPO, § 286, Rn. 37.

391 So *Belke*, ZHR 1975, 129, 148f.

392 *Belke*, ZHR 1975, 129, 148.

Fällen dürfte die Führung eines Indizienbeweises hinsichtlich des Tatbestandsmerkmals Abstimmung den Klägern zumutbar sein. Die Beweisschwierigkeiten, welche im Rahmen eines Zivilverfahrens im Zusammenhang mit einem engen oligopolistischen Markt auftreten, sind für diese Marktform spezifisch und machen die Beweisführung lediglich auf einem solchen Markt außergewöhnlich schwer. Zudem wird der Beweis durch den Kläger in vielen Fällen nicht notwendig sein, da nach § 33 Abs. 4 GWB das Gericht an die Feststellung eines Verstoßes gegen das Kartellverbot in einem behördlichen Verfahren gebunden ist. Eine grundsätzliche Beweislastumkehr hinsichtlich des Merkmals Abstimmung unabhängig von den Marktumständen, wie es § 33a Abs. 2 GWB für den Schaden vorsieht, ist daher nicht geboten.

(2) Anwendung bei Vorliegen oligopolistischer Märkte

Dagegen könnte aber eine Beweislastumkehr sinnvoll sein, wenn eine Marktstruktur vorliegt, die einen Indizienbeweis unmöglich erscheinen lässt und damit die Beweisführung an sich noch einmal erheblich erschwert. Dies wäre im Fall eines engen Oligopolmarkts mit hoher Transparenz und sonstigen Faktoren, die eine implizite Kollusion begünstigen, anzunehmen. Bei Vorliegen solcher Marktstrukturen dürfte es den unter Verdacht stehenden Unternehmen aus den oben genannten Gründen tatsächlich in der Mehrzahl der Fälle möglich sein, einen Gegenbeweis zu führen und darzustellen, dass das gleichförmige Verhalten nur den Marktumständen geschuldet sein könnte.

bb) Verwaltungsverfahren

Das Kartellverwaltungsverfahren sieht aufgrund des herrschenden Untersuchungsgrundsatzes keine formelle Beweisführungslast vor, sodass das Gericht nicht an die Beweisanträge der Beteiligten gebunden ist.[393] Es obliegt den Kartellbehörden, die relevanten Tatsachen zu sammeln und zu würdigen. Ihnen kommt eine umfassende Aufklärungspflicht hinsichtlich aller be- und entlastenden Umstände zu. Das materielle Recht entscheidet die Frage, wer die rechtlichen Folgen der Unaufklärbarkeit einer Tatsache zu tragen hat. Die Nichterweislichkeit von Tatsachen geht grundsätzlich zulasten desjenigen, der daraus Rechtsfolgen herleitet.[394]

Allerdings kann eine Beweislastumkehr zu einer Abweichung von diesem Grundsatz auch im Kartellverwaltungsverfahren führen.[395] Die Einführung

393 *Johanns/Roesen*/MüKo, GWB, § 70, Rn. 9.
394 *Johanns/Roesen*/MüKo, GWB, § 70, Rn. 9.
395 *Johanns/Roesen*/MüKo, GWB, § 70, Rn. 9.

einer Beweislastumkehr, zumindest auf gesetzlicher Grundlage, ist unter Wahrung des Verhältnismäßigkeitsgrundsatzes grundsätzlich möglich.[396] So gibt es im GWB mehrere Regelungen zur Beweislastumkehr, z.B. in § 29 S. 1 Nr. 1 GWB. Insbesondere darf aber der Untersuchungsgrundsatz mit einer solchen Beweislastumkehr nicht außer Kraft gesetzt werden.[397] Dies bedeutet, dass die Kartellbehörden bzw. die Gerichte im Falle eines substantiierten Vortrags der Beteiligten den Sachverhalt weiter aufklären müssen.[398] In formeller Hinsicht folgt aus der Beweislastumkehr mithin letztlich nur eine gesteigerte Darlegungs- und Nachweispflicht der Unternehmen, insbesondere die in der eigenen Sphäre der Unternehmen liegenden Umstände betreffend.[399] In materieller Hinsicht geht jedoch die Nichterweislichkeit bestimmter Fakten trotz umfassender Ermittlungen der Kartellbehörden zu Lasten der Unternehmen.[400]

cc) Bußgeldverfahren

Im Bußgeldverfahren wäre jedenfalls eine Beweislastumkehr des materiellen Rechts nicht anwendbar. Eine Beweislastumkehr des materiellen Rechts, die der Kartellbehörde den Nachweis im Verwaltungsverfahren erleichtern soll, ist im Bußgeldverfahren nicht anwendbar.[401] Denn neben dem Untersuchungsgrundsatz gilt in einem Kartellbußgeldverfahren zusätzlich auch der Grundsatz der Unschuldsvermutung.[402] Daher könnten die Kartellbehörden gestützt auf die mögliche Vermutungsregelung lediglich Abstellungsverfügungen erlassen oder auf Verpflichtungszusagen der Unternehmen dringen.[403]

dd) Zusammenfassende Stellungnahme

Zum einen dürfte es ein denkbarer Weg sein, im Zivilverfahren eine Beweislastumkehr hinsichtlich solcher Tatsachen, welche in die Geschäftssphäre der

---

396 *Belke*, ZHR 1975, 129, 130f. zu dem Begriff der Abstimmung in § 25 GWB a.F.

397 *Schuchmann*, Die Behandlung von tacit collusion im europäischen und deutschen Kartellrecht, S. 139.

398 *Johanns/Roesen*/MüKo, GWB, § 70, Rn. 9. Langen/Bunte/*Lembach* Rn. 9.

399 *Körber* in: Immenga/Mestmäcker, Wettbewerbsrecht, § 29, Rn. 114.

400 *Körber* in: Immenga/Mestmäcker, Wettbewerbsrecht, § 29, Rn. 114.

401 *Körber* in: Immenga/Mestmäcker, Wettbewerbsrecht, Vorbem. zu § 81, Rn. 296.

402 EuGH, Urt. v. 8.7.1999, C-199/92 P - Slg. 1999, I-4287, Rn. 150 - *Hüls*; EuG, Urt. v. 12.10.2007, Rs. T-474/04 - Slg. 2007, II-4225, Rn. 75 - *Pergan*; *Schuchmann*, Die Behandlung von tacit collusion im europäischen und deutschen Kartellrecht, S. 141.

403 *Schuchmann*, Die Behandlung von tacit collusion im europäischen und deutschen Kartellrecht, S. 141.

mutmaßlich am Kartell Beteiligten fallen, einzuführen, um die Erfolgschancen der beweisbelasteten Partei im Falle eines Parallelverhaltens auf einem engen Oligopolmarkt zu erhöhen. Dieser Weg würde das wichtige Ziel der Kartellschadensersatzrichtlinie sowie der diese Richtlinie umsetzenden[404] 9. GWB-Novelle, eine bessere Durchsetzbarkeit von privaten Kartellschadensersatzansprüchen herzustellen,[405] weiterverfolgen und fördern.

Zum anderen ist auch im Verwaltungsverfahren die Einführung einer Beweislastumkehr unter Einhaltung des Untersuchungsgrundsatzes denkbar. Damit könnte verhindert werden, dass Verstöße gegen das Kartellverbot allein aufgrund von Beweisschwierigkeiten, die den Marktumständen geschuldet sind, nicht verfolgt werden können.

Eine Beweislastumkehr hinsichtlich des Tatbestandsmerkmals der Abstimmung wäre also unter Einhaltung strenger Voraussetzungen sowohl im Zivilverfahren als auch im Kartellverwaltungsverfahren im Falle eines engen oligopolistischen Marktes, aber nicht für alle Märkte, denkbar und die Einführung einer solchen ist prüfungswürdig. Voraussetzung dafür wäre jedoch in jedem Fall, zu definieren und praktisch in jedem Einzelfall zu bestimmen, unter welchen Voraussetzungen ein solcher enger oligopolistischer Markt vorliegt. Dies könnte zu einer gewissen Rechtsunsicherheit führen, was jedoch zugunsten der besseren Durchsetzbarkeit des Kartellverbots hingenommen werden könnte. Außerdem sollten strenge Anforderungen an das Vorliegen eines solch speziellen Falls gestellt werden, da die Beweislastumkehr hier das das Kartellverbot prägende Tatbestandsmerkmal der abgestimmten Verhaltensweise betreffen würde.

Eine Beweislastumkehr könnte durch eine Vermutungsregelung eingeführt werden, indem bei Vorliegen bestimmter Marktstrukturen und einem parallelen Verhalten vermutet wird, dass eine abgestimmte Verhaltensweise vorliegt. Die Unternehmen müssten dann beweisen, dass ihr Parallelverhalten nicht auf einer abgestimmten Verhaltensweise beruht, sondern auf den Marktumständen und eine bloße implizite Kollusion vorliegt. Ein negativer Tatsachenbeweis ist grundsätzlich schwer zu führen. Allerdings könnten die Unternehmen z.B. interne Preiskalkulationen offenlegen, die selbständige Preisentscheidungen belegen, und damit einen Indizienbeweis führen.

---

404 *Kersting* in: Kersting/Podszun, Die 9. GWB-Novelle, Kapitel 7, Rn. 15; *Klumpe/Thiede*, NZKart 2017, 332, 332.

405 *Eilmansberger/Kruis* in: Streinz, EUV/AEUV, Art. 101 AEUV, Rn. 131.

d) Beweisschwierigkeiten bei Parallelverhalten auf Tankstellenmärkten

Das Bundeskartellamt ist im Rahmen der Sektoruntersuchung dem Verdacht eines Verstoßes gegen das Kartellverbot nachgegangen und konnte einen solchen nicht (nachweisbar) feststellen.[406] Die geschilderten Schwierigkeiten hinsichtlich der Beweisbarkeit einer Abstimmung auf einem engen oligopolistischen Markt betreffen auch den Tankstellen-Kraftstoffsektor.

Auch das parallele Verhalten in Bezug auf die Kraftstoffpreise an Tankstellen könnte mit der auf den Tankstellenmärkten vorhandenen Marktstruktur, die unter anderem eine hohe Reaktionsverbundenheit der Wettbewerber sowie eine hohe Produkthomogenität aufweist, und damit mit einem bewussten Parallelverhalten erklärbar sein.[407] Eine Koordinierung der Oligopolisten im Sinne des Kartellverbots stellt daher nicht die einzige vertretbare Erklärung für die parallele Preissetzungspolitik dar. Die Unternehmen wären also mit hoher Wahrscheinlichkeit, dazu in der Lage, den Indizienbeweis zu schwächen, sollte die Kartellbehörde eine Abstimmung behaupten. Die Tankstellenmärkte würden daher einen typischen Anwendungsfall für die vorgeschlagene Beweislastumkehr darstellen.

3. *Austausch und Bereitstellen von Informationen als* facilitating practice

a) Allgemeine Grundlagen

Implizite Kollusion *per se* führt also nicht zu einem Verstoß gegen das Kartellverbot. Verhaltensweisen, die eine kollusionsfördernde Wirkung besitzen und damit eine implizite Kollusion begünstigen oder erst ermöglichen, sog. *facilitating practices*, können allerdings ein unzulässiges Verhalten gemäß dem Kartellverbot darstellen.[408] Die Erhöhung der Markttransparenz durch Austausch wettbewerbssensibler Informationen ist ein typischer Fall einer *facilitating practice*. So erörtert zum Beispiel der EuGH, dass ein Informationsaustausch zu einer Wettbewerbsbeschränkung führe, wenn er den „Grad der Ungewissheit über das fragliche Marktgeschehen verringert oder beseitigt".[409]

---

406 Bundeskartellamt, Sektoruntersuchung Kraftstoffe - Abschlussbericht Mai 2011, S. 138.

407 Siehe für eine ausführlichen Auseinandersetzung mit dieser Frage S. 124ff.

408 Schuchmann, Die Behandlung von tacit collusion im europäischen und deutschen Kartellrecht, S.104.

409 EuGH, Urt. v. 4.6.2009, C-8/08, Slg. 2009, I-4529 - *T-Mobile Netherlands;* vgl. auch Horizontalleitlinien, Rn. 61 ff.

Bereits der Austausch unternehmensspezifischer, strategischer Informationen, wie aktuelle Preise, Preisnachlässe, Preiserhöhungen, Preissenkungen und Rabatte, Kunden, Produktionskosten, Mengen, Umsätze, Verkaufszahlen, Kapazitäten, Qualität, Marketingpläne, und Investitionen, kann einen Verstoß gegen das Kartellverbot begründen.[410] Unter bestimmten Umständen wird also bereits die Offenlegung und der Austausch bestimmter Geschäftsgeheimnisse zwischen Wettbewerbern als Abstimmung gesehen.[411]

Auch die Europäische Kommission thematisiert in ihren Horizontalleitlinien den Informationsaustausch zwischen Wettbewerbern, und gibt dem Unternehmen Anhaltspunkte zur rechtlichen Bewertung eines solchen. Danach soll eine bezweckte Wettbewerbsbeschränkung vorliegen, wenn ein Austausch von Informationen über individuelle Absichten der Unternehmen, die sich auf zukünftige Preise oder Mengen beziehen, stattfindet.[412] Ob darüber hinaus ein Informationsaustausch eine Wettbewerbsbeschränkung bewirkt, soll anhand der Marktmerkmale sowie einer Vielzahl von Umständen des Informationsaustauschs zu beurteilen sein.[413]

Allerdings setzt auch ein Verstoß gegen das Kartellverbot durch eine *facilitating practice* voraus, dass diese eine abgestimmte Verhaltensweise darstellt. Es ist also ebenfalls eine Fühlungnahme der Unternehmen sowie eine zweigliedrige Verhaltensweise notwendig. Bei einer einseitigen Informationsweitergabe ist daher stets genau zu untersuchen, ob eine Abstimmung im Sinne des Kartellverbots vorliegt. [414] Bei einer Weitergabe an Kunden ist grundsätzlich kein kartellrechtswidriges Verhalten anzunehmen, da es an einer Koordinierung mit Wettbewerbern fehlt, solange diese nicht mit eigenen Ankündigungen folgen.[415]

---

410 Horizontalleitlinien, Rn. 86.

411 EuGH, Urt. v. 28.5.1998, Rs. C-7/95P - Slg 1998, I-3111 - *John Deere*; EuGH, Urt. v. 2.10.2003, Rs. C-194/99 P - Slg. 2003, I-10821 - *Thyssen Stahl*; EuGH, Urt. v. 23.11.2006, Rs. C-238/05 - Slg. 2006, I-11125 - *Asnef-Equifax*; EuGH, Urt. v. 4.6.2009, C-8/08, Slg. 2009, I-4529 - *T-Mobile Netherlands*; EuGH, Urt. v. 19.3.2015, Rs. C-286/13 P - *Dole Food Company*; *Bechtold/Bosch* in: Bechtold/Bosch, § 1 GWB, Rn. 26; für eine ausführliche Darstellung einzelner Entscheidungen siehe *Schuchmann*, Die Behandlung von tacit collusion im europäischen und deutschen Kartellrecht, S. 107 ff.

412 Horizontalleitlinien, Rn. 73 f.

413 Horizontalleitlinien, Rn. 75 ff.

414 *Schuchmann*, Die Behandlung von tacit collusion im europäischen und deutschen Kartellrecht, S. 113f.

415 *Schuchmann*, Die Behandlung von tacit collusion im europäischen und deutschen Kartellrecht, S. 113f.; *Emmerich* in: Immenga/Mestmäcker, EU-Wettbewerbsrecht, Art. 101 AEUV, Rn. 94.

Erfolgt die Informationsweitergabe dagegen gegenüber Wettbewerbern ist regelmäßig eine Abstimmung anzunehmen.[416] Nach der Rechtsprechung sowie der Europäischen Kommission sei es bereits ausreichend, wenn die Weitergabe von Informationen über Absichten oder künftiges Verhalten auf Anregung des anderen Unternehmens erfolge oder die Mitteilung von der anderen Seite „zumindest akzeptiert" würde.[417]

Einseitige öffentliche Bekanntmachungen über unternehmensspezifische Informationen wie z.B. Veröffentlichung geplanter Preiserhöhungen (sog. Signalling) können unter Umständen ebenso eine Abstimmung darstellen,

da sie dazu geeignet sind, die verbleibenden Unsicherheiten über das künftige Verhalten zu beseitigen.[418] Die gilt insbesondere für Preiserhöhungen von Wettbewerbern, die früher oder detaillierter als ansonsten erforderlich bekanntgegeben werden. Dies ermöglicht den Wettbewerbern jeweils ein „Mitziehen"[419] und verringert die Unsicherheit zwischen den Wettbewerbern.[420] Auch hier ist aber eine Abstimmung zwischen den Wettbewerbern erforderlich.[421] Daher ist zu fordern, dass die Wettbewerber eine Verhaltensweise zeigen, welche als Antwort, Reaktion oder Annahme gesehen werden kann.[422] Eine Zweiseitigkeit wird unter anderem dann angenommen, wenn die Wettbewerber „nachziehen"[423]

---

416 *Schuchmann*, Die Behandlung von tacit collusion im europäischen und deutschen Kartellrecht, S. 114.

417 Horizontalleitlinien, Rn. 62 f.; EuG, Urt. v. 15.3.2000, verb. Rs. T-25/95 u.a. - Slg. 2000, II-491, Rn. 1849 - *Cimenteries*: „Der Begriff der abgestimmten Verhaltensweise setzt die Existenz gegenseitiger Kontakte voraus. Diese Voraussetzung der Gegenseitigkeit ist erfüllt, wenn ein Konkurrent seine Absichten oder sein künftiges Verhalten auf dem Markt einem anderen auf dessen Wunsch mitteilt oder dieser die Mitteilung zumindest akzeptiert."; EuG, Urt. v. 8.7.2008, Rs. T-53/03, Slg. 2008, II-01333, Rn. 232 - *BPB*; vgl. *Schuchmann*, Die Behandlung von tacit collusion im europäischen und deutschen Kartellrecht, S. 114.

418 Z.B. *Zimmer* in: Immenga/Mestmäcker, Wettbewerbsrecht, Art. 101 AEUV, Rn. 90.

419 So etwa EuGH, Urt. v. 14.7.1972, Rs. 48/69, Slg. 1972, 619 Rn. 99 ff. – *ICI*.

420 *Zimmer* in: Immenga/Mestmäcker, Wettbewerbsrecht, Art. 101 AEUV, Rn. 90.

421 *Zimmer* in: Immenga/Mestmäcker, Wettbewerbsrecht, Art. 101 AEUV, Rn. 91.

422 *Schuchmann*, Die Behandlung von tacit collusion im europäischen und deutschen Kartellrecht, S. 117; *Zimmer* in: Immenga/Mestmäcker, Wettbewerbsrecht, Art. 101 AEUV, Rn. 91.

423 *Emmerich* in: Immenga/Mestmäcker, EU-Wettbewerbsrecht, Art. 101 AEUV, Rn. 94; Horizontalleitlinien, Rn. 63; *Schuchmann*, Die Behandlung von tacit collusion im europäischen und deutschen Kartellrecht, S. 117.

und mit vergleichbaren öffentlich getroffenen Aussagen „antworten“[424]. Auch die tatsächliche Durchführung einer entsprechenden Preiserhöhung könnte als konkludent Annahme gewertet werden.[425]

Selbst wenn in dem Informationsaustausch eine abgestimmte Verhaltensweise zu sehen ist, muss diese zusätzlich eine Wettbewerbsbeschränkung bezwecken oder bewirken. Eine solche kann in der Förderung der Markttransparenz zu sehen sein, da diese ein entscheidender Faktor für die Möglichkeit einer impliziten Kollusion und einer damit einhergehenden potentiellen Wettbewerbsbeschränkung ist. Insbesondere in einem engen Oligopol kann jede Förderung der Transparenz zwischen den Wettbewerbern (horizontale Transparenz) daher paradoxerweise zu einer Abnahme des Wettbewerbs zwischen diesen führen.[426]

Zwar verstärkt eine zunehmende Transparenz generell den Wettbewerb, wenn ein funktionierender Wettbewerb auf einem Markt gegeben ist[427], und auch die Theorie vom vollkommenen Wettbewerb besagt, dass das Vorliegen eines vollständigen Wettbewerbsmarkts eine vollkommene Markttransparenz voraussetzt[428]. Ein Informationsaustausch birgt aber auch immer die Gefahr des koordinierten Verhaltens der Anbieter sowie die Gefahr von Abschottungseffekten - wenn der Austausch sensibler Geschäftsinformationen die nicht am Informationsaustausch beteiligten Wettbewerber wettbewerblich benachteiligt - und kann somit letztlich wettbewerbsbeschränkende Auswirkungen haben.[429] Insbesondere auf oligopolistischen Märkten kann ein solcher Austausch eine kollusionsfördernde Wirkung entfalten, das heißt, implizite Kollusion fördern und damit als kritisch einzustufen sein.[430]

---

424 *Schuchmann*, Die Behandlung von tacit collusion im europäischen und deutschen Kartellrecht, S. 117; *Zimmer* in: Immenga/Mestmäcker, Wettbewerbsrecht, Art. 101 AEUV, Rn. 91; vgl. auch OLG Düsseldorf 29.10.2012, Az. V-1 Kart 1–6/12, WuW/E DE-R 3889, 3892 f. Rn. 139 f. „Silostellgebühren I“

425 *Zimmer* in: Immenga/Mestmäcker, Wettbewerbsrecht, Art. 101 AEUV, Rn. 91.

426 *Schuchmann*, Die Behandlung von tacit collusion im europäischen und deutschen Kartellrecht, S. 118.

427 EuG, Urt. v. 27.10.1994, Rs. T-35/92 - Slg. 1994, II-957, Rn. 51 - *John Deere*; EuGH, Urt. v. 28.5.1998, Rs. C-7/95 P, Slg. 2003, I-10821, Rn. 84 - *Thyssen/Kommission*; *Dreher/Hoffmann*, WuW 2011, 1181, 1183.

428 *Sosnitza* in: MüKo, Lauterkeitsrecht, Teil I, Rn. 5.

429 Horizontalleitlinien, Rn. 65 ff.; *Dewenter/Löw*, NZKart 2015, 458, 459.

430 *Schuchmann*, Die Behandlung von tacit collusion im europäischen und deutschen Kartellrecht, S. 106; siehe dazu ausführlich S. 226ff.

Es sind daher die tatsächlichen und potentiellen Auswirkungen im konkreten Einzelfall im rechtlichen und wirtschaftlichen Zusammenhang zu bewerten, wenn eine wettbewerbsbeschränkende Wirkung festgestellt werden soll.[431] Insbesondere ein öffentlicher Informationsaustausch kann dazu führen, dass diese wettbewerbsbeschränkenden Wirkungen durch eine Steigerung der Transparenz zwischen Anbietern und Abnehmern (vertikale Transparenz) und damit der Konsumentenwohlfahrt aufgewogen werden. Dennoch kann auch bei einem Austausch öffentlicher Informationen nicht ausgeschlossen werden, dass eine Kollusion gefördert wird und ein Verstoß gegen das Kartellverbot vorliegt.[432]

b) Bereitstellen von Informationen durch Tankstellenbetreiber und Mineralölunternehmen

Die oben gewonnenen Ergebnisse sollen nachfolgend auf die Tankstellenmärkte übertragen werden. Es wäre denkbar, dass die indirekte öffentliche Bekanntmachung der Kraftstoffpreise durch Mineralölunternehmen und Tankstellenbetreiber nach den oben dargestellten Ergebnissen eine nach dem Kartellverbot verbotene Verhaltensweise darstellt.[433] Die Mineralölunternehmen und Tankstellenbetreiber geben die aktuellen Preisinformationen an die Markttransparenzstelle, welche sie an die Verbraucherinformationsdienste weiterleitet und damit öffentlich macht.

Die Weitergabe der aktuellen Preise basiert aber auf gesetzlicher Grundlage und lässt den Unternehmen in diesem Bereich keinen Handlungsspielraum. Damit kann den Unternehmen dieses Verhalten nicht zum Vorwurf gemacht werden.[434] Die Unternehmen leiten die Preise außerdem lediglich an die Markttransparenzstelle weiter, welche diese dann selbst und ohne Zutun der Tankstellenbetreiber und Mineralölunternehmen veröffentlicht. Eine unmittelbare Veröffentlichung durch die Tankstellenbetreiber bzw. Unternehmen findet also

---

431 *Emmerich* in: Immenga/Mestmäcker, EU-Wettbewerbsrecht, Art. 101 AEUV, Rn. 179, *Mestmäcker/Schweitzer*, Europäisches Wettbewerbsrecht, § 11, Rn. 43., siehe zu den Prüfkriterien im Einzelnen *Pischel/Hausner*, EuZW 2013, 498, 500ff.; *Schuchmann*, Die Behandlung von tacit collusion im europäischen und deutschen Kartellrecht, S. 118

432 Horizontalleitlinien, Rn. 94.

433 Siehe für eine ausführliche Darstellung der Regelungen in Deutschland S. 228ff.

434 u.a. EuGH, Urt. v. 16.12.1975, verb. Rs. 40 u.a./73 - Slg. 1975, 1663, 1965 - *Suiker Unie*; EuGH, Urt. v. 17.11.1993, C-2/91 - Slg. 1993, I-5751 - *Meng*; EuGH, Urt. v. 11.11.1997, verb. Rs. C-359/95 P und C-379/95 P - Slg. 1997, I-6265 - *Ladbroke Racing*; *Stockenhuber* in: Grabitz/Hilf/Nettesheim, Das Recht der Europäischen Union, Art. 101 AEUV, Rn. 118.

nicht statt. Den Unternehmen würde somit ein widersprüchliches Verhalten abverlangt, wenn sie einerseits zur Veröffentlichung der Informationen verpflichtet sind und andererseits nach Erfüllung dieser Verpflichtung über kartellrechtliche Vorschriften sanktioniert werden könnten. Der Anwendung des Kartellverbots steht also die Legalisierungswirkung der gesetzlich normierten Veröffentlichungspflicht entgegen.

Auch aus einem anderen Grund liegt keine Form des sog. Signalling vor. Die Preisveröffentlichungen beziehen sich auf aktuelle und nicht auf zukünftige Preise. Die Informationen werden nicht vorab veröffentlicht, sodass sich die Wettbewerber nicht schon vor Ausführung einer Preisänderungen darauf einstellen können.

Es wird aber noch zu untersuchen sein, ob dieses Vorgehen, wie bei der Einführung der gesetzlichen Regelungen erwartet, tatsächlich zu einer positiv wirkenden Wettbewerbssteigerung führt oder eine Anpassung mit Blick auf die Konsumentenwohlfahrt angebracht ist.[435]

Auch in der nun stattfindenden Praktik der Tankstellenbetreiber und Mineralölunternehmen, die Preise der Wettbewerber durch Nutzung der Apps oder vor Ort zu beobachten, ist keine unzulässige Koordinierung zu sehen. Die Beobachtung ist ein rein einseitiges Verhalten der Unternehmen, bei der es an einer irgendwie gearteten Zusammenarbeit fehlt, da die Beobachtung durch ein Unternehmen vollständig ohne Beteiligung der Wettbewerber erfolgt. Mangels einer Fühlungnahme kann also die gezielte Beobachtung der Wettbewerbspreise nicht als vom Kartellverbot erfasst angesehen werden.[436]

Ungeachtet dessen bewirkt ein gezieltes Beobachten der Wettbewerber auf einem engen Oligopolmarkt, dessen Marktstruktur eine implizite Kollusion bereits wahrscheinlich werden lässt, eine zusätzliche Verstärkung dieser Umstände. Es ist daher darüber nachzudenken, ob ein solches Verhalten unter Umständen als missbräuchlich im Sinne des Missbrauchsverbots einer marktbeherrschenden Stellung anzusehen sein könnte. Eine Auseinandersetzung mit dieser Frage findet deshalb unten im Abschnitt zu den *facilitating practices* im Rahmen des Missbrauchsverbots statt[437].

---

435 Siehe S. 226ff.

436 Siehe S. 78ff.

437 Siehe S. 182ff.

4. *Zusammenfassende Stellungnahme*

Auch ein stärker auswirkungsbasierter Ansatz im Rahmen des Kartellverbots, der die Konsumentenwohlfahrt und Effizienzerwägungen in den Vordergrund des Kartellrechts stellen soll, führt nicht dazu, dass implizite Kollusion als abgestimmte Verhaltensweise anzusehen ist. Gegen eine solche Auslegung spricht, dass dem Kartellverbot der Schutz des Selbstständigkeitspostulats und der Schutz des Wettbewerbs vor Verfälschungen zugrunde liegen. Sind diese durch eine Verhaltensweise nicht betroffen, so mag zwar eine Schädigung der Konsumentenwohlfahrt vorliegen, aber das Kartellverbot ist nicht berührt. Implizite Kollusion, welche generell zu einem höheren Preisniveau als bei funktionierendem Wettbewerb führt, wie bei der parallelen Preissetzung auf den deutschen Tankstellenmärkten, kann also tatsächlich nicht mit dem Kartellverbot beschränkt werden.

Bei einer hohen Markttransparenz sollte aber auch immer ein unzulässiger Informationsaustausch zwischen Wettbewerbern in Betracht gezogen werden. Den Mineralölkonzernen kann ein solcher aber aufgrund der staatlichen Vorgaben für Preisveröffentlichungen nicht vorgeworfen werden.

Im Fall eines engen Oligopols mit Bedingungen wie auf den Tankstellenmärkten dürfte das Indiz des parallelen Verhaltens für eine Abstimmung regelmäßig nicht zu der Annahme eines Kartellverstoßes führen, da den Unternehmen häufig gelingen dürfte, den Indizienbeweis zu schwächen. Eine Beweislastumkehr auf Ebene des Verstoßes für enge oligopolistische Märkte wäre daher denkbar. Denn bisher ist es für die Behörden oftmals unmöglich, ohne explizite Beweise und nur gestützt auf Indizien einen Verstoß gegen das Kartellverbot nachzuweisen. Die Marktstruktur kommt damit nach der bisherigen gesetzlichen Regelung den Unternehmen zu Gute, was man als unbefriedigend empfinden kann.

III. Implizite Kollusion als unlautere geschäftliche Handlung

Auch in den USA wird die Anwendbarkeit von Artikel 1 und 2 des Sherman Act, welche die Kartellbildung regeln, mangels einer Art der Vereinbarung („*conspiracy*") auf implizite Kollusion abgelehnt, sodass die Rechtslage mit dem EU-Recht und dem deutschen Recht durchaus vergleichbar ist. Es gibt aber in den USA Ansätze, Artikel 5 des Federal Trade Commission Act (im Folgenden: „FTCA"), welcher unfaire Wettbewerbsmethoden („*unfair methods of competition*") verbietet, auf implizite Kollusion anzuwenden. Daher soll untersucht werden, ob das Gesetz gegen den unlauteren Wettbewerb („UWG")[438],

438 Das UWG setzt die Richtlinie 2005/29/EG des Europäischen Parlaments und des

das entsprechende Gesetz im deutschen Recht, auf Fälle impliziter Kollusion anwendbar ist.

Dazu soll zunächst eine kurze Zusammenfassung der aktuellen Rechtslage sowie der Rechtsprechung in den USA erfolgen. Im Anschluss soll bewertet werden, ob die Überlegungen und Wertungen zum amerikanischen Recht auf das deutsche Recht übertragen werden können, um die Lücken des Kartellverbots zu schließen.

1. *Erfassung durch den FTCA*

Mit Artikel 5 FTCA soll ein breites Spektrum an Verhalten abgedeckt werden. Insbesondere soll solches Verhalten erfasst werden, welches zwar nicht in den Anwendungsbereich anderer Gesetze fällt, aber dennoch zu wettbewerbsschädlichen Ergebnissen führt.[439] Damit fällt jedes Verhalten, welches vom Sherman Act erfasst ist, unter Artikel 5 FTCA. Aber nicht jedes Verhalten, welches einen Verstoß gegen Artikel 5 darstellt, ist auch vom Sherman Act erfasst.[440] Es liegt also nahe, die Anwendung der Vorschrift im Falle implizite Kollusion, welche zwar zu negativen Marktergebnissen führt, aber nicht unter das Kartellverbot fällt, in Betracht zu ziehen.[441]

Es gab bislang zwei Entscheidungen amerikanischer Gerichte, in welchen explizit die Anwendung des Artikels 5 FTCA auf implizite Kollusion angesprochen wurde, die Entscheidungen *Boise Cascade*[442] und *Ethyl*[443].

Rates vom 11.5.2005 über unlautere Geschäftspraktiken im binnenmarktinternen Geschäftsverkehr zwischen Unternehmen und Verbrauchern und zur Änderung der Richtlinie 84/450/EWG des Rates, der Richtlinien 97/7/EG, 98/27/EG und 2002/65/EG des Europäischen Parlaments und des Rates sowie der Verordnung (EG) Nr. 2006/2004 des Europäischen Parlaments und des Rates (Richtlinie über unlautere Geschäftspraktiken), ABl. 2005 L 149, S. 22 um.

439 *Filippelli*, Collective Dominance and Collusion, S. 41 mit Verweis auf *Reeves*, 16 B.C. Ind. Comm. L. Rev. 1975, 157.

440 Federal Trade Commission v Indiana Federation of Dentists, Supreme Court, 476 US 447 (1986); *Filippelli*, Collective Dominance and Collusion, S. 41.

441 *Filippelli*, Collective Dominance and Collusion, S. 42 mit Verweis auf *Peritz*, "Unfair Methods of Competition under FTC § 5", 828; *Hovenkamp*, Federal Antitrust Policy - The Law of Competition and Its Practice, S.184f.

442 Boise Cascade v Federal Trade Commission, 673, F.2d 573, (9th Cir. 1980).

443 E.I. Du Pont De Nemours & Company v Federal Trade Commission, Ethyl Corporation v Federal Trade Commission 729, F.2d 128, (2nd Cir., 1984).

Im Fall *Boise Cascade* hatten mehrere Wettbewerber parallel ein Preissystem basierend auf Schienengütertarifen entwickelt. Das Gericht stellte fest, dass bei einem solchen Verhalten ein Verstoß gegen Artikel 5 FCTA angenommen werden kann, wenn es Beweise für ein paralleles Verhalten sowie wettbewerbsschädliche Auswirkungen gibt. Letzteres wurde in diesem Fall zwar verneint und somit ein Verstoß letztendlich abgelehnt, aber eine Anwendbarkeit wurde im Allgemeinen bejaht.

In der Sache *Ethyl* hatte das Gericht zu entscheiden, ob geschäftliches Verhalten, welches implizites Parallelverhalten fördert, eine unfaire Geschäftspraktik nach dem FTCA darstellt. Das Gericht stellte dafür zwei Voraussetzungen auf und knüpfte damit an die Entscheidung in *Boise Cascade* an: Das Verhalten muss gegen die fairen Methoden im Wettbewerb verstoßen und eine Beschränkung des Wettbewerbs herbeiführen.[444]

Mit diesen zwei Entscheidungen haben die amerikanischen Gerichte anerkannt, dass gleichförmiges Verhalten auch ohne Vereinbarung eine unfaire geschäftliche Handlung im Sinne des FTCA darstellen kann, wenn es nur zu einer wettbewerbsschädlichen Wirkung in Form einer Wettbewerbsbeschränkung führt.[445]

2. *Mögliche Erfassung durch das UWG*

Das UWG verbietet wie der FTCA unlautere geschäftliche Handlungen und will damit laut § 1 UWG auf der einen Seite die Mitbewerber, die Verbraucher sowie die sonstigen Marktteilnehmer und auf der anderen Seite aber auch das Interesse der Allgemeinheit an einem unverfälschten Wettbewerb schützen. Auch das Lauterkeitsrecht setzt sich damit wie das Kartellrecht den Schutz des Wettbewerbs vor Beeinträchtigungen im Allgemeininteresse und im Interesse der Marktteilnehmer zum Ziel.[446]

Vor dem Hintergrund der Tendenzen in den USA ist daher die Anwendung der Generalklausel in § 3 UWG auf implizite Kollusion zu untersuchen.

a) Verhältnis von Lauterkeitsrecht und Kartellrecht im deutschen Recht

Da die Generalklausel in § 3 UWG („Unlautere geschäftliche Handlungen sind unzulässig“) sehr weit gefasst ist und theoretisch jedes wettbewerbsschädliche

---

444 *Filippelli*, Collective Dominance and Collusion, S. 44.

445 *Filippelli*, Collective Dominance and Collusion, S. 44 mit Verweis auf *DeSanti/Nagata*, Antitrust L.J. 1994, 63, 100.

446 *Köhler*, WRP 2005, 645, 646.

Verhalten erfassen könnte[447], stellt sich die Frage welches Konkurrenzverhältnis zwischen dem Kartellrecht und dem Lauterkeitsrecht besteht. Dabei stellt ist insbesondere fraglich, ob das Lauterkeitsrecht auf implizite Kollusion Anwendung finden kann, selbst wenn diese *per se* nicht vom Kartellrecht erfasst ist.

Wie bereits dargestellt, hat auch das Lauterkeitsrecht den Schutz des Wettbewerbs zum Ziel. Das Lauterkeitsrecht soll aber anders als das Kartellrecht nicht wettbewerbliche Marktstrukturen, sondern die Lauterkeit des Wettbewerbs schützen.[448] Das Kartellrecht schützt also den freien Wettbewerb unter wirtschaftspolitischen Gesichtspunkten gegen Beschränkungen, und das Lauterkeitsrecht schützt vor unlauteren Wettbewerbshandlungen einzelner Unternehmen.[449] Dabei ergänzen sich beide und dienen sowohl dem Schutz der Individualinteressen der Marktteilnehmer als auch dem Schutz des Allgemeininteresses.[450] So verweist auch das UWG seit 2004 in § 1 Satz 2 auf das Interesse der Allgemeinheit an einem unverfälschten Wettbewerb und die Rechtsprechung versucht, über die Fallgruppe der „Marktstörung" einen Schutz des Wettbewerbs als Institution zu gewährleisten.[451]

Es stellt sich daher die Frage, wie beide Rechtsgebiete in der Anwendung voneinander abgegrenzt werden und welche Anwendungsbereiche sie umfassen.

Es ist zunächst zu beachten, dass weder jedes kartellrechtswidrige Verhalten einen Verstoß gegen das Lauterkeitsrecht begründet, noch jede unlautere geschäftliche Handlung von dem Kartellrecht erfasst wird.[452] Es gibt jedoch Verhaltensweisen, die sowohl einen Verstoß gegen das Kartellrecht als auch gegen das Lauterkeitsrecht darstellen.[453] Unstrittig sind beide Rechtsinstitute und auch ihre Rechtsfolgen also nebeneinander anwendbar.[454] Problematisch ist jedoch das Verhältnis, wenn ein Verhalten nicht von dem Kartellrecht erfasst ist, aber in den Anwendungsbereich der lauterkeitsrechtlichen Generalklausel fallen könnte.

Es wird von der ganz herrschenden Meinung eine gewisse „Sperrwirkung" des Kartellrechts gegenüber dem Lauterkeitsrecht vertreten.[455] Danach müssten

---

447 *Köhler*, WRP 2005, 645, 647.

448 *Köhler* in: Köhler/Bornkamm/Feddersen, UWG, Einleitung, Rn. 6.12.

449 *Köhler* in: Köhler/Bornkamm/Feddersen, UWG, Einleitung, Rn. 6.13.

450 *Köhler* in: Köhler/Bornkamm/Feddersen, UWG, Einleitung, Rn. 6.13.

451 *Sosnitza* in: MüKo, Lauterkeitsrecht, Teil I., Rn. 30.

452 *Köhler* in: Köhler/Bornkamm/Feddersen, UWG, Einleitung, Rn. 6.13.

453 BGH, Urt. v. 16.3.1954 - BGHZ 13, 33 (37) - *Warenkredit*; BGH, Urt. v. 20.11.2003 - GRUR 2004, 602, 603 - *20 Minuten Köln*.

454 *Köhler*, WRP 2005, 645, 647.

455 *Köhler* in: Köhler/Bornkamm/Feddersen, UWG, § 4a, Rn. 1.16.

die Wertungen des Kartellrechts bei der Anwendung der Generalklausel Berücksichtigung finden und dürften nicht unterlaufen werden. Ist der Anwendungsbereich des Kartellrechts generell eröffnet und erfasst das Kartellrecht aber lediglich bestimmte Verhaltensweisen eines Unternehmens, so dürfe das entsprechende Verbot nicht durch die Anwendung der Generalklausel beliebig erweitert werden. Insbesondere dürfe das Lauterkeitsrecht nicht dazu verwendet werden, vermeintliche Schutzlücken im Kartellrecht zu schließen.[456] Sind die Voraussetzungen eines Verbotstatbestands des Kartellrechts nicht gegeben, so müssten zusätzliche Umstände vorliegen, die eine Unlauterkeit begründen, um einen Verstoß gegen das Lauterkeitsrecht annehmen zu können.[457] Das UWG würde anders als der FCTA gerade nicht als Auffangtatbestand für solche Verhaltensweisen geschaffen worden sein, die aus dem Kartellverbot herausfallen.[458]

b) Erfüllung der Generalklausel

Nachfolgend soll vor diesem Hintergrund erörtert werden, ob die Generalklausel aus § 3 Abs.1 UWG durch implizite Kollusion erfüllt sein kann. Es ist insbesondere zu überprüfen, ob im Fall impliziter Kollusion die Lauterkeit und Unverfälschtheit des Wettbewerbs als Schutzziel des UWG betroffen ist.

Es könnte ein Fall der durch die Rechtsprechung entwickelten Fallgruppe der „Marktstörung" vorliegen. Unter der Marktstörung oder allgemeinen Marktbehinderung versteht die Rechtsprechung ein Verhalten, das zwar nicht von vornherein unlauter, aber doch wettbewerblich bedenklich ist und für sich allein oder in Verbindung mit den zu erwartenden, gleichartigen Maßnahmen von Mitbewerbern die ernstliche Gefahr begründet, dass der Leistungswettbewerb hinsichtlich der fraglichen Warenart in nicht unerheblichem Maße eingeschränkt wird.[459]

---

456 u.a. Köhler, WRP 2005, 645, 647; *Köhler* in: Köhler/Bornkamm/Feddersen, UWG, Einleitung, Rn. 6.13; *Sosnitza* in: MüKo, Lauterkeitsrecht, § 3 UWG, Rn. 64; *Ahrens* in: Harte-Bavendamm/Henning-Bodewig, UWG, Einleitung G., Rn. 114.

457 BGH, Urt. v. 4.4.1995 - GRUR 1995, 690, 692 - *Hitlisten-Platten*; Köhler, WRP 2005, 645, 648; *Ahrens* in: Harte-Bavendamm/Henning-Bodewig, UWG, Einleitung G., Rn. 114; *Köhler* in: Köhler/Bornkamm/Feddersen, UWG, § 4a, Rn. 1.16.

458 u.a. *Köhler*, WRP 2005, 645, 647; *Köhler* in: Köhler/Bornkamm/Feddersen, UWG, Einleitung, Rn. 6.13; *Sosnitza* in: MüKo, Lauterkeitsrecht, § 3 UWG, Rn. 64; *Ahrens* in: Harte-Bavendamm/Henning-Bodewig, UWG, Einleitung G., Rn. 114.

459 BGH GRUR 2004, 602, 603 - 20 Minuten Köln; WRP 2004, 746, 747 - *Zeitung am Sonntag*; WRP 2001, 688, 690 - *Eröffnungswerbung*; GRUR 2001, 80, 81 - *ad-hoc-Meldung*; GRUR 1965, 489, 491 - *Kleenex*; KG GRUR-RR 2001, 279, 280.

Im Rahmen des Kartellverbots wurde dargelegt, dass grundsätzlich eine Wettbewerbsbeschränkung hervorgerufen durch implizite Kollusion angenommen werden kann.[460] Ein stärker auswirkungsbasierter Ansatz und seine ökonomischen Grundsteine dürften auch im Rahmen des Lauterkeitsrechts Anwendung finden. Anderenfalls würde es zu einem Widerspruch zwischen Kartell- und Lauterkeitsrecht kommen, die beide den unverfälschten Wettbewerb als Schutzziel besitzen.[461] Es kann also angenommen werden, dass das Schutzziel des unverfälschten Wettbewerbs von impliziter Kollusion berührt ist.

Um die Wertungen des Kartellrechts aber nicht zu unterlaufen, ist, wie oben dargestellt, ein zusätzliches Unlauterkeitselement erforderlich. So wird auch im Rahmen der Fallgruppe „Markstörung“ zwar nicht ein unbedingt unlauteres, aber ein wettbewerblich bedenkliches Verhalten gefordert.[462] Die Rechtsprechung hat diese Voraussetzung allerdings noch nicht genauer definiert.[463] Um eine Abgrenzung zwischen Kartell- und Lauterkeitsrecht zu bewahren, darf dieses Kriterium nicht zu weit ausgelegt werden.

Einige sehen in dem Begriff „unlauter“ eine bereichsspezifische Bezeichnung der Rechtswidrigkeit eines Verhaltens. Danach soll ein Verhalten unlauter sein, wenn es gegen eine vom Gesetzgeber oder den Gerichten für den Anwendungsbereich des UWG aufgestellte Verhaltensregel verstößt. Diese könnten sich mit der Zeit ändern und von den Gerichten fortentwickelt werden.[464]

Andere sind der Auffassung, es komme darauf an, dass der Erfolg im Wettbewerb nicht auf unfairem, das heißt leistungswidrigem Verhalten beruht. Ein Verstoß gegen das Kartellverbot oder das Missbrauchsverbot indiziere zwar ein leistungswidriges Verhalten, aber ein Verstoß gegen gesetzliche Regelungen sei nicht Voraussetzung für eine Unlauterkeit im Sinne des UWG.[465] Letztlich sei danach zu fragen, welche Wertung die Rechtsordnung enthält und ob ein Verhalten gerechtfertigt ist, das heißt vom Zuweisungsgehalt des Rechts abgedeckt

---

460 Siehe dazu S. 87ff.

461 *Podszun* in: Harte-Bavendamm/Henning-Bodewig, UWG, § 3, Rn. 143; *Podszun*, WRP 2009, 509, 516ff.; a.A. *Sosnitza* in: MüKo, Lauterkeitsrecht, § 3 UWG, Rn. 66.

462 BGH GRUR 2004, 602, 603 - *20 Minuten Köln*; WRP 2004, 746, 747 - *Zeitung am Sonntag*; WRP 2001, 688, 690 - *Eröffnungswerbung*; GRUR 2001, 80, 81 - *ad-hoc-Meldung*; GRUR 1965, 489, 491 - *Kleenex*; KG GRUR-RR 2001, 279, 280.

463 Vgl. *Omsels* in: Harte-Bavendamm/Henning-Bodewig, UWG, § 4 Nr. 4, Rn. 251.

464 *Köhler* in: Köhler/Bornkamm/Feddersen, UWG, § 3, Rn. 2.15.

465 *Koppensteiner*, WRP, 2007, 475, 479.

wird.[466] Eine Ausnahme stellt sicherlich § 3a UWG dar, der einen Verstoß gegen eine gesetzliche Vorschrift voraussetzt.

Nach beiden dargelegten Auslegungen ist bei einer impliziten Kollusion nicht von einem unlauteren Verhalten auszugehen, wenn nicht Verhaltensweisen hinzukommen, die dieses Verhalten fördern und vereinfachen oder auf andere Weise eine Unlauterkeit begründen. Das bloße gleichförmige Verhalten ist aus Sicht der Unternehmen lediglich ein vernünftiges und von den Marktgegebenheiten bedingtes Verhalten. Das bloße Streben nach höheren Umsätzen begründet keine Unlauterkeit.

Darüber hinaus ist bei einer etwaigen lauterkeitsrechtlichen Strukturkontrolle dem auf den Erhalt des freien Wettbewerbs gerichteten Zweck Rechnung zu tragen.[467] Eine Anwendung des Lauterkeitsrechts auf bloße implizite Kollusion würde aber der Wertung des Kartellverbots widersprechen, dass eine Koordinierung in Form einer gegenseitigen Kontaktaufnahme und eine Einschränkung des Selbstständigkeitspostulats notwendig sind.

3. *Zusammenfassende Stellungnahme*

Einer Anwendung des deutschen Lauterkeitsrechts auf implizite Kollusion steht die Wertung des Kartellrechts entgegen, ein solches Verhalten allein nicht als rechtswidrig anzusehen. Zudem ist insbesondere das UWG, anders als Artikel 5 FTCA, kein Auffangtatbestand für solche Verhaltensweisen, die nicht von dem Kartellrecht erfasst sind, sondern soll die Marktteilnehmern vor unlauteren Geschäftspraktiken und damit auch den Wettbewerb schützen. Ohne Hinzutreten zusätzlicher Umstände, die eine Unlauterbarkeit begründen, ist die Generalklausel des UWG daher nicht einschlägig. Der Ansatz im amerikanischen Recht ist daher nicht auf das deutsche Recht übertragbar.

IV. Missbrauchsverbot nach Art. 102 AEUV bzw. § 19 GWB

Mit der Unanwendbarkeit des Kartellverbots und des Lauterkeitsrechts auf implizite Kollusion ist noch keine Aussage dazu getroffen, ob dieses Verhalten einen Missbrauch einer gemeinsamen marktbeherrschenden Stellung nach Art. 102 AEUV bzw. § 19 GWB darstellen kann. Daher soll nachfolgend untersucht werden, welche Möglichkeiten bestehen, implizite Kollusion, welche typischerweise

466 *Koppensteiner*, WRP, 2007, 475, 479.

467 *Ohly* in: Ohly/Sosnitza, UWG, B. 1. A., Rn. 22.

zu negativen Wohlfahrtseffekten führt, mit dem Missbrauchsverbot entgegenzuwirken, und welche Schwierigkeiten und Fragen damit einhergehen.

Zunächst soll dargestellt werden, unter welchen Voraussetzungen im Rahmen des Missbrauchsverbots von einer gemeinsamen marktbeherrschenden Stellung aufgrund Reaktionsverbundenheit ausgegangen werden kann. Diese allgemeinen Ergebnisse sollen dann auf die deutschen Tankstellenmärkten übertragen werden. In diesem Rahmen werden die praktischen Herausforderungen bei dem Nachweis einer gemeinsamen Marktbeherrschung, basierend auf Reaktionsverbundenheit, aufgezeigt, und die Schlussfolgerungen des Bundeskartellamtes vor dem Hintergrund der Beobachtungen über den Markt hinterfragt. Nur bei Vorliegen einer gemeinsamen Marktbeherrschung würde auch die Möglichkeit bestehen, dem parallelen Preissetzungsverhalten der Tankstellen durch den Missbrauchstatbestand entgegenzuwirken.

Im Anschluss wird erörtert, ob allein ein gleichförmiges Verhalten basierend auf einer Reaktionsverbundenheit ein missbräuchliches Verhalten darstellt und welche Verhaltensweisen außerdem möglicherweise zu einem Verstoß gegen das Missbrauchsverbot führen können. Im Rahmen dieser Ausführungen wird auch wieder Bezug auf das Parallelverhalten auf den Tankstellenmärkten genommen.

1. Gemeinsame marktbeherrschende Stellung

Das Missbrauchsverbot soll verhindern, dass das Wettbewerbsgeschehen durch übermächtige Marktteilnehmer gestört wird, und richtet sich daher gegen marktbeherrschende Unternehmen. Diese sind aufgrund ihrer Marktmacht weniger als andere Unternehmen von dem Koordinierungs- und Regelungssystem der Marktwirtschaft eingeschränkt. Es besteht daher die Gefahr, dass eine Optimierung der Allokation wirtschaftlicher Ressourcen, ebenso wie bei einer Kartellabsprache, behindert wird.[468]

Ebenso wie in der Fusionskontrolle stellt sich auch im Rahmen des Missbrauchsverbots die Frage, ob eine hohe Reaktionsverbundenheit, die zu impliziter Kollusion führt, in einem engen Oligopol eine gemeinsame Marktbeherrschung begründen kann, und welche Nachweise dafür notwendig sind.

---

468 *Jung* in: Grabitz/Hilf/Nettesheim, Das Recht der Europäischen Union, Art. 102 AEUV, Rn. 1, 60.

a) *Gemeinsame Marktbeherrschung im Rahmen des Missbrauchsverbots basierend auf Reaktionsverbundenheit*

Wie bereits im Rahmen der Ausführungen zum Fusionskontrollverfahren dargestellt, ist es mittlerweile anerkannt, dass auch zwei oder mehr voneinander wirtschaftlich unabhängige Unternehmen durch wirtschaftliche Bande soweit verbunden sein können, dass sie gegenüber Konkurrenten, Geschäftspartnern oder Verbrauchern als kollektive Einheit in Erscheinung treten.[469] Die betreffenden Unternehmen müssen allerdings durch diese Verbindungen in die Lage versetzt werden, ein einheitliches Verhalten auf dem Markt zu zeigen.[470] Dies gilt grundsätzlich auch im Rahmen des Missbrauchsverbots, sodass eine gemeinsame Marktbeherrschung basierend auf einer oligopolistischen Reaktionsverbundenheit auch dort möglich ist.[471]

Ist die Möglichkeit einer gemeinsamen marktbeherrschenden Stellung grundsätzlich bejaht worden, so stellt sich dennoch die Frage, ob die Rechtsprechung den Tatbestand nicht zu weit ausdehnt, wenn es eine Reaktionsverbundenheit im Oligopol unter den oben dargestellten Umständen zur Begründung einer kollektiven Marktbeherrschung im Rahmen des Missbrauchsverbots genügen lässt. Die Annahme einer gemeinsamen Marktbeherrschung basierend auf einer Reaktionsverbundenheit könnte eine Umgehung der Rechtsprechung zum Kartellverbot darstellen, da dort implizite Kollusion nicht als ausreichend zur Erfüllung des Tatbestandes angesehen wird.[472]

Dies ist aber abzulehnen. Missbrauchs- und Kartellverbot haben zwar dasselbe Ziel in Form der Aufrechterhaltung eines unverfälschten Wettbewerbs, sie sind aber dennoch als eigenständig anzusehen und sollen sich ergänzen, um dieses Ziel zu erreichen. Daher ist es möglich, dass ein Verhalten, das nicht den

---

469 EuGH, Urt. v. 16.3.2000, verb. Rs. C-395 u. 396/96 P - Slg. 2000, I-1365 Rn. 39 - *Compagnie maritime belge*; *Eilmansberger/Kruis* in: Streinz, EUV/AEUV, Art. 102 AEUV, Rn. 15.

470 *Eilmansberger/Kruis* in: Streinz, EUV/AEUV, Art. 102 AEUV, Rn. 15.

471 Vgl. u.a. EuG, Urt. v. 30.9.2003 - Slg. 2003, II-3275, 3510, Rn. 652 - *Atlantic Container Line*; EuG, Urt. V. 26.1.2005, Rs. T-193/02 - Slg. 2005, II-209, Rn. 111 - *Piau*; *Fuchs/Möschel* in: Immenga/Mestmäcker, EU-Wettbewerbsrecht, Art. 102 AEUV, Rn. 124; *Eilmansberger/Bien* in: MüKo, Europäisches Wettbewerbsrecht, Art. 102 AEUV, Rn. 91.

472 Vgl. *Böni/Palzer*, WuW 2009, 477, 486; *Enchelmaier*, Europäische Wettbewerbspolitik im Oligopol, S. 135.

Tatbestand des Kartellverbots erfüllt, unter das Missbrauchsverbot fallen kann.[473] Ferner würde die Annahme einer kollektiven Marktbeherrschung, anders als bei der Annahme einer abgestimmten Verhaltensweise aufgrund impliziter Kollusion im Rahmen des Kartellverbots, nicht ohne ein weiteres Zutun zu einem Verstoß gegen das Missbrauchsverbot führen. Es müsste noch eine missbräuchliche Handlung hinzutreten, denn das Missbrauchsverbot erklärt das Innehaben oder die Erlangung einer marktbeherrschenden Stellung allein nicht als rechtswidrig, sondern nur einen Missbrauch dieser.[474] Damit wird auch die Wertung nicht umgangen, dass implizite Kollusion allein nicht ausreicht, um gegen das Kartellrecht zu verstoßen.[475]

Darüber hinaus ist insbesondere der Zweck des Missbrauchsverbots zu beachten, die Wettbewerber und die Marktgegenseite vor einem wettbewerbsschädlichen Verhalten durch ein marktbeherrschendes Unternehmen zu schützen, welches größtenteils der Regulierungsfunktion des Wettbewerbs nicht mehr unterliegt. Liegt eine kollektive marktbeherrschende Einheit von mehreren unabhängigen Unternehmen, die zwangsläufig weder Innen- noch Außenwettbewerb ausgesetzt sind, vor, so besteht gleichfalls die Gefahr des wettbewerbsschädlichen Verhaltens.[476] Eine strukturelle oder rechtliche Bindung ist nicht notwendig, da auch die Reaktionsverbundenheit „das Auftreten oder Handeln als kollektive Einheit" ermöglicht[477]. Allein hinsichtlich der Standfestigkeit und der zu erwartenden Dauer der Einheit können sich je nach Art der Bindung Unterschiede ergeben.[478]

---

473 *Fuchs/Möschel* in: Immenga/Mestmäcker, EU-Wettbewerbsrecht, Art. 102 AEUV, Rn. 127; *Jungermann*, Kollektive Marktbeherrschung durch interdependentes Parallelverhalten und deren Missbrauch, S. 320; *Schuchmann*, Die Behandlung von tacit collusion im europäischen und deutschen Kartellrecht, S. 173; *Enchelmaier*, Europäische Wettbewerbspolitik im Oligopol, S. 135; EuGH, Urt. v. 21.2.1973, Rs. 6/72 - Slg. 1973, 215, Rn. 25 - *Continental Can.*

474 u.a. EuGH, Urteil vom 14. Februar 1978, Slg. 1978, 207, Rz. 249 - *United Brands*; *Künzler*, Effizienz oder *Wettbewerbsfreiheit*?, S. 399; *Böni/Palzer*, WuW 2009, 477, 482.

475 *Böni/Palzer*, WuW 2009, 477, 482.

476 Vgl. *Jung* in: Grabitz/Hilf/Nettesheim, Das Recht der Europäischen Union, Art. 102 AEUV, Rn. 77ff.; *Marchisio*, E.C.L.R. 2013, *559*,

477 EuGH, Urt. v. 16.3.2000, verb. Rs. C-395, 396/96 P - Slg. 2000, I-1365, Rn. 45 - *Compagnie Maritime Belge.*

478 Ausführliche Darstellung in: *Jungermann*, Kollektive Marktbeherrschung durch interdependentes Parallelverhalten und deren Missbrauch, S. 132-134.

Folglich sollte unter bestimmten Umständen eine hohe Reaktionsverbundenheit in einem Oligopol als Grundlage für eine gemeinsame Marktbeherrschung im Rahmen des Missbrauchsverbots ausreichen.[479]

b) Modifikation der Airtours-*Kriterien zur gemeinsamen Marktbeherrschung*

Wie bereits dargestellt, tritt eine Reaktionsverbundenheit, welche nach der Rechtsprechung zu einer gemeinsamen Marktbeherrschung von ansonsten unabhängigen Unternehmen führen kann, lediglich unter bestimmten oligopolistischen Marktumständen auf. Die Identifizierung dieser Kriterien ist notwendig, um bestimmen zu können, ob tatsächlich eine gemeinsame Marktbeherrschung vorliegt oder die über den Markt getroffenen Beobachtungen auf andere Gründe zurückzuführen sind.

Auch im Rahmen des Missbrauchsverbots gilt grundsätzlich, dass die Unternehmen keinem Binnenwettbewerb ausgesetzt sein dürfen und sie müssen sich von Verbrauchern oder sonstigen Abnehmern unabhängig verhalten können (Außenwettbewerb). Eine bloße enge Reaktionsverbundenheit der Unternehmen genügt nicht für die Begründung einer gemeinsamen Marktbeherrschung.[480]

aa) Notwendigkeit der Anpassung der Kriterien

Die von der Rechtsprechung im Rahmen der Fusionskontrolle entwickelten *Airtours*-Kriterien, können nicht ohne Modifikationen übernommen werden.[481] Dies gilt, obwohl die Rechtsprechung in mehreren Urteilen zur kollektiven Marktbeherrschung im Rahmen des Missbrauchsverbots auf die Urteile zur Fusionskontrolle Bezug nimmt, die dort entwickelten Kriterien nutzt[482] und

479 Dagegen *Marchisio*, E.C.L.R. 2013, 559.

480 *Jung* in: Grabitz/Hilf/ Nettesheim, Das Recht der Europäischen Union, Art. 102 AEUV, Rn. 71; *Fuchs/Möschel* in: Immenga/Mestmäcker, EU-Wettbewerbsrecht, Art. 102 AEUV, Rn. 115.

481 *Klees/Hauser*, EWS 2008, 7, 11f.; *Jung* in: Grabitz/Hilf/Nettesheim, Das Recht der Europäischen Union, Art. 102 AEUV, Rn. 70-81 mit weiteren Nachweisen.

482 EuGH, Urt. v. 16.3.2000, verb. Rs. C-395, 396/96 P - Slg. 2000, I-1365 - *Compagnie Maritime Belge*; EuG, Urt. v. 30.9.2003, T-191/98, T-212-214/98 - Slg. 2003, II-3275, 3510, Rn. 652 - *Trans-Atlantic Conference Agreement*; EuG, Urt. v. 26.01.2005, T-193/02 - Slg. 2005, II-209, Rn. 111 - *Piau*; EuGH, Urt. v. 10.7.2008, C-413/06 P - Slg. 2008 I-4951- *Impala*; EuG, Urt. v. 24.11.2011, T-296/09, Rn. 71 - *EFIM*; BGH, Beschl. v. 11.11.2008 - KVR 60/07 - NJW-RR 2009, 264, Rn. 39 - *E.ON/Stadtwerke Eschwege*;

die oligopolistische Reaktionsverbundenheit als Anknüpfungspunkt für eine gemeinsame Marktbeherrschung sieht[483]. Auch der EuGH lehnt ein zu striktes Festhalten an den Kriterien im Rahmen der Missbrauchskontrolle ab.[484]

Im Unterschied zu einem Missbrauchsverfahren geht ein Fusionskontrollverfahren typischerweise immer mit einer Prognose der Kartellbehörden über die Wahrscheinlichkeit einer Verstärkung oder Errichtung einer Marktbeherrschung in der Zukunft einher. Die Behörden sind dabei stärker auf die Indizwirkung von Marktstrukturkriterien angewiesen als im Rahmen eines Missbrauchsverfahrens, da ein Rückgang von Binnenwettbewerb nur befürchtet wird, aber noch nicht faktisch ermittelbar ist. Die Bewertung des Oligopols findet also in der Fusionskontrolle im Gegensatz zu der Missbrauchskontrolle *ex ante* und nicht *ex post* statt.[485]

bb) Darstellung der angepassten Kriterien

Nachfolgend soll daher dargestellt werden, welche Bedeutung die in dem Urteil *Airtours* aufgestellten Kriterien im Rahmen der Missbrauchskontrolle trotz dieses signifikanten Unterschieds besitzen bzw. besitzen sollten.

Eine hohe Markttransparenz ist auch in der *ex post* vorzunehmenden Missbrauchskontrolle ein entscheidendes Kriterium für die Beurteilung der Wahrscheinlichkeit eines bewussten Parallelverhaltens.[486] Ohne eine solche ist eine implizite Koordinierung nicht möglich. Anders als bei der Fusionskontrolle sind aber die zurückliegenden sowie gegenwärtigen, und weniger die zukünftig zu erwartenden Verhaltensweisen und Marktumstände von Bedeutung.[487]

Auch hinsichtlich des Kriteriums der Dauerhaftigkeit der Koordinierung und insbesondere des Vorliegens von Abschreckungs- bzw. Sanktionsmitteln muss im Rahmen der Missbrauchskontrolle keine Prognose abgegeben werden, sondern es ist zu fragen, ob zum Zeitpunkt des zu überprüfenden Verhaltens die Möglichkeiten einer Sanktion sowie einer Abschreckung bestanden. Haben in der Vergangenheit keine Abweichungen stattgefunden, ist dies der stärkste

---

siehe für eine Erläuterung der meisten Urteile: *Schuchmann*, Die Behandlung von tacit collusion im europäischen und deutschen Kartellrecht, S. 123ff.

483 *Klees/Hauser*, EWS 2008, 7, 11.

484 EuGH, Urt. v. 10.7.2008, C-413/06 P - Slg. 2008 I-4951, Rn. 124ff. - *Impala*.

485 *Jungermann*, Kollektive Marktbeherrschung durch interdependentes Parallelverhalten und deren Missbrauch, S. 140; *Filippelli*, Collective Dominance and Collusion, S. 199.

486 *Filippelli*, Collective Dominance and Collusion, S. 199.

487 *Jungermann*, Kollektive Marktbeherrschung durch interdependentes Parallelverhalten und deren Missbrauch, S. 140f.

Hinweis auf einen funktionierenden Abschreckungsmechanismus. Waren hingegen Abweichungen zu beobachten, die nicht zu Sanktionen geführt haben, spricht dies gegen einen wirksamen Abschreckungsmechanismus.[488]

Die Frage nach einem zu erwartenden Mangel an Außenwettbewerb wandelt sich wiederum in eine *ex post*-Betrachtung.[489] Anders als im Rahmen der Fusionskontrolle, sind die künftigen Reaktionen der Wettbewerber und Verbraucher auf das missbräuchliche Verhalten nicht relevant.[490]

Eine Bestätigung dieser Auslegung der *Airtours*-Kriterien innerhalb der Missbrauchskontrolle stellt das EuG-Urteil *Impala*[491] dar. Im Rahmen dieser Fusionskontrollentscheidung hatte das EuG zu entscheiden, ob bereits vor dem Zusammenschluss eine gemeinsame marktbeherrschende Stellung bestand. Das EuG nahm also eine in die Vergangenheit gerichtete Betrachtung vor und knüpfte dabei nur an die *Airtours*-Kriterien an[492]. Das Gericht stellte also auf ein tatsächliches paralleles Verhalten und weitere für eine kollektive Marktbeherrschung charakteristische Faktoren ab. Zu letzteren zählt insbesondere eine ausreichende Reaktionsverbundenheit.[493] Auch hinsichtlich der Sanktions- und Abschreckungsmittel stimmen die oben getroffenen Aussagen mit dem EuG überein.

So führte das EuG aus: „Im Rahmen der Beurteilung des Vorliegens einer kollektiven beherrschenden Stellung sind daher die drei vom Gericht im Urteil Airtours/Kommission [...] aufgestellten Voraussetzungen [...] zwar auch erforderlich, sie können jedoch gegebenenfalls mittelbar durch eine Reihe von unter Umständen sogar sehr heterogenen Indizien und Beweisen nachgewiesen werden, die sich auf untrennbar mit dem Vorliegen einer kollektiven beherrschenden Stellung verbundene Zeichen, Äußerungen und Phänomene beziehen.

So könnte insbesondere eine starke Preisangleichung über einen längeren Zeitraum hinweg, vor allem wenn die Preise sich über dem Wettbewerbsniveau

---

488 *Filippelli*, Collective Dominance and Collusion, S. 202f.; im Ergebnis auch *Jungermann*, Kollektive Marktbeherrschung durch *interdependentes* Parallelverhalten und deren Missbrauch, S. 144.

489 *Jungermann*, Kollektive Marktbeherrschung durch interdependentes Parallelverhalten und deren Missbrauch, S. 144f.; *Filippelli*, Collective Dominance and Collusion, S. 206.

490 *Filippelli*, Collective Dominance and Collusion, S. 206.

491 EuG, Urt. v. 13.7.2006, T-464/04 - Slg. 2006 II-00000 - *Impala.*

492 *Jungermann*, Kollektive Marktbeherrschung durch interdependentes Parallelverhalten und deren Missbrauch, S. 145f.

493 *Jungermann*, Kollektive Marktbeherrschung durch interdependentes Parallelverhalten und deren Missbrauch, S. 146.

halten, in Verbindung mit anderen für eine kollektive beherrschende Stellung typischen Faktoren mangels einer anderen vernünftigen Erklärung als Beweis dafür genügen, dass eine kollektive beherrschende Stellung vorliegt, selbst wenn es keine überzeugenden unmittelbaren Beweise für eine starke Markttransparenz gäbe, da diese unter solchen Umständen vermutet werden kann."[494]

c) Notwendigkeit des Nachweises impliziter Kollusion - fehlender Binnenwettbewerb

Anders als im Rahmen der Fusionskontrolle darf es im Rahmen des Missbrauchsverbots allerdings nicht als ausreichend angesehen werden, wenn die bloße Möglichkeit einer impliziten Koordinierung anhand der *Airtours*-Kriterien und gegebenenfalls weiterer Indizien nachgewiesen wird. Wie bereits dargestellt, erfordert das Missbrauchsverbot eine *ex post*-Beurteilung der Marktsituation der Unternehmen sowie eine tatsächlich bestehende marktbeherrschende Stellung. Es ist daher, anders als im Rahmen der Fusionskontrolle[495], für die Kartellbehörden und Gerichte notwendig, eine tatsächliche implizite Kollusion und nicht nur die Möglichkeit nachzuweisen.[496]

aa) Abgrenzung von bewusstem und wettbewerbsbedingtem Parallelverhalten

Daran schließt sich zwangsläufig die Frage an, wie ein gleichförmiges Verhalten basierend auf impliziter Kollusion von einem gleichförmigen Verhalten, das auf funktionierenden Wettbewerb zurückzuführen ist, abzugrenzen ist.[497] Ein bloßes Beobachten eines parallelen Verhaltens ist zwar notwendig, aber nicht ausreichend, um eine implizite Koordinierung basierend auf einer Reaktionsverbundenheit und damit eine gemeinsame Marktbeherrschung nachzuweisen.[498] Weil die Marktstrukturmerkmale und die *Airtours*-Kriterien im Allgemeinen in einem engen Oligopol zwar ein kollusives Verhalten erleichtern, aber nicht zu diesem zwingen, können diesen nur Indizwirkung beigemessen werden.[499]

---

494 EuG, Urt. v. 13.7.2006, T-464/04 - Slg. 2006 II-00000, Rn. 251f. - *Impala.*

495 *Böni/Palzer*, WuW 2009, 477, 486.

496 *Eilmansberger/Bien* in: MüKo, Europäisches Wettbewerbsrecht, Art. 102 AEUV, Rn. 92 fordern zumindest eine hohe Wahrscheinlichkeit.

497 *Wish*, Competition Law, S. 565; *Callery*, E.C.L.R. 2011, 142, 147f.

498 Vgl. *Böni/Palzer*, WuW 2009, 477, 486.

499 *Klees/Hauser*, EWS 2008, 7, 12; *Böni/Palzer*, WuW 2009, 477, 486; *Marchisio*, E.C.L.R. 2013, 559, 560, 563.

Anders als bei der Fusionskontrolle, bei der eine zukünftige gemeinsame Marktbeherrschung bzw. eine zukünftige Verstärkung dieser zu prüfen ist, muss hier keine Prognose stattfinden, sondern es kann und muss auf die bereits vorhandenen Tatsachen zurückgegriffen werden.[500]

Es müsste nachgewiesen werden, dass das beobachtete Verhalten nicht doch auf Binnenwettbewerb zurückzuführen ist, da eine implizite Koordinierung immer auch einen Mangel an Binnenwettbewerb zwischen den Oligopolisten voraussetzt. Kann also auf einem oligopolistischen Markt ein Binnenwettbewerb nachgewiesen werden, so kann die Parallelität des Verhaltens nicht auf eine Reaktionsverbundenheit zurückzuführen sein, sondern muss andere Gründe besitzen.[501] Lassen die Strukturmerkmale eines Marktes eine implizite Koordinierung der Unternehmen erwarten, ist daher dennoch weiter zu prüfen, ob deren indizielle Bedeutung dadurch entkräftet wird, dass tatsächlich wesentlicher Wettbewerb zwischen ihnen stattfindet.[502] Alles andere würde auf eine bloße Annahme oder sogar Unterstellung hinauslaufen und dies würde die Anforderungen an die Wettbewerbsbehörden nicht erfüllen.[503] Dieser Annahme folgen auch die Organe der Europäischen Union.[504] Außerdem fordert auch auf nationaler Ebene § 18 Abs. 5 Nr. 1 GWB ausdrücklich einen Mangel an Binnenwettbewerb für die Annahme einer gemeinsamen Marktbeherrschung.

Im Ergebnis dürfte es für die Feststellung eines bewussten Parallelverhaltens mithin also vor allem auf einen Mangel an Binnenwettbewerb ankommen. Wird ein funktionierender Sanktionsmechanismus bei abweichendem Verhalten eines

---

500 *Böni/Palzer*, WuW 2009, 477, 486.

501 *Körber* in: Immenga/Mestmäcker, EU-Wettbewerbsrecht, Art. 2 FKVO, Rn. 464ff.; *Jungermann*, Kollektive Marktbeherrschung durch interdependentes Parallelverhalten und deren Missbrauch, S. 134f.

502 BGH, Beschl. v. 11.11.2008 - KVR 60/07, NJW-RR 2009, 264, Rn. 39, 41, 44; BGH, Beschl. v. 20.4.2010 - KVR 1/09, WRP 2010, 937, 943 - *Phonak*; BGH, Beschl. v. 8.6.2010 - KVR 4/09, WuW/E DE-R 3067 Rn. 22 - *Springer/ProSieben II*; Bundeskartellamt, Sektoruntersuchung Kraftstoffe - Abschlussbericht Mai 2011, S. 69f.; *Gleave*, Schwerpunkte des Kartellrechts, 2012, 91, 94.

503 Vgl. *Böni/Palzer*, WuW 2009, 477, 486; *Eilmansberger/Bien* in: MüKo, Europäisches Wettbewerbsrecht, Art. 102 AEUV, Rn. 92; *Haupt*, Kollektive Marktbeherrschung in der europäischen Mißbrauchs- und Fu- sionskontrolle, S. 79, *Jung* in: Grabitz/Hilf/Nettesheim, Das Recht der Europäischen Union, Art. 102 AEUV, Rn. 79; *Schuchmann*, Die Behandlung von tacit collusion im europäischen und deutschen Kartellrecht, S. 137.

504 S. für Beispiele hierzu *Jungermann*, Kollektive Marktbeherrschung durch interdependentes Parallelverhalten und deren Missbrauch, S. 135f.

Oligopolisten beobachtet, unterstützt dies zusätzlich die Annahme einer Koordination und des Vorhandenseins von Reaktionsverbundenheit.[505]

bb) Nachweisbarkeit fehlenden Binnenwettbewerbs

Die Behörden dürften dabei aber regelmäßig vor Nachweisschwierigkeiten stehen, da der Nachweis eines Mangels an Binnenwettbewerb nur in den wenigsten Fällen und nur unter hohen Anstrengungen möglich sein dürfte.[506] Es wird und darf daher zwar nicht auf den Nachweis verhaltensbezogener Parameter an sich verzichtet werden[507], aber mitunter werden geringere Anforderungen an den Nachweis gestellt.

(1) Vertretene Lösungsansätze

Es wird vertreten, eine gemeinsame Markbeherrschung basierend auf einer Reaktionsverbundenheit und damit einen Mangel an Binnenwettbewerb sei anzunehmen, wenn diese Reaktionsverbundenheit „die wahrscheinlichste Erklärung für das beobachtete Unterbleiben der Wettbewerbshandlungen war."[508] Andere sind der Auffassung, dass bei Vorliegen einer kollusionsfördernden Marktstruktur ein beobachtetes einheitliches Verhalten der Unternehmen als Indiz für gemeinsame Markbeherrschung basierend auf einer Reaktionsverbundenheit und für einen Mangel an Binnenwettbewerb zu werten sei.[509]

Als zusammenführende Lösung wird vorgeschlagen, dass eine implizite Kollusion vermutet werden kann, wenn bei entsprechend begünstigenden Marktstrukturen die Unternehmen sich über einen gewissen Zeitraum hinweg gleichförmig verhalten und sie nicht darlegen können, dass Binnenwettbewerb stattfindet.[510] Die Vermutung sei danach also begrenzt auf das Fehlen des Binnenwettbewerbs

---

505 Bundeskartellamt, Sektoruntersuchung Kraftstoffe - Abschlussbericht Mai 2011, S. 61f.

506 *Schuchmann*, Die Behandlung von tacit collusion im europäischen und deutschen Kartellrecht, S. 138.

507 *Schuchmann*, Die Behandlung von tacit collusion im europäischen und deutschen Kartellrecht, S. 138; *Massey/McDowell*, European Competition Journal 2010, 427, 439.

508 *Eilmansberger/Bien* in: MüKo, Europäisches Wettbewerbsrecht, Art. 102 AEUV, Rn. 92.

509 *Haupt*, Kollektive Marktbeherrschung in der europäischen Mißbrauchs- und Fusionskontrolle, S. 80; *Klees/Hauser*, EWS 2008, S. 12; EuG, Urt. v. 13.7.2006, T-464/04 - Slg. 2006 II-00000, Rn. 252 - *Impala*.

510 *Schuchmann*, Die Behandlung von tacit collusion im europäischen und deutschen Kartellrecht, S. 138.

und zudem müssten die Marktstruktur sowie das Marktverhalten in jedem Einzelfall nach ökonomischen Erkenntnissen analysiert werden.[511]

(2) Stellungnahme

Die Einführung einer solchen Vermutungsregelung hinsichtlich eines Mangels an Binnenwettbewerb ist sinnvoll und unterstützungswürdig. Die Unternehmen verfügen über bessere Möglichkeiten, Einblick in die Wettbewerbsumstände auf dem betroffenen Markt zu geben. Den Kartellbehörden ist dies häufig nicht möglich, da diese bei einer bloßen Betrachtung der Marktstruktur sowie des Preis- und/oder des Produktionsniveaus nicht die Wettbewerbsprozesse analysieren können.[512] Für die Unternehmen dürfte es daher vergleichsweise leicht sein, Binnenwettbewerb nachzuweisen, wenn dieser tatsächlich vorliegt.[513] Darüber hinaus würde die Vermutungsregel lediglich dazu führen, dass eine Marktbeherrschung angenommen wird. Es ist noch ein missbräuchliches Verhalten erforderlich, um Rechtsfolgen gegenüber den Normadressaten zu verhängen.[514]

Zu beachten ist aber auch hier, dass der Untersuchungsgrundsatz nicht vollständig außer Kraft gesetzt werden darf.[515] Dies bedeutet, dass die Kartellbehörden bzw. die Gerichte im Falle eines substantiierten Vortrags der Beteiligten den Sachverhalt weiter aufklären müssen.[516] Zudem kann die Vermutungsregelung aufgrund des Grundsatzes der Unschuldsvermutung im Rahmen eines Verfahrens, das auf die Verhängung eines Zwangsgelds oder eines Bußgelds gerichtet ist, keine Anwendung finden.[517]

511 *Schuchmann*, Die Behandlung von tacit collusion im europäischen und deutschen Kartellrecht, S. 138.

512 *Schuchmann*, Die Behandlung von tacit collusion im europäischen und deutschen Kartellrecht, S. 140.

513 *Schuchmann*, Die Behandlung von tacit collusion im europäischen und deutschen Kartellrecht, S. 140.

514 EuGH, Urt. v. 21.2.1973, Rs. 6/72 - Slg. 1973, 215 Rn. 46 - *Continental Can*; EuGH, Urt. v. 9.11.1983, Rs. 322/81 - Slg. 1983, Rn. 57 - *Michelin*; *Schuchmann*, Die Behandlung von tacit collusion im europäischen und deutschen Kartellrecht, S. 140.

515 Siehe S. 96ff.; *Schuchmann*, Die Behandlung von tacit collusion im europäischen und deutschen Kartellrecht, 139.

516 *Johanns/Roesen*/MüKo, GWB, § 70, Rn. 9, *Lembach* in: Langen/Bunte, Deutsches Kartellrecht, § 70, Rn. 9.

517 Siehe S. 99; *Schuchmann*, Die Behandlung von tacit collusion im europäischen und deutschen Kartellrecht, 141.

2. Nachweisschwierigkeiten am Beispiel der Tankstellenmärkte

Nachdem die Anforderungen an einen Nachweis einer gemeinsamen Marktbeherrschung im Rahmen der Missbrauchskontrolle allgemein definiert wurden, soll nun am Beispiel der Tankstellenmärkte und der Mineralölkonzerne aufgezeigt werden, mit welchen Überlegungen und Schwierigkeiten die Bestimmung einer gemeinsamen Marktbeherrschung in der Praxis einhergeht.

Es wird also untersucht werden, ob tatsächlich nach den Erkenntnissen des Bundeskartellamtes eine gemeinsame Marktbeherrschung basierend auf einer oligopolistischen Reaktionsverbundenheit der fünf Oligopolisten anzunehmen ist. Dazu wird zunächst auf die Vermutung des § 18 Abs. 6 GWB eingegangen, die allerdings im EU-Recht nicht existiert. Anschließend wir anhand der tatsächlichen Marktstruktur und des Marktverhaltens zu bewerten sein, ob auf den Tankstellenmärkten tatsächlich ein implizites Parallelverhalten hinsichtlich der Preissetzung vorliegt bzw. ob das Vorliegen eines solchen wahrscheinlich ist. Abschließend wird zu untersuchen sein, ob tatsächlich eine Marktbeherrschung, das heißt ein Mangel an Außenwettbewerb, gegeben ist.

a) Vermutung der Marktbeherrschung gemäß § 18 Abs. 6 GWB

Nach § 18 Abs. 6 Nr. 2 GWB wird eine gemeinsame Marktbeherrschung einer Gesamtheit an Unternehmen vermutet, wenn fünf oder weniger Unternehmen zusammen einen Marktanteil von mindestens zwei Dritteln erreichen. Auf dem gesamtdeutschen Tankstellenmarkt (bezogen auf den gesamten Kraftstoffabsatz) besaßen zu Beginn des Jahres 2018 die fünf Mineralölunternehmen einen gemeinsamen Marktanteil von ca. 68% (Aral: 21,5%; Shell: 20%; Jet: 10,5%; Total: 9,5%; Esso: 7%).[518] Diese fünf Unternehmen wurden auch durch das Bundeskartellamt in der Sektoruntersuchung als marktbeherrschendes Oligopol mit einem Marktanteil von über zwei Dritteln auf einem Großteil der regionalen Märkte[519] eingestuft.[520] Die Schwelle des § 18 Abs. 6 Nr. 2 GWB dürfte also in

---

518 Marktanteile der führenden Tankstellenmarken am gesamten Kraftstoffabsatz (Stand 01.01.2018), https://de.statista.com/statistik/daten/studie/3444/umfrage/marktanteile-auf-dem-tankstellenmarkt-in-deutschland/, online zuletzt abgerufen am 6.1.2018.

519 Bundeskartellamt, Sektoruntersuchung Kraftstoffe - Abschlussbericht Mai 2011, S. 50.

520 Bundeskartellamt, Sektoruntersuchung Kraftstoffe - Abschlussbericht Mai 2011, S. 20; das Bundeskartellamt nahm diese Einschätzung noch vor Verkauf des deutschen Esso-Tankstellennetzes durch ExxonMobil an die EG Group vorgenommen; es wäre denkbar, dass danach nur noch von vier Oligopolisten auszugehen ist, und dies müsste, wenn ggf. notwendig, neu überprüft werden.

den meisten Regionen überschritten sein und die marktbeherrschende Stellung vermutet werden.

Wie aus § 18 Abs. 7 GWB hervorgeht stellt Abs. 6 jedoch nur eine widerlegliche Vermutung auf. Danach kann die Vermutung durch den Nachweis, dass die Wettbewerbsbedingungen zwischen den Unternehmen wesentlichen Wettbewerb erwarten lassen oder dass die Gesamtheit der Unternehmen im Verhältnis zu den übrigen Wettbewerbern keine überragende Marktstellung innehat, widerlegt werden. Außerdem wird die Schwelle von einem gemeinsamen Marktanteil von zwei Dritteln nicht auf jedem regionalen Markt erreicht sein. Daher muss in jedem Fall eine Prüfung des tatsächlichen Vorliegens einer gemeinsamen Marktbeherrschung nach den oben dargestellten Kriterien stattfinden. Zudem gibt es im EU-Recht keine vergleichbare Regelung.

b) Tatsächliches Vorliegen eines impliziten Parallelverhaltens

aa) Marktstrukturtest

Zunächst soll hinsichtlich der Marktstruktur untersucht werden, ob zwischen den Oligopolisten tatsächlich eine hohe Reaktionsverbundenheit besteht, die für ein implizites Parallelverhalten notwendig ist. Dafür kann auf verschiedene Faktoren abgestellt werden.

(1) Gegen eine Reaktionsverbundenheit sprechende Strukturen

Das Bundeskartellamt nimmt in der Sektoruntersuchung allein Bezug auf Marktstrukturen, die eine implizite Kollusion der Oligopolisten wahrscheinlich erscheinen lassen. Einzelne Marktumstände sprechen aber auch gegen eine starke Reaktionsverbundenheit und somit gegen implizite Kollusion.

Die wesentliche Spreizung der Marktanteile der Oligopolisten stellt ein starkes Indiz gegen ein gleichförmiges Marktverhalten dar. So besteht bundesweit eine Asymmetrie der Marktanteile von eins zu drei. Auf regionaler Ebene fällt diese oftmals noch wesentlich höher aus. Auf einigen regionalen Märkten haben Wettbewerber, die nicht dem Oligopol angehören, gar einen höheren Marktanteil als die Oligopolisten. Hinzu treten eine unterschiedliche regionale Schwerpunktsetzung, eine unterschiedliche Kostenstruktur der Oligopolisten und eine unterschiedliche Angebots- und Preisstrategie. Dies zusammen stellt einen Anreiz für ein asymmetrisches Verhalten dar.[521]

---

521 *Deselaers* in: Festschrift für Canenbley, S. 131, 132ff.

Trotz dieser möglicherweise tatsächlich vorhandenen Umstände sind für die Feststellung einer Interdependenz weiterhin vor allem die Existenz der Markttransparenz und der Produkthomogenität entscheidend.

(2) Für eine Reaktionsverbundenheit sprechende Strukturen

(a) Markttransparenz

Entscheidende Voraussetzung für eine hohe Reaktionsverbundenheit ist eine hohe Transparenz auf dem Markt. Darunter fällt insbesondere die Verfügbarkeit von Informationen über das Verhalten und die Situation der Wettbewerber.[522]

Die Ausführungen des Bundeskartellamtes im Rahmen der Sektoruntersuchung beziehen sich noch auf die Situation vor Inkrafttreten des § 47 k GWB, nach welchem die Tankstellenbetreiber oder die Mineralölunternehmen, verpflichtet werden, Preisänderungen an die neugeschaffene Markttransparenzstelle zu übermitteln, und diese ermächtigt ist, die gesammelten Preisdaten an Anbieter von Verbraucherinformationsdiensten zum Zweck der Verbraucherinformation weiterzugeben.[523] Nach den Ausführungen des Bundeskartellamts und den tatsächlichen Gegebenheiten auf den Tankstellenmärkten bestand aber dennoch schon zu diesem Zeitpunkt zwischen den vertikal integrierten Mineralölunternehmen eine hohe Markttransparenz. Die Oligopolisten konnten nicht nur durch Beobachtung der Preistafeln der Wettbewerber im nahen räumlichen Umfeld deren Preissetzung verfolgen, sondern auch aufgrund ihrer bundesweiten Tätigkeit alle Preise bundesweit in ihre Strategie miteinbeziehen. Jeder eigenen bzw. jeder Partnertankstelle wurden Wettbewerbstankstellen zugeordnet, über die erstere Daten sammeln und sie anschließend in ein dezentrales Datenverarbeitungssystem eingegeben musste. Dieses System wurde durch Informationen aus weiteren Quellen ergänzt.[524] So verfügen die Mineralölkonzerne über einen flächendeckenden und ständig aktualisierten Überblick über die Tankstellenpreise ihrer Wettbewerber.[525] Die vertikal integrierten Mineralölunternehmen profitieren außerdem von der Transparenz der Raffineriestufe[526]

522 U.a. EuG, Urt. v. 6.6.2002, T-342/99 - Slg. 2002, II-2585, Rn. 62- *Airtours*; *Riesenkampff/ Steinbarth* in: Loewenheim/Meessen/Riesenkampff/Kersting/Meyer-Lindemann, Kartellrecht, 3. Auflage, FKVO, Art. 2, Rn. 149.

523 Ausführlich dazu siehe S. 226ff.

524 Bundeskartellamt, Sektoruntersuchung Kraftstoffe - Abschlussbericht Mai 2011, S. 51f.

525 Bundeskartellamt, Sektoruntersuchung Kraftstoffe - Abschlussbericht Mai 2011, S. 29.

526 Bundeskartellamt, Sektoruntersuchung Kraftstoffe - Abschlussbericht Mai 2011, S. 52.

und einer vielfach vorliegenden Verflechtung untereinander, was den Informationsaustauch zusätzlich vereinfacht.[527]

Die Oligopolmitglieder sind ferner in vielerlei Hinsicht miteinander vergleichbar. So sind sie alle bundesweit tätig, vertikal integriert und verfügen über ähnliche Produktportfolios und Technologien, sodass sie auch ähnliche Interessen und Anreize besitzen. Dies alles vereinfacht es ebenfalls sich aufeinander einzustellen und sich gleichförmig zu verhalten. Des Weiteren besteht zwischen den Unternehmen häufig eine erhebliche Verflechtung, was den Informationsaustauch zusätzlich vereinfacht.[528]

Vor Einführung der Markttransparenzstelle war die Transparenz auf den Tankstellenmärkten außerdem noch stark asymmetrisch.[529] Das heißt, für die Mineralölkonzerne war es im Gegensatz zu den Kraftfahrern und den kleineren Tankstellenunternehmen um ein Vielfaches einfacher, Informationen über ihre Wettbewerber und einen umfassenden Überblick über die Preissetzung dieser zu erhalten. Mit Einführung der Markttransparenzstelle dürfte diese Asymmetrie zumindest verringert worden sein. Dennoch führen diese Maßnahmen gleichzeitig auch zu einer noch erhöhten horizontalen Transparenz. Eine ausführliche Bewertung des Nutzens der Regelungen rund um die Markttransparenzstelle findet noch statt.[530]

(b) Produkthomogenität

Aus der Sicht der Marktgegenseite besteht außerdem eine hohe Produkthomogenität. Die wenigsten Kunden achten bei dem Kauf von Kraftstoffen auf mögliche Qualitätsunterschiede zwischen den einzelnen Mineralölkonzernen, wenn solche überhaupt bestehen. Denn der Inhalt und die Eigenschaften der Grundkraftstoffe werden durch europäische Normen festgelegt.[531] Geringe Innovationsmöglichkeiten ergeben sich allein aus den Additiven[532]. Jedoch lässt sich an den geringen Verkaufsanteilen von solchen Premiumprodukten erkennen, dass dies für die allermeisten Kunden keine Rolle spielt. Die häufige Lagerung der

527 Bundeskartellamt, Sektoruntersuchung Kraftstoffe - Abschlussbericht Mai 2011, S. 62.
528 Bundeskartellamt, Sektoruntersuchung Kraftstoffe - Abschlussbericht Mai 2011, S. 62.
529 Bundeskartellamt, Sektoruntersuchung Kraftstoffe - Abschlussbericht Mai 2011, S. 51.
530 Siehe S. 226ff.
531 Bundeskartellamt, Sektoruntersuchung Kraftstoffe - Abschlussbericht Mai 2011, S. 53.
532 Dies sind Zusätze, die den Grundkraftstoffen beigemengt werden können, um die Eigenschaften und das Verhalten der Grundkraftstoffe im Motor zu verbessern.

Kraftstoffe durch die Mineralölkonzerne in Gemeinschaftslagern und fehlendes Produktdesign spricht ebenfalls für eine hohe Produkthomogenität.[533]

Der Versuch, eine Differenzierung über das Shopgeschäft zu erreichen, ist aufgrund des ähnlichen Angebots als vernachlässigbar anzusehen.[534]

Ferner wird anders als die produktspezifische Preiselastizität die markenspezifische Preiselastizität der Marktgegenseite allgemein als hoch eingeschätzt. Dies bedeutet, dass die Nachfrager auf eine Preiserhöhung einer Tankstellenmarke mit einer starken Abwanderung zu einer anderen Marke reagieren, sodass aus ihrer Sicht eine Differenzierung der Produkte nicht stattfindet, sondern entscheidendes Kriterium der Preis ist.[535] In zunehmendem Maße versuchen die Mineralölunternehmen jedoch, die herausragende Bedeutung des Produktpreises für ihr Geschäft zu verringern, indem sie Kundenbindungsprogramme entwickeln. Diese sollen den Kunden dazu bringen, auch bei einem geringfügig höheren Preis an einer Tankstelle mit Kundenbindungsprogramm zu kaufen. Das Bundeskartellamt sieht dies erst recht als ein Indiz für eine Produkthomogenität an.[536]

Der Preis bleibt also der entscheidende Wettbewerbsfaktor. Die Oligopolisten müssen sich daher nur über wenige Wettbewerbsparameter abstimmen bzw. sich über diese informieren, sodass die Markttransparenz noch gestärkt und eine Koordinierung vereinfacht wird.[537]

bb) Marktverhaltenstest

Nach der Analyse der Marktstruktur wird nun das tatsächliche Verhalten der Mineralölkonzerne, die Fragen des mangelnden Binnenwettbewerbs sowie des Bestehens wirksamer Abschreckungs- und Sanktionsmechanismen untersucht werden.

(1) Parallele Preissetzung

Es ist unumstritten, dass auf dem Tankstellensektor eine parallele Preissetzung stattfindet.[538] Die Tankstellen nehmen grundsätzlich Preiserhöhungen parallel

---

533 Bundeskartellamt, Sektoruntersuchung Kraftstoffe - Abschlussbericht Mai 2011, S. 53.

534 Bundeskartellamt, Sektoruntersuchung Kraftstoffe - Abschlussbericht Mai 2011, S. 54.

535 Bundeskartellamt, Sektoruntersuchung Kraftstoffe - Abschlussbericht Mai 2011, S. 54

536 Bundeskartellamt, Sektoruntersuchung Kraftstoffe - Abschlussbericht Mai 2011, S. 53f.

537 Bundeskartellamt, Sektoruntersuchung Kraftstoffe - Abschlussbericht Mai 2011, S. 52f.

538 Siehe dazu S. 47f.

vor bzw. folgen einer initiierten Preiserhöhung. Diese Preiserhöhungsrunden finden meist flächendeckend und überregional statt. Die Preissenkungen dagegen sind grundsätzlich auf eine Region beschränkt und ähneln einem Preiskampf. Wie diese zu interpretieren sind, wird nachfolgend untersucht werden.

(a) Mangel an Binnenwettbewerb

Der Nachweis mangelnden Binnenwettbewerbs ist notwendig, um darzulegen, dass die Unternehmen die Reaktionsverbundenheit tatsächlich zu ihrem Nutzen sowie zum Schaden des Wettbewerbs gebrauchen und sich die Gefahren der Marktstruktur verwirklicht haben.[539] Wie bereits dargelegt, ist ein Mangel an Binnenwettbewerb das entscheidende Kriterium, um implizite Kollusion bestimmen zu können.

Das Bundeskartellamt nimmt in der Sektoruntersuchung an, dass es an einem Wettbewerb zwischen den Oligopolisten fehlt. Dabei stellt es ausführlich die eine implizite Kollusion begünstigenden Umstände dar, und schließt von einem Vorliegen dieser auf einen Mangel an Binnenwettbewerb.[540]

Dabei würdigt es jedoch nicht solche Hinweise, die für das Vorliegen von Binnenwettbewerb sprechen. Ferner befasst sich das Bundeskartellamt zwar auch mit dem tatsächlichen Wettbewerbsgeschehen, aber seine Deutungen sind nicht zwingend. So schließt es aus dem Vorliegen von Preisbeobachtungen und dem speziellen Preissetzungsmuster, dass ein Koordinierungsmechanismus besteht und dieser zu einem Mangel an aggressiven Preiskämpfen führt.[541] Die regelmäßigen und regionalen Preissenkungen müssen aber nicht zwingend als Verhalten bedingt durch implizite Kollusion gesehen werden, sondern könnten auch Ausdruck von Preiskämpfen sein.

Nachfolgend soll überprüft werden, ob die vom Bundeskartellamt dargestellten Erkenntnisse hinsichtlich des Marktgeschehens auch auf einen bestehenden Binnenwettbewerb hinweisen könnten. Damit soll mittelbar aufgezeigt werden, mit welchen Schwierigkeiten die Kartellbehörden bei dem Nachweis fehlenden Binnenwettbewerbs konfrontiert werden.

---

539 *Jungermann*, Kollektive Marktbeherrschung durch interdependentes Parallelverhalten und deren Missbrauch, S. 147.

540 Bundeskartellamt, Sektoruntersuchung Kraftstoffe - Abschlussbericht Mai 2011, S. 50ff., 61.

541 Bundeskartellamt, Sektoruntersuchung Kraftstoffe - Abschlussbericht Mai 2011, S. 63.

(b) Abweichendes Verhalten durch Jet

Es ist dem Bundeskartellamt zuzustimmen, wenn es das abweichende Verhalten von Jet, wie es im Rahmen der Sektoruntersuchung beobachtet wurde, als Ausdruck mangelnden Binnenwettbewerbs sieht. Jet bietet nach den Ausführungen in der Sektoruntersuchung den Kraftstoff regelmäßig einen Cent günstiger als die anderen Oligopolisten an.[542]

Das OLG Düsseldorf sah darin noch einen Beleg für einen fehlenden Sanktionsmechanismus und das Bestehen von Binnenwettbewerb.[543] Diese Interpretation des Verhaltens als Wettbewerbsvorstoß und damit als Zeichen von Innenwettbewerb ist auf den ersten Blick auch naheliegend.

Jet verhält sich jedoch ebenso wie die anderen Oligopolisten bezüglich der Preiserhöhungen parallel und weicht durchschnittlich auch nicht mehr als einen Cent von dem Preis der anderen ab. Damit wird das Verhalten von Jet für die anderen Oligopolisten wieder vorhersehbar und kann ohne weitere Hinweise nicht als bedeutender Preiskampf gewertet werden.[544] Ein Preiswettbewerb durch Jet ließe sich dagegen insbesondere durch einen Gewinn an Marktanteilen durch Jet belegen.[545] Diese haben sich aber nach den zur Verfügung stehenden Statistiken in den letzten Jahren nicht signifikant geändert und Jet ist noch immer Mitglied des Oligopols.[546] Können aber über einen längeren Zeitraum mehrere Konkurrenten folgenlos unterschiedliche Preise verlangen, so ist dies eher ein Indiz für fehlenden als für vorhandenen Wettbewerb.[547]

(c) Preissenkungen als Ausdruck von Wettbewerb?

Es ist zudem fraglich, wie die vom Bundeskartellamt beobachteten, regelmäßig in kleinen Schritten stattfindenden Preissenkungen zu bewerten sind.

---

542 Bundeskartellamt, Sektoruntersuchung Kraftstoffe - Abschlussbericht Mai 2011, S. 71f.

543 OLG Düsseldorf, Beschl. v. 4.8.2010, VI-2 Kart 6/09 (V) - WuW/E DE-R 829, Rn. 80f. - *Freie Tankstellen.*

544 BGH, Urt. v. 6.12.2011 - KVR 95/10, WM 2012, 2111, Rn. 69ff. - *Total/OMV.*

545 BGH, Urt. v. 6.12.2011 - KVR 95/10, WM 2012, 2111, Rn. 72 - *Total/OMV.*

546 So Bundeskartellamt, Sektoruntersuchung Kraftstoffe - Abschlussbericht Mai 2011, S. 72.

547 BGH, Urt. v. 6.12.2011 - KVR 95/10, WM 2012, 2111, Rn. 73 - *Total/OMV*; *Enchelmaier*, Europäische Wettbewerbspolitik im Oligopol, S. 168.

Auf den ersten Blick ist es naheliegend, diese mit dem OLG Düsseldorf[548] als Ausdruck von Wettbewerb zu sehen. Denn es ließe sich erwarten, dass bei einem engen Oligopol ohne Wettbewerb keine oder nur sehr selten auftretende Preissenkungen mangels einer Notwendigkeit für diese stattfinden und sich ein hohes Preisniveau dauerhaft etabliert.[549]

Das Bundeskartellamt interpretiert diese Preissenkungen aber als Ausdruck eines funktionierenden Sanktionsmechanismus, indem es die regionalen Preissenkungen als eine Reaktion auf ein abweichendes Verhalten von einzelnen Tankstellen, die einem Oligopolisten zugeordnet sind, darstellt. Damit wäre laut des Bundeskartellamtes auch die Tatsache zu erklären, dass, anders als die Preiserhöhungen, die Preissenkungen meist regional geschehen. Denn die Preissenkungen würden nur als Reaktion auf einzelne Abweichler stattfinden, ohne dass das Preisniveau bundesweit gesenkt werden muss.[550] Seltene Preiskämpfe sind also laut Bundeskartellamt eher ein Indiz für einen funktionierenden Sanktionsmechanismus als für funktionierenden Wettbewerb.[551]

Fraglich ist aber, ob es bei einem funktionierenden Abschreckungs- und Sanktionsmechanismus nicht erheblich weniger Preissenkungen und damit Versuche geben sollte, den eigenen Gewinn durch Ausweitung des Absatzes zu maximieren.[552]

Das Bundeskartellamt erklärt außerdem die Tatsache, dass die Preise nicht dauerhaft auf einem bestimmten hohen Niveau verbleiben, mit schwankenden Einkaufs- und Rohölpreisen. Es sei keinesfalls so, dass für Oligopolisten bei Veränderungen dieser Faktoren eine Veränderung des Preises in jedem Fall unökonomisch ist, da die Marge bei fallenden Einkaufs- und Rohölpreisen dann nur erhöht werde.[553] Im Gegenteil, es entspreche ökonomischen Erfahrungssätzen, dass die erzielte Marge auch durch die abgesetzte Menge bestimmt wird. Komme es durch eine Erhöhung der Abnahmemenge zu einem Grenzerlös, der größer ist

548 OLG Düsseldorf, Beschl. v. 4.8.2010, VI-2 Kart 6/09 (V) - WuW/E DE-R 829, Rn. 60ff. - *Freie Tankstellen.*

549 OLG Düsseldorf, Beschl. v. 4.8.2010, VI-2 Kart 6/09 (V) - WuW/E DE-R 829, Rn. 73 - *Freie Tankstellen.*

550 Bundeskartellamt, Sektoruntersuchung Kraftstoffe - Abschlussbericht Mai 2011, S. 63.

551 Bundeskartellamt, Sektoruntersuchung Kraftstoffe - Abschlussbericht Mai 2011, S. 62f.

552 So auch OLG Düsseldorf, Beschl. v. 4.8.2010, VI-2 Kart 6/09 (V) - WuW/E DE-R 829, Rn. 70ff. - *Freie Tankstellen.*; *Böni/Palzer*, WuW 2009, 477, 487.

553 So aber das OLG Düsseldorf, Beschl. v. 4.8.2010, VI-2 Kart 6/09 (V) - WuW/E DE-R 829, Rn. 77 - *Freie Tankstellen.*

als die Grenzkosten, so nehme der Gewinn zu, sodass auch Monopolisten und Oligopolisten einen Anreiz für eine Preissenkung in solchen Fällen besäßen.[554]

Laut dem Bundeskartellamt muss ferner, anders als im Falle einer expliziten Absprache, erst ein Preisfindungsprozess stattfinden, um ein neues Gleichgewicht zu finden. Das optimale Gleichgewicht sei abhängig von Kostenfunktionen und der Nachfragekurve. Verschiedene Kostenfunktionen und Einschätzungen der Nachfrage würden häufig zu einem Dissens über das optimale Gleichgewicht führen und einen Mechanismus der Preisfindung erforderlich machen. Bei einem solchen komme es auch gelegentlich zu einem abweichenden Verhalten mangels vorhandener expliziter Absprachen. Die Existenz eines Preisführers in Form von Aral und Shell spreche außerdem für die Annahme eines Preisfindungsprozesses, da die Preisführerschaft ein anerkannter Koordinierungsmechanismus sei.[555] Die vorherrschende Form der Preisbildung auf oligopolistischen Märkten ist die barometrische Preisführerschaft. Bei dieser kommt regelmäßig einem Oligopolisten die Rolle des Barometers zu. Dieser nimmt als Erster Veränderungen auf dem Markt wahr und reagiert darauf mit einer Anpassung der Preise. Diese Rolle ist einem bestimmten Oligopolisten aber nicht dauerhaft zugeschrieben. Die anderen Oligopolisten folgen dann dieser Preisänderung in dem Bewusstsein, dass dies für sie langfristig die vorteilhafteste Verhaltensweise darstellt.[556] Die Preisführerschaft wird teilweise in der Ökonomie und auch in der Rechtsprechung als Indiz dafür angesehen, dass die auftretenden Preiszyklen die Funktion besitzen, einen neuen oligopolistischen Gleichgewichtspreis zu finden.[557]

Es liegt nahe, dass die Preisführerschaft von Aral und Shell solch eine barometrische Preisführerschaft darstellt. Das Bundeskartellamt hat weder eine Absprache hinsichtlich einer Preisführerschaft feststellen können (Preisführerschaft kraft Übereinkunft) noch besitzt eines der beiden genannten Unternehmen eine solche Marktmacht, dass es sich unabhängig von den anderen Oligopolisten bewegen könnte (Preisführerschaft kraft Marktmacht), sodass

554 Bundeskartellamt, Sektoruntersuchung Kraftstoffe - Abschlussbericht Mai 2011, S. 70f.

555 Bundeskartellamt, Sektoruntersuchung Kraftstoffe - Abschlussbericht Mai 2011, S. 71.

556 *Enchelmaier*, Europäische Wettbewerbspolitik im Oligopol, S. 69; *Jungermann*, Kollektive Marktbeherrschung durch interdependentes Parallelverhalten und deren Missbrauch, S. 9.

557 z.B. BGH, Urt. v. 6.12.2011 - KVR 95/10, WM 2012, 2111, Rn.96 - *Total/OMV*; Vgl. Ausführungen in: *Thomas* in: Immenga/Mestmäcker, Wettbewerbsrecht, § 36 GWB, Rn. 376.

eine barometrische Preisführerschaft und damit ein Mangel an Binnenwettbewerb anzunehmen ist.[558]

Trotz dieser Erklärungsansätze des Bundeskartellamtes wird deutlich, dass es nicht ausgeschlossen ist, die stattfindenden Preissenkungen als Preiswettbewerb zu deuten. Insbesondere ist zu beachten, dass es auch auf Märkten, die durch Produkthomogenität, Transparenz und hohe Preiselastizität geprägt sind und auf welchen Wettbewerb herrscht, als Reaktion auf eine Preissenkung für ein Unternehmen wirtschaftlich vernünftig sein kann, auf diese Preissenkung zu reagieren, um eine Nachfrageabwanderung zu verhindern.[559]

(d) Bedeutung der Preiszyklen

Das Bundeskartellamt beschreibt in der Sektoruntersuchung eine zyklischen Preissetzung. Auf zum Teil starke Preiserhöhungen folgen mehrere und deutlich niedrigere Preissenkungen.[560] Diese Zyklen erinnern an de von Edgeworth beschriebenen Preiszyklen („Edgeworth-Preiszyklen")[561].[562] Diese zeichnen sich dadurch aus, dass auf einem Duopolmarkt mit einem homogenen Produkt und einer hohen Preiselastizität auf eine starke Preiserhebung mehrere kleinere Preissenkungen folgen. Es kommt also zu einer gegenseitigen Unterbietung der Preise bis eine weitere Senkung zu kostenintensiv wäre. Im Anschluss nimmt ein Wettbewerber nach einer bestimmten Zeit, in der der Preis auf Grenzkostenniveau stagnierte, die Last der Erhöhung des Preises auf sich und der andere folgt ohne große Verzögerung. Der nächste Zyklus beginnt. Es ergibt sich also ein zyklisches Preismuster in zwei Phasen, das eine stabile Gleichgewichtslösung darstellt. Das von *Bertrand* beschriebene Dilemma am Tiefpunkt des Zyklus wird also von einem Wettbewerber durch eine Preiserhöhung überwunden.[563]

Noel (2008) erweiterte das Modell der Edgeworth-Zyklen auf das Triopol und zeigte, dass sich weiterhin Edgeworth-Zyklen als Gleichgewichtslösung ergeben.

---

558 Vgl. die Darstellung Arten der Preisführerschaft in: *Jungermann*, Kollektive Marktbeherrschung durch interdependentes Parallelverhalten und deren Missbrauch, S. 9f.

559 OLG Düsseldorf, Beschl. v. 4.8.2010, VI-2 Kart 6/09 (V) - WuW/E DE-R 829 - *Freie Tankstellen.*

560 Siehe Bundeskartellamt, Sektoruntersuchung Kraftstoffe - Abschlussbericht Mai 2011, S. 93.

561 *Maskin/Tirole*, Econometrica 1988, 571.

562 Bundeskartellamt, Sektoruntersuchung Kraftstoffe - Abschlussbericht Mai 2011, S. 116.

563 Siehe für eine ausführliche Darstellung des Modells Bundeskartellamt, Sektoruntersuchung Kraftstoffe - Abschlussbericht Mai 2011, S. 116ff.

Es seien aber zudem verzögerte Preisanpassungen und Fehlstarts zu erwarten, denn die zwei verbleibenden Anbieter stünden nach der Preiserhöhung durch einen Oligopolisten wieder vor dem bekannten strategischen Dilemma.[564] Preiserhöhungen werden damit wieder riskanter. *Noel* selbst hält es für nicht ausgeschlossen, dass es deshalb bei einer größeren Anzahl von Anbietern dazu kommen kann, dass keine Preiserhöhungen mehr vorgenommen werden und es damit nicht zur Zyklenbildung kommt.[565]

Dieses Modell würde erklären, warum es auf den Tankstellenmärkten von Zeit zu Zeit zu Verzögerungen bei der Anpassung des Preises nach oben oder gar zu einem Ausleiben von Preisanpassungen kommt.

Fraglich ist aber, welche Aussage die Existenz von Edgeworth Preiszyklen über das Vorhandensein von Wettbewerb auf dem Markt trifft.

Das Bundeskartellamt tendiert dazu, aus der Existenz solcher Preiszyklen auf eine Ersetzung des Preiswettbewerbs durch eine implizite Kollusion der Wettbewerber zu schließen.[566] Auch *Maskin* und *Tirole* selbst gehen von einem Hinweis auf eine implizite Kollusion durch die Preiszyklen aus. Nur die Gewissheit, dass die Wettbewerber bei einer durch ihn erfolgten Preiserhöhung nachziehen und damit die Verlustphase für ihn gering ausfällt, ließe einen Oligopolisten die Preise erhöhen.[567]

Außerdem könnte, so das Bundeskartellamt, die Existenz einer den Edgeworth-Zyklen ähnelnden Preisbewegung auf den deutschen Tankstellenmärkten, die im Vergleich zu dem Ursprungsmodell eine hohe Anzahl an Anbietern besitzen, gerade auf eine implizite Koordinierung hinweisen.[568] Laut *Noel* entstehen nämlich mit einer Zunahme der Anbieteranzahl zunehmende Koordinationsprobleme am Tiefpunkt des Zyklus. Damit wäre eine Preisbewegung im Sinne der Edgeworth-Zyklen auf den Tankstellenmärkten gar nicht unbedingt zu erwarten, weil mit fünf Oligopolisten die Anbieterzahl recht hoch ist. Da eine solche hier aber vorliegt, kann laut Bundeskartellamt erst recht von einer Koordinierung ausgegangen werden. Die Bereitschaft eines Anbieters die

---

564 *Noel*, Journal of Economics & Management Strategy 2008, 364, 369ff.

565 *Noel*, Journal of Economics & Management Strategy 2008, 364, 375.

566 Bundeskartellamt, Sektoruntersuchung Kraftstoffe - Abschlussbericht Mai 2011, S. 116, 128.

567 *Maskin/Tirole*, Econometrica 1988, 571, 592; Bundeskartellamt, Sektoruntersuchung Kraftstoffe - Abschlussbericht Mai 2011, S. 120.

568 Bundeskartellamt, Sektoruntersuchung Kraftstoffe - Abschlussbericht Mai 2011, S. 126.

Preisführerschaft trotz der grundsätzlich vorhandenen Koordinationsprobleme zu übernehmen, ließe sich mit einer impliziten Kollusion und damit mit einem Risikoausschluss erklären. Das beschriebene strategische Dilemma würde durch die Preiserhöhungsrunden nach einem stabilen Muster überwunden werden.[569]

Zu diesem Schluss kommen auch verschiedene Studien und Artikel, die sich mit vergleichbaren Sachverhalten in anderen Ländern beschäftigen. So untersuchte *Wang* das Preissetzungsverhalten der Tankstellen in West-Australien und kam zu dem Ergebnis, dass unter den gegebenen Umständen, eine implizite Kollusion zur Überwindung des Koordinationsproblems am Boden eines Zyklus unvermeidlich sei.[570] Auch *Atkinson* schlussfolgerte, dass die Regelmäßigkeit der Preiserhöhungen in bedeutendem Umfang dazu beitrage, das von *Noel* beschriebene Koordinationsproblem am Boden eines Zyklus zu lösen.[571] Beide erkennen also das Koordinationsproblem am Tiefpunkt eines Preiszyklus und sehen die Regelmäßigkeit bei Preiserhöhungen sowie die Festlegung eines Preisführers als eine Möglichkeit der Überwindung dieses Problems an. Auf diese Studien verweist auch das Bundeskartellamt und sieht es als kritisch an, dass die eingereichten Gutachten auf diese mögliche Erklärung der regelmäßigen Preiszyklen nicht eingehen.[572]

Andere interpretieren die Edgeworth-Preiszyklen als Ausdruck von Wettbewerb. So gehen die dem Bundeskartellamt von der Mineralölwirtschaft vorgelegten Gutachten zwar ebenfalls von Edgeworth-Preiszyklen auf den deutschen Tankstellenmärkten aus, deuten diese aber als Beleg für wesentlichen Wettbewerb.[573] Mitunter wird auch argumentiert, dass nicht ersichtlich sei, warum die Wettbewerber gerade eine solch komplizierte Form der Preisfindung wählen sollten. Eine implizite Kollusion setze einfache Regeln voraus. Die Wettbewerber müssten dagegen ständig zwischen Preiswettbewerb (Preissenkungen) und impliziter Kollusion (Preiserhöhungen) wechseln. Auch hätten Untersuchungen

569 Bundeskartellamt, Sektoruntersuchung Kraftstoffe - Abschlussbericht Mai 2011, S. 126.

570 *Wang*, JPE 2009, 987, 1024.

571 *Atkinson*, The Energy Journal 2009, 85.

572 Bundeskartellamt, Sektoruntersuchung Kraftstoffe - Abschlussbericht Mai 2011, S. 129ff.; beide Gutachten sind leider für die Öffentlichkeit nicht zugänglich, sodass sich mit deren Inhalt nicht näher auseinandergesetzt werden konnte.

573 *ESMT-CA*, Wettbewerb im Hamburger Tankstellenmarkt. Eine empirische Analyse, Gutachten im Auftrag des Mineralölwirtschaftsverbandes, Januar 2011; *CRA*, Gibt es ein marktbeherrschendes Tankstellenoligopol in Deutschland?, Gutachten im Auftrag der BP Europa SE, November 2010.

auf Tankstellenmärkten in den USA und Kanada ergeben, dass Märkte mit Preiszyklen niedrigere Preise und Margen aufweisen als Märkte mit stabilen Preisen. Dies spreche für vorhandenen Wettbewerb.[574]

Das Bundeskartellamt wiederum betont, dass nicht belegt sei, dass das niedrigere Preisniveau tatsächlich auf das Fehlen einer impliziten Kollusion zurückzuführen ist.[575] Die Tatsache, dass sich das höhere Preisniveau nicht dauerhaft etabliert, sondern häufig auf das Ausgangsniveau wieder absinkt, könnte aber auf funktionierenden Wettbewerb hindeuten.[576]

Die wirtschaftswissenschaftlichen Untersuchungen und Überlegungen zu der Entstehung der Preiszyklen sind also noch zu keinem abschließenden und überzeugenden Ergebnis gekommen. Auch die Auswertung verschiedener empirischer Studien für Kraftstoffmärkte außerhalb von Deutschland durch das Bundeskartellamt, die sich mit dem Zusammenhang zwischen der Zyklizität von Märkten und der (durchschnittlichen) Preishöhe befassen, hat zu keinen weiteren verwertbaren Erkenntnissen geführt.[577]

Aus der bloßen Existenz von Edgeworth-Preiszyklen können also (noch) keine Schlüsse auf das Vorliegen von Wettbewerb auf dem Markt getroffen werden.[578] Es ist nicht auszuschließen, dass in Zukunft die Annahme vorherrscht, dass Edgeworth-Preiszyklen eine reine Beschreibung eines bestimmten Preissetzungsmusters darstellen, welches entweder durch Wettbewerb oder auch durch implizite Kollusion entstehen kann, und daher kein Schluss auf das Vorliegen von Wettbewerb möglich ist.

(e) Stellungnahme

Ein Mangel an Binnenwettbewerb, wie ihn das Bundeskartellamt annimmt, ist nicht auszuschließen. Dafür sprechen die oben genannten Argumente, die Tatsache, dass die Preissetzungsmuster eine Regelmäßigkeit im zeitlichen Verlauf

---

574 *Deselaers* in: Festschrift für Canenbley, 131, 135.

575 Bundeskartellamt, Sektoruntersuchung Kraftstoffe - Abschlussbericht Mai 2011, S. 130.

576 *Wiedemann*, Festschrift für Canenbley, S. 503f.; OLG Düsseldorf, Beschl. v. 4.8.2010, VI-2 Kart 6/09 (V) - WuW/E DE-R 829, Rn. 72ff. - *Freie Tankstellen.*

577 Bundeskartellamt, Sektoruntersuchung Kraftstoffe - Abschlussbericht Mai 2011, S. 126ff.

578 *Haucap/Diez/Otto/Bontrup*: ifo Schnelldienst 11/2012, 3, 3f., https://www.cesifo-group.de/DocDL/ifosd_2012_11_1.pdf, zuletzt abgerufen am 6.1.2018; so auch das BKartA selbst: Bundeskartellamt, Sektoruntersuchung Kraftstoffe - Abschlussbericht Mai 2011, S. 125.

aufweisen,[579] und die Beobachtung, dass sich in den letzten Jahren die Marktanteile der Oligopolisten nur schwach verändert haben.[580] Auch wenn das tatsächliche Marktgeschehen und die beobachteten Marktergebnisse nicht einen eindeutigen Schluss auf mangelnden Binnenwettbewerb zulassen, kann doch bei Vorliegen von Strukturmerkmalen, die eine implizite Kollusion ermöglichen, und nach dem Erfahrungssatz, dass die Unternehmen sich wirtschaftlich zweckmäßig und vernünftig verhalten, davon ausgegangen werden, dass die Unternehmen die Möglichkeit impliziter Kollusion wahrnehmen und ein Wettbewerb zwischen diesen nicht besteht.[581] Dennoch zeigen die Ausführungen, mit welchen Interpretationsproblemen die Kartellbehörden bei der Beurteilung, ob Binnenwettbewerb besteht, konfrontiert werden.

Die dargestellten Unsicherheiten bei der Bestimmung, ob Binnenwettbewerb besteht, könnten ebenfalls für die vorgeschlagene Vermutungsregelung[582] sprechen.

(2) Wirksamer Abschreckungs- und Sanktionsmechanismus

In Anlehnung an die *Airtours*-Kriterien würde ein wirksamer Abschreckungs- oder Sanktionsmechanismus die Annahme eines Mangels an Binnenwettbewerb noch unterstützen.

Nach dem Bundeskartellamt besteht in der Möglichkeit der Mineralölkonzerne, zeitlich und regional begrenzte Preissenkungen vorzunehmen, bereits ein wirksamer Sanktionsmechanismus. Aufgrund der hohen Markttransparenz könnten die Wettbewerber auf eine von dem koordinierten Verhalten abweichende Preissenkung ohne eine große Verzögerung ebenfalls gezielt mit Preissenkungen auf dem betroffenen regionalen Markt reagieren. Dies führe zu einer äußerst geringen Einnahmesteigerung für den Abweichler und sei damit ein Abschreckungs- und Sanktionsmittel.[583]

Diese relativ geringen Anforderungen des Bundeskartellamts an ein Sanktions- bzw. Abschreckungsmittel entsprechen der Rechtsprechung und der Praxis der Europäischen Kommission. Auch von diesen wird kein Sanktionsmechanismus

---

579 Bundeskartellamt, Sektoruntersuchung Kraftstoffe - Abschlussbericht Mai 2011, S. 116.

580 Bundeskartellamt, Sektoruntersuchung Kraftstoffe - Abschlussbericht Mai 2011, S. 51.

581 Bundeskartellamt, Sektoruntersuchung Kraftstoffe - Abschlussbericht Mai 2011, S. 69.

582 Siehe dazu S. 122f.

583 Bundeskartellamt, Sektoruntersuchung Kraftstoffe - Abschlussbericht Mai 2011, S. 62f.

im engen Sinne gefordert. Bereits im Rahmen des *Airtours*-Urteils stellte der EuGH klar: „In diesem Kontext muss die Kommission nicht unbedingt das Bestehen eines bestimmten, mehr oder weniger strengen Sanktionsmechanismus nachweisen; sie muss aber auf jeden Fall beweisen, dass es ausreichende Abschreckungsmittel gibt, so dass keines der Oligopolmitglieder ein Interesse daran hat, zum Nachteil der übrigen Mitglieder vom gemeinsamen Verhalten abzuweichen."[584]

Die Europäische Kommission verdeutlicht dies, indem sie in den Leitlinien zur Bewertung horizontaler Zusammenschlüsse meint, dass „[a]lleine die Erwartung, dass die Koordinierung für einen bestimmten Zeitraum versagen könnte, falls eine Abweichung entdeckt wird, [...] bereits ein wirksamer Abschreckungsmechanismus sein [kann]".[585]

Auch nach der stringenten Rechtsprechung des BGH genügt für die Annahme eines wirksamen Abschreckungsmechanismus bereits die Marktsituation, dass ein Preisvorstoß durch einen Wettbewerber sofort erkannt, durch entsprechende Preissenkungen beantwortet werden kann und der vorstoßende Wettbewerber damit um seine Vorteile gebracht wird.[586] Der BGH führt aber weiter aus, dass die Annahme eines Sanktionsmechanismus wiederum durch das tatsächliche Wettbewerbsgeschehen widerlegt werden könne. Dazu müssten Wettbewerbsvorstöße erkennbar sein, die zu einer erheblichen Veränderung der Marktanteile führen und damit wesentlichen Binnenwettbewerb belegen.[587] Wurden also ein weitestgehend gleichförmiges Verhalten und ein Mangel an aktivem Binnenwettbewerb nachgewiesen, so zeige dies, dass die Wettbewerber das Risiko eines Abweichens so sehr fürchten, dass im Zeitraum des kooperativen Verhaltens vom Bestehen eines wirksamen Abschreckungsmechanismus ausgegangen werden muss.[588] Kommt es jedoch ein Mal zu einer Abweichung und folgen die anderen Wettbewerber der Preisreduzierung, dann sei auch hierin ein Bestrafungsmechanismus zu sehen. Von dem Fehlen eines solchen sei mithin nur auszugehen,

---

584 EuG, Urt. v. 6.6.2002, T-342/99 - Slg. 2002, II-2585, Rn. 62 - *Airtours.*

585 Horizontalleitlinien, Rn. 52 Fn. 70.

586 BGH, Urt. v. 11.11.2008 - KVR 60/07, NJW-RR 2009, 264, Rn. 39, 42 - *E.ON Stadtwerke Eschwege*; BGH, Beschl. v. 20.4.2010 - KVR 1/09, WRP 2010, 937, Rn. 55 - *Phonak/GN Store*; BGH, Urt. v. 6.12.2011 - KVR 95/10, WM 2012, 2111, Rn. 57 - *Total/OMV.*

587 BGH, Urt. v. 6.12.2011 - KVR 95/10, WM 2012, 2111, Rn. 58 - *Total/OMV*; BGH, Urt. v. 20.4.2010 - KVR 1/09, WRP 2010, 937, Rn. 55 - *Phonak/GN Store.*

588 Vgl. *Jungermann*, Kollektive Marktbeherrschung durch interdependentes Parallelverhalten und deren Missbrauch, S. 143.

wenn ein Oligopolist aus dem gleichförmigen Verhalten ausbricht, ohne dass die anderen Oligopolisten diesem folgen und damit bestrafen.[589]

Das Bundeskartellamt sieht auch in den häufig vorhandenen gesellschaftsrechtlichen und vertragsrechtlichen Verflechtungen in der Erzeugung, Lagerung und Logistik zwischen den Oligopolisten noch eine Verstärkung des Abschreckungsmechanismus basierend auf der Interdependenz der Unternehmen.[590] So bestünden aufgrund von Tauschverträgen, die Kraftstofftransporte über lange Strecken vermeiden lassen, wechselseitige Abhängigkeiten auf der Beschaffungsseite zwischen den vertikal integrierten Mineralölkonzernen.[591]

Das OLG Düsseldorf nahm jedoch nicht an, dass sich, aufgrund der rechtlichen und gesellschaftsrechtlichen Verflechtungen der Oligopolisten, ein wirksamer Sanktionsmechanismus ergebe. Aufgrund der auf dem Kraftstoffmarkt herrschenden Überkapazität wäre es jedem Unternehmen möglich, sich bei einem anderen Produzenten einzudecken und damit der Sanktionierung durch Nichtbelieferung durch einen anderen Produzenten zu entgehen. Außerdem würden Oligopolaußenseiter häufig neben den Oligopolmitgliedern an Gemeinschaftsanlagen beteiligt sein und damit sei davon auszugehen, dass die rechtlichen Strukturen so ausgestaltet sind, dass sie keine Sanktionsmaßnahmen zu lassen.[592] Letzteres Argument erscheint aber zumindest schwer überprüfbar.

Es ist den Behörden und der Rechtsprechung darin zu folgen, dass die bloße Möglichkeit einer sofortigen Reaktion der Wettbewerber aufgrund der hohen Markttransparenz ein Unternehmen von einer Abweichung absehen lassen kann. Damit kann schon in dieser Möglichkeit eine Abschreckung gesehen werden. Das Unternehmen muss mit einer Sanktionierung in Form eines Nachziehens der Wettbewerber rechnen. Diese Möglichkeit ist auf einem Markt, auf welchem eine hohe Transparenz und Reaktionsverbundenheit herrscht, wie auf den Tankstellenmärkten, aber regelmäßig der Fall. Liegen keine anderen Anhaltspunkte vor, kann also bei einer hohen Reaktionsverbundenheit und Transparenz regelmäßig von einem wirksamen Sanktions- und Abschreckungsmechanismus ausgegangen werden, sodass dieses Kriterium im Rahmen des Missbrauchsverbots als wenig relevant angesehen werden kann.

---

589 EuG, Urt. v. 13.7.2006, T-464/04 - Slg. 2006 II-00000, Rn. 468f. - *Impala*.

590 Bundeskartellamt, Sektoruntersuchung Kraftstoffe - Abschlussbericht Mai 2011, S. 62.

591 Dazu ausführlich Bundeskartellamt, Sektoruntersuchung Kraftstoffe - Abschlussbericht Mai 2011, S. 57f.

592 OLG Düsseldorf, Beschl. v. 4.8.2010, VI-2 Kart 6/09 (V) - WuW/E DE-R 829, Rn. 84f. - *Freie Tankstellen*.

Es ist dem Bundeskartellamt zuzustimmen, dass auch gesellschaftsrechtliche oder vertragliche Verflechtungen zu einer wirksamen Abschreckungs- und Sanktionierungsmöglichkeit beitragen können. Das Argument des OLG Düsseldorfs, dass die Verflechtungen der Oligopolisten nicht ausreichen würden, um zu Abschreckungs- oder Sanktionierungsmöglichkeiten zu schaffen, lässt sich im Rahmen dieser Arbeit nicht überprüfen.

cc) Marktbeherrschung in Form mangelnden Außenwettbewerbs

Kann fehlender Binnenwettbewerb und damit eine kollektive Einheit bejaht werden, müssen die Unternehmen auch eine marktbeherrschende Stellung innehaben. Für diese dürfen die Oligopolisten insbesondere keinem wesentlichen Außenwettbewerb ausgesetzt sein. Auch der Nachweis wesentlichen Außenwettbewerbs kann die Kartellbehörden vor Schwierigkeiten stellen, da Marktumstände häufig ambivalent interpretiert werden können.

Nachfolgend sollen die Ausführungen des Bundeskartellamts hinsichtlich des Außenwettbewerbs auf den Tankstellenmärkten dargestellt und bewertet werden.

(1) Einschätzung des Bundeskartellamts

Das Bundeskartellamt erläutert Marktgegebenheiten, die auf einen nicht vorhandenen Außenwettbewerb gegenüber den Oligopolmitgliedern hinweisen sollen.

So besitzen die fünf großen Mineralölunternehmen laut dem Bundeskartellamt auf einem Großteil der geprüften Regionalmärkte zusammen einen Marktanteil von mindestens zwei Dritteln, und hohe Marktanteile der Oligopolisten deuten stark auf vom Wettbewerb nicht mehr kontrollierbare Verhaltensspielräume der Oligopolisten hin. Denn je höher die Marktanteile dieser sind desto unwahrscheinlicher sei eine Beeinflussung durch die Wettbewerber.[593]

Verstärkt werde dieser Effekt durch eine starke Zersplitterung der Konkurrenz. So besäßen die nicht dem Oligopol angehörigen Anbieter auf allen relevanten Märkten zusammen nur niedrige einstellige Marktanteile.[594] Ebenso läge auf der Nachfrageseite eine starke Zersplitterung vor, sodass sich die Oligopolisten keiner wesentlichen Nachfragemacht ausgesetzt sehen. Es bestünden weder wenige große Nachfrager noch mehrere Bündel kleiner Nachfrager, die das Preissetzungsverhalten der Unternehmen einschränken könnten.[595]

---

593 Bundeskartellamt, Sektoruntersuchung Kraftstoffe - Abschlussbericht Mai 2011, S. 50f.

594 Bundeskartellamt, Sektoruntersuchung Kraftstoffe - Abschlussbericht Mai 2011, S. 59.

595 Bundeskartellamt, Sektoruntersuchung Kraftstoffe - Abschlussbericht Mai 2011, S. 60.

Auf den Tankstellenmärkten herrschten zudem hohen Marktzutrittsschranken, für die mehrere Faktoren verantwortlich seien. Ein Newcomer benötige beispielsweise ein hohes Startkapital bzw. eine hohe Finanzkraft, um die notwendigen Raffineriekapazitäten oder Lieferverträge zu beschaffen und logistische Strukturen herzustellen. Ferner verfügten die großen Mineralölunternehmen bereits über die meisten profitablen Standorte.[596] Auch die Realität bestätige die Annahme hoher Eintrittsbarrieren. So hätten Markteintritte durch eigenständige Errichtung neuer Tankstellen auf den Tankstellenmärkten in den Jahren 2001 bis 2011 nur in einem sehr geringen Umfang stattgefunden.[597] Die Oligopolisten verfügten schon seit langer Zeit im Kraftstoffsektor über hohe Marktanteile.[598]

Die fünf Mineralölkonzerne verfügten außerdem als einzige Mineralölunternehmen über einen Zugriff auf Raffineriekapazitäten, was einen erheblichen Machtfaktor darstelle.[599] Insbesondere seien die anderen Anbieter auch auf die Belieferung durch Oligopolisten angewiesen.[600]

(2) Stellungnahme

Die von dem Bundeskartellamt geschilderten Umstände deuten ohne Zweifel auf einen fehlenden Außenwettbewerb hin.

Insbesondere die Höhe der Marktanteile der Oligopolisten spricht dafür, dass wahrscheinlich kein wirksamer Außenwettbewerb besteht. Aber nicht nur die Höhe der Marktanteile, sondern auch deren Stabilität sind für die Beurteilung, ob eine implizite Kollusion wahrscheinlich ist, entscheidend. Bestehen hohe Marktzutrittsschranken, die potentiellen Wettbewerbern den Markteintritt erschweren, sind die Marktanteile der Oligopolisten gefestigt und eine implizite Kollusion ist wahrscheinlich.[601] Solche Marktzutrittsschranken liegen, wie eben dargestellt, laut dem Bundeskartellamt vor. Indem die Oligopolisten, nach Feststellung des Bundeskartellamts[602], auch die Preissetzung an Mineralölhändler-Tankstellen,

596 Bundeskartellamt, Sektoruntersuchung Kraftstoffe - Abschlussbericht Mai 2011, S. 58f.

597 Bundeskartellamt, Sektoruntersuchung Kraftstoffe - Abschlussbericht Mai 2011, S. 59.

598 Bundeskartellamt, Sektoruntersuchung Kraftstoffe - Abschlussbericht Mai 2011, S. 51.

599 Bundeskartellamt, Sektoruntersuchung Kraftstoffe - Abschlussbericht Mai 2011, S. 20.

600 Bundeskartellamt, Sektoruntersuchung Kraftstoffe - Abschlussbericht Mai 2011, S. 23.

601 *Bechtold/Bosch* in: Bechtold/Bosch, GWB, 9. Leitfaden zur Marktbeherrschung in der Fusionskontrolle, Rn. 116; *Richter/Steinvort* in: Wiedemann, Kartellrecht, § 20, Rn. 162.

602 *Bundeskartellamt*, Sektoruntersuchung Kraftstoffe - Abschlussbericht Mai 2011, S. 180, 189.

die nicht unter einer Marke eines Mineralölkonzerns oder eines anderen großen Mineralölunternehmens betrieben werden, direkt bestimmen oder indirekt beeinflussen, wird der Außenwettbewerb zusätzlich geschwächt.

Das Bestehen von Wettbewerb bezogen auf andere Parameter als den Preis, wie z.B. Werbung, Service, Qualität, ändert nichts an der Annahme mangelnden Außenwettbewerbs, da Wettbewerb im Hinblick auf andere Parameter das Fehlen wesentlichen Preiswettbewerbs nicht ausschließt. Entscheidend ist allein, dass die Wettbewerber und die Marktgegenseite dem gleichförmigen Handeln ausweglos ausgesetzt sind.[603]

Es lässt sich ferner grundsätzlich feststellen, dass ein fehlender Außenwettbewerb bei implizitem Parallelverhalten naheliegt, denn implizites Parallelverhalten dürfte bei bestehendem Außenwettbewerb nicht dauerhaft aufrechterhalten werden können. Die Oligopolisten müssen nämlich agieren, um ihre Marktstellung zu verteidigen.[604]

Auch im Rahmen der Bewertung, ob ein wesentlicher Außenwettbewerb besteht, stellt sich aber die Frage, wie die beobachteten Preissenkungen zu erklären sind. Da nicht nur die Oligopolisten Preissenkungen vornehmen, sondern auch die anderen Wettbewerber, könnte dies auf vorhandenen Außenwettbewerb hindeuten. Wie oben dargestellt[605], ist aber eine sichere Interpretation der Preissenkungen nach den derzeitigen Erkenntnissen über den Markt nicht möglich. Betrachtet man also das tatsächliche Preissetzungsverhalten allein, so ist die Annahme eines Mangels an Außenwettbewerb nicht zwingend. Wie erörtert, weisen jedoch andere, die Marktstruktur bestimmende Faktoren, auf das Fehlen eines solchen hin.

c) Zusammenfassende Stellungnahme

Um eine sichere und fundierte Aussage über die Wettbewerbsverhältnisse und dem Vorliegen einer gemeinsamen Marktbeherrschung auf den Tankstellenmärkten treffen zu können, bedarf es sicherlich noch einer weiteren Marktuntersuchung inklusive einer umfassenden ökonomischen Auseinandersetzung zur Frage der Entstehung von Edgeworth-Preiszyklen. Die Annahme gemeinsamer Marktbeherrschung basierend auf oligopolistischer Reaktionsverbundenheit sollte mit Hilfe zukünftiger wirtschaftswissenschaftlicher Erkenntnisse und

603 *Enchelmaier*, Europäische Wettbewerbspolitik im Oligopol, S. 166; *Bülow*, Gleichförmiges Unternehmensverhalten ohne Kommunikation, S. 54.

604 *Enchelmaier*, Europäische Wettbewerbspolitik im Oligopol, S. 171f.

605 Siehe S. 130ff.

einer noch verstärkten Marktbeobachtung sowie -analyse überprüft werden. Insbesondere ist aber nach den obigen Darstellungen davon auszugehen, dass ein nur geringer Binnenwettbewerb zwischen den Oligopolisten sowie ein geringer Außenwettbewerb herrscht und damit die Annahme einer gemeinsamen Marktbeherrschung sehr naheliegt. Es bleibt anzumerken, dass sich aufgrund vergangener und aktueller Entwicklungen seit der Sektoruntersuchung Änderungen hinsichtlich der dargestellten Faktoren ergeben haben können. Daher wäre eine erneute Bewertung, ob und durch welche Unternehmen ein marktbeherrschendes Oligopol vorliegt, sinnvoll.

3. *Missbrauch*

Anders als § 2 Sherman Act[606] verbietet das Missbrauchsverbot nicht bereits die Erlangung oder das Streben nach einer monopolartigen Stellung durch wettbewerbswidrige Mittel, sondern erlegt den Unternehmen erst „besondere Verantwortung" auf, wenn diese bereits über eine marktbeherrschende Stellung verfügen.[607] Dies bedeutet, dass Verhaltensweisen, die normalerweise als unbedenklich angesehen werden, einem marktbeherrschenden Unternehmen möglicherweise untersagt werden.[608] Eine klare Definition des missbräuchlichen Verhaltens gibt es nicht, aber ein Missbrauch wird angenommen bei einem Sich-Hinwegsetzen über das „Ordnungsprinzip Wettbewerb" mit anderen Mitteln als denen des Leistungswettbewerbs. Die marktbeherrschende Stellung ist dafür objektive Bedingung.[609]

---

606 *Fuchs/Möschel* in: Immenga/Mestmäcker, EU-Wettbewerbsrecht, Art. 102 AEUV, Rn. 128.

607 EuGH, Urt. v. 9.11.1983, Rs. 322/81 - Slg. 1983, Rn. 57 - *Michelin*, EuGH v. 14.11.1996 - Rs. C-333/94 P, Slg. 1996, I-5987, Rn. 31 - *Tetra Pak I*; EuGH v. 16.3.2000, Rs. C-395/96 P und C-396/96 P, Slg. 2000, I-1365 - *Compagnie maritime belge*; EuG v. 23.10.2003, Rs. T-65/98, Slg. 2003, II-4653 - *Unilever*; Kling/Thomas, Kartellrecht, 2. Auflage 2016, § 6, Rn. 6.

608 St. Rspr. und h.L: EuGH, Urt. v. 9.11.1983, Rs. 322/81 - Slg. 1983, Rn. 57 - *Michelin*; EuG, Urt. v. 17.7.1998, Rs. T-111/96 - Slg. 1998, II-2937, Rn. 139 - ITT *Promedia*; GA *La Pergola,* in: EuGH, Rs. C-147 u. 148/97 - Slg. 2000, I-825, Rn. 19- *Deutsche Post AG*; Komm., Entsch. v. 7.2.1999, 1999/99 EG, ABl. 1999 L 69/31, Rn. 27 - *Portugiesische Flughäfen*; *Jung* in: Grabitz/Hilf/Nettesheim, Das Recht der Europäischen Union, Art. 102 AEUV, Rn. 117.

609 *Jung* in: Grabitz/Hilf/Nettesheim, Das Recht der Europäischen Union, Art. 102 AEUV, Rn. 123.

Die Aufzählung missbräuchlicher Verhaltensweisen ist weder in Art. 102 S. 2 AEUV noch in § 19 Abs. 2 GWB abschließend, sondern allein eine exemplarische Darstellung.[610] Generell ist zwischen den Fällen des Ausbeutungsmissbrauchs und des Behinderungsmissbrauchs zu unterscheiden, wobei eine scharfe Trennung nicht immer möglich ist.

Nachfolgend soll untersucht werden, ob implizite Kollusion unter bestimmten Umständen den Tatbestand des Missbrauchs erfüllen kann.

a) Allgemeines zum Missbrauch einer gemeinsamen marktbeherrschenden Stellung

Ein Missbrauch einer gemeinsamen marktbeherrschenden Stellung muss grundsätzlich nicht allen betreffenden Unternehmen zuzurechnen sein. Dies bedeutet, dass sowohl eine gemeinsame als auch eine individuelle Verhaltensweise einen Missbrauch einer gemeinsamen marktbeherrschenden Stellung darstellen kann.[611] Dies wurde zum ersten Mal ausdrücklich von dem EuG in der Entscheidung *Irish Sugar* festgestellt.[612] Obwohl das Urteil eine vertikale gemeinsame Marktbeherrschung betraf, findet die in dem Urteil getroffene Aussage auch auf Fälle einer horizontalen gemeinsamen Stellung Anwendung.[613]

Es ist aber noch nicht abschließend geklärt, ob eine Kausalität zwischen der gemeinsamen Marktbeherrschung und dem missbräuchlichen Verhalten notwendig ist und wie diese beschaffen sein muss.

Der EuGH[614], die Europäische Kommission[615] und auch die Mehrheit der Stimmen in der Literatur zum Unionsrecht[616] und zum nationalen

---

610 St. Rspr. des EuGH: EuGH, Urt. v. 21.2.1973, Rs. 6/72 - Slg. 1973, 215, Rn. 26 - *Continental Can*; EuGH, Urt. v. 15.3.2007, Rs. C-95/04 P - Slg. 2007, I-2331, Rn. 57 - *British Airways*.

611 U.a. EuG, Urt. v. 7.10.1999, T-228/97 - Slg. 1999 II-2969, Rn. 66 - *Irish Sugar*; DG Competition Discussion Paper on the Application of Art. 82 of the Treaty to Exclusionary Abuses, 2005, Rn. 74; *Schröter/Bartl* in: Groeben, von der/Schwarze/Hatje, Europäisches Unionsrecht, Art. 102 AEUV, Rn. 78 mit weiteren Nachweisen.

612 EuG, Urt. v. 7.10.1999, T-228/97 - Slg. 1999 II-2969, Rn. 66 - *Irish Sugar*: „doch muß der Mißbrauch nicht notwendig allen betreffenden Unternehmen zuzurechnen sein".

613 *Monti*, C.M.L.R. 2001, 131, 143; *Callery*, E.C.L.R. 2011, 142, 151.

614 EuGH, Urt. v. 21.2.1973, Rs. 6/72 - Slg. 1973, 215, Rn. 27 -*Continental Can*.

615 Komm., Entsch. v. 14.12.1985, ABl. 1985, L 374/1, Rn. 85 - *AKZO*.

616 *Fuchs/Möschel* in: Immenga/Mestmäcker, EU-Wettbewerbsrecht, Art. 102 AEUV, Rn 136f.; *Jung* in: *Grabitz*/Hilf/Nettesheim, Das Recht der Europäischen Union, Art. 102 AEUV, Rn. 135ff. mit Hinweisen auf weitere Literaturstimmen; *Emmerich* in: Dauses/Ludwigs, EU-Wirtschaftsrecht, H. I. § 3., Rn. 57ff.

Recht[617] fordern im Falle einer individuellen Marktbeherrschung keinen kausalen Zusammenhang zwischen Missbrauch und der marktbeherrschenden Stellung in dem Sinne, dass das missbräuchliche Verhalten ohne die Marktbeherrschung nicht möglich gewesen wäre. Es komme allein auf den objektiven Erfolg der Verhaltensweise an.[618] Überwiegend wird jedoch gefordert, dass ein Zusammenhang zwischen der Marktbeherrschung und der wettbewerbsschädlichen Wirkung auf den Markt, im Sinne einer Erfolgskausalität, bestehen müsse.[619]

Im Zusammenhang mit Einzelmissbräuchen einer kollektiven marktbeherrschenden Stellung hat das EuG sich in dem Urteil Irish Sugar zu der Notwendigkeit eines Zusammenhangs zwischen gemeinsamer Marktbeherrschung und Missbrauch wie folgt geäußert: "Er muß sich lediglich als eine der Äußerungen des Besitzes einer kollektiven beherrschenden Stellung ermitteln lassen können. Folglich können Unternehmen, die eine kollektive beherrschende Stellung innehaben, gemeinsame oder individuelle Verhaltensweisen an den Tag legen. Diese mißbräuchlichen Verhaltensweisen müssen lediglich auf die Ausnutzung der kollektiven beherrschenden Stellung zurückzuführen sein, die die Unternehmen auf dem Markt innehaben."[620]

Danach muss also im Fall einer kollektiven Marktbeherrschung das missbräuchliche Verhalten auf die Ausnutzung der kollektiven beherrschenden Stellung in irgendeiner Weise zurückzuführen sein.[621] Unter welchen Voraussetzungen eine solche Rückführbarkeit vorliegt, ist von den Gerichten noch nicht konkretisiert worden.

---

617 *Loewenheim* in: Loewenheim/Meessen/Riesenkampff/Kersting/Meyer-Lindemann, Kartellrecht, 3. Auflage, § 19 GWB Rn. 14; *Fuchs* in: Immenga/Mestmäcker, Wettbewerbsrecht, § 19, Rn. 82b.

618 EuGH, Urt. v. 13.2.1979, C -85/76 - Slg. 1979, 461, Rn. 91 - *Hoffmann-La Roche.*

619 Zum § 19 GWB: *Loewenheim* in: Loewenheim/Meessen/Riesenkampff/Kersting/Meyer-Lindemann, Kartellrecht, 3. Auflage, § 19 GWB, Rn. 14; *Fuchs* in: Immenga/Mestmäcker, Wettbewerbsrecht, § 19, Rn. 82b; zu Art. 102 AEUV: *Fuchs/Möschel* in: Immenga/Mestmäcker, EU-Wettbewerbsrecht, Art. 102 AEUV, Rn. 137.

620 EuG, Urt. v. 7.10.1999, T-228/97 - Slg. 1999 II-2969, Rn. 66 - *Irish Sugar.*

621 S. dazu auch EuG, Urt. v. 30.9.2003, T-191/98 - Slg. 2003 II-3275, Rn. 1124 - *Trans-Atlantic Conference Agreement*; Monopolkommission, 1. Sondergutachten 1975, Rn. 29; *Wish*, Competition Law, S. 567; *Vecchi*, World Competition 2008, 385, 394; *Jungermann*, Kollektive Marktbeherrschung durch interdependentes Parallelverhalten und deren Missbrauch, S. 325f.

Fest steht aber, dass in der Situation einer gemeinsamen marktbeherrschenden Stellung ein Missbrauch durch ein Unternehmen allein oder auch gemeinsam ohne Zweifel anzunehmen ist, wenn ein Verhalten vorliegt, welches nach den allgemeinen Grundsätzen als missbräuchlich eingestuft wird und welches bereits bei Vornahme durch einen Wettbewerber, der eine alleinige marktbeherrschende Stellung auf einem nichtoligopolistischen Markt besitzt, diesem den Vorwurf des Missbrauchs einbrächte. Zudem muss eine Rückführbarkeit des Verhaltens auf eine gemeinsame Marktbeherrschung bestehen.[622]

b) Missbrauch aufgrund impliziter Kollusion per se

Es stellt sich die Frage, ob bereits implizite Kollusion *per se* ein missbräuchliches Verhalten im Sinne des Missbrauchsverbots darstellen kann und sollte. Sie kann sowohl zur Entstehung gemeinsamer Marktbeherrschung als auch zu Preisen über dem Wettbewerbsniveau und damit zu wettbewerbswidrigen Marktergebnissen führen, sodass das Schutzgut eines unverfälschten Wettbewerbs betroffen ist.[623]

aa) Im Grundsatz nicht ausgeschlossen

(1) Rationalität und fehlende Anwendbarkeit des Kartellverbots sprechen nicht gegen einen Missbrauch

Eine Anwendbarkeit des Missbrauchsverbots auf bloße implizite Kollusion ist nicht allein deshalb abzulehnen, weil dieses nicht vom Kartelltatbestand erfasst ist und damit ein Widerspruch innerhalb des Kartellrechts sowie eine nicht hinnehmbare Rechtsunsicherheit entstehen könnten.[624] Es handelt es sich bei dem Kartellverbot und dem Missbrauchsverbot um zwei unabhängige Tatbestände[625], die allein das gleiche übergeordnete Ziel, die Wettbewerbskontrolle, besitzen. Um dieses Ziel zu erreichen, knüpft das Missbrauchsverbot an die Gefahr des Missbrauchs durch Marktmacht und das Kartellverbot an die Wahrung des Selbstständigkeitspostulats an. Beide Tatbestände sollen sich ergänzen.[626] Die

---

622 Vgl. *Enchelmaier*, Europäische Wettbewerbspolitik im Oligopol, S. 180.

623 Vgl. *Schuchmann*, Die Behandlung von tacit collusion im europäischen und deutschen Kartellrecht, S. 165.

624 So aber: *Korah*, E.C.L.R. 1999, 337, 337, 339; *Monti*, C.M.L.R. 2001, 131, 145; *Stroux*, C.M.L.R. 2000, 1249, 1263.

625 EuG, Urt. v. 10.7.1990, Rs. T-51/89, Slg.1990, II-309 Rn. 25 - *Tetra Pak Jungermann*, Kollektive Marktbeherrschung durch interdependentes Parallelverhalten, S. 320, *Aigner*, Kollektive Marktbeherrschung im EG-Vertrag, S. 251.

626 EuGH, Urt. v. 10.7.1990, Rs. T-51/89, Slg.1990, II-309 Rn. 25 - *Tetra Pak*.

Unternehmen sind an beide Tatbestände gebunden[627] und beide sollen das gleiche Ziel aber „auf verschiedenen Ebenen“ erreichen[628]. Daher ist es nicht ausgeschlossen, dass ein Verhalten nur von einem Tatbestand erfasst ist.[629]

Gegen eine Anwendbarkeit des Missbrauchsverbots spricht auch nicht, dass das in Frage stehende Verhalten aus Sicht der Unternehmen rational ist.[630] Der Missbrauchstatbestand setzt weder eine persönliche Vorwerfbarkeit noch ein moralisches Fehlverhalten voraus[631], vielmehr ist der Begriff der missbräuchlichen Ausnutzung objektiv auszulegen[632]. Daher darf bei der Beurteilung eines fraglichen Verhaltens als missbräuchlich, die Frage, ob das Verhalten rational und nachvollziehbar war, nicht gestellt werden solange eine andere Handlungsmöglichkeit bestand.[633] Implizite Kollusion ist aber gerade nicht zwingend und die Unternehmen können trotz der Marktbedingungen ein anderes Verhalten wählen.[634]

Anderenfalls müssten Verhaltensweisen, die ohne Zweifel als kartellrechtswidrig eingestuft werden, wie zum Beispiel die Bildung von Kartellen oder der Missbrauch einer Einzelmarktbeherrschung, ebenfalls von dem Kartellrecht als rechtmäßig behandelt werden.[635] Denn auch diese sind für ein Unternehmen meist gewinnmaximierend und sichern die Marktmacht, sodass sie aus der Sicht des Unternehmens ebenfalls rational sind.

(2) Gefahr der Fehleinschätzung spricht nicht gegen einen Missbrauch

Die Gefahr von Fehleinschätzung durch die Kartellbehörden, die daraus entsteht, dass nicht jedes gleichförmige Verhalten auf eine Reaktionsverbundenheit der Unternehmen zurückzuführen und mit einem Mangel an Wettbewerb

---

627 Vgl. *Jungermann*, Kollektive Marktbeherrschung durch interdependentes Parallelverhalten und deren Missbrauch, S. 319ff.

628 EuGH, Urt. v. 21.2.1973, Rs. 6/72, Slg. 1973, 215 Rn. 25 -*Continental Can.*

629 Vgl. *Schuchmann*, Die Behandlung von tacit collusion im europäischen und deutschen Kartellrecht, S. 173.

630 *Filippelli*, Collective Dominance and Collusion, S. 224; so aber z.B.: *Wish*, Competition Law, S. 565.; vgl. die Ausführungen im Rahmen des Kartellverbots auf S. 77f.

631 EuGH, Urt. v. 21.2.1973, Rs. 6/72 - Slg. 1973, 215, Rn. 29 - *Continental Can.*

632 EuGH, Urt. v. 13.02. 1979, C-85/76 - Slg. 1979, 461, Rn. 91 - *Hoffmann-La Roche.*

633 *Aigner*, ÖBl 2002, 52, 56.

634 *Bülow*, Gleichförmiges Unternehmensverhalten ohne Kommunikation, S. 91ff.; *Schuchmann*, Die Behandlung von tacit collusion im europäischen und deutschen Kartellrecht, S. 173.

635 *Filippelli*, Collective Dominance and Collusion, S. 224

verbunden sein muss, darf nicht dazu führen, dass von einer Verfolgung abgesehen wird.[636] Zwar genügt die Beobachtung eines gleichförmigen Verhaltens allein nicht, um eine gemeinsame marktbeherrschende Stellung[637] sowie die Annahme eines Missbrauchs zu nachzuweisen[638], jedoch darf dies nicht einer wirksamen Durchsetzung des Missbrauchsverbots entgegenstehen.

(3) Gleichlauf mit der Fusionskontrolle spricht für einen Missbrauch

Für eine grundsätzliche Anwendbarkeit des Missbrauchsverbots spricht zudem, dass es einen Widerspruch darstellen würde, wenn im Rahmen der Fusionskontrolle *ex ante*-Vorhaben untersagt werden, die wahrscheinlich zu einer Wettbewerbsschädigung durch implizite Kollusion führen, und im Rahmen des Missbrauchsverbots *ex post* ein solches Verhalten nicht als rechtswidrig eingestuft werden würde.[639] Mit einem Eingreifen noch bevor eine Marktstruktur entsteht, die die implizite Kollusion begünstigt, soll diese zwar frühzeitig und mit geringer Belastung für die Unternehmen verhindert werden.[640] Dennoch ist eine Missbrauchskontrolle auf späterer Ebene notwendig, da die Fusionskontrolle das Erlangen einer marktbeherrschenden Stellung über andere Wege als ein Zusammenschluss nicht verhindern kann.[641]

(4) Fazit

Zusammenfassend ist also festzustellen, dass im Grundsatz keine nachvollziehbaren Argumente gegen eine Anwendbarkeit des Missbrauchsverbots auf das Phänomen der impliziten Kollusion bestehen. Das Missbrauchsverbot ist ein eigenständiger Tatbestand und auch im Rahmen der Fusionskontrolle, soll implizite Kollusion verhindert werden. Es ist aber zu untersuchen, ob gleichförmiges Verhalten basierend auf einer Reaktionsverbundenheit allein für einen

---

636 a.A. *Mezzanotte*, European Law Journal 2011, 295, 495, 497; *Jungermann*, Kollektive Marktbeherrschung durch interdependentes Parallelverhalten und deren Missbrauch, S. 318, 324.

637 Vgl. *Friederiszick*, Vortrag - Arbeitskreis Kartellrecht, 2011, S. 11, https://www.bundeskartellamt.de/SharedDocs/Publikation/DE/Reden/Hans%20Friederiszick%20-%20Kritische%20Würdigung%20der%20Feststellung%20kollektiver%20Marktbeherrschung.pdf?__blob=publicationFile&v=2, zuletzt abgerufen am 6.1.2018.

638 *Jungermann*, Kollektive Marktbeherrschung durch interdependentes Parallelverhalten und deren Missbrauch, S. 318.

639 *Wish*, Competition Law, S. 566; *Filippelli*, Collective Dominance and Collusion, S. 224.

640 *Wish*, Competition Law, S. 566; *Aigner*, ÖBl 2002, 52, 58.

641 S. dazu ausführlich 2. Kapitel 1. Abschnitt B. II. 2.

Missbrauch ausreicht und welche Art des Missbrauchs durch dieses erfüllt sein könnte.

bb) Implizite Kollusion als Marktstrukturmissbrauch

Vereinzelt wird untersucht, ob eine implizite Kollusion, welche zu einer gemeinsamen Marktbeherrschung und damit zu Veränderung der Marktstruktur führen kann, einen Marktstrukturmissbrauch darstellen kann.[642] Ein solcher wird grundsätzlich dann angenommen, wenn eine Marktstruktur direkt und insbesondere aufgrund eines Unternehmenszusammenschlusses geändert wird. Erfasst ist die Verstärkung einer beherrschenden Stellung durch gesellschaftsrechtliche Zusammenschlussvorgänge unter Beteiligung eines marktbeherrschenden Unternehmens.[643]

So entschied der EuGH in dem Urteil *Continental Can*, dass Art. 102 AEUV einen Unternehmenszusammenschluss jedenfalls dann verbiete, wenn ein Unternehmen seine marktbeherrschende Stellung durch den Zusammenschluss in der Weise ausbaue, dass „praktisch jeder Wettbewerb ausgeschaltet wird".[644] Dem Unternehmen Continental Can wurde vorgeworfen, durch Erwerb eines anderen Unternehmens den Wettbewerb für betroffene Produkte auf einem wesentlichen Teil des gemeinsamen Marktes praktisch ausgeschaltet zu haben.[645] Ein Ausschalten von Wettbewerb lege jedenfalls bei einer extrem hohen Kumulierung von Marktanteilen vor.[646]

Auch bei einer stabilen impliziten Kollusion werden die Unternehmen aufgrund der hohen Reaktionsverbundenheit davon abgehalten, von dem gemeinsamen Verhalten abzuweichen und eine individuelle Strategie zu verfolgen. Sie verfolgen stattdessen eine gemeinsame Strategie, die sie als kollektive Einheit auftreten lässt. Daher könnte dieser Fall vergleichbar sein mit der anerkannten Fallgruppe des Marktstrukturmissbrauchs.[647]

---

642 Siehe v.a. *Schuchmann*, Die Behandlung von tacit collusion im europäischen und deutschen Kartellrecht, S. 165ff., aber auch *Eilmansberger/Bien* in: MüKo, Europäisches Wettbewerbsrecht, Art. 102, Rn. 96.

643 *Jung* in: Grabitz/Hilf/Nettesheim, Das Recht der Europäischen Union, Art. 102 AEUV, Rn. 325.

644 EuGH, Urt. v. 21.2.1973, Rs. 6/72 - Slg. 1973, 215, Rn. 29 - *Continental Can*.

645 EuGH, Urt. v. 21.2.1973, Rs. 6/72 - Slg. 1973, 215 - *Continental Can*.

646 *Huttenlauch/Lübbig* in: Loewenheim/Meessen/Riesenkampff/Kersting/Meyer-Lindemann, Kartellrecht, 3. Auflage, Art. 102 AEUV, Rn. 251.

647 *Schuchmann*, Die Behandlung von tacit collusion im europäischen und deutschen Kartellrecht, S. 166.

Im Falle der Beeinflussung der Marktergebnisse durch implizite Kollusion wird aber oftmals nicht eine bereits bestehende Marktbeherrschung verstärkt, sondern diese erst geschaffen.[648] Darüber hinaus treten die Wettbewerber dennoch nicht als „organische Einheit“[649] im Sinne des Urteils *Continental Can* auf, sondern bleiben unabhängige Unternehmen mit autonomer Entscheidungsmacht.[650] Die verbindenden Strukturen verfügen nicht über eine vergleichbare Festigkeit wie im Falle eines Zusammenschlusses. Es bedarf außerdem auch bei einem Marktstrukturmissbrauch noch einer zusätzlichen wettbewerbsbeschränkenden Maßnahme des Unternehmens, um einen Missbrauch annehmen zu können.[651]

Aus diesen Gründen kann das Vorliegen einer impliziten Kollusion nicht mit einem Markstrukturmissbrauch im Sinne des Urteils *Continental Can* gleichgesetzt werden.[652]

cc) Implizite Kollusion als Ausbeutungsmissbrauch

Implizite Kollusion könnte *per se* als Form des Ausbeutungsmissbrauchs zu betrachten sein, da sie grundsätzlich zu Preisen über dem Wettbewerbspreis führt und damit die Abnehmer direkt betroffen sind.[653]

Es ist in der Rechtsprechung noch nicht abschließend entschieden, ob der Missbrauchstatbestand auch erfüllt sein kann, wenn im Fall der Annahme eines Missbrauchs durch implizite Kollusion sowohl die gemeinsame marktbeherrschende Stellung als auch der Missbrauch mit ein und demselben Verhalten begründet würden.[654]

In dem Urteil *Flachglas*[655] wurde zwar eine doppelte Verwendung desselben Umstandes abgelehnt. Das Urteil bezog sich jedoch ausschließlich auf die

---

648 *Eilmansberger/Bien* in: MüKo, EU-Wettbewerbsrecht, Art.102 AEUV, Rn. 618; *Schuchmann*, Die Behandlung von tacit collusion im europäischen und deutschen Kartellrecht, S. 167.

649 EuGH, Urt. v. 21.2.1973, Rs. 6/72 - Slg. 1973, 215 Rn. 21 - *Continental Can.*

650 *Schuchmann*, Die Behandlung von tacit collusion im europäischen und deutschen Kartellrecht, S. 166f.

651 *Schuchmann*, Die Behandlung von tacit collusion im europäischen und deutschen Kartellrecht, S. 167; *Withers/Jephcott*, E.C.L.R. 2001, 295, 303.

652 Vgl. *Schuchmann*, Die Behandlung von tacit collusion im europäischen und deutschen Kartellrecht, S. 167.

653 *Wish*, Competition Law, S. 565.

654 *Jungermann*, Kollektive Marktbeherrschung durch interdependentes Parallelverhalten und deren Missbrauch, S. 322f.

655 EuG, Urt. v. 10.3.1992, verb. Rs. T-68, 77, 78/89 - Slg. 1992, II-1403, Rn. 360 - *Flachglas.*

Verwertung desselben Umstandes zur Begründung eines abgestimmten Verhaltens sowie einer gemeinsamen marktbeherrschenden Stellung, und somit auf das Verhältnis zwischen Missbrauchsverbot und Kartellverbot. Damit äußerte sich das Gericht nicht zu einer doppelten Verwertung innerhalb des Missbrauchsverbots.[656] Im Urteil *Irish Sugar*[657] deutet das EuG jedoch die Notwendigkeit eines zusätzlichen missbräuchlichen Verhaltens an, zumindest im Verhältnis von Missbrauch und unternehmensstrukturellen Bindungen als Nachweis einer kollektiven Einheit. Jedoch ist auch Gegenstand dieses Urteils nicht die Möglichkeit der doppelten Verwertung des gleichförmigen Verhaltens basierend auf Reaktionsverbundenheit.[658]

Auch wenn die Frage der doppelten Bedeutung des Vorliegens impliziter Kollusion für die gemeinsame Marktbeherrschung sowie den Missbrauch in der Rechtsprechung noch nicht abschließend entschieden wurde, muss der Auffassung gefolgt werden, die ein zusätzliches individuelles Verhalten fordert, welches aufgrund der marktbeherrschenden Stellung zu einer Wettbewerbsbeschränkung führt und die Marktmacht missbräuchlich ausnutzt.[659]

Implizite Kollusion allein führt gerade noch nicht zur Erfüllung des Tatbestands des Ausbeutungsmissbrauchs. Es kann, wie oben erläutert, nicht automatisch von einem gleichförmigen Verhalten auf eine gemeinsame Marktbeherrschung geschlossen werden, sodass erst Recht der Rückschluss von einem gleichförmigen Verhalten auf einen Missbrauch nicht möglich ist.[660] Des Weiteren kann ein gleichförmiges Verhalten auch dem Verhalten bei vollkommenem

---

656 Vgl. *Jungermann*, Kollektive Marktbeherrschung durch interdependentes Parallelverhalten und deren Missbrauch, S. 321f.; *Aigner*, ÖBl 2002, 52, 55; dagegen: *Enchelmaier*, Europäische Wettbewerbspolitik im Oligopol, S. 181, 183.

657 EuG, Urt. v. 7.10.1999, T-228/97 - Slg. 1999 II-2969, Rn. 67 - *Irish Sugar*: „Die Kommission hat die Feststellung des Vorliegens einer kollektiven beherrschenden Stellung und für den Nachweis ihrer missbräuchlichen Ausnutzung nicht auf dieselben Tatsachen gestützt."

658 Vgl. *Jungermann*, Kollektive Marktbeherrschung durch interdependentes Parallelverhalten und deren Missbrauch, S. 322f.

659 *Jungermann*, Kollektive Marktbeherrschung durch interdependentes Parallelverhalten und deren Missbrauch, S. 318, 325; *Trimarchi*, GRUR Int. 1970, 311, 319; *Stroux*, C.M.L.R. 2000, 1249, 1249, 1262; *Vecchi*, World Competition 2008, 385, 387; *Aigner*, ÖBl 2002, 52, 57.

660 *Jungermann*, Kollektive Marktbeherrschung durch interdependentes Parallelverhalten und deren Missbrauch, S. 318.

Wettbewerb entsprechen[661] und muss damit nicht zwangsläufig zu einem wettbewerbsschädlichen Ergebnis führen.

Insbesondere würde aber eine bloße marktbeherrschende Stellung als missbräuchlich angesehen werden, wenn nicht noch ein zusätzliches Verhalten gefordert werden würde.[662] Dies würde dem Grundsatz widersprechen, dass eine Marktbeherrschung allein nicht vorwerfbar ist.[663] Der Missbrauch muss in einer wettbewerbsbeschränkenden Verhaltensweise bestehen, die über eine bestehende (gemeinsame) Marktmacht hinausgeht[664] und eine zusätzliche Grenze überschreitet[665]. Eine solche zusätzliche Verhaltensweise kann in der Forderung unangemessener Preise durch die marktbeherrschenden Unternehmen liegen. Preise allein über dem Wettbewerbsniveau genügen gerade nicht.[666]

c) Preishöhenmissbrauch

Ein neben die Verhaltenskoordinierung tretendes und damit den Missbrauch begründendes Verhalten könnte in dem individuellen Verlangen überhöhter Preise und damit dem überhöhten Preisniveau zu sehen sein.[667]

Ein über dem Wettbewerbsniveau liegendes Preisniveau ist solange nicht missbräuchlich bis ein exzessives Preisniveau vorliegt, welches missbräuchlich im Sinne des Art. 102 lit. a) AEUV bzw. § 19 Abs. 2 Nr. 2 GWB wäre. Nur ein solches kann klar als nicht mehr im Wettbewerb entstanden identifiziert werden.[668]

---

661 *Jungermann*, Kollektive Marktbeherrschung durch interdependentes Parallelverhalten und deren Missbrauch, S. 318.

662 *Enchelmaier*, Europäische Wettbewerbspolitik im Oligopol, S. 183.

663 So z.B. EuGH, Urt. v. 16.3.2000, verb. Rs. C-395, 396/96 P - Slg. 2000, I-1365, Rn. 37 - *Compagnie Maritime Belge*.

664 *Schuchmann*, Die Behandlung von tacit collusion im europäischen und deutschen Kartellrecht, S. 174; *Fuchs/Möschel* in: Immenga/Mestmäcker, EU-Wettbewerbsrecht, Art. 102 AEUV, Rn. 135; *O'Donoghue/Padilla*, The Law and Economics of Article 102 TFEU, S. 201f., *Jungermann*, Kollektive Marktbeherrschung durch interdependentes Parallelverhalten, S. 318ff.

665 *Jungermann*, Kollektive Marktbeherrschung durch interdependentes Parallelverhalten, S. 318.

666 *O'Donoghue/Padilla*, The Law and Economics of Article 102 TFEU, S. 201f.

667 So z.B. *Aigner*, ÖBl 2002, 52, 57; *Whish/Bailey*, Competition Law, S. 592, *Haupt*, Kollektive Marktbeherrschung in der europäischen Mißbrauchs- und Fusionskontrolle, S. 90; *McGregor*, 10 ECLR 2001, 434, 437; *Schuchmann*, Die Behandlung von tacit collusion im europäischen und deutschen Kartellrecht, S. 167.

668 *Aigner*, ÖBl 2002, 52, 58f.

aa) Allgemeines

Es stellt sich um Zusammenhang mit einer *ex post*-Preishöhenkontrolle stets die Frage nach der Sinnhaftigkeit einer solchen Marktergebniskontrolle sowie nach den Kriterien, unter welchen Voraussetzungen eine solche stattfinden sollte. Nachfolgende Ausführungen befassen sich ausschließlich mit der *ex post* stattfindenden Preishöhenaufsicht im Zusammenhang mit der missbräuchlichen Ausnutzung einer marktbeherrschenden Stellung.

Eine unmittelbare Kontrolle der Preishöhe durch den Staat mutet im Allgemeinen in einer wettbewerbsverfassten Marktwirtschaft zunächst befremdlich an. Grundsätzlich ist es in einer solchen legitim, sein Verhalten nach den eigenen Interessen auszurichten und keine Rücksicht auf die Interessen der Marktgegenseiten zu nehmen, denn im Allgemeinen übernimmt der Wettbewerb die Funktion, dieses Verhalten zu beschränken.[669] Der Wettbewerb übernimmt also die Steuerungsfunktion und garantiert eine optimale Allokation der Ressourcen. Daraus leitet sich der Grundsatz ab, dass der Staat sich in einer Wettbewerbswirtschaft möglichst neutral verhalten und keinen Eingriff in den Markt vornehmen sollte.[670]

Der Staat besitzt aber auch die Aufgabe, die Voraussetzungen für einen funktionierenden Wettbewerb zu schaffen und aufrecht zu erhalten. Es muss daher eine Marktstrukturkontrolle und eine Verhinderung von Wettbewerbsverfälschungen durch missbräuchliche Verhaltensweisen der marktbeherrschenden Unternehmen stattfinden. Ob eine unmittelbare Marktergebniskontrolle vor allem in Form einer Preishöhenkontrolle ebenfalls vor diesem Hintergrund wünschenswert ist, ist bis heute Gegenstand von Diskussionen. Es stellt sich die Frage, ob der Staat bei einem Mangel von Wettbewerb und damit von Selbstregulierungskräften regulierend zum Schutz des Schwächeren eingreifen muss und somit „[...] die unsichtbare Hand dieses Wettbewerbs teilweise durch die sichtbare Hand der Aufsicht ersetzt [...]“ werden sollte.[671]

---

669 *Knöpfle*, BB Beilage 13 zu Heft 21 1994, 1, 4.

670 Im Ergebnis: *Gabriel*, Preiskontrolle im Rahmen der Wettbewerbspolitik, S. 29f.

671 Vgl. *Knöpfle*, BB Beilage 13 zu Heft 21 1994, 1, 9; Regierungsbegründung zur 4. GWB-Novelle, BT-Drs. 8/2136, S. 33: „[...] die kartellbehördlichen Missbrauchsaufsicht [ist] das notwendige Korrektiv für eine durch Wettbewerb nicht wirksam kontrollierte Marktstellung [...].“; BKartA, Tätigkeitsbericht 1967, BT-Drs. V/2841, S. 14.

bb) Gesetzliche Regelungen einer ex post-*Preishöhenaufsicht*

Sowohl das europäische als auch das nationale Kartellrecht sehen eine direkte Kontrolle der Preishöhen vor. Das US-Antitrustrecht zum Beispiel kennt dagegen nach der herrschenden Meinung keine unmittelbare Preiskontrolle durch das Wettbewerbsrecht.[672]

Auf europäischer Ebene sieht Art. 102 AEUV in Abs. 2 lit. a) ausdrücklich die Möglichkeit des Missbrauchs durch Erzwingung unangemessener Einkaufs- oder Verkaufspreise vor. Seit der Einfügung des § 19 Abs. 4 Nr. 2 GWB a.F. bzw. § 19 Abs. 2 Nr. 2 GWB n.F. mit der vierten GWB-Novelle ist die Preiskontrolle ausdrücklich auch in Deutschland vorgesehen, indem das Fordern von Entgelten, „die von denjenigen abweichen, die sich bei wirksamem Wettbewerb mit hoher Wahrscheinlichkeit ergeben würden", als missbräuchlich eingestuft wird.[673]

Obwohl die Preishöhenkontrolle jedenfalls im EU-Kartellrecht keinen Schwerpunkt darstellt[674], wurde insbesondere Wert auf eine verstärkte Überprüfung der Preise in Bereichen gelegt, die von Liberalisierungsbemühungen geprägt wurden.[675] Auf EU-Ebene war dies beispielsweise der Post- und Telekommunikationssektor[676] und in Deutschland der Energiesektor[677].

Eine Preishöhenaufsicht entspricht also dem Willen des Gesetzgebers und das System des Kartellrechts sieht eine solche vor.

cc) Sinnhaftigkeit und Anwendung der ex post-*Preishöhenaufsicht*

Es ist zu untersuchen, ob und unter welchen Bedingungen eine Durchsetzung des Missbrauchsverbots bei überhöhten Preisen sinnvoll ist.

---

672 *Eilmansberger*, ÖBl 2008, 14, 14ff.

673 Vgl. *Fuchs/Möschel* in: Immenga/Mestmäcker, Wettbewerbsrecht, § 19 GWB, Rn. 246, 251.

674 *Fuchs/Möschel* in: Immenga/Mestmäcker, EU-Wettbewerbsrecht, Art. 102 AEUV, Rn. 172, *Faull/Nikpay*, The EU Law of Competition, Chapter 4, Rn. 4.826; *Ackermann* in: Zimmer, The Goals of Competition Law, S. 355; *Schuchmann*, Die Behandlung von tacit collusion im europäischen und deutschen Kartellrecht, S. 167.

675 Vgl. *Eilmansberger*, ÖBl 2008, 14, 15.

676 U.a. Komm., Entsch. v. 25.7.2001, COMP/C-1/36.915, ABl. 2001 L 331/40, Rn. 167 - *Deutsche Post AG*.

677 Einführung der verschärften Missbrauchskontrolle in Form des § 29 GWB, Weiteres dazu S. 192ff.

(1) *Sinnhaftigkeit einer* ex post-*Preishöhenkontrolle*

(a) *Mögliche negative Effekte einer Preishöhenkontrolle*

Die Sinnhaftigkeit einer *ex post* stattfindenden Preishöhenkontrolle wird häufig kritisch beurteilt, da Preise über dem Wettbewerbsniveau nicht zwangsläufig zu einer negativen Wirkung für die Konsumentenwohlfahrt führen, sondern im Gegenteil temporäre monopolistische Preise und die damit verbundenen Anreizwirkungen für einen dynamischen Wettbewerb unerlässlich sind.[678] Überhöhte Preise können durchaus den Restwettbewerb aktivieren und zu einem rascheren Abbau der marktbeherrschenden Stellung führen, indem ein Anreiz zum Markteintritt oder zur Expansion für Newcomer und Konkurrenten gesetzt wird.[679] Eine angeordnete Preisherabsetzung könnte dagegen wirtschaftlich schwache oder sich in einer frühen Entwicklungsphase befindende Unternehmen besonders hart treffen und diese im schlimmsten Fall aus dem Markt verdrängen. Ferner stellen höhere Einnahmen einen Innovationsanreiz und einen Anreiz zu vorstoßendem Wettbewerb dar.[680]

Eine Anordnung zur Herabsetzung von Preisen kann also zu einer Verringerung des Wettbewerbs führen, welche das Missbrauchsverbot gerade verhindern möchte.[681] Mitunter wird sogar auf längere Sicht von einem Zielkonflikt der Preishöhenaufsicht mit dem eigentlichen Zweck des Missbrauchsverbots, nämlich der Förderung von Wettbewerbsprozessen, gesprochen.[682] Das Kammergericht hat in der Entscheidung *Flugpreis Berlin-Frankfurt M.* mit der Begründung, das Bundeskartellamt hätte diesen Zielkonflikt nicht ausreichend gewürdigt und damit sein Ermessen nicht sachgerecht ausgeübt, die erlassene Missbrauchsverfügung aufgehoben.[683] Des Weiteren wird darauf hingewiesen, dass bei einer

---

678 *Höft*, Die Kontrolle des Ausbeutungsmissbrauchs im Recht der Wettbewerbsbeschränkungen, S. 102, 133.

679 *Fuchs/Möschel* in: Immenga/Mestmäcker, Wettbewerbsrecht, § 19 GWB, Rn. 249; *Koleva*, Die Preismissbrauchskontrolle nach § 29 GWB S. 45; *Höft*, Die Kontrolle des Ausbeutungsmissbrauchs im Recht der Wettbewerbsbeschränkungen, S. 102.

680 Ausführlich *Möschel*, BB 1976, 49, 53; *Höft*, Die Kontrolle des Ausbeutungsmissbrauchs im Recht der Wettbewerbsbeschränkungen, S. 385.

681 U.a. *Fuchs/Möschel* in: Immenga/Mestmäcker, EU-Wettbewerbsrecht, Art. 102 AEUV, Rn. 169; zur vergleichbaren Problematik im deutschen Recht: Monopolkommission, 47. Sondergutachten 2007, S. 19.

682 *Fuchs/Möschel* in: Immenga/Mestmäcker, Wettbewerbsrecht, § 19 GWB, Rn. 250; *Müller-Uri*, Kartellrecht 1989, S. 230, Rn. 231; *Fischer*, ZGR 1978, 235, 249.

683 KG, Urt. v. 26.11.1997 - WuW/E DE-R 124 - *Flugpreis Berlin-Frankfurt M.*; später vom BGH aufgehoben.

Preishöhenkontrolle die Gefahr, dass die Unternehmen ihr Verhalten auf andere Aktionsparameter ausdehnen und die Wettbewerbsbehörden diese dann ebenfalls kontrollieren müssten, bestünde.[684]

Als Konsequenz dieser Überlegungen vertreten viele, dass eine Marktergebniskontrolle nur als „Notbehelf" eingesetzt werden dürfe, wenn die Marktstruktur bereits so gestört ist, dass man nicht mehr auf die Selbstheilungskräfte des Marktes vertrauen kann, also nicht nur eine vorübergehend bestehende überragende Marktmacht vorliegt.[685]

Als Beispiel für eine solche „Notsituation" nennt *Möschel* den Fall der *Deutschen Städte-Reklame GmbH*[686]. Diese hob ihre Preise für öffentliche Plakatflächen nur in der Zeit der Olympischen Spiele in München um 200% an. Der relevante Markt in diesem Fall komme laut *Möschel* einem wettbewerblichen Ausnahmebereich nahe und biete daher einen sinnvollen Anwendungsbereich der Sockeltheorie. Es läge ein zeitlicher Markt vor, auf welchem sich die Angebotsmenge weder von Seiten des marktbeherrschenden Unternehmens noch von Seiten Dritter steigern ließ. Wegen der kurzen Zeitspanne habe kein Anreiz für Substitutionswettbewerb oder Innovation bestanden. Funktionierender Wettbewerb wäre also nicht zu erwarten gewesen.[687]

Es soll an dieser Stelle aber angemerkt werden, dass es vor dem Hintergrund des Vorliegens einer tatsächlich erhöhten Nachfrageintensität und einer tatsächlichen Produktknappheit zweifelhaft erscheint, ob diese Entscheidung des Bundeskartellamts richtig war, dieses Preisverlangen als missbräuchlich einzuordnen. In diesem Fall liegt eine Angebotsknappheit vor und die Preissetzung hat die Aufgabe die Verteilung dieses begrenzten Angebotes zu übernehmen. Dies müsste auch als Preisbildungsfaktor Berücksichtigung finden. Allerdings könnte auch die Rechtfertigung einer Preiserhöhung bei erhöhter Nachfrage und Knappheit an eine Grenze stoßen, wenn es sich um eine erhebliche Preissteigerung, wie in diesem Fall um 200%, handelt.

---

684 *Hoppmann*, Preiskontrolle und Als-Ob-Konzept, S. 36f.

685 Z.B. *Möschel*, BB 1976, 49, 53;*Fuchs/Möschel* in: Immenga/Mestmäcker, EU-Wettbewerbsrecht, Art. 102 AEUV, Rn. 171; *Emmerich* in: Dauses/Ludwigs, EU-Wirtschaftsrecht, H.I. §3, Rn. 65.

686 Presseinformation BKartA WuW 1972, 574, es kam zu keiner Verfügung, da das Unternehmen nach Aufforderung die Preise senkte.

687 *Möschel*, NJW 1975, 753, 756; *Möschel*, Der Oligopolmissbrauch im Recht der Wettbewerbsbeschränkungen S. 159.

(b) Mögliche positive Effekte einer Preishöhenkontrolle

Überhöhte Preise führen jedoch vielfach auch zu negativen Auswirkungen auf die Konsumentenwohlfahrt, sodass die Preismissbrauchskontrolle in vielen Fällen bedeutende positive Aspekte für diese mit sich bringt und sie ein wichtiges Element zum Schutz der Verbraucher darstellt. So kann es unter anderem zu allokativen Ineffizienzen, einem Wohlfahrtstransfer hinzu den preissetzenden Unternehmen und zu einer Einschränkung der Dynamik des Wettbewerbs kommen.[688]

Die Preishöhenkontrolle besitzt aufgrund der Ersetzung der Entmachtungs- und Regulierungsfunktion des Wettbewerbs annähernd die gleichen positiven Effekte wie funktionierender Wettbewerb. Dazu gehören insbesondere die optimale oder zumindest verbesserte Faktorallokation sowie die Reduzierung der ungleichen Einkommensverteilung und die damit einhergehenden Wohlfahrtsverluste.[689] Des Weiteren erhalten die marktbeherrschenden Unternehmen weniger finanzielle Möglichkeiten, um ihre hervorgehobene Stellung durch Maßnahmen, wie übertriebene Werbung oder unangemessene Forschung, zu verstärken.[690]

(c) Stellungnahme

Eine monopolistische Preisbildung und damit auch eine *ex post*-Preishöhenkontrolle kann also sowohl negative als auch positive Effekte für die Konsumentenwohlfahrt mit sich bringen. Es werden Umstände geschaffen, die mit der Situation bei funktionierendem Wettbewerb vergleichbar sind und dies ist gerade Sinn und Zweck der Missbrauchsaufsicht. Daher sollte nicht generell von einer *ex post*-Preishöhenaufsicht abgesehen werden, sondern es sollten die individuellen Marktumstände betrachtet werden.

Obwohl zwar eine gewisse Gefahr negativer Auswirkungen auf den Restwettbewerb besteht, ist die Wahrscheinlichkeit deren Eintritts und deren Wucht nicht in jeder Situation gleich. Auch wenn ein hoher Preis eines marktbeherrschende Unternehmens einen erhöhten Anreiz für Konkurrenten zur Expansion oder zum Markteintritt schafft und damit ein Abbau der marktbeherrschenden Stellung stattfindet, so ist nie bestimmbar, in welchem Zeitrahmen eine solche stattfindet und welche negativen Folgen in der Zeit für die Marktgegenseite

---

688 *Höft*, Die Kontrolle des Ausbeutungsmissbrauchs im Recht der Wettbewerbsbeschränkungen, S. 133.

689 Vgl. *Knöpfle*, BB Beilage 13 zu Heft 21 1994, 1, 4, 13.

690 *Knöpfle*, BB Beilage 13 zu Heft 21 1994, 1, 13.

eintreten.[691] Es liegt außerdem nahe, dass ein Unternehmen auch in der Aussicht auf einen Preis, der bei funktionierendem Wettbewerb besteht, einen Anreiz sieht in den Markt einzusteigen. Eine Abschreckung durch die Möglichkeit eines Eingriffs der Kartellbehörden oder eine vollkomme Lahmlegung des Restwettbewerbs ist daher auch bei einem Eingriff grundsätzlich nicht zu erwarten.[692] Ferner ist nie garantiert, dass das marktbeherrschende Unternehmen seine Preise nicht demnächst wieder senkt und damit das Preisniveau insgesamt abnimmt.[693] Insbesondere gibt es stets Märkte, bei welchen ein Abbau der marktbeherrschenden Stellung durch den Restwettbewerb mangels (ausreichend starker) Konkurrenten unwahrscheinlich ist. Eine solche Situation ist gegeben, falls die beherrschende Stellung auf natürlichen Marktgegebenheiten, hohen Marktzutrittsschranken oder auch Absprachen oder Regelungen beruht.[694]

Sollten die Unternehmen nach einem staatlichen Eingriff versuchen, durch eine Änderung anderer Faktoren, wie die Qualität des Produkts oder des Services, die Verluste auszugleichen, ist wiederum eine Missbrauchskontrolle möglich.[695] Eine Ausweitung der Kontrolle auf weitere Aktionsparameter ist von dem europäischen Missbrauchsverbot (siehe Art. 102 Abs. lit. b) AEUV) bereits vorgesehen.[696]

(2) Sinnhaftigkeit einer Preishöhenkontrolle bei sich häufig ändernden Preisen

Im Falle eines Markts mit sich häufig verändernden Preisen, wie die Tankstellenmärkte, stehen die Behörden und Gerichte vor dem Problem, das ein Vorgehen gegen einen bestimmten Preis zwecklos und nicht praktikabel erscheint. Dies nennt auch das Bundeskartellamt als einen Grund dafür, dass von einem Kartellverwaltungsverfahrens gegen einen möglichen Preismissbrauch auf den Tankstellenmärkten abzusehen sei.[697] Daher stellt sich die Frage, ob bei sich häufig ändernden Preisen überhaupt eine Preishöhenkontrolle sinnvoll und möglich ist.

---

691 Vgl. *Knöpfle*, BB Beilage 13 zu Heft 21 1994, 1, 12f.
692 Vgl. *Knöpfle*, BB Beilage 13 zu Heft 21 1994, 1, 12f.
693 *Knöpfle*, BB Beilage 13 zu Heft 21 1994, 1, 12.
694 *Knöpfle*, BB Beilage 13 zu Heft 21 1994, 1, 12.
695 *Knöpfle*, BB Beilage 13 zu Heft 21 1994, 1, 13.
696 Siehe dazu *Hoppmann*, Preiskontrolle und Als-Ob-Konzept, S. 36f.
697 Bundeskartellamt, Sektoruntersuchung Kraftstoffe - Abschlussbericht Mai 2011, S. 138.

Prima facie erscheint es tatsächlich wenig sinnvoll, gegen einen Preis vorzugehen, der sich innerhalb einiger Stunden wieder verändert. Zum einen ist es nicht möglich, gegen jeden einzelnen Kraftstoffpreis vorzugehen, und zum anderen sind die Auswirkungen des einzelnen Preises auf die gesamte Konsumentenwohlfahrt nur gering.

Nach der Rechtsprechung des BGH ist es aber für die Ermittlung eines möglichen Missbrauchs durchaus denkbar, den Gesamterlös eines Unternehmens auf einem Markt mit dem Gesamterlös auf einem anderen Markt zu vergleichen und eine Erlösobergrenze für die Zukunft festzulegen.[698] Voraussetzung für ein solches Verbot ist aber, dass alle auf diese Weise zusätzlich erfassten möglichen Verletzungshandlungen, bei sonst unveränderter Sachlage, ebenfalls unter das gesetzliche Verbot fallen und dem Betroffenen damit nicht mehr untersagt wird, als ihm ohnehin verwehrt ist.[699] Dies bedeutet, dass jeder verlangte Preis eine unangemessene Höhe im Sinne des Missbrauchsverbots haben müsste. Darüber hinaus ist es erforderlich, dass die Verletzungshandlungen ernstlich drohen.[700]

Um die Missbräuchlichkeit der Preissetzung auf einem Markt mit sich ändernden Preisen festzustellen, ist es auch möglich, eine Zeitraumbetrachtung vorzunehmen. So flossen zum Beispiel im Rahmen einer Entscheidung des Bundeskartellamts zu überhöhten Gaspreisen jede im Zeitraum 2007 abgesetzte Menge Gas mit dem dafür erzielten Preis in die Gesamtbetrachtung des Preisverlangens für das Jahr 2007 mit ein, sodass auch Preisveränderungen berücksichtigt wurden.[701] Es sind grundsätzlich auch Durchschnittsbildungen möglich.[702]

Aber auch rein exemplarische Untersuchungen verschiedener Preise würden rechtliche Klarheit schaffen und den Unternehmen die Grenzen ihrer Preissetzung aufzeigen. Insbesondere ist darauf hinzuweisen, dass es den Kartellbehörden nach Art. 7 Abs. 1 S. 2 und 3 VO 1/2003 und § 32 Abs. 2 GWB möglich ist, nach einem missbräuchlichen Verhalten alle Maßnahmen zu ergreifen, die zu einer wirksamen Abstellung der Zuwiderhandlung erforderlich sind. Darunter

---

698 BGH, Beschl. v. 28.06.2005 - KVR 17/04, WUW/E DE-R 1513 - *Stadtwerke Mainz*; BGH, Beschl. v. 3.7.1976 - KVR 4/75 - *Vitamin B12.*

699 BGH, Beschl. v. 21.2.1995 - KVR 4/94, NJW 1995, 1894, 1897 - *Weiterverteiler.*

700 BGH, Beschl. v. 21.2.1995 - KVR 4/94, NJW 1995, 1894, 1897 - *Weiterverteiler.*

701 BKartA, Beschl. v. 27.1.2009 - B 10-55/08, Rn. 20 - *Gasversorgungsbetriebe Cottbus;* zu § 29 GWB *Dorß* in: Loewenheim/Meessen/Riesenkampff, Kartellrecht, 2. Auflage, § 29 GWB, Rn. 19.

702 Zu § 29 GWB *Dorß* in: Loewenheim/Meessen/Riesenkampff, Kartellrecht, 2. Auflage, § 29 GWB, Rn. 19.

fallen sowohl positive als auch negative Tenorierungen.[703] Die Behörden haben bei Aufdeckung eines Missbrauchsfalls also einen weiten Spielraum, Verfügungen zu erlassen. So können sie auch Maßnahmen erlassen, die nicht nur ein aktuelles missbräuchliches Verhalten beenden, sondern auch solche, die ebenfalls ein zukünftiges Zuwiderhandeln unwahrscheinlich werden lassen. Zu denken ist dabei auch an strukturelle Maßnahmen.[704] Strukturelle Maßnahmen wären also auch möglich, sollte nur ein einziger Verstoß nachgewiesen werden, sodass ein Vorgehen selbst gegen nur einen Verstoß sinnvoll wäre.

(3) Kriterien einer ex post-*Preishöhenkontrolle*

Nachdem dargelegt wurde, dass eine Preishöhenkontrolle unter bestimmten Umständen durchaus sinnvoll und für die Konsumentenwohlfahrt nützlich sein dürfte, soll nun untersucht werden, welche konkreten Umstände eine Kontrolle rechtfertigen können. Nachdem kurz die Schutzziele des Verbots des Ausbeutungsmissbrauchs erörtert wurden, sollen unter Berücksichtigung dieser Ziele Kriterien aufgezeigt werden, anhand derer bewertet werden kann, ob eine Preishöhenkontrolle auf einem speziellen Markt sinnvoll ist.

(a) Schutzziele des Verbots des Ausbeutungsmissbrauchs

Um beantworten zu können, unter welchen Voraussetzungen eine Preishöhenkontrolle im Rahmen des Missbrauchsverbots stattfinden sollte, ist insbesondere die Berücksichtigung des Zwecks des Verbots des Ausbeutungsmissbrauchs entscheidend.

Das Missbrauchsverbot besitzt als Teil des Europäischen und nationalen Wettbewerbsrechts den übergeordneten Zweck, das System eines unverfälschten Wettbewerbs zu gewährleisten. Auf europäischer Ebene ergibt sich dies aus dem in Protokoll Nr. 27 genannten Ziel.[705] Die wohl herrschende Meinung geht aber davon aus, dass das Missbrauchsverbot noch andere eigenständige Ziele und damit mehrere Schutzrichtungen besitzt, unter anderem der Schutz der Verbraucher- bzw. Konsumentenwohlfahrt. Insbesondere zeigen die Regelbeispiele

---

703 BReg., Entwurf eines Siebten Gesetzes zur Änderung des Gesetzes gegen Wettbewerbsbeschränkungen, BT-Drucks 15/3640, S. 33; *Emmerich* in: Immenga/Mestmäcker, Wettbewerbsrecht, § 32 GWB, Rn. 28.

704 *Ritter* in: Immenga/Mestmäcker, EU-Wettbewerbsrecht, Art. 7 VO 1/2003, Rn. 43ff.

705 *Saria* in: Liebscher/Flohr/Petsche, Handbuch der EU-Gruppenfreistellungsverordnungen, § 1 Rn. 10.

aus Art. 102 lit. a) und c) AEUV und § 19 Abs. 2 GWB, dass ein Zweck in dem Schutz der Marktgegenseite vor marktbeherrschenden Unternehmen besteht.[706]

Wie oben bereits erörtert wurde, geht ferner mit dem stärker auswirkungsbasierten Ansatz eine gewisse Veränderung der Zielsetzung der Wettbewerbspolitik einher. Die Missbrauchskontrolle soll danach vor allem eine Förderung der Konsumentenwohlfahrt bewirken und weniger dem bloßen Schutz von Wettbewerbsstrukturen dienen.[707] Die Europäische Kommission schreibt in ihrer Prioritätenmitteilung zum Ausbeutungsmissbrauch Folgendes: „Unmittelbar verbraucherschädigendes Verhalten (z. B. unverhältnismäßig hohe Preise oder Verhaltensweisen, die die Bemühungen um einen integrierten Binnenmarkt untergraben) verstößt ebenfalls gegen Artikel 82. Die Europäische Kommission kann entscheiden, im Falle eines solchen Verhaltens tätig zu werden, und zwar insbesondere dann, wenn der Schutz der Verbraucher und das reibungslose Funktionieren des Binnenmarktes ansonsten nicht angemessen gewährleistet werden können.“[708]

An den genannten Zielen sollte sich die Diskussion orientieren, unter welchen Umständen eine *ex post*-Preishöhenkontrolle angezeigt ist.

(b) Notwendigkeit konkreter Kriterien

Es wird häufig vertreten, dass die Preiskontrolle lediglich als „Notbehelf“ gesehen werden· und sie nur in krassen Ausnahmefällen Anwendung finden sollte.[709] So wird gefordert, dass sie nur auf solche Märkte Anwendung finden dürfe, auf welchen die Marktstruktur bereits so gestört ist, dass man nicht mehr auf die Selbstheilungskräfte des Marktes vertrauen kann.[710] Solche Ausnahmefälle

706 *Fuchs/Möschel* in: Immenga/Mestmäcker, EU-Wettbewerbsrecht, Art. 102 AEUV, Rn. 3f.; *Weiser*, Preismissbrauch nach Artikel 86 EWG-Vertrag, S. 73ff.; Prioritätenmitteilung; *Eilmansberger/Bien* in: MüKo, Europäisches Wettbewerbsrecht, Art. 102 AEUV, Rn. 5; dagegen *Saria* in: Liebscher/Flohr/Petsche, Handbuch der EU-Gruppenfreistellungsverordnungen, § 1 Rn. 12.

707 *Fuchs/Möschel* in: Immenga/Mestmäcker, EU-Wettbewerbsrecht, Art. 102 AEUV, Rn. 9ff.

708 Prioritätenmitteilung, ABl. 2009 C-45/7, S. 7-20, Rn. 7.

709 U.a. *Fuchs/Möschel* in: Immenga/Mestmäcker, Wettbewerbsrecht, § 19 GWB, Rn. 250; *Fuchs/Möschel* in: Immenga/Mestmäcker, EU-Wettbewerbsrecht, Art. 102 AEUV, Rn. 169; *Möschel*, Der Oligopolmissbrauch im Recht der Wettbewerbsbeschränkungen S. 158ff.

710 *Möschel*, BB 1976, 49, 53; *Fuchs/Möschel* in: Immenga/Mestmäcker, EU-Wettbewerbsrecht, Art. 102 AEUV, Rn. 171; *Emmerich* in: Dauses/Ludwigs,

werden bei Vorliegen natürlicher Monopole oder Monopole, die durch staatliche Regulierung abgesichert sind, angenommen.[711]

Einer solchen enge Ansicht kann aber nicht gefolgt werden. Sicherlich würde eine Missbrauchskontrolle, die generell bei Preisen über den Grenzkosten einschreitet, zu weit gehen und die für den Wettbewerb positiven Effekte freier Preissetzung übersehen. Auf der anderen Seite darf aber eine Preishöhenkontrolle aufgrund der oben genannten möglichen positiven Auswirkungen nicht nur in absoluten Ausnahme- und Extremfällen stattfinden. Es muss ein Mittelweg bei der Anwendung der Preishöhenaufsicht gefunden werden, der den Umständen Rechnung trägt, dass überhöhte Preise sowohl positive als auch negative Auswirkungen auf die Wettbewerbsverhältnisse auf einem Markt sowie die Konsumentenwohlfahrt besitzen können und dass, zumindest aus Behördensicht, eine zunehmende Ausrichtung des Kartellrechts am Konsumentenschutz stattfindet.[712]

Eine Missbrauchsaufsicht sollte daher immer dann stattfinden, wenn die überhöhten Preise einen im Saldo negativen Effekt auf die Konsumentenwohlfahrt ausüben.[713] Dabei sind primär die langfristigen Effekte zu berücksichtigen, da solche schwerer wiegen als kurzfristige negative Auswirkungen.[714] Eine generelle Aussage lässt sich gerade nicht treffen, sondern es muss eine Beurteilung der tatsächlichen oder zumindest wahrscheinlichen Effekte auf den Wettbewerb im Einzelfall ohne bloßes Heranziehen von allgemeinen Erfahrungssätzen stattfinden (*effects-based analysis* statt *form-based analysis*)[715]. Dieser effektorientierte Ansatz würde einen Mittelweg darstellen und zugleich am Schutz der Konsumentenwohlfahrt orientiert sein.

Ein solcher effektorientierter Ansatz bringt aber eine erhöhte Rechtsunsicherheit, eine größere Fehleranfälligkeit, eine erhöhte Einflussnahmemöglichkeit

---

EU-Wirtschaftsrecht, H.I. § 3, Rn. 65; *Mestmäcker/Schweitzer*, Europäisches Wettbewerbsrecht, § 18, Rn. 2.

711 U.a. *Fuchs/Möschel* in: Immenga/Mestmäcker, Wettbewerbsrecht, § 19 GWB, Rn. 251.

712 Vgl. *Höft*, Die Kontrolle des Ausbeutungsmissbrauchs im Recht der Wettbewerbsbeschränkungen, S. 103.

713 Vgl. *Höft*, Die Kontrolle des Ausbeutungsmissbrauchs im Recht der Wettbewerbsbeschränkungen, S. 104, der an einen negativen Effekt auf die volkswirtschaftliche Wohlfahrt anknüpft.

714 *Faull/Nikpay*, The EC Law of Competition, Chapter 1, Rn. 1.118; *Höft*, Die Kontrolle des Ausbeutungsmissbrauchs im Recht der Wettbewerbsbeschränkungen, S. 218f.

715 *Fuchs/Möschel* in: Immenga/Mestmäcker, EU-Wettbewerbsrecht, Art. 102 AEUV, Rn. 9.

von Dritten sowie höhere Regulierungskosten mit sich.[716] Aus diesen Gründen ist es notwendig, Kriterien im Rahmen eines effektorientierten Ansatzes aufzustellen, die diese nicht gewollten Nebeneffekte begrenzen. Dabei werden vor allem bestimmte Marktumstände und Marktstrukturen in den Blick genommen, bei deren Vorliegen langfristig ein negativer Effekt auf die Konsumentenwohlfahrt und Effizienz erwartet und daher eine Preisaufsicht begrüßt wird.

(c) Bisher aufgestellte relevante Kriterien

Zunächst wird weitestgehend einheitlich gefordert, dass eine Preisaufsicht nur auf Märkten mit hohen und nichttransitorischen Marktzutrittsschranken und einer damit einhergehenden relativen Stabilität der Marktbeherrschung stattfinden sollte.[717]

Des Weiteren wird vertreten, dass solche Unternehmen von der Preisaufsicht ausgenommen werden sollten, deren beherrschende Stellung auf eigener Leistung, insbesondere der Eingehung von Risiken und Innovationen beruht.[718] Damit solle verhindert werden, dass die Unternehmen nicht mehr für vorgenommene Innovationen mit höheren Umsätzen belohnt werden und damit ein Anreiz für Innovationen wegfällt.[719]

Viele bewerten ein stabiles sowie zugleich hohes Preisniveau auf einem Markt, der sich bereits in einem fortgeschrittenem Entwicklungsstadium befindet, als Indiz für einen Preishöhenmissbrauch und halten es damit für ein weiteres Kriterium zur Anwendung der Ausbeutungskontrolle.[720]

---

716 Siehe dazu ausführlich *Höft*, Die Kontrolle des Ausbeutungsmissbrauchs im Recht der Wettbewerbsbeschränkungen, S. 106ff.

717 So *Motta/de Streel* in: Ehlermann/Atanasiu, European Competition Law Annual 2003, 91, 109-112; *O´Donoghue/Padilla*, The Law and Economics of Art. 102 AEUV, S. 638; *Röller*, Exploitative conduct in: Ehlermann/Marquis, European Competition Law Annual 2007, S. 525, 528ff.; *Paulis* in: Ehlermann/Marquis, European Competition Law Annual 2007, Article 82 and exploitative conduct, 515, 522; *Höft*, Die Kontrolle des Ausbeutungsmissbrauchs im Recht der Wettbewerbsbeschränkungen, S. 122.

718 *Röller* in: Ehlermann/Marquis, European Competition Law Annual 2007, S. 525, 528-530; *Motta/de Streel*, Konkurrensverket (*Swedish* Competition Authority), 2007, 14, 24.

719 *Motta/de Streel*, Konkurrensverket (Swedish Competition Authority), 2007, 14, 24; *Höft*, Die Kontrolle des Ausbeutungsmissbrauchs im Recht der Wettbewerbsbeschränkungen, S. 127.

720 BKartA TB 1981/1982, BT-Drs. 10/243; OFT, Assessment of Conduct: Draft competition law guideline for consultation (2004), Rn. 2.20, abrufbar unter: https://web archive.nationalarchives.gov.uk/20131101172401/http://oft.gov.uk/shared_oft/busine

Eine Preisaufsicht im Rahmen des Missbrauchsverbots soll nach zahlreichen Stimmen in der Literatur zudem nur dann stattfinden, wenn keine sektorspezifische Entgeltregulierung vorgesehen ist, denn so werden Doppelzuständigkeiten von Kartell- und Regulierungsbehörden ausgeschlossen.[721]

(d) Stellungnahme

Es ist zuzustimmen, dass hohe sowie nichttransitorischen Marktzutrittsschranken und eine damit einhergehende relative Stabilität der Marktbeherrschung relevante Kriterien sein sollten. Mit diesen wird ausgeschlossen, dass die Selbstheilungskräfte des Wettbewerbs in absehbarer Zeit selbst eine Preissenkung ohne jegliches staatliche Eingreifen herbeiführen würden und es damit zu Fehlern Zweiter Art kommen würde.[722] Es sollten aber nicht nur Märkte mit gesetzlichen Marktzutrittsschranken der Preisaufsicht unterliegen, sondern auch solche, auf denen ein Marktzutritt faktisch nicht möglich bzw. erheblich erschwert ist. Auch auf diesen Märkten ist eine Selbstheilung in absehbarer Zeit häufig nicht zu erwarten.[723]

Zudem erscheint es auf den ersten Blick nachvollziehbar, solche Unternehmen von der Preisaufsicht auszunehmen, deren beherrschende Stellung auf eigener Leistung beruht. Dies darf aber nicht dazu führen, dass generell alle Unternehmen, welche ihre marktbeherrschende Stellung aufgrund von Innovationen und Leistungsvorsprüngen erhalten haben, dauerhaft von der Preiskontrolle auszunehmen sind. Denn bei einer dauerhaften Monopolstellung ist zu erwarten, dass Entwicklung und Innovation gehemmt werden und das Unternehmen den Prozess zu seinen Gunsten beeinflusst (sogenannter *replacement effect*).[724]

---

ss_leaflets/competition_law/oft414a.pdf; *Höft*, Die Kontrolle des Ausbeutungsmissbrauchs im Recht der Wettbewerbsbeschränkungen, S. 129f.

721 *Motta/de Streel*, Konkurrensverket (Swedish Competition Authority), 2007, 14, 27f.; *Motta/ de Streel* in: Ehlermann/Atanasiu, European Competition Law Annual 2003, 91, 111f.; *Röller* in: Ehlermann/Marquis, European Competition Law Annual 2007, S. 525, 530f; *Höft*, Die Kontrolle des Ausbeutungsmissbrauchs im Recht der Wettbewerbsbeschränkungen, S. 127.

722 *Höft*, Die Kontrolle des Ausbeutungsmissbrauchs im Recht der Wettbewerbsbeschränkungen, S. 123; im Ergebnis auch *Evans/Padilla*, J.Comp.L. & Econ. 2005, 97.

723 Vgl. *Höft*, Die Kontrolle des Ausbeutungsmissbrauchs im Recht der Wettbewerbsbeschränkungen, S. 124.

724 Komm. (GD Wettbewerb), Glossar der Wettbewerbspolitik der EU (2002), S. 10 abrufbar unter: https://op.europa.eu/en/publication-detail/-/publication/c477c511-4dce-4d6d-bcdf-ebc2a27007bb/language-en; *Höft*, Die Kontrolle des Ausbeutungsmissbrauchs im Recht der Wettbewerbsbeschränkungen, S. 72ff., 128.

Entscheidend sollte daher sein, ob auf einem Markt noch Innovationen durch ein Unternehmen zu erwarten sind. Hohe Marktzutrittsschranken aber auch weitere Faktoren wie der Wettbewerbsdruck auf dem Markt im Allgemeinen sowie das Entwicklungspotential des Marktes müssen Beachtung finden.[725] Mit diesem Ansatz bleibt der Anreiz zur Innovation und zur Leistung erhalten und es wird gewährleistet, dass sich die Unternehmen nicht auf ihrer einmal durch Leistung erworbenen Stellung ausruhen und dies zur Rechtfertigung erhöhter Preise vorbringen. Das zweite Kriterium für die Vornahme einer Preisaufsicht sollte daher bereits erfolgte Innovationen sowie die geringe Wahrscheinlichkeit von zukünftigen Innovationen sein.

Ein stabiles und hohes Preisniveau ist allein kein geeignetes Kriterium, um zu bestimmen, unter welchen Voraussetzungen eine Preishöhenkontrolle stattfinden sollte. Ein solches Preisniveau spricht zwar für einen Preishöhenmissbrauch. Aber ob ein überhöhtes Preisniveau und damit ein Missbrauch vorliegen, sollte erst auf Tatbestandsebene relevant werden. Allerdings kann es im Fall eines Marktes, der sich in einem fortgeschrittenen Entwicklungsstadium befindet, durchaus ein zusätzliches Kriterium sein, um zu bestimmen, ob die Preishöhenkontrolle auf einen bestimmten Markt Anwendung finden sollte. Auf einem weit entwickelten Markt ist grundsätzlich ein reger Preiswettbewerb zu erwarten, da sich die Marktbedingungen sukzessive stabilisieren, sodass eine Steigerung der Produktionsmenge und Innovationswettbewerb nur noch eingeschränkt möglich sind. Ist unter solchen Marktumständen ein stabiles und hohes Preisniveau eines marktbeherrschenden Unternehmens zu beobachten, liegt ein Missbrauch nahe.[726] Allerdings sollte ein stabiles Preisniveau nicht unbedingte Voraussetzung für eine Preishöhenkontrolle sein, da in einem oligopolistischen Marktumfeld mit hoher Reaktionsverbundenheit nicht zwangsläufig ein stabiles, aber oftmals ein überhöhtes Preisniveau zu beobachten ist.[727]

Es ist sinnvoll, solche Bereiche auszunehmen, auf denen eine sektorspezifische Entgeltregulierung besteht, um klare Zuständigkeiten zu schaffen. Das Fehlen struktureller Eingriffsmöglichkeiten muss hingegen nicht immer Voraussetzung für eine Preisaufsicht sein, denn Strukturmaßnahmen müssen nicht immer einen schwächeren Eingriff für die Unternehmen im Vergleich zu einer

---

725 *Höft*, Die Kontrolle des Ausbeutungsmissbrauchs im Recht der Wettbewerbsbeschränkungen, S. 128f.

726 *Höft*, Die Kontrolle des Ausbeutungsmissbrauchs im Recht der Wettbewerbsbeschränkungen, S. 129f.

727 Siehe dazu S. 29ff.

Preisaufsicht bedeuten, und eine verhaltensunabhängige Entflechtungsmöglichkeit besteht im deutschen und europäischen Recht noch nicht[728].[729]

Hohe und nichttransitorischen Marktzutrittsschranken und eine damit einhergehende relative Stabilität der Marktbeherrschung, bereits erfolgte Innovationen sowie die geringe Wahrscheinlichkeit von zukünftigen Innovationen, ein stabil hohes Preisniveau auf entwickelten Märkten sowie das Fehlen sektorspezifischer Entgeltregulierungen sollten daher grundsätzlich relevante Kriterien sein.

Liegen diese dargestellten kumulativen Kriterien vor, so sollte ein Einschreiten der Kartellbehörden im Rahmen des Missbrauchsverbots grundsätzlich stattfinden.[730] Damit würde dem effektorientierten Ansatz gerecht werden, der ein Eingreifen von den tatsächlich zu erwartenden Auswirkungen eines Missbrauchs abhängig machen möchte. Zugleich würden Anhaltspunkte für die Unternehmen und die Behörden für das Eingreifen der Preismissbrauchsaufsicht geschaffen und Regulierungskosten, Einflussnahmemöglichkeiten und Fehleranfälligkeit gesenkt werden.[731]

Abschließend lässt sich also feststellen, dass eine unmittelbare Preiskontrolle durch die Wettbewerbsbehörden Teil der Missbrauchskontrolle ist und ein Eingriff stattfinden sollte, wenn dies sich auch auf längere Zeit im Einzelfall für die Konsumentenwohlfahrt positiv auswirkt. Dies wäre zumindest die logische Konsequenz eines stärker auswirkungsbasierten Ansatzes. Es lässt sich keine generelle Aussage dazu treffen, ob diese Kriterien auf einem Oligopolmarkt vorliegen, auf dem implizite Kollusion stattfindet. In der Tendenz werden auf solchen Märkten aber hohe Marktzutrittsschranken und damit eine gewisse Stabilität der Marktmacht bestehen, sodass dieses Kriterium bereits häufig erfüllt sein dürfte.[732]

---

728 Siehe zur Diskussion über eine verstoßunabhängige Entflechtung S. 215ff.

729 *Höft*, Die Kontrolle des Ausbeutungsmissbrauchs im Recht der Wettbewerbsbeschränkungen, S. 130ff.; anders *Motta/de Streel* in: Ehlermann/Atanasiu, European Competition Law Annual 2003, 91, 111; *Röller* in: Ehlermann/Marquis, European Competition Law Annual 2007, S. 525, 530f.; *Fletcher/Jardine* in: Ehlermann/Marquis, European Competition Law Annual 2007, S. 533, 544.

730 Vgl. *Höft*, Die Kontrolle des Ausbeutungsmissbrauchs im Recht der Wettbewerbsbeschränkungen, S. 133f.

731 Vgl. *Höft*, Die Kontrolle des Ausbeutungsmissbrauchs im Recht der Wettbewerbsbeschränkungen, S. 120.

732 *Schuchmann*, Die Behandlung von tacit collusion im europäischen und deutschen Kartellrecht, S. 171.

dd) Die Bestimmung überhöhter Preise

(1) Allgemeines zur Bestimmung überhöhter Preise

Weder das europäische noch das deutsche Kartellrecht geben umfassende Hinweise dazu, wie die Wettbewerbsbehörden die Missbräuchlichkeit eines geforderten Entgelts feststellen sollen.

Art. 102 Abs. 2 lit.) b AEUV spricht dagegen nur von unangemessenen Preisen. Für die Bestimmung einer Unangemessenheit stellt der EuGH häufig darauf ab, ob der geforderte oder der gezahlte Preis in keinem vertretbaren Verhältnis zu dem wirtschaftlichen Wert der Leistung des beherrschenden Unternehmens oder des anderen Teils steht.[733] Missbräuchlich sind Preise allerdings erst dann, wenn sie stark überhöht[734] oder eindeutig überhöht[735] sind.[736]

Im deutschen Recht liefert § 19 Abs. 2 Nr. 2 GWB einen schwachen Hinweis, indem vorgegeben wird, dass „insbesondere die Verhaltensweisen von Unternehmen auf vergleichbaren Märkten mit wirksamem Wettbewerb zu berücksichtigen [sind]".

Es ergeben sich also erhebliche Schwierigkeiten bei der Bestimmung, unter welchen Voraussetzungen ein Preis als missbräuchlich überhöht zu bewerten ist. Daher wurden mehrere Konzepte entwickelte, die eine Bestimmung möglich machen sollen.

Das erste Konzept ist das Konzept des Als-ob-Wettbewerbs bzw. das Vergleichsmarktkonzept. Dieses sieht einen Vergleich zwischen dem tatsächlich erhobenen Preis und dem durchsetzbaren Preis bei hypothetisch wirksamem Wettbewerb vor. Es findet also eine Orientierung an Verhaltensweisen statt, wie sie bei Vorherrschen von Wettbewerb auf vergleichbaren Märkten typisch sind.[737] Den Maßstab bildet damit der hypothetische Wettbewerb.[738] Anhaltspunkte für diesen werden Vergleichsmärkten entnommen, auf welchen sich

---

733 So z.B. EuGH, Urt. v. 14.2.1978, Rs. 27/76 - Slg. 1978, 207, Rn. 250 - *United Brands;* EuGH, Urt. v. 5.10.1994, Rs. C-323/93 - Slg. 1994, I/5097, Rn. 25 - *La Crespelle*; EuGH, Urt. v. 17.7.1997, Rs. C-242/96 - Slg. 1997, I/4453, Rn. 39; *Emmerich* in: Dauses/Ludwigs, EU-Wirtschaftsrecht, H.I. § 3, Rn. 68.

734 EuGH, Urt. v. 13.11.1975, Rs. 26/75 - Slg. 1975, 1367, Rn. 15f. - *General Motors.*

735 Komm., Entsch. 84/379/EWG, ABl. 1984 L 207, 11, Rn. 28 - *British Leyland.*

736 *Deselaers* in: Grabitz/Hilf/Nettesheim, Das Recht der Europäischen Union, Art. 102 AEUV, Rn. 396.

737 *Möschel*, JZ 1975, 393, 395.

738 *Loewenheim* in: Loewenheim/Meessen/Riesenkampff/Kersting/Meyer-Lindemann, Kartellrecht, 3. Auflage, § 19 GWB, Rn. 69ff.

die Preisbildung idealerweise auf Basis von Wettbewerb vollzieht.[739] Auch der EuGH hat sich in einigen Urteilen dieses Vergleichsmarktkonzepts zur Bestimmung unangemessener Preise bedient.[740] Unterschieden wird zwischen räumlichem, sachlichem und zeitlichem Vergleichsmarktkonzept, je nachdem welche Preise als Vergleichsmaßstab dienen sollen.[741]

Werden dagegen Kosten als Vergleichsmaßstab herangezogen, so spricht man von dem Konzept der Gewinnbegrenzung[742], welches vom EuGH[743] und dem Bundeskartellamt[744] in früheren Entscheidungen angewendet und auch von der Europäischen Kommission anerkannt wurde[745].[746] Dieses knüpft an die Traditionen der Scholastik und an die Lehre des *iustum pretium* an. Es basiert auf den Ideen von, unter anderem, angemessenen Kosten, angemessener Verzinsung des eingesetzten Kapitals sowie eines angemessenen Risikozuschlags.[747] Dieses Konzept soll theoretisch neben dem Vergleichsmarktkonzept angewendet werden können.[748]

---

739 *Möschel*, JZ 1975, 393, 395f.; *Schröter/Bartl* in: Groeben, von der/Schwarze/Hatje, Europäisches Unionsrecht, Art. 102 AEUV, Rn. 197; *Weiser*, Preismissbrauch nach Artikel 86 EWG-Vertrag, S. 44f.

740 Z.B. EuGH, Urt. v. 4.5.1988, Rs. 30/87 - Slg. 1988, 2479, Rn. 31ff. - *Bodson*; EuGH, Urt. v. 13.7.1989, Rs. 395, 87 -Slg. 1989, 2511, Rn. 34ff. - *Tournier*; EuGH, Urt. v. 13.7.1989, Rs. 110, 241, 242/88 - Slg. 1989, 2811 - *Lucazeau*; *Emmerich* in: Dauses/Ludwigs, EU-Wirtschaftsrecht, H.I. § 3, Rn. 71.

741 U.a. *Schröter/Bartl* in: Groeben, von der/Schwarze/Hatje, Europäisches Unionsrecht, Art. 102 AEUV, Rn. 198; *Emmerich* in: Dauses/Ludwigs, EU-Wirtschaftsrecht, H.I. § 3, Rn. 70.

742 *Huttenlauch/Lübbig* in: Loewenheim/Meessen/Riesenkampff/Kersting/Meyer-Lindemann, Kartellrecht, 3. Auflage, Art. 102 AEUV, Rn. 184ff.; *Wiedemann* in: Wiedemann, Kartellrecht, § 23, Rn. 200.

743 Grdlg. EuGH, Urt. v. 14.2.1978, Rs. 27/76 - Slg. 1978, 207, Rn. 235ff. - *United Brands*; EuGH, Urt. v. 11.4.1989, C-66/86 - Slg. 1989, 803, Rn. 43 - *Ahmed Seed.*

744 BKartA, v. 14. 2. 2003, B11 - 45/01 WuW/E DE-V 722, 725ff. - *TEAG.*

745 Z.B. Komm., Entsch. v. 19.12.1974, Rs. IV/28.851, ABl. 1975 L 29/14, Rn. 8 - *General Motors.*

746 Befürworter in der Wissenschaft u.a.: *Knöpfle*, BB 1975, 1607, 1608 mit einer Liste von Befürwortern in Fn. 10; *Knöpfle*, BB 1979, 1101f.

747 *Möschel*, NJW 1975, 753, 755; *Fuchs/Möschel* in: Immenga/Mestmäcker, Wettbewerbsrecht, § 19 GWB, Rn. 262.

748 U.a. KG, urt. v. 8.11.1999, Kart.19/90 - WUW 1991, 235 - *Hamburger Benzinpreise; Götting* in: Loewenheim/Meessen/Riesenkampff, Kartellrecht, 2. Auflage, § 19 GWB, Rn. 74, 80.

Eine dritte Möglichkeit zur Bestimmung überhöhter Preise stellt das Gewinnvergleichskonzept dar. Dabei findet ein Vergleich des vom Unternehmen selbst erwirtschafteten Gewinns mit dem Gewinn, den Wettbewerber oder das Unternehmen selbst auf dem gleichen oder einem anderen sachlich bzw. räumlich relevanten Markt erzielen können statt.[749] Auf EU-Ebene spielt dieses Konzept bisher jedoch keine bedeutende Rolle.[750]

Alle drei Konzepte bringen Schwierigkeiten bei der Anwendung mit sich, wie nachfolgend erläutert wird.

(2) Anwendungsschwierigkeiten beim Gewinnbegrenzungskonzept

Das Gewinnbegrenzungskonzept lässt sich ohne objektive Leitlinien zur Gewinn- und Kostenermittlung nur schwer handhaben, da dieses auf einer Feststellung angemessener Kosten und Verzinsung, angemessenem Kapitaleinsatz und angemessener Risikozuschläge basiert.[751] Eine Überprüfung des Gesamtverhaltens der Unternehmen anhand von statischen Leitlinien ist schwerlich kompatibel mit der punktuellen Missbrauchskontrolle der bestehenden Wettbewerbsordnung.[752] Eine exakte Ermittlung von Kosten bringt außerdem große Schwierigkeiten mit sich.[753] So setzt die Bestimmung der Kosten und nachfolgend eines angemessenen Gewinns überaus detaillierte Kenntnisse über den Markt und dessen Entwicklungen voraus und die Unternehmen können z.B. auch ineffiziente Kostenaufwendungen in Ansatz bringen[754] oder Kosten gar manipulieren[755]. Es sind anerkannte Regeln zur Kosten- und Gewinnermittlung notwendig.[756] Darüber hinaus gibt es keine Anhaltspunkte dafür, unter welchen

749 *Eilmansberger/Bien* in: MüKo, Europäisches Wettbewerbsrecht, Art. 102 AEUV, Rn. 232.

750 *Eilmansberger/Bien* in: MüKo, Europäisches Wettbewerbsrecht, Art. 102 AEUV, Rn. 233.

751 *Fuchs/Möschel* in: Immenga/Mestmäcker, Wettbewerbsrecht, § 19 GWB, Rn. 262.

752 *Fuchs/Möschel* in: Immenga/Mestmäcker, Wettbewerbsrecht, § 19 GWB, Rn. 262; *Jung* in: Grabitz/Hilf/Nettesheim, Recht der Europäischen Union, Art. 102 AEUV, Rn. 172.

753 *Emmerich* in: Dauses/Ludwigs, EU-Wirtschaftsrecht, H.I. § 3, Rn. 71; *Jung* in: Grabitz/Hilf/Nettesheim, Recht der Europäischen Union, Art. 102 AEUV, Rn. 172.

754 *Götting* in: Loewenheim/Meessen/Riesenkampff, Kartellrecht, 2. Auflage, § 19 Rn. 80; *Emmerich* in: Dauses/Ludwigs, EU-Wirtschaftsrecht, H.I. § 3, Rn. 71; u.a. BGH, Urt. v. 22.7.1999, KVR 12/98 - *Flugpreisspaltung*.

755 *Emmerich* in: Dauses/Ludwigs, EU-Wirtschaftsrecht, H.I. § 3, Rn. 71.

756 *Jung* in: Grabitz/Hilf/Nettesheim, Recht der Europäischen Union, Art. 102 AEUV, Rn. 172.

Voraussetzungen überhöhte Preise und damit eine zu große Gewinnmarge vorliegen. Dies ist von Markt zu Markt verschieden und auch innerhalb eines Marktes unterliegen die Gewinnspannen natürlichen Schwankungen.[757]

(3) Anwendungsschwierigkeiten beim Vergleichsmarktkonzept

Bei der Durchsetzung der Preismissbrauchskontrolle mithilfe des sachlichen, räumlichen oder zeitlichen Vergleichsmarktkonzepts ergeben sich ebenfalls praktische Probleme. Die Beweislast für eine Vergleichbarkeit zweier Märkte und der Tatsache, dass das Verhalten auf dem Vergleichsmarkt den Wettbewerbspreis indiziert, liegt grundsätzlich bei den Kartellbehörden.[758] Das Unternehmen kann vorbringen, dass eine Abweichung sachlich gerechtfertigt ist.[759] Wie noch erörtert wird, stellt diese Möglichkeit der Rechtfertigung insbesondere in einem engen Oligopol die Behörden vor Beweisprobleme. Des Weiteren wurde durch die Forderung nach einem Sicherheitszuschlag, um eventuelle Unsicherheiten auszugleichen, und der Forderung nach einer erheblichen Abweichung von dem Vergleichsverhalten eine Durchsetzung des Missbrauchsrechts gegen überhöhte Preise weiter erschwert.[760] Dennoch wird dieses Konzept häufig anstatt oder als Ergänzung zum Gewinnbegrenzungskonzept herangezogen.[761]

(4) Anwendungsschwierigkeiten beim Gewinnvergleichskonzept

Das Gewinnvergleichskonzept stellt die aufwendigste und komplizierteste Form der Angemessenheitsprüfung dar, die außerdem mit gesteigerten Unsicherheiten verbunden ist.[762] Es treten vergleichbare Probleme bei der Bestimmung der Kosten wie bei dem Gewinnbegrenzungskonzept auf, jedoch muss eine Kostenanalyse nicht nur hinsichtlich des betroffenen Unternehmens, sondern auch hinsichtlich eines Wettbewerbers stattfinden. Ferner bestehen vor allem bei der

---

757 *Emmerich* in: Dauses/Ludwigs, EU-Wirtschaftsrecht, H.I. § 3, Rn. 71.

758 *Körber* in: Immenga/Mestmäcker, Wettbewerbsrecht, § 29 GWB, Rn. 115.

759 *Wolf* in: MüKo, GWB, § 19, Rn. 125.

760 *Dorß* in: Loewenheim/Meessen/Riesenkampff, Kartellrecht, 2. Auflage, § 29 GWB, Rn. 2; *Bechtold/Bosch* in: Bechtold/Bosch, GWB - Kommentar, §29, Rn. 2.

761 *Eilmansberger/Bien* in: MüKo, Europäisches Wettbewerbsrecht, Art. 102 AEUV, Rn. 223.

762 *Eilmansberger/Bien* in: MüKo, Europäisches Wettbewerbsrecht, Art. 102 AEUV, Rn. 232.

Bestimmung der Kosten die zusätzlichen Schwierigkeiten, die allgemein bei Preisvergleichsmethoden wie dem Gewinnbegrenzungskonzept auftreten.[763]

d) Exemplarische Untersuchung eines möglichen Preishöhenmissbrauchs auf den Tankstellenmärkten zu Ferienzeiten

Diese Arbeit kann keine Untersuchung der konkreten Preise auf den Tankstellenmärkten vornehmen, denn die Feststellung eines tatsächlichen Preishöhenmissbrauchs würde das Sammeln einer Vielzahl an Informationen unter anderem über die Vergleichbarkeit mit anderen Produkten, die Marktverhältnisse auf anderen räumlichen Märkten und über die Rohstoffkosten sowie über weitere preisbildende Faktoren voraussetzen. Es ist aber offensichtlich, dass die Herausforderungen, denen sich die Behörden bei der Bestimmung möglicher überhöhter Preise gegenübersehen, auch bei einer Untersuchung der Preishöhen auf den Tankstellenmärkten bestünden.

Es soll daher zum Zwecke der Veranschaulichung sowie zur Darstellung der Argumente auf ein besonderes Phänomen bei der Preissetzung eingegangen werden, welches nicht nur auf den Tankstellenmärkten vorkommen kann.

Neben der generellen Feststellung im Rahmen der Sektoruntersuchung, dass die Kraftstoffpreise grundsätzlich über dem jeweiligen Wettbewerbspreis liegen[764], stellte das Bundeskartellamt zudem fest, dass auffällig oft Preiserhöhungen zu Ferienzeiten stattfanden.[765] Es besteht also nicht lediglich ein vermutlich generell überhöhtes Preisniveau, sondern es besteht zusätzlich ein zeitlicher Anknüpfungspunkt. Obwohl die Beobachtungen in den letzten Jahren eher darauf schließen lassen, dass kein Zusammenhang mehr zwischen Ferienzeiten und Preiserhöhungen besteht,[766] kann eine solche Korrelation immer wieder auftreten und ist auch auf anderen Märkten denkbar. Zudem stellt das Verhalten eine gute Möglichkeit dar, sich vertieft und anhand eines konkreten Beispiels mit dem zeitlichen Vergleichsmarktkonzept auseinanderzusetzen.

Daher soll nachfolgend, unter anderem anhand des zeitlichen Vergleichsmarktkonzepts überprüft werden, ob ein solches Verhalten unter das Verbot

763 *Eilmansberger/Bien* in: MüKo, Europäisches Wettbewerbsrecht, Art. 102 AEUV, Rn. 232.; siehe S. 167ff.

764 Bundeskartellamt, Sektoruntersuchung Kraftstoffe - Abschlussbericht Mai 2011, S. 27.

765 Bundeskartellamt, Sektoruntersuchung Kraftstoffe - Abschlussbericht Mai 2011, S. 112ff.

766 Markttransparenzstelle für Kraftstoffe (MTS-K), Jahresbericht 2017, 16.03.2018; siehe dazu S. 50.

überhöhter Preise fallen könnte. Zudem wird in diesem Zusammenhang ein Verstoß gegen das Verbot der Preisspaltung untersucht.

aa) Sinnhaftigkeit einer Preishöhenkontrolle auf den Tankstellenmärkten

Es stellt sich vorab die Frage, ob nach den oben dargestellten Kriterien überhaupt eine Preishöhenkontrolle auf den Tankstellenmärkten stattfinden sollte.

Das Vorliegen einer staatlichen Entgeltregulierung kann verneint werden, da die Preissetzung frei von staatlichen Vorgaben vorgenommen werden kann, sodass das erste Kriterium erfüllt ist. Auf den Tankstellenmärkten finden ferner wenig Produktinnovationen und -verbesserungen statt[767], sodass nicht davon ausgegangen werden kann, dass die Unternehmen ihre Markstellung durch eigene Kraft und Investitionen halten bzw. verbessern werden. Wie bereits im Rahmen der Marktbeherrschung der Oligopolisten erörtert, bestehen auf dem Markt zudem hohe Marktzutrittsschranken, die eine gewisse Stabilität der Marktbeherrschung gewährleisten, und die Oligopolisten besitzen zusammen einen hohen Marktanteil.[768] Zudem besteht ein Preisniveau, welches grundsätzlich über dem Niveau bei funktionierendem Wettbewerb liegt.[769] Obwohl die Preise auf den Tankstellenmärkten nicht stabil sind, sondern den oben beschriebenen Zyklen folgen, erscheint daher eine Preishöhenkontrolle sinnvoll. Die Preisänderungen sind, wie oben erläutert, wahrscheinlich gerade Ausdruck fehlenden Binnenwettbewerbs und damit fehlenden Preiswettbewerbs.[770]

Bei einem verfestigten Oligopol, wie es auf dem deutschen Tankstellenmarkt vorliegt, sind daher die aufgestellten Kriterien erfüllt, sodass eine Preishöhenkontrolle angebracht erscheint.[771]

bb) Bewertung anhand des zeitlichen Vergleichsmarktkonzepts

Das Bundeskartellamt ist auf einen eventuellen Missbrauch durch überhöhte Preise nicht eingegangen und stellte lediglich fest, dass die erhöhten Preise um die Osterzeit auf ein „gezieltes Preiserhöhungsverhalten der Mineralölunternehmen" zurückzuführen seien.[772] Es hätte jedoch nahegelegen, das Verlangen von verschiedenen

767 Bundeskartellamt, Sektoruntersuchung Kraftstoffe - Abschlussbericht Mai 2011, S. 22.

768 Bundeskartellamt, Sektoruntersuchung Kraftstoffe - Abschlussbericht Mai 2011, S. 50, 58.

769 Bundeskartellamt, Sektoruntersuchung Kraftstoffe - Abschlussbericht Mai 2011, S. 28.

770 Siehe Ausführungen auf S. 133ff.

771 So auch *Eilmansberger*, ÖBl 2008, 14, 20.

772 Bundeskartellamt, Sektoruntersuchung Kraftstoffe - Abschlussbericht Mai 2011, S. 113.

Preisen zu verschiedenen Zeiten anhand des zeitlichen Vergleichsmarktkonzepts auf einen möglichen Verstoß gegen das Missbrauchsverbot zu überprüfen.

(1) Bewertung anhand des ursprünglichen zeitlichen Vergleichsmarktkonzepts

Das ursprüngliche zeitliche Vergleichsmarktkonzept (sog. Sockeltheorie) vergleicht das zu bewertende Verhalten eines marktbeherrschenden Unternehmens auf dem relevanten Markt und das Verhalten desselben Unternehmens zu einem anderen Zeitpunkt auf demselben räumlichen und sachlichen Markt. Es fragt, ob unter Berücksichtigung der auf die Unternehmen zugekommenen unvermeidbaren Mehrkosten bei wirksamem Wettbewerb auf dem betreffenden Markt eine Preiserhöhung hätte durchgesetzt werden können.[773] Das heißt, ein Missbrauch liegt vor, wenn eine Preissteigerung zwischen dem Vergleichspreis (Sockelpreis) und dem zu bewertenden Preis nicht durch unvermeidbare Kostensteigerungen gerechtfertigt werden kann.[774] Zu den unvermeidbaren Mehrkosten gehören alle tatsächlichen Mehrkosten abzüglich insbesondere individueller Mehrkosten.[775]

Jedoch führt nicht bereits jede Überschreitung des „wettbewerbsanalogen" Preises zwangsläufig zu der Annahme eines Ausbeutungsmissbrauchs. Schon aus den Gesetzesmaterialien der 4. GWB-Novelle[776] und aus dem Grundsatz, dass jeder Rechtsmissbrauch eine erhebliche Abweichung von der Norm darstellen muss, folgt, dass eine erhebliche Überschreitung stattfinden muss.[777] In der Praxis wird eine Erheblichkeit bei einer Überschreitung von 5% bis 15% angenommen.[778] Daher

---

773 *Loewenheim* in: Loewenheim/Meessen/Riesenkampff/Kersting/Meyer-Lindemann, Kartellrecht, 3. Auflage, § 19 GWB, Rn. 73; *Fuchs/Möschel* in: Immenga/Mestmäcker, Wettbewerbsrecht, § 19 GWB, Rn. 272.

774 BKartA, Tätigkeitsbericht 1974, BT-Drs. 7/3791, S. 50; Monopolkommission, 1. Sondergutachten 1975, S. 34.

775 Monopolkommission, 1. Sondergutachten 1975, S. 34; *Weiser*, Preismissbrauch nach Artikel 86 EWG-Vertrag, S. 222.

776 Bericht des Ausschusses für Wirtschaft, WUW 1980, 366, 370.

777 U.a. BGH, Urt. v. 22.7.1999, KVR 12/98, Rn. 52 - *Flugpreisspaltung*; BGH, Beschl. v. 28.06.2005 - KVR 17/04, WUW/E DE-R 1513 - *Stadtwerke Mainz*; KG, 10.12.1990, Kart. 19/90 - WUW/E OLG 4640, 4644 - *Hamburger Benzinpreise*; *Bechtold/Bosch* in: Bechtold/Bosch, GWB - Kommentar, § 19, Rn. 61; *Wiedemann* in: Wiedemann, Kartellrecht, § 23, Rn. 204.

778 OLG Düsseldorf, Beschl. 11.02.2004, WuW/E DE-R 1239, 1246 - *Teag* (kein Missbrauch bei Abweichungen von unter 10%); BKartA, Tätigkeitsbericht 2001/2002, S.191 - *Lufthansa* (noch keine Erheblichkeit bei 9-11%); *Wiedemann* in: Wiedemann, Kartellrecht, § 23, Rn. 204.

ist ein Erheblichkeitszuschlag zu berücksichtigen, der aber von dem Sicherheitszuschlag, der mögliche Unsicherheiten bei der Ermittlung des Vergleichspreises ausgleichen soll[779], zu unterscheiden ist.[780]

Bewertet man das Preissetzungsverhalten der Mineralölkonzerne zu Ferienzeiten nach diesen Vorgaben, so läge die Annahme eines Missbrauchs nahe.

Die Preisanhebung könnte, wie dargestellt, allein durch unvermeidbare, strukturbedingte Mehrkosten gerechtfertigt werden. Das Bundeskartellamt ging nicht davon aus, dass im Ferienzeitraum grundsätzlich der Einkaufspreis steigt oder sonstige unvermeidbare Mehrkosten für die Mineralölunternehmen entstehen. So fand es bei einer exemplarischen Untersuchung des Regionalmarkts Köln keinen Zusammenhang zwischen einer Entwicklung der Großhandelspreise und den Kraftstoffpreisen[781]. Auch im Zusammenhang mit den Osterferien 2009 konnte das Bundeskartellamt erhebliche Preiserhöhungen feststellen, ohne dass dies mit gestiegenen Großhandelspreisen erklärbar war.[782] Eine Rechtfertigung der Mineralölkonzerne dürfte also kaum möglich sein. Signifikante Unterschiede zwischen den zeitlichen Märkten, die doch unmittelbar aufeinander folgen und oftmals nur durch Wochen oder gar Tage getrennt sind, dürften in der Mehrzahl der Fälle nicht bestehen, sodass Sicherheitszuschläge nur gering ausfallen dürften.

Zudem müsste eine erhebliche Überschreitung der Vergleichspreise durch die Preissetzung zu Ferienzeiten vorliegen. Dies wäre ebenso je nach Einzelfall zu bestimmen. Nimmt man zum Beispiel einen Netto-Vergleichspreis von 64,5 Cent für einen Liter Benzin an (Brutto-Preis ca. 1,60 Euro[783]), so müsste der zu untersuchende Preis für eine Überschreitung von 10% bei einem Nettopreis von 70,9 Cent liegen. Eine Preissteigerung in einem derartigen Umfang ist nach den

---

779 U.a. BGH 28.6.2005, KVR 17/04, WuW/E DE-R 1513/1517, Rn. 30 - *Stadtwerke Mainz*; *Loewenheim* in: Loewenheim/Meessen/Riesenkampff/Kersting/Meyer-Lindemann, Kartellrecht, 3. Auflage, § 19 Rn. 70; *Fuchs/Möschel* in: Immenga/Mestmäcker, Wettbewerbsrecht, § 19 GWB, Rn. 268; *Nothdurft* in Langen/Bunte, Deutsches Kartellrecht, § 19 GWB, Rn. 148, 152f.; *Bechtold/Bosch* in: Bechtold/Bosch, GWB - Kommentar, § 19, Rn. 59, 61.

780 BGH, Beschl. v. 28.06.2005 - KVR 17/04, WUW/E DE-R 1513, Rn. 38 - *Stadtwerke Mainz.*

781 Bundeskartellamt, Sektoruntersuchung Kraftstoffe - Abschlussbericht Mai 2011, S. 112.

782 Bundeskartellamt, Sektoruntersuchung Kraftstoffe - Abschlussbericht Mai 2011, S. 32.

783 Zurzeit sind pro Liter Benzin Energiesteuern von 65,45 Cent zu leisten. Hinzu kommt eine Mehrwertsteuer von 19%, die sich nach dem Verkaufspreis pro Liter richtet.

Beobachtungen des Bundeskartellamts zum Regionalmarkt Köln durchaus nicht selten[784] und entspricht auch der allgemeinen Erfahrung.

Nach dem ursprünglichen Modell des zeitlichen Vergleichsmarkts wäre das Vorliegen eines Missbrauchs also durchaus denkbar.

(2) Kritik am ursprünglichen Modell

Das auf den ersten Blick einfache Konzept des zeitlichen Vergleichsmarkts bringt aber zahlreiche Schwierigkeiten mit sich, die sich auch in dem hier untersuchten Fall der Preissetzung der Mineralölkonzerne zu Ferienzeiten zeigen. Heute gibt es zahlreiche Kritiker dieses Konzepts.[785] Insbesondere führt die Ermittlung eines Vergleichsmaßstabes zu zahlreichen Problemen.

(a) Gefahr eines missbräuchlich überhöhten Ausgangspreises

Es findet keine Überprüfung des Ausgangspreises (Sockelpreises) nach wettbewerblichen Aspekten statt. Stattdessen wird angenommen, dass das frühere Verhalten auf einem Wettbewerbsmarkt geschah, das heißt, dass das Unternehmen noch keine marktbeherrschende Stellung innehatte und es sich daher ursprünglich um einen Wettbewerbspreis gehandelt hat.[786] Die Preiserhöhungen werden also nicht unter dem Gesichtspunkt überprüft, ob sie auch bei wirksamem Wettbewerb durchsetzbar gewesen wären, denn bereits der Ausgangspreis könnte missbräuchlich gewesen sein. Dies führt nicht nur zu einer Abweichung von der in § 19 Abs. 2 Nr. 2 GWB aufgestellten Voraussetzung, dass ein Preis gegeben sein muss, der sich bei wirksamem Wettbewerb nicht ergeben hätte, sondern es entstehen auch Unzuverlässigkeiten bei der Bestimmung, ob ein missbräuchlicher Preis vorliegt. So wird die bereits vorhandene Missbrauchsspanne nicht von der Missbrauchsaufsicht erfasst, wenn der Sockelpreis über

---

784 Bundeskartellamt, Sektoruntersuchung Kraftstoffe - Abschlussbericht Mai 2011, S. 112f.

785 *Emmerich* in: Dauses/Ludwigs, EU-Wirtschaftsrecht, H.I. § 3, Rn. 70; *Loewenheim* in: Loewenheim/Meessen/Riesenkampff/Kersting/Meyer-Lindemann, Kartellrecht, 3. Auflage, § 19 Rn. 73; *Albach*, Als-Ob-Konzept und zeitlicher Vergleichsmarkt, S. 9; Grundsätzlich *Möschel*, JZ 1975, 393; *Möschel*, NJW 1975, 753, 756; *Fuchs/Möschel* in: Immenga/Mestmäcker, Wettbewerbsrecht, § 19 GWB, Rn. 272.

786 Z.B. BKartA, Tätigkeitsbericht 1967, BT-Drs. V/2841, S. 41f. 12ff.; BKartA, Tätigkeitsbericht 1974, BT-Drs. 7/3791, S. 42ff.; Monopolkommission, 1. Sondergutachten 1975, S. 34; *Weiser*, Preismissbrauch nach Artikel 86 EWG-Vertrag, S. 222; *Fuchs/Möschel* in: Immenga/Mestmäcker, Wettbewerbsrecht, § 19 GWB, Rn. 272.

dem wettbewerbsanalogen Preis liegt.[787] Es besteht die Gefahr, dass ein Missbrauch abgelehnt wird, da der Unterschied zwischen Ausgangspreis und dem zu untersuchenden Preis zu gering ist, obwohl schon der Ausgangspreis und somit auch der zu untersuchende Preis missbräuchlich sind.

(b) Gefahr eines zu niedrigen Ausgangspreises

Ernsthafte Komplikationen ergeben sich außerdem, wenn der Vergleichspreis unter dem bei Wettbewerb zu erwartenden Preis oder zumindest im unteren Bereich der zu erwartenden Preise liegt. Es würde dann schnell ein überhöhter Preis angenommen werden können und es bestünde die Gefahr, dass ein Unternehmen, das zum Zeitpunkt des Sockelpreises unter Selbstkosten angeboten hat, dazu gezwungen wird, in Zukunft nur noch mit Verlusten anzubieten.[788] Ebenso besteht eine Gefahr für das marktbeherrschende Unternehmen, sollte es zum Zeitpunkt des Sockelpreises notwendige Investitionen aufgeschoben haben oder keinen bzw. nur einen sehr geringen Gewinn zu diesem Zeitpunkt eingeplant haben.[789] Zudem könnte die Festlegung des aktuellen Wettbewerbspreises zu gering ausfallen. Damit bestünde die Gefahr, dass kleinere Unternehmen mit diesem nun von dem marktbeherrschenden Unternehmen geforderten Preis nicht mithalten können und vom Markt verdrängt würden. Insgesamt könnte es also zu einer Beeinträchtigung des Wettbewerbs kommen.[790]

(c) Außerachtlassung preisbildender Faktoren

Im Rahmen des ursprünglichen zeitlichen Vergleichsmarktkonzepts werden zudem verschiedene preisbildende Faktoren außer Acht gelassen, was ebenfalls zu einer Ungenauigkeit bei der Bestimmung eines „angemessenen“ Preises und damit eines missbräuchlichen Verhaltens führen kann. So wird z.B. der Faktor der Nachfrageintensität nicht mitberücksichtigt, sondern allein auf die unumgänglichen Kostensteigerungen abgestellt. Die Nachfragesituation ist aber einer der wichtigsten Faktoren, die in einer marktwirtschaftlichen Wettbewerbsordnung auf die Preissetzung Einfluss nehmen.[791] Fände dieser Faktor bei dem

---

787 *Grimmer*, Die kartellrechtliche Aufsicht, S. 208f.; *Weiser*, Preismissbrauch nach Artikel 86 EWG-Vertrag, S. 226.

788 *Weiser*, Preismissbrauch nach Artikel 86 EWG-Vertrag, S. 226.

789 Ausführlich dazu *Weiser*, Preismissbrauch nach Artikel 86 EWG-Vertrag, S. 231f.

790 *Weiser*, Preismissbrauch nach Artikel 86 EWG-Vertrag, S. 231; vgl. *Benisch*, WuW 1974, 801, 812.

791 *Weiser*, Preismissbrauch nach Artikel 86 EWG-Vertrag, S. 178.

Vergleich des Sockelpreises mit dem zu untersuchenden Preis keine Berücksichtigung, wäre die zutreffende Bestimmung des aktuellen Als-Ob-Wettbewerbspreises vom Zufall abhängig.[792] Auch die Mineralölkonzerne stützen sich auf dieses Argument, indem sie vorbringen, dass die erhöhte Nachfrage im Ferienzeitraum die höheren Preise bedingt.[793] Dieser Kritik an dem ursprünglichen Modell ist durchaus zuzustimmen, da bei einem Außerachtlassen von preisbestimmenden Faktoren die Wahrscheinlichkeit hoch ist, eine Entscheidung zu treffen, die den tatsächlichen Marktumständen nicht gerecht wird.

(d) Einschränkung der dynamischen Entwicklung

Es wird ferner kritisiert, dass ähnlich wie im Zusammenhang mit dem Gewinnbegrenzungskonzept eine Festschreibung der Kosten- und Erlössituation zu Zeiten des Sockelpreises stattfände und dies der dynamischen Entwicklung im Wettbewerb widersprechen würde. Sich ändernde Gewinnhöhen seien einem Wettbewerbsmarkt immanent, sodass eine Festschreibung nicht der Idee des Als-Ob-Wettbewerbs entspreche.[794] Es werden ferner Bedenken geäußert, dass die Gefahr bestünde, Unternehmen wären zögerlich bei Preissenkungen, da sie befürchten müssten, der neue Preis könnte in Zukunft als Sockelpreis dienen.[795]

Diesen Überlegungen ist grundsätzlich zuzustimmen. Nimmt man jedoch eine umfassende Analyse der Preisbildung auf dem Markt vor und bezieht alle relevanten Faktoren mit ein, könnte dies auch diese Bedenken verringern.[796]

(3) Bewertung unter Berücksichtigung dieser Kritik

(a) Erfordernis eines ursprünglichen Wettbewerbsmarkts

Wendet man sich von der ursprünglichen Sockeltheorie ab und fordert auch im Rahmen des zeitlichen Vergleichsmarktkonzepts einen Wettbewerbsmarkt,

---

792 *Weiser*, Preismissbrauch nach Artikel 86 EWG-Vertrag, S. 227.

793 So die Ausführungen in: Bundeskartellamt, Sektoruntersuchung Kraftstoffe - Abschlussbericht Mai 2011, S. 110.

794 Vgl. u.a. Monopolkommission, 1. Sondergutachten 1975, S. 44; *Fuchs/Möschel* in: Immenga/Mestmäcker, Wettbewerbsrecht, § 19 GWB, Rn. 272; *Möschel*, JZ 1975, 393, 396; *Möschel*, NJW 1975, 753, 756; *Neumann*, Allgemeine Wettbewerbstheorie und Preismißbrauchsaufsicht, S. 365; *Weiser*, Preismissbrauch nach Artikel 86 EWG-Vertrag, S. 227, 231; *Nothdurft* in Langen/Bunte, Deutsches Kartellrecht, § 19 GWB, Rn. 146; Gotthold, WRP 1975, 499, 502.

795 *Weiser*, Preismissbrauch nach Artikel 86 EWG-Vertrag, S. 232f.

796 Vgl. *Weiser*, Preismissbrauch nach Artikel 86 EWG-Vertrag, S. 232f.

wie es zumindest der Wortlaut des § 19 Abs. 2 Nr. 2 GWB nahelegt, so dürfte dieses Kriterium für die meisten regionalen Tankstellenmärkte wie festgestellt nicht erfüllt sein. Wie dargestellt, herrscht nach den vorliegenden Informationen und Erkenntnissen in den meisten Fällen auch außerhalb der Ferienzeiten weder erheblicher Innen- noch Außenwettbewerb, sondern es besteht eine kollektive Marktbeherrschung. Danach würde der zeitliche Vergleichsmarkt in diesem und in vergleichbaren Fällen *prima facie* als Maßstab für die Bewertung einer missbräuchlichen Preiserhöhung entfallen. Gegenüber Unternehmen mit langfristiger marktbeherrschender Stellung wäre also lediglich eine Überprüfung anhand des Gewinnbegrenzungskonzepts sowie des Gewinnvergleichskonzepts möglich.

Läge aber eine Preissteigerung vor, die die Erheblichkeitsschwelle überschreitet, wäre es unerheblich, ob der Ausgangspreis dem Wettbewerbspreis entspricht oder missbräuchlich wäre. Eine erhebliche Preissteigerung ohne sachliche Rechtfertigung wäre erst recht bei Vorliegen eines missbräuchlichen Ausgangspreises missbräuchlich. Die Gefahr eine Missbräuchlichkeit zu übersehen, bestünde nur, wenn die Preissteigerung nicht signifikant wäre. Das zeitlichen Vergleichsmarkkonzept wäre unter Berücksichtigung dieser Überlegungen auch auf die Preissetzung der Tankstellen zu Ferienzeiten anwendbar.

(b) Berücksichtigung von preisbildenden Faktoren

Sieht man eine erhöhte Nachfrageintensität zusammen mit einer Produktknappheit als zu berücksichtigende preisbildende Faktoren und somit als mögliche Rechtfertigung für eine Preiserhöhung an, wäre bei Vorliegen dieser ein Missbrauch durch die Mineralölkonzerne abzulehnen. Grundsätzlich ist aber nicht von einer Knappheit der Kraftstoffe im Ferienzeitraum auszugehen, wie es auch das Bundeskartellamt in seiner Sektoruntersuchung klar herausgestellt hat.[797] Liegen nicht besondere Umstände vor, wie z.B. eine Ölkrise[798], kann die Nachfrage nach Kraftstoffen in Deutschland jederzeit bedient werden. Das Bundeskartellamt hat bei der exemplarischen Untersuchung im Rahmen der Sektoruntersuchung auch keine erhöhte Nachfrage zur Osterzeit festgestellt.[799] Eine

797 Bundeskartellamt, Sektoruntersuchung Kraftstoffe - Abschlussbericht Mai 2011, S. 112ff.

798 Vgl. zB. BKartA, Beschl. v. 29.4.1974, nicht veröffentlicht.

799 Bundeskartellamt, Sektoruntersuchung Kraftstoffe - Abschlussbericht Mai 2011, S. 112ff.

solche ist auch nicht zu erwarten, da zum Beispiel die Anzahl der Berufspendler in der Ferienzeit gerade abnimmt.

Der Tankstellenmarkt zu Ferienzeiten ist also keineswegs mit anderen Märkten, auf denen zu bestimmten Zeiten eine gewisse Knappheit herrscht, zu vergleichen. So korreliert zum Beispiel auf dem Münchner Hotelsektor im Zeitraum des Oktoberfestes eine enorme Nachfrage mit einer klar begrenzten Anzahl an Unterkünften. In diesen Fällen würde das originäre zeitliche Vergleichsmarktkonzept, das die Nachfrageintensität und Fragen der Knappheit nicht als Faktoren beachtet, tatsächlich zu einem nur schwer vertretbaren Ergebnis führen. Im Fall des deutschen Tankstellensektors hingegen erlangt diese Schwäche des originären zeitlichen Vergleichsmarkts keine Relevanz. Eine Erweiterung des ursprünglichen Konzepts, sodass die Veränderung der Nachfrageintensität Berücksichtigung findet, würde mangels Knappheit des Produktes also zu keinem anderen Ergebnis führen.

Weitere nichtberücksichtigte Preisfaktoren sind unter anderem die Konkurrenzsituation und die Unternehmenspolitik, die wohl auch im Falle der Preissetzung durch die Mineralölkonzerne relevant sein dürften. Ferner werden Produktivitätssteigerungen, welche zu Kostensenkungen führen sollten, nicht beachtet.[800] Diese Faktoren müssten also auch bei einer Bewertung des Preissetzungsverhaltens auf den Tankstellenmärkten berücksichtigt werden.

(c) Zusammenfassende Stellungnahme

Theoretisch ist eine Untersuchung der erhöhten Preissetzung zu bestimmten Zeiten mit dem Konzept des zeitlichen Vergleichsmarkts durchaus möglich und wünschenswert. Dabei müssen aber die aufgezeigten Kritikpunkte Berücksichtigung finden. Daher dürfte eine Preishöhenaufsicht des Tankstellenmarktes gestützt auf das Konzept des zeitlichen Vergleichsmarkts mit einem hohen Aufwand verbunden sein. Insbesondere müsste definiert werden, wann „Ferienzeiten" beginnen und mit welchen Preisen die Preise in dieser Zeit verglichen werden. Darüber hinaus wäre es notwendig, preisbildende Faktoren zu bestimmen und diese bei Bewertung der Preissetzung in Ferienzeiten zu berücksichtigen. Wird eine Erheblichkeit der Preissteigerung verneint, muss berücksichtigt werden, dass eventuell schon der Ausgangspreis missbräuchlich war.

---

800 *Weiser*, Preismissbrauch nach Artikel 86 EWG-Vertrag, S. 228; *Reuter*, Höchst-Preiskontrolle S. 79.

(4) Mögliche Preisspaltung nach § 19 Abs. 2 Nr. 3 GWB

Es wäre zudem denkbar, dass das oben geschilderte Preissetzungsverhalten zu Ferienzeiten auf nationaler Ebene unter den Regeltatbestand der Preisspaltung nach § 19 Abs. 2 Nr. 3 GWB als Unterfall des Ausbeutungsmissbrauchs[801] fällt.

Bei § 19 Abs. 2 Nr. 3 GWB wird nicht ein fiktiver Wettbewerb zur Grundlage der Bestimmung eines Missbrauchs gemacht, sondern das tatsächliche Verhalten des Unternehmens selbst.[802] § 19 Abs. 2 Nr. 3 GWB regelt also den Fall der ungerechtfertigten Preisspaltung durch ein und dasselbe Unternehmen gegenüber der Marktgegenseite. Mit diesem Tatbestand sollen auch die Verbraucher, die nicht von § 19 Abs. 2 Nr. 2 GWB erfasst sind, vor einer Preisdiskriminierung geschützt werden. Das Regelbeispiel vereint somit Elemente der Diskriminierung und des Ausbeutungsmissbrauchs.[803] Der Ansatz ist also vergleichbar mit dem zeitlichen Vergleichsmarktkonzept wie es im Rahmen des § 19 Abs. 2 Nr. 2 GWB und des Art. 102 AEUV Anwendung findet.

Von besonderer Bedeutung ist die enthaltene Beweislastumkehr, die den Worten „es sei denn“ und den Gesetzesmaterialien zur 6. GWB-Novelle zu entnehmen ist.[804] Das preisspaltende Verhalten lässt also einen Missbrauch vermuten und die Unternehmen trifft die Beweislast für eine sachliche Rechtfertigung der unterschiedlichen Preise zumindest in der Form einer gesteigerten Mitwirkungspflicht.[805] Die Behörden müssen aber im Verwaltungsverfahren dennoch alle Erkenntnismöglichkeiten ausschöpfen. Kommt es dann zu einem *non liquet*, geht dies zu Lasten des Unternehmens.[806] Diese Beweislastumkehr

---

801 *Wiedemann* in: Wiedemann, Kartellrecht, § 23, Rn. 211 m.w.N.; *Loewenheim* in: Loewenheim/Meessen/Riesenkampff/Kersting/Meyer-Lindemann, Kartellrecht, 3. Auflage, § 19 GWB, Rn. 77.

802 *Wiedemann* in: Wiedemann, Kartellrecht, § 23, Rn. 211; *Loewenheim* in: Loewenheim/Meessen/Riesenkampff/Kersting/Meyer-Lindemann, Kartellrecht, 3. Auflage, § 19 GWB Rn. 77.

803 *Fuchs/Möschel* in: Immenga/Mestmäcker, Wettbewerbsrecht, § 16 GWB, Rn. 287.

804 Vgl. BTag, Zum Entwurf eines Sechsten Gesetzes zur Änderung des Gesetzes gegen Wettbewerbsbeschränkungen, BT-Drs. 13/9720, S. 72f.; *Wiedemann* in: Wiedemann, Kartellrecht, § 23, Rn. 211.

805 BGH, Urt. v. 22.7.1999, KVR 12/98- *Flugpreisspaltung*; *Fuchs/Möschel* in: Immenga/Mestmäcker, Wettbewerbsrecht, § 19 GWB, Rn. 295; *Loewenheim* in: Loewenheim/Meessen/Riesenkampff, Kartellrecht, 3. Auflage, § 19 GWB Rn. 81; *Weyer* in: Frankfurter Kommentar Band IV, (Lfg. 58), § 19 GWB, Rn. 1267.

806 *Bechtold/Bosch* in: Bechtold/Bosch, GWB, § 19 Rn. 65.

gilt sowohl im Verwaltungs- als auch im Zivilverfahren, aber dagegen nicht im Bußgeldverfahren.[807]

Könnte man das Verhalten der Mineralölkonzerne also unter den Tatbestand dieses Regelbeispiels subsumieren, so müssten die Mineralölkonzerne den Kartellbehörden die für eine umfassende Beurteilung der Preiserhöhungen notwendigen fehlenden Information mitteilen. Ferner würden nicht ausräumbare Unsicherheiten die Unternehmen treffen. Damit würden einige der oben erläuterten praktischen Schwierigkeiten, insbesondere beim Nachweis eines missbräuchlichen Verhaltens überwunden.

Ob eine Subsumtion *in concreto* aber möglich ist, ist fraglich. Insbesondere ist angesichts der bereits zu diesem Regelbeispiel ergangenen Rechtsprechung und aufgrund einiger Äußerungen in der Literatur eher ungewiss, ob dieses Regelbeispiel auch vorliegt, wenn es um den Vergleich von Preisen auf verschiedenen zeitlichen Märkten geht, oder ob es nur eine Variante des räumlich-sachlichen Vergleichsmarktkonzepts darstellt[808].

Eine wichtige Entscheidung des BGH zu dem Regelbeispiel der Preisspaltung ist das Urteil zur Flugpreisspaltung[809]. Lufthansa hatte für die Inlandsstrecke Berlin-Frankfurt am Main ein Entgelt verlangt, welches deutlich über dem für die Strecke Berlin-München verlangten Entgelt lag. Eine Vergleichbarkeit der Märkte wurde zwar bejaht, aber ebenso wurde angenommen, dass die Vermutung der Missbräuchlichkeit widerlegt sei. Eine mögliche Rechtfertigung wurde von dem BGH in der Tatsache gesehen, dass auch das höhere Entgelt nicht einmal die Selbstkosten des Unternehmens abdeckt. Weitere relativ junge Urteile befassen sich mit dem Verlangen unterschiedlicher Preise auf verschiedenen räumlichen Märkten im Bereich der Gasversorgung.[810]

---

807 *Bechtold/Bosch* in: Bechtold/Bosch, GWB - Kommentar, § 19, Rn. 65; *Loewenheim* in: Loewenheim/Meessen/Riesenkampff/Kersting/Meyer-Lindemann, Kartellrecht, 3. Auflage, § 19, Rn. 81.

808 So z.B. *Fuchs/Möschel* in: Immenga/Mestmäcker, Wettbewerbsrecht, § 19 GWB, Rn. 287.

809 BGH, Urt. v. 22.7.1999, KVR 12/98 - *Flugpreisspaltung*; vorausgehend BKartA, Beschl. v. 19.2.1997 - B 9-62100-T-99/95; KG Berlin, Urt. v. 26.11.1997, Kart 9/97.

810 BGH, Urt. v. 23.6.2009, KZR 21/08 - *Entega*, vorausgehend LG Frankfurt/Main, Entsch. v. 7.3.2007 - 2/6 O 469/06; OLG Frankfurt/Main, Entsch. v. 19.2.2008 - 11 U 12/07 (Kart); BGH, Urt. v. 7.12.2010, KZR 5/10; vorausgehend LG Frankfurt/Main, Entsch. v. 7.3.2007 - 6 O 469/06; OLG Frankfurt/Main, Entsch. v. 26.1.2010 - 11 U 12/07 (Kart).

Es ist keine Entscheidung bekannt, welche ein Verlangen unterschiedlicher Konditionen oder Preise zu unterschiedlichen Zeitpunkten als Fall des § 19 Abs. 2 Nr. 3 GWB geprüft hat. Im Gegenteil, solche Verhaltensweisen wurden regelmäßig als Fälle des § 19 Abs. 2 Nr. 2 GWB geprüft.[811] Auch im EU-Kartellrecht wird das Preisspaltungsmodell als eine Kombination zwischen dem sachlichen und räumlichen Vergleichsmarktkonzept gesehen.[812]

Geht man davon aus, dass § 19 Abs. 2 Nr. 3 GWB nicht bei einem Vergleich von Preisen auf zeitlich unterschiedliche Märkte Anwendung findet, ist allein eine Missbrauchsprüfung nach § 19 Abs. 2 Nr. 2 GWB möglich. Es ist eine Klarstellung durch den Gesetzgeber oder die Entscheidungspraxis erforderlich.

e) Missbrauch durch eine hinzutretende Verhaltensweise in Form der facilitating practices

aa) Facilitating practices *im Allgemeinen*

Ein zu der Preisparallelität hinzutretendes Verhalten können neben dem Verlangen überhöhter Preise kollusionsfördernde Verhaltensweisen, sog. *facilitating practices*, sein, auf die das Missbrauchsverbot Anwendung finden sollte[813].

Mit der Anwendung des Missbrauchsverbots auf solche Praktiken kann die Lücke im Wettbewerbsschutz geschlossen werden, die aufgrund der Nichtanwendbarkeit des Kartellverbots sowie des Missbrauchsverbots auf implizite Kollusion *per se* gegeben ist.[814] Insbesondere die Preisbildung auf Märkten mit oligopolistischen Marktstrukturen würde vor weiteren wettbewerbsbeschränkenden Einflüssen geschützt werden.[815]

---

811 Z.B. OLG Frankfurt am Main, Urt. v. 21. 12. 2010, Az. 11 U 37/09.

812 *Huttenlauch/Lübbig* in: Loewenheim/Meessen/RiesenkampffKersting/Meyer-Lindemann, Kartellrecht, 3. Auflage, Art. 102 AEUV, Rn. 192.

813 *Korah*, EC Competition Law and Practice, S. 116: "*[...] Indeed, I would like to see Article 82 applied to such firms only in relation to devices facilitating tacit collusion*"; *Monti*, C.M.L.R. 2001, 131, 151. *Muniz*, European Law Review 2000, 645, 650; *Stroux*, World Competition 2000, 3, 45f.; *Bavasso*, World Competition 1999, 45, 64; *Vecchi*, World Competition 2008, 385, 385-400; *Petit* in: Liannos/Geradin, The Oligopoly Problem in EU Competition Law, S. 68.

814 *Petit* in: Liannos/Geradin, The Oligopoly Problem in EU Competition Law, S. 68.

815 *Jungermann*, Kollektive Marktbeherrschung durch interdependentes Parallelverhalten und deren Missbrauch, S. 334.

(1) Begriffsbestimmung

Unter *facilitating practices* werden Verhaltensweisen verstanden, die nicht in die üblichen Missbrauchskategorien fallen, sondern die Einheit sowie die Marktbeherrschung und damit die implizite Koordinierung vereinfachen oder festigen[816], indem sie insbesondere die Transparenz auf dem Markt und damit die Gewissheit jedes Unternehmens über das Verhalten der Wettbewerber noch erhöhen[817]. Die Unternehmen sind in der Lage, die Bedingungen und Umstände der Koordinierung zu beeinflussen und eine effektivere Aufdeckung von Abweichungen zu ermöglichen.[818] Ein Missbrauch kann eben auch darin liegen, die gemeinsame beherrschende Stellung von innen zu stärken.[819]

Im Gegensatz zum Kartellverbot können auch solche *facilitating practices* im Rahmen des Missbrauchsverbots unzulässig sein, die kein Abstimmungselement besitzen.

(2) Keine Notwendigkeit eines einheitlichen Verhaltens

Es ist noch streitig, ob es durch die *facilitating practice* tatsächlich zu einem einheitlichen Verhalten der Unternehmen gekommen sein muss. Dies wird teilweise mit dem Argument bejaht, dass die Praktik sonst ihr Ziel verfehlt hätte.[820] Diese Forderung widerspricht aber den Anforderungen, die die Rechtsprechung grundsätzlich an den Tatbestand des Missbrauchs stellt. Die Rechtsprechung sieht das Missbrauchsverbot generell als ein Gefährdungs- und nicht als ein Erfolgsdelikt an.[821] So muss das Verhalten lediglich geeignet bzw. darauf gerichtet sein,

---

816 *Monti*, C.M.L.R. 2001, 131, 151; *Vecchi*, World Competition 2008, 385, 385-400; *Petit* in: Liannos/Geradin, The Oligopoly Problem in EU Competition Law, S. 68.

817 *Vecchi*, World Competition 2008, 385, 388.

818 *Feuerstein*, 5 Journal of Industry, Competition and Trade 2005, 179, *Stroux*, US and EC Oligopoly Control, S. 169; *Schuchmann*, Die Behandlung von tacit collusion im europäischen und deutschen Kartellrecht, S. 181.

819 *Schuchmann*, Die Behandlung von tacit collusion im europäischen und deutschen Kartellrecht, S. 18; *Stroux*, US and EC Oligopoly Control, S. 168f.

820 So *Jungermann*, Kollektive Marktbeherrschung durch interdependentes Parallelverhalten und deren Missbrauch, S. 334.

821 So z.B.: EuG, Urt. v. 7.10.1999, T-228/97 - Slg. 1999, II-2969, Rn. 191 - *Irish Sugar;* zuletzt EuGH, Urt. 14.10.2010, C-280/08 P, Rn. 254 - *Deutsche Telekom AG/Kommission;* vgl. ferner *Leupold*, EuZW 2011, 345, 345, 346; *Eilmansberger/Bien* in: MüKo, Europäisches Wettbewerbsrecht, Art. 102 AEUV, Rn. 172ff.

den Wettbewerb zu beschränken sein[822], und es muss konkret eine Veränderung der Marktstruktur drohen[823]. Unbestritten ist eine Verhaltensweise, welche die Transparenz auf einem oligopolistischen Markt verstärkt, konkret geeignet, die Reaktionsverbundenheit der Oligopolisten zu verstärken und damit den Binnenwettbewerb weiter zu schwächen.[824] Mehr darf im Hinblick auf die dargestellte Rechtsprechung nicht gefordert werden. Darüber hinaus würde die Forderung nach dem Nachweis eines einheitlichen Verhaltens die Durchsetzung des Missbrauchsverbots erschweren, da ein solcher schwer zu führen sein dürfte. Damit würde der Schutz des Wettbewerbs durch das Missbrauchsverbot wieder geschwächt werden. Es ist allein entscheidend, ob eine Verhaltensweise geeignet ist, ein Gleichgewicht über dem Wettbewerbsgleichgewicht herbeizuführen, unabhängig von tatsächlichen wettbewerbsschädlichen Auswirkungen oder dem Bewusstsein der Unternehmen hinsichtlich dieser.[825]

(3) Keine doppelte Verwendbarkeit der facilitating practice

Mitunter wird vertreten, dass es für die Rechtmäßigkeit bzw. Rechtswidrigkeit eines Handelns nicht darauf ankommen könne, ob die in Frage stehende Verhaltensweise bereits vor oder erst nach der Erlangung der Marktbeherrschung ausgeübt wird. Das hieße, dass auch eine Verhaltensweise, die bereits zu einer Marktbeherrschung führt, einen Missbrauch darstellen könnte. Jede Verhaltensweise, die implizite Kollusion fördert oder verstärkt, sei danach auch eine Ursache für dieses und es dürfe keine Unterscheidung stattfinden.[826]

Diese Ansicht ist aber abzulehnen, da sie einer Verurteilung des bloßen Erlangens einer marktbeherrschenden Stellung nahekommt. Es muss daher der Grundsatz gelten, dass Verhaltensweisen, die erst zu einer marktbeherrschenden Stellung führen, nicht missbräuchlich sein können, auch wenn die Praktikabilität der Anwendung dadurch beeinträchtigt wird. Die *facilitating practices*

---

822 Vgl. z.B.: EuG, Urt. v. 30. 9. 2003, T-203/01 - Slg. 2003, II-4071, Rn. 245, 247 - *Michelin*; EuG, Urt. v. 17.12. 2003, T-219/99 - Slg. 2003, II-5917, Rn. 298 - *British Airways/ Kommission.*

823 Vgl. *Eilmansberger/Bien* in: MüKo, Europäisches Wettbewerbsrecht, Art. 102 AEUV, Rn. 167ff. unter Hinweis auf den Missbrauchsbegriff aus EuGH, Urt. v. 13.2.1979, 85/76 - Slg. 1979, 461, Rn. 91 - *Hoffmann-La Roche*; *Fuchs/Möschel* in: Immenga/ Mestmäcker, EU-Wettbewerbsrecht, Art. 102 AEUV, Rn. 145.

824 Siehe S. 35ff. für Ausführungen zu den Voraussetzungen des bewussten Parallelverhaltens und begünstigende Faktoren.

825 *Grillo*, European Journal of Law and Economics 2002, 151, 161.

826 *Siciliani*, Journal of European Competition Law and Practice 2014, 294, 303.

müssen von einem oder mehreren bereits marktbeherrschenden Oligopolisten neu aufgenommen werden und zu einer Verstärkung oder Vereinfachung, aber nicht zu einer Begründung einer gemeinsamen Marktbeherrschung führen.[827] Daher ist zu fordern, dass eine marktbeherrschende Stellung und zusätzlich ein weiteres Verhalten vorliegen müssen.

Es bleibt jedoch weiterhin fraglich, ob eine Verhaltensweise als missbräuchlich gewertet werden kann, die zwar allein aber nicht kumulativ mit anderen Verhaltensweisen hinweggedacht werden kann, ohne dass die gemeinsame Marktbeherrschung entfällt. Es stellt sich die Frage, ob dann im Sinne einer alternativen Kausalität davon ausgegangen werden muss, dass jede einzelne für die marktbeherrschende Stellung kausal war, sodass beide Praktiken keinen Missbrauch darstellen können.

Mit dem Instrument der *facilitating practices* sind also noch offenstehende Fragen verbunden, mit denen Umsetzungsschwierigkeiten und damit auch Rechtunsicherheiten einhergehen.

bb) Erhöhung der Transparenz als facilitating practice

(1) Allgemeine Überlegungen zur Erhöhung der Transparenz

Die Erhöhung der Transparenz auf dem Markt durch marktbeherrschende Unternehmen dürfte der typischste und häufigste Fall einer *facilitating practice* darstellen. Wird die horizontale Transparenz durch Verhaltensweisen wie Preisankündigungen oder dem Austausch sonstiger unternehmensrelevanter Funktionen verstärkt, verstärkt sich zugleich auch die Stabilität der gemeinsamen Marktbeherrschung basierend auf einer impliziten Koordinierung. Insbesondere können die Verhaltensweisen der Wettbewerber verstärkt bei der eigenen Geschäftsstrategie berücksichtigt sowie Abweichungen noch effizienter beobachtet und Sanktionen eingeleitet werden.[828]

Es wäre wünschenswert, dass die Europäische Kommission und die nationalen Kartellbehörden die Anwendbarkeit des Missbrauchsverbots zukünftig vermehrt auf solche *facilitating practices* ausdehnen. Eine Notwendigkeit

---

827 *Petit* in: Liannos/Geradin, The Oligopoly Problem in EU Competition Law, S. 68; *Jungermann*, Kollektive Marktbeherrschung durch interdependentes Parallelverhalten und deren Missbrauch, S. 334; *Schuchmann*, Die Behandlung von tacit collusion im europäischen und deutschen Kartellrecht, S. 181 mit Verweis auf EuG, Urt. v. 7.10.1999, T-228/97 - Slg. 1999 II-2969, Rn. 67f. - *Irish Sugar*.

828 *Schuchmann*, Die Behandlung von tacit collusion im europäischen und deutschen Kartellrecht, S. 182.

besteht sicherlich aufgrund der Nichtanwendbarkeit des Kartellverbots auf das Phänomen der impliziten Kollusion sowie den Schwierigkeiten, die sich bei der Anwendung des Missbrauchsverbots auf implizite Kollusion ergeben.

Transparenzfördernde Maßnahmen können jedoch auch je nach den Marktgegebenheiten positive Wirkungen für die Wettbewerbsverhältnisse mit sich bringen [829] und bestimmte Verhaltensweisen lassen sich mit Interessen der Unternehmen oder legitimen Wettbewerbszwecken sachlich rechtfertigen. Daher kann nicht pauschal von einem Missbrauch ausgegangen werden.[830]

(2) Transparenzverstärkung auf den Tankstellenmärkten

Auch auf den Tankstellenmärkten wäre es denkbar, bestimmte Verhaltensweisen als *facilitating practices* einzustufen und eine Missbrauchskontrolle damit erfolgsversprechender werden zu lassen.

Das gezielte Beobachten der Wettbewerber durch Mitarbeiter der Tankstellen in Verbindung mit Maßnahmen, die ein solches verstärken, wie die vertragliche Verpflichtung der Angestellten und Pächter zur Beobachtung, könnte eine solche missbräuchliche Verhaltensweise in Form einer *facilitating practice* darstellen.

Das Bundeskartellamt ist in der Sektoruntersuchung auf die Möglichkeit eines Missbrauchs basierend auf einer solchen *facilitating practice* nicht eingegangen. Stattdessen schließt es ohne Auseinandersetzung mit dem Thema der *facilitating practices* Maßnahmen wie das Abschaffen der Preismonolithen oder das Verbot der Preisbeobachtung unter dem Hinweis aus, dass die Mineralölunternehmen in kürzester Zeit alternative Wege der Informationsbeschaffung beschreiten würden.[831]

(a) Mögliche Verhaltensweisen als facilitating practice

Die festgestellte Preisführerschaft von Aral und Shell auf den untersuchten Märkten trägt zwar zu einer impliziten Koordinierung bei, kann aber dennoch nicht eine *facilitating practice* darstellen. Die Preisführerschaft ist gerade Teil des Parallelverhaltens und wurde zur Begründung der Annahme eines mangelnden Binnenwettbewerbs herangezogen[832].

---

829 *Schuchmann*, Die Behandlung von tacit collusion im europäischen und deutschen Kartellrecht, S, 183.

830 *Schuchmann*, Die Behandlung von tacit collusion im europäischen und deutschen Kartellrecht, S, 183 mit weiteren Nachweisen.

831 Bundeskartellamt, Sektoruntersuchung Kraftstoffe - Abschlussbericht Mai 2011, S. 139.

832 Siehe S. 130ff.

Nach der Sektoruntersuchung findet aber außerdem eine gezielte Beobachtung der Preise der Wettbewerber unterstützt durch Maßnahmen wie vertragliche Verpflichtungen der Tankstellenpächter oder ihrer Angestellten, mehrmals täglich bei bestimmten Wettbewerbstankstellen vorbeizufahren und sich die Preise zu notieren, statt. Nach Einführung der Markttransparenzstelle für Kraftstoffe ist davon auszugehen, dass die Tankstellen nun die Preise der Wettbewerber unter Nutzung der Verbraucherportale in Erfahrung bringen. Diese Beobachtungen der Tankstellenpächter und Angestellten werden dann dezentral in das elektronische System der einzelnen Mineralölunternehmen eingegeben. Maßnahmen wie diese ermöglichen es den Mineralölkonzernen, die Preise der Wettbewerber mehrmals am Tag in Erfahrung zu bringen und Preisveränderungen dezentral vorzunehmen.[833] Wie vom Bundeskartellamt festgestellt wurde, trägt dieses System erheblich zu der hohen Markttransparenz bei und ermöglicht eine leichte Überwachung der Preissetzung der verschiedenen Anbieter[834]. Es ist anzunehmen, dass die vertragliche Verpflichtung der Tankstellenpächter und Angestellten einen erhöhten Anreiz für die Beobachtung der Wettbewerber durch diese darstellt, da sich die Pächter und Angestellten bei der Nichteinhaltung der Vorgaben vertragsbrüchig verhielten und mit zivilrechtlichen Konsequenzen zu rechnen hätten. Mit Einführung der Transparenzstelle fand noch einmal eine Verstärkung der Transparenz statt.

Die systematische und vertraglich abgesicherte Beobachtung der Wettbewerberpreise erhöht also die Stabilität der gemeinsamen Marktbeherrschung und könnte daher als die implizite Koordinierung vereinfachende Verhaltensweise gesehen werden, die tauglich für die Erfüllung des Missbrauchstatbestandes ist. Die Verhaltensweise dürfte auch Ausdruck der gemeinsamen Marktbeherrschung sein, da die Tankstellenpächter und Angestellten nicht ohne Probleme auf andere Vertragspartner, die eine solche Verpflichtung nicht aufstellen, ausweichen können. Die Oligopolisten verfügen über einen hohen gemeinsamen Marktanteil und die Macht der übrigen Anbieter ist gering.

Anders als die Weitergabe der Preisinformationen an die Markttransparenzstelle und deren Veröffentlichung[835], kann die Erhöhung der Transparenz durch die geschilderten Verhaltensweisen nicht damit gerechtfertigt werden, dass sie

833 Bundeskartellamt, Sektoruntersuchung Kraftstoffe - Abschlussbericht Mai 2011, S. 29, 80f.; *Gleave*, Schwerpunkte des Kartellrechts 2012 91, 95.

834 S. Bundeskartellamt, Sektoruntersuchung Kraftstoffe - Abschlussbericht Mai 2011, S. 29, 80f.

835 Siehe dazu S. 105f.

gesetzlich vorgeschrieben sind. Die Unternehmen entscheiden sich für diese ohne staatlichen Druck. Das unternehmerische Verhalten in der erläuterten Konsequenz zielt vor allem, wenn nicht ausschließlich, darauf ab, die Faktoren, die eine gemeinsame Marktbeherrschung begünstigen, zu verstärken, und kann damit nur schwer mit dem unternehmerischen Interesse gerechtfertigt werden.[836]

(b) Mögliche Kausalität der Verhaltensweise für die Marktbeherrschung

Die Bewertung dieser Verhaltensweise als missbräuchlich wäre aber nach den oben dargestellten Grundsätzen[837] ausgeschlossen, wenn sie erst die gemeinsame Marktbeherrschung ermöglicht. Hält man an einer Unterscheidung zwischen Verhaltensweisen, die die gemeinsame Marktbeherrschung herbeigeführt haben, und solchen, die diese fördern bzw. verstärken, fest, so stellt sich die Frage, ob konkret das gezielte und vertraglich abgesicherte Beobachten der Wettbewerber zu einer gemeinsamen Marktbeherrschung geführt hat.

Zur Beantwortung der Frage, wie im konkreten Fall eine gemeinsame Marktbeherrschung begründet wurde, ist, wie oben geschehen[838], auf die Marktumstände abzustellen. Bei der Bestimmung der Stärke der Markttransparenz sind auch die Verhaltensweisen der Oligopolisten zu berücksichtigen. Entscheidend dürfte dabei sein, ob eine erhebliche Markttransparenz auf dem Tankstellenmarkt auch anzunehmen wäre, wenn die zu beurteilende Praktik hinweggedacht würde.

Eine eindeutige Aussage zu solchen Fragen lässt sich immer nur dann ohne Probleme treffen, wenn die Praktik erst zeitlich nach der Begründung der kollektiven marktbeherrschenden Stellung von den Oligopolisten aufgenommen wurde. Anders ist dies, wenn, wie vorliegend, keine klare zeitliche Grenze festzustellen ist.[839] In solchen Fällen ist von einer verstärkenden bzw. vereinfachenden Praktik auszugehen, wenn weiterhin ausreichend Indizien für eine hohe Markttransparenz und eine implizite Koordinierung der Oligopolisten vorliegen.

Wie oben bereits festgestellt, gibt es verschiedene Aspekte neben der Verpflichtung der Tankstellen, die Preise der Wettbewerber zu beobachten und zu melden, welche für eine gemeinsame Marktbeherrschung sprechen. Dies weist

---

836 Vgl. *Schuchmann*, Die Behandlung von tacit collusion im europäischen und deutschen Kartellrecht, S. 184, *Feuerstein*, 5 Journal of Industry, Competition and Trade 2005, S. 172

837 Siehe S. 184f.

838 Siehe S. 125ff.

839 *Petit* in: Liannos/Geradin, The Oligopoly Problem in EU Competition Law, S. 68f.

auf eine fehlende Kausalität für die Begründung der marktbeherrschenden Stellung hin.

(c) Fazit

Nach den obigen Darstellungen scheint es durchaus denkbar, die systematische und vertraglich abgesicherte Beobachtung von Wettbewerberpreisen als *facilitating practice* und damit als missbräuchliches Verhalten anzusehen. Dies ist auch anzunehmen, wenn die Einführung der Markttransparenzstelle und die Veröffentlichung der Preisinformationen durch die Verbraucherinformationsdienste zu einer Modifizierung des vertraglich angeordneten Verhaltens seit der Sektoruntersuchung geführt haben und nun die Beobachtung vermehrt digital stattfinden sollten.

(3) Facilitating Practice *durch den Einsatz von Preissetzungsalgorithmen*

Das Einsetzen von Preisalgorithmen könnte unter bestimmten Umständen als *facilitating practice* und als Verstoß gegen das Missbrauchsverbot angesehen werden, indem sie die Voraussetzungen für implizite Kollusion schaffen bzw. verstärken und somit zu Preisen über dem Wettbewerbsniveau beitragen.[840] Das heißt, eine unzulässige *facilitating practice* könnte darin bestehen, dass Unternehmen ein kollusives Gleichgewicht ermöglichen, indem sich auf bestimmte Preissetzungsalgorithmen verlassen.[841] Die Unternehmen nutzen Algorithmen, die so programmiert sind, dass sie Preisveränderungen auf dem Markt beobachten, Preisreduzierungen zügig folgen und Preiserhöhungen dann folgen, wenn diese nachhaltig sind. Die Unternehmen besitzen also das Wissen, dass die Algorithmen implizite Kollusion vereinfachen, da diese industrieweit eingesetzt werden und eine erhöhte horizontale Transparenz geschaffen wird.[842] Die Kartellbehörden können in solchen Fällen von einer wettbewerbsschädlichen Absicht ausgehen.[843]

Für eine Anwendbarkeit des Missbrauchsverbots ist aber auch im Falle von Preissetzungsalgorithmen eine (gemeinsame) marktbeherrschende Stellung der Unternehmen nötig. Der Nachweis einer solchen ist vielfach schwieriger, wenn

---

840 *Käseberg/von Kalben*, WuW 2018, 2, 6; OECD, Algorithms and Collusion, S. 42; siehe für allgemeine Ausführungen zu dem Konzept der facilitating practices im Rahmen des Missbrauchsverbots S. 182ff.

841 OECD, Algorithms and Collusion, S. 42.

842 *Ezrachi/Stucke*, Virtual Competition, S. 61f., 66.

843 *Ezrachi/Stucke*, Virtual Competition, S. 56.

es sich nicht um einen oligopolistischen Markt handelt, da die Voraussetzungen für eine kollektive Einheit bei einer höheren Anbieterzahl seltener gegeben sein dürften. Es ist aber in Erwägung zu ziehen, dass der zunehmende Einsatz von Preissetzungsalgorithmen zu einem weiteren Verständnis des Oligopolbegriffs führen sollte und damit die *Airtours*-Kriterien modifiziert werden müssten.[844] Gegen eine gemeinsame Marktbeherrschung im Online-Handel könnte aber auch dann im Einzelfall unter anderem der gezielte Einsatz wettbewerbsverschärfender Instrumente sprechen.[845]

f) Behinderungsmissbrauch

Neben dem Ausbeutungsmissbrauch, welchem im Zusammenhang mit impliziter Kollusion hinsichtlich der Preissetzung eine hervorgehobene Bedeutung zukommt, sind außerdem auch bei einer gemeinsamen Marktbeherrschung durch oligopolistische Reaktionsverbundenheit alle Formen des Behinderungsmissbrauchs möglich, die auch bei einer Einzelmarktbeherrschung auftreten können.[846] Wie bereits erläutert[847], müssen sich die Unternehmen insbesondere nicht gemeinsam missbräuchlich verhalten.

Nachfolgend soll lediglich auf die Kampfpreisunterbietung gesondert eingegangen werden, da diese im Falle eines Marktes mit bewusstem Parallelverhalten typisch ist und sich hinsichtlich dieser Form des Missbrauchs aufgrund der speziellen Marktumständen Besonderheiten ergeben.

aa) Kampfpreisunterbietung

Grundsätzlich sind Preise, die unter den durchschnittlichen variablen Kosten liegen und mit deren Hilfe ein marktbeherrschendes Unternehmen versucht, einen Konkurrenten auszuschalten, als missbräuchlich anzusehen.[848] Dann

---

844 Vgl. *Ylinen*, NZKArt 2018, 19, 21.

845 Vgl. *Ylinen*, NZKArt 2018, 19, 21.

846 Vgl. *Schuchmann*, Die Behandlung von tacit collusion im europäischen und deutschen Kartellrecht, S. 176.

847 Siehe S. 144ff.

848 EuGH, C-62/86, Slg. 1991, I-3359 Rn. 71 - *AKZO*; EuG, T-83/91, Slg. 1994 II-755 Rn. 148 - *Tetra Pak.*; *Deselaers* in: Grabitz/Hilf/Nettesheim, Das Recht der Europäischen Union, Art. 102 AEUV, Rn. 410; Prioritätenmitteilung, Rn. 23ff.; *Bechtold/Bosch/Brinker* in: Bechtold/Bosch/Brinker, EU-Kartellrecht, Art. 102 AEUV, Rn. 38.

wird die Verdrängungsabsicht des marktbeherrschenden Unternehmens durch gezielte Preisunterbietung vermutet.[849]

Liegt der Preis über den durchschnittlichen variablen Kosten, jedoch unterhalb der durchschnittlichen Gesamtkosten, ist dieser missbräuchlich, wenn damit ein Plan verfolgt wird, der die Ausschaltung der Konkurrenten zum Ziel hat.[850] Auch ohne Unterschreitung bestimmter Kostenmargen liegt eine diskriminierende und damit missbräuchliche Kampfpreisunterbietung vor, wenn das marktbeherrschende Unternehmen Bedingungen selektiv und diskriminierend einsetzt.[851]

Besonderheiten im Oligopol ergeben sich insbesondere daraus, dass die Kampfpreise häufig zur Stabilisierung der gemeinsamen Marktbeherrschung genutzt werden.[852] So dienen Kampfpreise häufig eher der Abschreckung sowie Sanktionierung von abweichenden Oligopolisten und damit einer Stabilisierung des Oligopols oder einer Befriedung von Außenseitern als einer Verdrängung von Konkurrenten.[853] Der Abschreckungsmechanismus in Form einer Preissenkung muss nicht zwangsläufig auf ein einzelnes Unternehmen gerichtet sein, sondern kann auch aus einer flächendeckenden Senkung des Preisniveaus bestehen. Missbräuchlich kann in diesem Fall sogar die bloße Rückkehr zu wettbewerblichen kostendeckenden Preisen sein, wenn eine Disziplinierungsabsicht nachgewiesen werden kann.[854] Für eine Preissenkung als Bestrafung spricht es, wenn sich das vorherige Preisniveau nach einem kurzen, heftigen Preiskrieg wieder stabilisiert.[855] Des Weiteren entfalten Kampfpreise mehrerer Oligopolisten eine

---

849 EuGH Slg. 1996 I-5951 Rn. 44 - Tetra Pak II; *Bechtold/Bosch/Brinker* in: Bechtold/Bosch/Brinker, EU-Kartellrecht, Art. 102 AEUV, Rn. 38.

850 *Bechtold/Bosch/Brinker* in: Bechtold/Bosch/Brinker, EU-Kartellrecht, Art. 102 AEUV, Rn. 38.

851 EuGH, verb. Rs. C-395, 396/96, Rn. 117 - *Compagnie Maritime Belge*; *Bechtold/Bosch/Brinker* in: Bechtold/Bosch/Brinker, EU-Kartellrecht, Art. 102 AEUV, Rn. 38.

852 *Jungermann*, Kollektive Marktbeherrschung durch interdependentes Parallelverhalten und deren Missbrauch, S. 340; *Schuchmann*, Die Behandlung von tacit collusion im europäischen und deutschen Kartellrecht, S. 177.

853 *Jungermann*, Kollektive Marktbeherrschung durch interdependentes Parallelverhalten und deren Missbrauch, S. 340; *Schuchmann*, Die Behandlung von tacit collusion im europäischen und deutschen Kartellrecht, S. 177; Prioritätenmitteilung, Rn. 69.

854 *Schuchmann*, Die Behandlung von tacit collusion im europäischen und deutschen Kartellrecht, S. 179.

855 *Schuchmann*, Die Behandlung von tacit collusion im europäischen und deutschen Kartellrecht, S. 179.

höhere Drohwirkung als Kampfpreise eines Unternehmens, da unter anderem die Kosten dieser von allen getragen werden und damit den Einzelnen deutlich geringer belasten.[856]

bb) Weitere Formen des Behinderungsmissbrauchs

Weitere Formen des Behinderungsmissbrauchs sind unter anderem Preisscheren, Rabatte, Zugangs- und Lieferverweigerungen sowie Preisdiskriminierungen.[857] Da sich für diese jedoch keine nennenswerten Besonderheiten im Falle eines oligopolistischen Marktes mit impliziter Kollusion ergeben, sei auf diese nur hingewiesen.

4. Möglichkeit strengerer Missbrauchsvorschriften im Sinne des § 29 GWB

a) Allgemeines zu § 29 GWB

Der Gesetzgeber ist sich der Probleme bei der Missbrauchsaufsicht auf bestimmten Märkten bewusst, sodass aus rechtspolitischen Erwägungen Sonderregeln für einzelne Sektoren eingeführt wurden. So soll § 29 GWB die Durchsetzung der Missbrauchsvorschriften gegenüber Anbietern von Elektrizität und leitungsgebundenem Gas auf nationaler Ebene erleichtern. Anders als das Energiewirtschaftsgesetz sieht § 29 GWB keine Preisregulierung für Netze, sondern eine missbrauchsrechtliche Kontrolle der Preissetzung durch marktbeherrschende Unternehmen auf den vor- und nachgelagerten Märkten, vor.[858] Entscheidend ist aber, dass § 29 GWB Regelungen für eine strengere Missbrauchsaufsicht enthält und damit auf die dargestellten Probleme bei der Missbrauchsaufsicht reagiert.

§ 29 GWB beinhaltet zwei Varianten des Missbrauchs durch Anbieter von Elektrizität und leitungsgebundenem Gas.

aa) § 29 S. 1 Nr. 1 GWB

§ 29 S. 1 Nr. 1 GWB regelt den Missbrauch durch ungünstigere Entgelte oder Geschäftsbedingungen als diejenigen anderer Versorgungsunternehmen oder

---

856 *Jungermann*, Kollektive Marktbeherrschung durch interdependentes Parallelverhalten und deren Missbrauch, S. 340.

857 *Schuchmann*, Die Behandlung von tacit collusion im europäischen und deutschen Kartellrecht, S. 186f.

858 Bundestag, Entwurf eines Gesetzes zur Bekämpfung von Preismissbrauch im Bereich der Energieversorgung und des Lebensmittelhandels, BT-Drs. 16/5847, S. 9.

von Unternehmen auf vergleichbaren Märkten und folgt dabei dem Vergleichsmarktkonzept. Anders als es die herrschende Meinung zu § 19 Abs. 2 Nr. 2 GWB annimmt, setzt § 29 S. 1 Nr. 1 GWB keinen Vergleich mit einem Wettbewerbsmarkt voraus.[859] Fälle eines natürlichen Monopols oder Fälle, in denen schwer bestimmbar ist, ob noch Wettbewerb auf dem Markt vorlag, fallen daher nicht aus der Prüfung anhand des Vergleichsmarktkonzepts heraus. Außerdem ist ein Vergleich nicht nur mit anderen Versorgungsunternehmen, sondern auch mit Unternehmen auf vergleichbaren Märkten möglich.[860]

Strittig ist, ob § 29 S. 1 Nr. 1 GWB wie § 19 GWB eine erhebliche Abweichung fordert, um einen Missbrauch begründen zu können. Das Wort „ungünstiger“ in § 29 GWB ließe sich wohl auch dahingehend auslegen, dass bereits ein Eingreifen bei unbedeutenden Abweichungen möglich wäre.[861] Der Referentenentwurf sah aber ursprünglich einen ausdrücklichen Verzicht auf eine Erheblichkeitsschwelle vor. Nach Kritik von verschiedenen Seiten, unter anderem von der Monopolkommission[862], wurde dieser ausdrückliche Verzicht aus der Vorschrift entfernt. Die Entstehungsgeschichte dieser Norm spricht daher für das Erfordernis einer Erheblichkeit.[863] Davon ging auch das OLG Düsseldorf in einer Entscheidung aus dem Jahr 2010 aus.[864] Andererseits könnte ein Festhalten an diesem Erfordernis der generellen Intention der Einführung des § 29 GWB widersprechen, eine Verschärfung der Missbrauchskontrolle herbeizuführen,[865] was wiederum nahelegt, das Erfordernis für entbehrlich zu halten[866].

Insbesondere wird die Durchsetzung des Missbrauchsverbots durch die in § 29 S. 1 Nr. 1 GWB enthaltene Beweislastumkehr wesentlich erleichtert. Die

859 *Müller-Graff* in: Festschrift für Hirsch 2008, S. 273, 274; *Dorß* in: Loewenheim/Messen/Riesenkampff, Kartellrecht, 2. Auflage, § 29 GWB, Rn. 11; Vgl. BTag, Entwurf eines Gesetzes zur Bekämpfung von Preismissbrauch im Bereich der Energieversorgung und des Lebensmittelhandels, BT-Drs. 16/5847, S. 11.

860 *Müller-Graff* in: Festschrift für Hirsch 2008, S. 273, 274; Vgl. BTag, Entwurf eines Gesetzes zur Bekämpfung von Preismissbrauch im Bereich der Energieversorgung und des Lebensmittelhandels, BT-Drs. 16/5847, S. 11.

861 Vgl. *Koleva*, Die Preismissbrauchskontrolle nach § 29 GWB, S. 112.

862 Monopolkommission, 47. Sondergutachten 2007, S. 13, 20.

863 *Just* in: Schulte/Just, Kartellrecht, § 29 GWB, Rn. 23f.

864 OLG Düsseldorf, Beschl. v. 20.5.2010, VI-2 Kart 9/09 (V), 2 Kart 9/09.

865 So der BGH zu § 103 Abs. 5 S. 2 Nr. 2 a.F. GWB in BGH, Urt. v. 21.2.1995 - KVR 4/94, NJW 1995, 1894, 1896 - *Weiterverteiler.*

866 So z.B. *Müller-Graff* in: Festschrift für Hirsch 2008, S. 273, 274; *Markert* in: MüKo, GWB, § 29 GWB, Rn. 34.

Unternehmen tragen ausdrücklich die Darlegungs- und Beweislast für die sachliche Rechtfertigung einer Abweichung. Insbesondere wird die Frage der hinreichenden Vergleichbarkeit zweier Märkte auf die Ebene der Rechtfertigung verlagert und unterliegt damit auch der Beweislast der Unternehmen.[867] Die Begründung eines Anfangsverdachts wird damit erleichtert, indem lediglich ein Preisvergleich mit einem oder mehreren anderen Unternehmen genügt.[868] Es findet also keine wettbewerbliche Anknüpfung statt, sodass es unerheblich ist, ob diese Abweichung auch bei bestehendem Wettbewerb möglich gewesen wäre.[869] Obwohl die Unternehmen eine Abweichung sachlich rechtfertigen können, dürfte die Regelung daher dennoch eine signifikante Erleichterung mit sich bringen.[870]

Vergleichbar mit der Regelung zur Preisspaltung gemäß § 19 Abs. 2 Nr. 3 GWB, muss jedoch auch hier der Amtsermittlungsgrundsatz beachtet werden. Danach geht im behördlichen Verfahren eine Unaufklärbarkeit eines Umstandes zu Lasten der Unternehmen, aber die Behörden müssen solche Ermittlungen vornehmen, die nur von ihnen vorgenommen werden können. Den Unternehmen kommt eine gesteigerte Mitwirkungs- und Darlegungspflicht zu.[871] Laut des Gesetzes gilt die Beweislastumkehr für Verfahren vor den Kartellbehörden, dies schließt aber Bußgeldverfahren nicht mit ein.[872] Es wird überwiegend angenommen, dass die Beweislastumkehr auch in dem sich dem Verfahren vor den Kartellbehörden anschließenden Beschwerdeverfahren gelte.[873]

---

867 *Müller-Graff* in: Festschrift für Hirsch 2008, S. 273, 274f.; BTag, Entwurf eines Gesetzes zur Bekämpfung von Preismissbrauch im Bereich der Energieversorgung und des Lebensmittelhandels, BT-Drs. 16/5847, S. 11.

868 *Baron* in: Frankfurter Kommentar Band V, (Lfg. 79), § 29 GWB, Rn. 20 Fn. 4; *Gleave/Judith* in: Danner/Theobald, Energierecht, B. 1., Rn. 62f.

869 *Bechtold/Bosch* in: Bechtold/Bosch, § 29 GWB, Rn. 9.; *Höft*, Die Kontrolle des Ausbeutungsmissbrauchs im Recht der Wettbewerbsbeschränkungen, S. 366.

870 a.A. *Schuchmann*, Die Behandlung von tacit collusion im europäischen und deutschen Kartellrecht, S. 189.

871 *Bechtold/Bosch* in: Bechtold/Bosch, § 29 GWB, Rn. 22.

872 *Bechtold/Bosch* in: Bechtold/Bosch, GWB - Kommentar,§ 29 GWB, Rn. 22f.; *Gleave/Judith* in: Danner/Theobald, Energierecht, B. 1., Rn. 64; *Baron* in: Frankfurter Kommentar Band V, (Lfg. 74), § 29 GWB, Rn. 13f.

873 *Bechtold/Bosch* in: Bechtold/Bosch, GWB - Kommentar, § 29 Rn. 22; *Dorß* in: Loewenheim/Meessen/Riesenkampff, Kartellrecht, 2. Auflage, § 29 Rn. 24.

bb) § 29 S. 1 Nr. 2 GWB

§ 29 S. 1 Nr. 2 GWB definiert dagegen den Missbrauch als ein Fordern von Entgelten, die die Kosten in unangemessener Weise überschreiten. Mit dieser Vorschrift wird das im EU-Recht zu Art. 102 AEUV bereits anerkannte Gewinnbegrenzungskonzept ausdrücklich auch im nationalen Recht für anwendbar erklärt. Anders als bei der ersten Variante des § 29 GWB trägt hier die Behörde bzw. die Partei, die sich auf den Verstoß beruft, die Beweislast in allen Verfahrensarten.[874] Außerdem dürfte die Feststellung einer unangemessenen Preis-Kosten-Relation Behörden und Kläger vor Schwierigkeiten stellen.[875]

b) Bewertung und mögliche Übertragbarkeit

Wendet man die Vorschriften aus § 29 GWB konsequent an, so ist die Chance der erfolgreichen Durchsetzung des Missbrauchsverbots gegenüber Unternehmen erheblich erhöht.[876] Daher stellt sich die Frage, ob eine vergleichbare Regelung auch für andere Bereiche, wie insbesondere den Kraftstoffsektor, denkbar und erstrebenswert wäre, um die oben gezeigten praktischen Probleme bei der Durchsetzung der Missbrauchsvorschriften abzumildern.[877]

Um dies beurteilen zu können, soll zunächst untersucht werden, ob eine Regelung wie in §29 GWB sinnvoll sowie rechts- und ordnungspolitisch zulässig ist. Nachfolgend soll untersucht werden, ob ähnliche Gründe, die zu der Einführung des § 29 GWB geführt haben, auch zu einer ähnlichen Regelung für andere Bereiche, insbesondere den Tankstellen-Kraftstoffsektor, führen könnten.

---

874 *Bechtold/Bosch* in: Bechtold/Bosch, GWB - Kommentar, § 29 GWB Rn. 24, 29.

875 *Schuchmann*, Die Behandlung von tacit collusion im europäischen und deutschen Kartellrecht, S. 189; *Lotze/Thomale*, WuW 2008, 257, 262f.; *Bechtold/Bosch* in: Bechtold/Bosch, GWB, § 29, Rn. 28f., Monopolkommission, 47. Sondergutachten 2007, S. 14ff.

876 *Höft*, Die Kontrolle des Ausbeutungsmissbrauchs im Recht der Wettbewerbsbeschränkungen, S. 369; a.A. *Schuchmann*, Die Behandlung von tacit collusion im europäischen und deutschen Kartellrecht, S. 189f.; *Ackermann* in: Zimmer, The Goals of Competition Law, S. 364: "the practical problems surrounding the detection of excessive prices remain unsolved."

877 So z.B. *Schmidt*, WuW 2012, 795, 795, der sogar eine generelle Übertragung der Beweiserleichterungen auf § 19 GWB befürwortet.

aa) Bewertung der Regelung des § 29 GWB

Vereinzelte Stimmen, sowohl von Kartellbehörden als auch aus der Wissenschaft und der Wirtschaft, äußern sich zu den Regelungen in § 29 GWB kritisch.[878]

(1) Verstoß gegen Prinzip der freien Preisbildung und Warenverkehrsfreiheit

Es wird argumentiert, diese Art der Preisregulierung verstoße einerseits gegen das marktwirtschaftliche Prinzip der freien Preisbildung[879], und andererseits gegen die Warenverkehrsfreiheit aus Art. 34 AEUV[880], indem sie zur Etablierung einer Höchstpreisgrenze und damit indirekt zu einer Maßnahme gleicher Wirkung führe.[881]

Allerdings bezweckt weder der Gesetzgeber eine Höchstpreisregulierung[882] noch wird es in der Mehrheit der Fälle aufgrund der Rechtfertigungsmöglichkeiten der Unternehmen zu einer solchen kommen[883]. Zudem könnte dann auch im Zusammenhang mit der Preismissbrauchskontrolle im Allgemeinen hinterfragt werden, ob eine Konformität mit den Grundfreiheiten besteht. Allein weil die Vorschriften verschärft und damit die Durchsetzung erleichtert wird, ist nicht ein Verstoß gegen die Grundfreiheiten anzunehmen, der bei einer schwächeren Vorschrift verneint wird.[884] Schärfere nationale Missbrauchsvorschriften sind außerdem mit dem Unionsrecht vereinbar.[885] Auch Art. 102 lit. a) AEUV sieht in dem Verlangen überhöhter Preise einen möglichen Missbrauch[886], und

---

878 Für einen Überblick dazu s. *Baron* in: Frankfurter Kommentar Band V, (Lfg. 79), § 29 GWB, Rn. 24.

879 U.a. *Weizsäcker*, Schriftliche Stellungnahme für die öffentliche Anhörung des BT-Wirtschaftsausschusses am 5.11.2007 (Ausschuss-Drucks. 16(9)838,43).

880 So z.B. *Müller-Graff* in: Festschrift für Hirsch 2008; *Ehricke*, EUZW 2007, 717, 718ff.; s. für eine ausführliche Auseinandersetzung mit dieser Frage *Koleva*, Die Preismissbrauchskontrolle nach § 29 GWB, S. 120ff.

881 So z.B. *Müller-Graff* in: Festschrift für Hirsch 2008; *Ehricke*, EUZW 2007, 717, 718ff.

882 BTag, Entwurf eines Gesetzes zur Bekämpfung von Preismissbrauch im Bereich der Energieversorgung und des Lebensmittelhandels, BT-Drs. 16/5847, S. 9.

883 *Koleva*, Die Preismissbrauchskontrolle nach § 29 GWB S. 136ff.

884 Vgl. *Markert*, ZNER 2007, 365, 365; *Baron* in: Frankfurter Kommentar Band V, (Lfg. 74), § 29 GWB, Rn. 35ff.; *Koleva*, Die Preismissbrauchskontrolle nach § 29 GWB S. 144f.

885 *Baron* in: Frankfurter Kommentar Band V, (Lfg. 74), § 29 GWB, Rn. 36.

886 Dazu *Bulst* in: Langen/Bunte, Europäisches Kartellrecht, Art. 102, Rn. 163ff.; *Baron* in: Frankfurter Kommentar Band V, (Lfg. 74), § 29 GWB, Rn. 36.

Art. 3 Abs. 2 S. 1 der VO 1/2003[887] erlaubt strengere nationale Missbrauchsvorschriften als das Unionsrecht.[888]

Auch die Gefahr einer umfassenden Preisregulierung besteht nicht, weil die Behörden auch im Zusammenhang mit § 29 GWB die Möglichkeit haben, im Rahmen einer Gesamtabwägung und bereits bei der Ausübung des Aufgreifermessens auf negative Auswirkungen der Preiskontrolle Rücksicht zu nehmen und eine flächendeckende Preisregulierung zu vermeiden.[889]

(2) Mögliche negative Auswirkungen auf den Wettbewerb

Auch im Zusammenhang mit § 29 GWB stellt sich die allgemeine Frage nach der Sinnhaftigkeit einer *ex post* stattfindenden Preishöhenkontrolle.[890]

Es wird insbesondere befürchtet, dass der Wettbewerb insgesamt geschwächt wird, indem sowohl Innovations- und Investitionsanreize sowie Anreize zu potentiellem Wettbewerb und die Wechselbereitschaft der Nachfrager gemindert werden.[891] Wie oben erläutert, besteht diese Gefahr bei einer Preishöhenkontrolle, dennoch ist eine wirksame Preishöhenkontrolle auf einigen Märkten zum Schutz der Konsumentenwohlfahrt notwendig. Die möglicherweise negativen Konsequenzen für den Wettbewerb sind bei der Anwendung zu berücksichtigen. Die Tatsache, dass die Vorschrift zu einer effektiveren Durchsetzung des Missbrauchsverbots führt, kann nicht zu einem anderen Ergebnis führen.[892] Mangels einer Anknüpfung an einen wettbewerblichen Bezugspunkt und angesichts der Beweiserleichterung, kann ein Anfangsverdacht aber schneller angenommen werden, sodass sich die dargestellten Gefahren mit größerer Wahrscheinlichkeit als im Rahmen der Preishöhenkontrolle nach § 19 GWB verwirklichen könnten.[893] Daher muss die Verwendung solcher verschärften Vorschriften gesondert

---

887 VO des Rates v. 16.12.2002, ABl. EU 2003, Nr. L 1/1.

888 Vgl. *Müller-Graff* in: Festschrift für Hirsch 2008, S. 273, 275; *Koleva*, Die Preismissbrauchskontrolle nach § 29 GWB S. 108.

889 *Baron* in: Frankfurter Kommentar Band V, (Lfg. 74), § 29 GWB, Rn. 37.

890 Vgl. Darstellung in *Koleva*, Die Preismissbrauchskontrolle nach § 29 GWB S. 43ff.; eine Vielzahl an Kritikpunkten findet sich in: Monopolkommission, 47. Sondergutachten 2007 und Monopolkommission, 63. Sondergutachten 2012, Rn. 98.

891 Zu § 29 GWB u.a. Monopolkommission, 47. Sondergutachten 2007, S. 18ff.; Monopolkommission, 63. Sondergutachten 2012, Rn. 98; *Höft*, Die Kontrolle des Ausbeutungsmissbrauchs im Recht der Wettbewerbsbeschränkungen, S. 367ff.

892 *Baron* in: Frankfurter Kommentar Band V, (Lfg. 74), § 29 GWB, Rn. 39.

893 *Höft*, Die Kontrolle des Ausbeutungsmissbrauchs im Recht der Wettbewerbsbeschränkungen, S. 368f.

gerechtfertigt werden[894] und eine allgemeine Übertragung der Beweiserleichterungen auf das Missbrauchsverbot im Allgemeinen ist abzulehnen.

bb) Sinnhaftigkeit des Erlasses einer entsprechenden Regelung für andere Bereiche

Um eine mögliche Rechtfertigung einer entsprechenden Regelung für andere Bereiche, insbesondere den Kraftstoffsektor, und damit eine Übertragung der Beweiserleichterungen untersuchen zu können, sollen zunächst die Gründe für eine Einführung im Gas- und Stromsektor dargelegt werden. Nachfolgend wird beantwortet, ob diese Gründe auch für andere Bereiche zutreffen könnten.

(1) Gründe für eine Einführung im Gas- und Stromsektor

Die Regelungen wurden aus Gründen, die sich aus dem Charakter des Energiesektors ergeben, vorgenommen und werden mit diesen gerechtfertigt. Nach Aufhebung der §§ 103 bis 104a des Gesetzes zur Neuregelung des Energiewirtschaftsrechts unterlag die Missbrauchsaufsicht über Strom- und Gasversorger vollständig der allgemeinen Missbrauchsaufsicht, verbunden mit den oben dargestellten Problemen bei der Bestimmung eines missbräuchlich überhöhten Preises.

Hintergrund für die Sonderregelung war die Annahme, dass die Funktionsfähigkeit des Wettbewerbs auf verschiedenen Ebenen der Strom- und Gaswirtschaft nicht gegeben und das Preisniveau im internationalen Vergleich zu hoch war. Aufgrund der besonderen volkswirtschaftlichen Bedeutung der Strom- und Gasversorgung und deren hohe Relevanz für die Lebenshaltungskosten der Bürger sowie Unternehmen wurde daher die allgemeine Missbrauchsaufsicht in diesem Bereich als ungenügend angesehen und der Ruf nach einer sektoralen Regulierung laut.[895] Die Bundesregierung kam diesem mit einem Gesetzesvorschlag nach, den sie wie folgt begründete: „Die Energiemärkte sind von einer starken vertikalen Integration und zunehmender Konzentration geprägt. Die Energiepreise sind auf ein volkswirtschaftliches bedenkliches Niveau gestiegen, das mit der Entwicklung der Primärenergiekosten nicht mehr begründbar erscheint und industrielle Abnehmer sowie Endverbraucher über Gebühr belastet. “[896]

---

894 *Baron* in: Frankfurter Kommentar Band V, (Lfg. 74), § 29 GWB, Rn. 35.
895 *Ritter/Lücke*, WuW 2007, 698, 699f.; *Bechtold/Bosch* in: Bechtold/Bosch, GWB, § 29, Rn. 1.
896 BTag, Entwurf eines Gesetzes zur Bekämpfung von Preismissbrauch im Bereich der Energieversorgung und des Lebensmittelhandels, BT-Drs. 16/5847, S. 9.

Der Gesetzgeber war der Meinung, dass auf die unzureichende Wettbewerbsentwicklung nur mit einer verschärften Missbrauchskontrolle reagiert werden könne bis strukturelle Maßnahmen wirken.[897] Es wurde jedoch klargestellt, dass keine Preisregulierung auf bisher nicht regulierten Märkten eingeführt werden solle.[898]

(2) Übertragbarkeit auf andere Bereiche

Eine vergleichbare Regelung und insbesondere eine vergleichbare Beweiserleichterung für andere Bereiche ist denkbar, wenn ähnliche Verhältnisse wie im Gas- und Stromsektor vorliegen. Es muss dabei genau überprüft werden, ob es sich um ein Gut mit besonderer volkswirtschaftlicher Bedeutung handelt, die Abnehmer „über Gebühr" belastet werden, das Preisniveau dauerhaft über dem Wettbewerbspreis liegt und eine starke vertikale Integration herrscht.

In einigen Punkten ist der Tankstellen-Kraftstoffsektor danach durchaus mit dem geschilderten Energiesektor vergleichbar. Kraftstoffe stellen nicht nur für viele Bürger einen nicht unerheblichen Teil der Lebenshaltungskosten dar, sondern sind auch in einigen Wirtschaftsbranchen, wie z.B. dem Speditionswesen, ein erheblicher Kostenfaktor. Der Bezug von Kraftstoffen zu erschwinglichen Preisen ist, zumindest bisher, noch unerlässlich für das Funktionieren der nationalen Volkswirtschaft.[899] Die Möglichkeit der Mobilität ist außerdem eine Voraussetzung für die Ausübung verschiedener Grundrechte, wie zum Beispiel das Recht auf Freizügigkeit aus Art. 11 GG.[900] Des Weiteren ist der Kraftstoffsektor auch durch die vertikale Integration der großen Mineralölkonzerne geprägt. Sie besitzen wesentliche Raffineriekapazitäten und beliefern sowohl ihre eigenen Tankstellen wie auch freie Tankstellen.[901] Der Wettbewerb, insbesondere der Binnenwettbewerb zwischen den fünf Oligopolisten, ist nach Einschätzung des Bundeskartellamtes[902] und nach der hier vorgenommenen Analyse bereits

---

897 BTag, Entwurf eines Gesetzes zur Bekämpfung von Preismissbrauch im Bereich der Energieversorgung und des Lebensmittelhandels, BT-Drs. 16/5847, S. 9; vgl. Darstellung in *Koleva*, Die Preismissbrauchskontrolle nach § 29 GWB, S. 179.

898 BTag, Entwurf eines Gesetzes zur Bekämpfung von Preismissbrauch im Bereich der Energieversorgung und des Lebensmittelhandels, BT-Drs. 16/5847, S. 9.

899 *Knauff*, NJW 2012, 2408, 2411.

900 *Lühle*, Beschränkungen und Verbote des Kraftfahrzeugverkehrs zur Verminderung der Luftbelastung, S. 91.

901 *Dewenter/Haucap/Heimeshoff*, ADAC Studie zur Mobilität 2012, S. 8.

902 Bundeskartellamt, Sektoruntersuchung Kraftstoffe - Abschlussbericht Mai 2011, S. 61.

erheblich gestört[903], sodass eine Zunahme an Wettbewerb und damit eine Abnahme der Marktmacht nicht in nächster Zeit zu erwarten sind.

Es ist auch davon auszugehen, dass das Preisniveau für Kraftstoffe an Tankstellen größtenteils dauerhaft über dem Niveau bei funktionierendem Wettbewerb liegt.[904] Für die Annahme einer Vergleichbarkeit des Energiemarktes mit dem Kraftstoffmarkt spricht auch, dass das Markttransparenzstellengesetz, welches ursprünglich nur für die Großhandelsmärkte Elektrizität und Gas galt, 2012 auf den Kraftstoffsektor ausgedehnt worden ist.

Entscheidend für eine verschärfte Missbrauchskontrolle nach dem Vorbild des § 29 GWB dürfte also sein, ob die Marktgegenseite „über Gebühr belastet" wird und das Preisniveau nicht mehr mit der Entwicklung der Rohölpreise zu erklären ist. Der Frage, ob auch diese Kriterien erfüllt sind, müsste durch weitere Analysen und Beobachtungen der Kraftstoffpreise nachgegangen werden.

Die Einführung einer mit § 29 GWB vergleichbaren Vorschrift für den Vertrieb von Kraftstoffen auf der Einzelhandelsebene wäre also denkbar und würde den Kartellbehörden die Durchsetzung des Missbrauchsverbots erheblich erleichtern. Allerdings wäre zuvor eine Analyse des Preisniveaus notwendig.

Eine Beweislastumkehr angelehnt an § 29 Abs. 1 Nr. 1 müsste allerdings für den Kraftstoffsektor etwas modifiziert werden. Da die Oligopolisten sich im Kraftstoffsektor auf Einzelhandelsebene vergleichbar und ohne große Abweichungen zueinander verhalten, wie in dieser Arbeit dargelegt, dürfte ein Vergleich mit anderen Unternehmen auf diesem Markt nicht zielführenden sein. Ein „Vergleich mit Unternehmen auf vergleichbaren Märkten" würde voraussetzen, dass mit dem Kraftstoffmarkt auf Einzelhandelsebene vergleichbare Märkte gibt. Daher wäre es zielführender und leichter umsetzbar auf das Preissetzungsverhalten des betroffenen Unternehmens selbst abzustellen und die untersuchten Preise mit Preisen des Unternehmens zu anderen Zeitpunkten (zeitliches Vergleichsmarktkonzept) oder in einer anderen Region zu vergleichen.

Eine mit § 29 Abs. 1 Nr. 2 GWB vergleichbare Klarstellung ist auch für den Kraftstoffsektor wünschenswert, um den Tatbestand des Missbrauchs durch überhöhte Preise auch in diesem Bereich verstärkt in den Fokus zu rücken.

903 Siehe S. 125ff.

904 Bundeskartellamt, Sektoruntersuchung Kraftstoffe - Abschlussbericht Mai 2011, S. 20.

5. *Zusammenfassende Stellungnahme*

Es konnte gezeigt werden, warum eine implizite Kollusion allein noch keinen Missbrauch darstellen kann und es daher einer hinzutretenden Verhaltensweise bedarf. Mögliche hinzutretende Verhaltensweisen, wie eine Erhöhung der Transparenz oder überhöhte Preise, wurden erörtert. Mitunter wurde erläutert, welche praktischen Schwierigkeiten und theoretischen Fragen bei einer *ex post* stattfindenden Preishöhenkontrolle auftreten und wie diesen ggf. zu begegnen sind. Eine abschließende Aussage über das Bestehen missbräuchlich überhöhter Preise auf den nationalen Tankstellenmärkten kann aber im Rahmen dieser nicht Arbeit getroffen werden. Dennoch lässt sich grundsätzlich feststellen, dass trotz der Schwierigkeiten vermehrt über eine Kontrolle überhöhter Preise nachgedacht werden sollte, da ein überhöhtes Preisniveau typischerweise Ausdruck impliziter Kollusion ist und sonst das Kartellrecht dieses Verhalten nicht erfasst. Aus dem gleichen Grund sollte auch verstärkt eine Kontrolle und Überprüfung von *facilitating practices* stattfinden.

Eine Übertragung der Vorschriften, die eine Durchsetzung des Missbrauchsverbots auf dem Energiemarkt erleichtern, auch auf andere Sektoren wird unter bestimmten Umständen für denkbar und sinnvoll erachtet. Insbesondere sollte an die Verabschiedung einer vergleichbaren Vorschrift hinsichtlich des Tankstellen-Kraftstoffsektors gedacht werden.

V. Verwaltungsrechtliche Instrumente bei festgestelltem oder vermutetem Verstoß

Das Unionsrecht sowie das deutsche Recht sehen verschiedene Rechtsfolgen bei einem Verstoß gegen das Kartellverbot oder das Missbrauchsverbot vor. Die Kartellbehörden können grundsätzlich eine Abstellung der Zuwiderhandlung, Bußgeldzahlungen oder einstweilige Maßnahmen anordnen. Zudem besteht für die Unternehmen die Möglichkeit, im Falle eines vermuteten Verstoßes Verpflichtungszusagen abzugeben. Nachfolgend sollen unter Berücksichtigung der bereits zum Kartellverbot und zum Missbrauchsverbot angestellten Überlegungen diese Optionen erörtert werden.

1. *Mögliche Maßnahmen zum Abstellen der Zuwiderhandlung*

Die EU- bzw. nationalen Kartellbehörden können die Unternehmen gemäß Art. 7 Abs. 1 S. 1 VO 1/2003 bzw. § 32 Abs. 1 GWB bei einem Verstoß gegen das Kartellverbot oder das Missbrauchsverbot verpflichten, eine Zuwiderhandlung abzustellen. Inhalt ist die Anordnung, die rechtswidrige Verhaltensweise zu beenden und keine Handlungen mit ähnlichem Zweck oder ähnlicher Wirkung vorzunehmen.[905]

Über die bloße Anordnung hinaus, ihr Verhalten abzustellen, können die Kartellbehörden gemäß Art. 7 Abs. 1 S. 2 und 3 VO 1/2003 bzw. § 32 Abs. 2 GWB alle erforderlichen Abhilfemaßnahmen verhaltensorientierter oder struktureller Art vorschreiben, die gegenüber der festgestellten Zuwiderhandlung verhältnismäßig und für eine wirksame Abstellung der Zuwiderhandlung erforderlich sind. Die Wirksamkeit einer Maßnahme muss ebenso wie die Verhältnismäßigkeit nach den Umständen des Einzelfalles beurteilt werden.[906] Abstellungsverfügungen können sowohl in Form einer negativen Tenorierung, das heißt in Form eines bloßen Verbots, als auch in Form einer positiven Tenorierung, das heißt in Form der Verpflichtung zu einem bestimmten Handeln, ergehen.[907]

Liegt eine stillschweigende Koordinierung durch Oligopolisten vor, kommen insbesondere die nachfolgend dargestellten Abhilfemaßnahmen in Betracht.

a) Verhaltensbedingte Entflechtung nach Art. 7 VO 1/2003 und § 32 Abs. 2 GWB

Aufgrund der dargestellten Defizite im Zusammenhang mit impliziter Kollusion auf engen Oligopolmärkten rückt das Instrument der Entflechtung in den Fokus. Mit dessen Hilfe ist es möglich, durch behördliche Anordnung eine bereits bestehende Konzentration von Wettbewerbern auf einem Markt und deren marktbeherrschende Stellungen abzubauen, um einen intensiveren Wettbewerb auf dem Markt zu erreichen und ein enges Oligopol zu destabilisieren. In der Konsequenz wird also eine implizite Koordinierung erschwert. Dies würde ein gezieltes Eingreifen des Staates darstellen, da die tatsächlichen Verhältnisse auf dem Markt, das Verhalten der Oligopolisten und das Marktergebnis als Gesamtheit vor einer Entflechtung Berücksichtigung finden.[908]

Es bestehen verschiedene Kriterien, nach denen sich Entflechtungen kategorisiert lassen. So wird zum Beispiel nach der Art der Durchführung einer Entflechtung zwischen der entziehenden und umgestaltenden Entflechtung

---

905 *Dalheimer* in: Grabitz/Hilf, Das Recht der Europäischen Union, Art. 7 VO 1/2003, Rn. 8. 40. Aufl. 2010.

906 *Dalheimer* in: Grabitz/Hilf, Das Recht der Europäischen Union, Art. 7 VO 1/2003, Rn. 9f.

907 *Ritter* in: Immenga/Mestmäcker, EU-Wettbewerbsrecht, Art. 7 VO 1/2003, Rn. 44.

908 *Jungermann*, Kollektive Marktbeherrschung durch interdependentes Parallelverhalten und deren Missbrauch, S. 30f.

unterschieden. Bei beiden werden dem Unternehmen bestimmte Vermögens- oder Betriebsteile entzogen. Aber nur bei ersterer wird damit auch die vermögensmäßige Substanz entzogen und nicht nur die Unternehmensstruktur sowie die Struktur der Vermögensinhaberschaft verändert.[909] Ebenfalls nach Art der Durchführung wird zwischen organisatorischer, finanzieller, personeller und betrieblicher Hinsicht unterschieden.[910] Der Referentenentwurf vom 5. Mai 2010, der allerdings nicht zu einem Gesetz führte, sieht zum möglichen Anordnungsinhalt vor, dass „marktbeherrschende Unternehmen Teile ihres Vermögens veräußern oder auf andere Weise verselbständigen müssen (Entflechtungsanordnung)…". Danach soll sowohl die eigentumsrechtliche Entflechtung als auch jede Verselbständigung des Vermögens auf andere Art eine Entflechtung darstellen. Außerdem ist nicht nur die Anordnung struktureller, sondern auch verhaltensbedingter Auflagen umfasst.[911]

Insbesondere müssen Entflechtungen aber nach dem Anlass der Entflechtung und den Voraussetzungen unterschieden werden. Dabei findet eine Unterteilung in verhaltensbedingte sowie rein strukturbedingte, missbrauchsunabhängige Entflechtungen statt. Verhaltensbedingte Entflechtungen dienen der Abstellung von Verstößen gegen das deutsche und europäische Kartellrecht und sind mittlerweile auf EU-Ebene in Art. 7 VO 1/2003 sowie national, z.B. in Deutschland in § 32 Abs. 2 GWB, geregelt. Eine rein strukturbedingte Entflechtung, das heißt eine Entflechtung ohne Anlass eines kartellrechtswidrigen Verhaltens, ist nicht vorgesehen, obwohl es bereits mehrere Ansätze gab, diese einzuführen. Ob die Einführung einer solchen sinnvoll wäre, wird unten noch untersucht.[912]

Nachfolgend soll erörtert werden, ob und unter welchen Voraussetzungen eine verhaltensbedingte Entflechtung als Abhilfemaßnahme bei Vorliegen von Ausbeutungsmissbräuchen wie überhöhte Preise möglich und sinnvoll ist, und welche Fragen in diesem Zusammenhang auftreten. Im Anschluss wird eine mögliche Entflechtung der Mineralölkonzerne in Deutschland thematisiert, sodass die gewonnenen Erkenntnisse an einem konkreten Beispiel angewendet werden.

---

909 *Scholz*, Entflechtung und Verfassung, S. 62.

910 S. dazu *Scholz*, Entflechtung und Verfassung, S. 62ff.

911 Hintergrundpapier, Arbeitskreis Kartellrecht v. 7.10.2010, S. 7.

912 Siehe S. 215ff.

aa) Allgemeines zur verhaltensbedingten Entflechtung

Art. 7 Abs. 1 S. 1 VO 1/2003 sowie § 32 GWB geben den Kartellbehörden die Möglichkeit, alle Maßnahmen zu ergreifen, die für eine wirksame Abstellung der Zuwiderhandlung erforderlich und verhältnismäßig sind. Die Diskussion, ob darunter auf nationaler Ebene auch strukturelle Maßnahmen bis hin zu einer Entflechtung, zu verstehen waren, und die vollständige Angleichung an Art. 7 VO 1/2003 wurden erst mit der 8. GWB-Novelle[913] beendet. § 32 Abs. 2 GWB sieht nun auch ausdrücklich auf nationaler Ebene die Möglichkeit vor, Abhilfemaßnahmen struktureller Art zu erlassen. Laut Begründung handelt es sich lediglich um eine Klarstellung, und zukünftige Anwendungsfälle sollen voraussichtlich auch das Missbrauchsverbot betreffen.[914]

Im Zusammenhang mit verhaltensbedingten Entflechtungen bestehen grundsätzlich die gleichen Bedenken hinsichtlich negativer Vorfeldwirkungen wie im Zusammenhang mit missbrauchsunabhängigen Entflechtungen.[915] Es kann jedoch angenommen werden, dass solche aus verschiedenen Gründen eine geringere Intensität aufweisen. Insbesondere setzt eine verhaltensbedingte Entflechtung neben einer marktbeherrschenden Stellung gerade auch ein rechtswidriges Verhalten des Unternehmens voraus, auf dessen Vorliegen das Unternehmen Einfluss besitzt. Des Weiteren unterliegt die Anordnung einer Entflechtung als Abhilfemaßnahme dem Verhältnismäßigkeitsgrundsatz und grenzt damit die Befugnis der Behörden erheblich ein.[916]

Im Rahmen von § 32 Abs. 2 GWB und Art. 7 VO 1/2003 sind weder ein ausdrücklicher Effizienzeinwand noch eine Kompensation, die über den Verkaufserlös hinausgeht, vorgesehen. Begründet wird dies von der Monopolkommission mit dem Charakter der verhaltensbedingten Entflechtung als Reaktion auf ein kartellrechtswidriges Verhalten und der damit gesteigerten Abschreckungswirkung.[917]

---

913 Achtes Gesetz zur Änderung des Gesetzes gegen Wettbewerbsbeschränkungen vom 26.06.2013, BGBl. I S. 1738.

914 Siehe *Satzky*, WuW 2010, 614, 624.

915 Siehe dazu S. 215ff.

916 Monopolkommission, 58. Sondergutachten 2010, Rn. 123ff.

917 Monopolkommission, 58. Sondergutachten 2010, Rn. 126.

bb) Anforderungen an eine verhaltensbedingte Entflechtung in Folge eines Ausbeutungsmissbrauchs

Eine Maßnahme nach Art. 7 VO 1/2003 bzw. § 32 Abs. 2 GWB setzt immer einen Verstoß gegen das Kartell- oder Missbrauchsrecht voraus. Doch bestehen weitere Voraussetzungen für die Anordnung einer Entflechtung, das heißt, nicht in jedem Fall darf zur Beseitigung eines Verstoßes eine strukturelle Maßnahme wie eine Entflechtung angeordnet werden.

(1) Grundsätzliches Erfordernis der Konnexität

Es wird eine gewisse Konnexität zwischen Zuwiderhandlung und Abhilfemaßnahme gefordert. In der Rechtssache *Commercial Solvents* hat der EuGH erstmals geäußert, dass eine Maßnahme auf die „Natur der festgestellten Zuwiderhandlung" abgestimmt sein müsse.[918] Dies wurde auch in weiteren Entscheidungen der europäischen Gerichte bestätigt[919] Dabei ist es unerheblich, dass die Entscheidungen zu der alten VO 17/62 ergangen sind, da die Einführung des Art. 7 VO 1/2003 diesbezüglich nicht mit erheblichen inhaltlichen Änderungen einhergehen sollte[920].[921]

Zumindest können die Behörden als mögliche Abhilfemaßnahme eine spiegelbildliche Verfügung erlassen, das heißt die Anordnung eines *actus contrarius* zu der Zuwiderhandlung. Bei überhöhten Preisen wäre dies also die Anordnung zu einer dauerhaften Reduktion des Preisniveaus.[922] Doch dabei entstehen praktische Probleme auf einem Markt, in dem die Preise und die Faktoren, die den Preis bestimmen, häufig wechseln. Die Festlegung eines dauerhaften Preisniveaus oder die Festlegung angemessener Gewinnmargen durch die Behörden dürfte praktisch unmöglich sein und stellte einen risikoreichen Eingriff in den Markt

---

918 EuGH, Urt, v. 6.3.1974, verb. Rs. C-6, 7/73 - Slg. 1974, 223, Rn. 30f. - *Commercial Solvents.*

919 EuGH, Urt. v. 6.4.1995, verb. Rs. C-241 und 242/91 P - Slg. 1995, I-743, Rn. 90 - *Magill*; EuGH, Urt. v. 1.10.1998, Rs. C-279/95 P - Slg. 1998, I-5606, Rn. 74 - *Langnese-Iglo*; EuG, Urt. v. 7.10.1999, T-228/97 - Slg. 1999 II-2969, Rn. 298 - *Irish Sugar*; EuG, Urt. v. 28.2.2002, Rs. T-395/94 - Slg. 2002, II-875, Rn. 410.

920 *Anweiler* in: Loewenheim/Meessen/Riesenkampff/Kersting/Meyer-Lindemann, Kartellrecht, 3. Auflage, Art. 7 VO 1/2003, Rn. 3; Kommissionsbegründung zum Vorschlag für VO 1/2003 v. 27.9.2000, KOM (2000) 582, S. 19f.

921 *Voell*, Entflechtungen als Abhilfemaßnahmen im europäischen und deutschen Missbrauchsrecht, S. 57.

922 *Voell*, Entflechtungen als Abhilfemaßnahmen im europäischen und deutschen Missbrauchsrecht, S. 58.

dar. Eine Entflechtung aufgrund internen Wachstums dagegen geht über eine spiegelbildliche Maßnahme hinaus.[923] Jedoch sind solche Maßnahmen grundsätzlich auch von der Abstellungskompetenz der Kartellbehörden erfasst.[924] Laut Erwägungsgrund 12 VO 1/2003 zu Art. 7 VO 1/2003 können unter bestimmten Voraussetzungen auch Eingriffe in die Unternehmensstruktur vorgenommen werden: „Änderungen an der Unternehmensstruktur, wie sie vor der Zuwiderhandlung bestand, sind nur dann verhältnismäßig, wenn ein erhebliches, durch die Struktur eines Unternehmens als solcher bedingtes Risiko anhaltender oder wiederholter Zuwiderhandlungen gegeben ist.".

(2) Keine Entflechtung bei zulässigem Verhalten

Es ist jedoch zu berücksichtigen, dass Abhilfemaßnahmen eine Abstellung der Zuwiderhandlung sowie eine Rückkehr in die Legalität bewirken sollen.[925] Sie dürfen sich daher nur auf Verhaltensweisen beziehen, die gegen Recht verstoßen, und dürfen kein zulässiges Verhalten verbieten.[926]

Es wird daher mitunter vertreten, dass eine Entflechtung marktbeherrschender Unternehmen auch als Abhilfemaßnahme eines missbräuchlichen Verhaltens unzulässig sei, wenn eine direkte Auswirkung der Entflechtung auf die Marktverhältnisse und damit auf die marktbeherrschende Stellung der Unternehmen beabsichtigt ist. Es würde in solchen Fällen nicht die Zuwiderhandlung an sich abgestellt werden, sondern bereits die eigentlich legale Adressateneigenschaft der Unternehmen.[927] Damit würde ein eine an sich zulässige Position des

923 *Voell*, Entflechtungen als Abhilfemaßnahmen im europäischen und deutschen Missbrauchsrecht, S. 65, 69.

924 *v. Rosenberg*, E.C.L.R. 2009, 237, 241; *Voell*, Entflechtungen als Abhilfemaßnahmen im europäischen und deutschen Missbrauchsrecht, S. 65ff.; so auch Kommission, Begründung zum Vorschlag für VO 1/2003 v. 27.9.2000, KOM (2000) 582, S. 20.

925 EuG, Urt. v. Rs. T-76/89 - Slg. 1991, II-575, Rn. 70 - *Magill*; bestätigt durch EuGH, Urt. v. 6.04.1995, verb. Rs. C-241 und 242/91 P - Slg. 1995, I-743, Rn. 93 - *Magill*; EuG, Urt. v. Rs. T-305/94 - Slg. 1999, II-931, Rn. 1250 - *PVC II*.

926 EuG, Urt. v. 7.10.1999, T-228/97 - Slg. 1999 II-2969, Rn. 298 - *Irish Sugar;* EuGH, Urt. v. 1.10.1008, Rs. C-279/95 P - Slg. 1998, I-5606, Rn. 74 - *Langnese-Iglo*; EuG, Urt. v. 14.5.1998, Rs. T-338/94 - Slg. 1998, II-1617- *Finnboard*; EuGH, Urt. v. 3.7.1991, Rs. C- 62/86 - Slg. 1991, I-3359 Rn. 159f. - *Akzo*; EuGH, Urt. v. 28.2.1984, Rs. 228 und 229/82 - Slg. 1984, 1129 - *Ford II*; *Voell*, Entflechtungen als Abhilfemaßnahmen im europäischen und deutschen Missbrauchsrecht, S. 58.

927 *Voell*, Entflechtungen als Abhilfemaßnahmen im europäischen und deutschen Missbrauchsrecht, S. 71; im Ergebnis: *Emmerich* in: Immenga/Mestmäcker, Wettbewerbsrecht, § 32 GWB, Rn. 36.

Unternehmens beseitigt werden und ein Verstoß gegen das dargestellte Konnexitätserfordernis vorliegen.[928] Es seien stattdessen als Abhilfemaßnahme eines Missbrauchs nur solche Entflechtungen zulässig, die nicht unmittelbar auf eine Änderung der Marktstruktur und Marktverhältnisse zielen, wie vertikale oder konglomerate Entflechtungen. Danach würde nur eine Entflechtungsanordnung, die unmittelbar auf die Abstellung der Zuwiderhandlung abzielt und nur mittelbar zu einer eventuellen Veränderung der Marktmacht führt, das Konnexitätserfordernis nicht verletzen.[929]

Nach dieser Auffassung würde die Anordnung einer horizontalen Entflechtung als Folge eines Ausbeutungsmissbrauchs nicht zulässig sein, da sie allein auf die Kausalität der Marktmacht für den Missbrauch abstellt und unmittelbar auf eine Verringerung dieser Marktmacht abzielen würde. Eine vertikale Entflechtung dagegen würde nach der Auffassung zulässig sein und auch in einem bestimmten Umfang die Markttransparenz zwischen den Unternehmen und damit die gemeinsame marktbeherrschende Stellung schwächen, ohne dass die Beseitigung der Marktmacht zwingende Konsequenz ist.[930]

Es ist aber fraglich, ob es in der Bewertung einer Entflechtungsmaßnahme tatsächlich einen Unterschied machen sollte, ob die Maßnahme unmittelbar oder mittelbar auf eine Verringerung der Marktmacht abzielt.

Die dargestellte Auffassung übersieht zudem, dass sich die bisherige Rechtsprechung hinsichtlich des Verbots zulässigen Verhaltens nur damit befasst, ob als Folge eines Missbrauchs auch zulässige Verhaltensweisen verboten werden dürfen. Die Rechtsprechung befasst sich aber nicht mit der Frage, ob auch zulässige Unternehmensstrukturen, im Gegensatz zu zulässigen Verhaltensweisen, einer Anordnung nicht unterliegen dürfen. In der Rechtssache *Langnese-Iglo*[931] ging es um ein generelles Verbot zum Abschluss von Ausschließlichkeitsvereinbarungen, in *Finnboard*[932] um das Verbot des Austauschs rein statistischer Informationen und in der Sache *Akzo*[933] um das generelle Verbot unterschiedlicher

928 *Voell*, Entflechtungen als Abhilfemaßnahmen im europäischen und deutschen Missbrauchsrecht, S. 71.

929 *Voell*, Entflechtungen als Abhilfemaßnahmen im europäischen und deutschen Missbrauchsrecht, S. 72.

930 *Voell*, Entflechtungen als Abhilfemaßnahmen im europäischen und deutschen Missbrauchsrecht, S. 72.

931 EuGH, Urt. v. 1.10.1008, Rs. C-279/95 P - Slg. 1998, I-5606, Rn. 74 - *Langnese-Iglo*.

932 EuG, Urt. v. 14.5.1998, Rs. T-338/94 - Slg. 1998, II-1617 - *Finnboard*.

933 EuGH, Urt. v. 3.7.1991, Rs. C- 62/86 - Slg. 1991, I-3359 Rn. 159f. - *Akzo*.

Preissetzung gegenüber Kunden. In der Sache *Ford II*[934] wurde die Anordnung einer Lieferverpflichtung als unzulässig erachtet. In all diesen Fällen ging es also allein um zulässige Verhaltensweisen. Daher ist bereits fraglich, ob das von der Rechtsprechung aufgestellte Konnexitätsgebot auch für an sich zulässige Unternehmensstrukturen gilt, und die Rechtsprechung eine Entflechtung, die auf Beseitigung der an sich zulässigen marktbeherrschenden Stellung abzielt, tatsächlich als unzulässig ansehen würde.

Des Weiteren richtet sich eine Entflechtungsanordnung in diesen Fällen keineswegs nur auf das Abschaffen der marktbeherrschenden Stellung. Es ist nicht lediglich das einzige Ziel, zu verhindern, dass das Missbrauchsverbot mangels Erfüllung des Tatbestandsmerkmals „marktbeherrschende Stellung" keine Anwendung findet, sondern es soll ein Missbrauch mit einer solchen Anordnung verhindert werden. Die marktbeherrschende Stellung eines Unternehmens führt häufig zu besonderen Anreizen und Möglichkeiten, sich missbräuchlich zu verhalten. So muss ein marktbeherrschendes Unternehmen einen erheblichen Rückgang an Nachfrage oftmals weniger fürchten als ein Unternehmen mit geringer Marktmacht. Gerade auch in solchen Fällen kann die Beseitigung der Marktmacht zu einer Abstellung des missbräuchlichen Verhaltens führen.[935]

Auch in der Rechtssache *Alrosa* äußerte das Gericht der Europäischen Union zwar, dass ein Unternehmen, welches nicht Objekt eines Missbrauchsverfahrens ist, nicht zu Veränderungen der Unternehmensstruktur gezwungen werden kann.[936] Es stellt aber damit lediglich klar, dass die Kartellbehörden nicht zu missbrauchsunabhängigen, strukturellen Maßnahmen greifen dürfen. Dies dürfte wohl auch *Fuchs* gemeint haben, wenn er im Zusammenhang mit Art. 7 VO 1/2003 darauf hinweist, dass Eingriffe in die Unternehmenssubstanz nur zulässig sind, wenn sie zur Abstellung der Zuwiderhandlung erforderlich und verhältnismäßig sind, und keine Befugnis zur Zerschlagung einer marktbeherrschenden Stellung als solche besteht.[937] Es kann angenommen werden, dass in beiden Fällen nicht gemeint ist, dass eine Entflechtung, die allein auf die Kausalität zwischen Marktbeherrschung und Missbrauch abstellt, unzulässig ist.[938] Es

---

934 EuGH, Urt. v. 28.2.1984, Rs. 228 und 229/82 - Slg. 1984, 1129 - *Ford II.*

935 Vgl. *Lowe/Maier-Rigaud*, Fordham Corp. L. Inst. 2008, 597, 604 Fn. 18.

936 EuG, Urt. v. 11.7.2007, Rs. T-170/06 - Slg. 2007, II-2601, Rn. 146ff. - *Alrosa.*

937 *Fuchs*, WRP 2005, 1384, 1389.

938 So aber *Voell*, Entflechtungen als Abhilfemaßnahmen im europäischen und deutschen Missbrauchsrecht, S. 71f.

ist aber richtig, dass eine Entflechtung bisher nicht ohne missbräuchliches Verhalten, allein aufgrund einer marktbeherrschenden Stellung möglich ist.

(3) Risiko anhaltender oder wiederholter Zuwiderhandlung

Es ist zu beachten, dass Erwägungsgrund 12 VO 1/2003 eine nicht spiegelbildliche Entflechtung nur dann als zulässig ansieht, wenn ein Risiko anhaltender oder wiederholter Zuwiderhandlungen besteht, welches gerade auf die Unternehmensstruktur zurückgeht. Für die Einschätzung solcher Risiken können sowohl die Rechtsprechungs- und Behördenpraxis als auch Erkenntnisse aus der Fusionskontrolle herangezogen werden.[939]

(4) Verhältnismäßigkeit und Subsidiarität

Art. 7 Abs. 1 S. 3 VO 1/2003 und § 32 Abs. 2 S. 1 GWB stellen Vorgaben hinsichtlich des Verhältnisses zwischen verhaltensorientierten und strukturellen Maßnahmen bei der Anordnung einer Entflechtung auf. Die Regelungen sehen jeweils nur solche Abhilfemaßnahmen vor, die dem Verhältnismäßigkeitsgrundsatz entsprechen. Bei der Anordnung einer Entflechtung als Abhilfemaßnahme ist daher immer zu beachten, dass diese erhebliche Eingriffe in die Grundrechte der Unternehmen mit sich bringt und sie sich an dem Verhältnismäßigkeitsgrundsatz messen lassen muss.[940]

Die Normen bestimmen außerdem hinsichtlich struktureller Maßnahmen ausdrücklich, dass diese nur in Ermangelung einer verhaltensorientierten Abhilfemaßnahme von gleicher Wirksamkeit zulässig sind oder wenn letztere im Vergleich zu Abhilfemaßnahmen struktureller Art mit einer größeren Belastung für die beteiligten Unternehmen verbunden wäre.[941] Die wohl herrschende Meinung entnimmt diesen Bestimmungen eine generelle Subsidiarität struktureller gegenüber verhaltensorientierten Maßnahmen. Sie käme danach nur in Ausnahmefällen in Betracht, wenn alle anderen Maßnahmen zur Wiederherstellung eines rechtmäßigen Zustandes ausscheiden.[942] So wären zum Beispiel ein Verbot

---

939 *Voell*, Entflechtungen als Abhilfemaßnahmen im europäischen und deutschen Missbrauchsrecht, S. 72ff.

940 Klees/Hauser, WuW 2007, 596, 600; *Voell*, Entflechtungen als Abhilfemaßnahmen im europäischen und deutschen Missbrauchsrecht, S. 89.

941 *Bechtold/Bosch/Brinker* in: Bechtold/Bosch/Brinker, EU-Kartellrecht, Art. 7 VO/1/2003, Rn. 10.

942 Z.B. *Anweiler* in: Loewenheim/Meessen/Riesenkampf/Kersting/Meyer-Lindemann, Kartellrecht, 3. Auflage, Art. 7 VO 1/2003, Rn. 23; *Reichelt/Karl*, DB 2005, 1436, 1441; *Emmerich* in: Immenga/Mestmäcker, Wettbewerbsrecht, § 32 GWB, Rn. 35; a.A.

der *facilitating practice* oder eine Einschränkung der Preissetzungsfreiheit, die unten angesprochen werden, weniger einschneidend für Oligopolisten als strukturelle Maßnahmen, welche nur bestimmte Verhaltensweisen einschränken.

cc) Mögliche Entflechtung von Mineralölkonzernen

Nachfolgend soll nun unter Berücksichtigung der oben dargestellten Voraussetzungen untersucht werden, ob eine Entflechtung von Mineralölkonzernen, die Teil des Oligopols sind, aufgrund der anzunehmenden impliziten Kollusion denkbar ist.

(1) Grundsätzliche Möglichkeit einer Entflechtung

Wie oben dargestellt, führt allein eine stillschweigende Koordinierung weder zu einem Verstoß gegen das Kartellverbot noch zu einem Verstoß gegen das Missbrauchsverbot. Damit bestünde nicht die Möglichkeit, eine verhaltensbedingte Entflechtung nach Art. 7 VO 1/2003 bzw. § 32 GWB anzuordnen.[943] Allerdings könnten missbräuchlich überhöhte Preise oder die systematische und vertraglich abgesicherte Beobachtung von Wettbewerberpreisen als *facilitating practice* Anlass für eine verhaltensbedingte Entflechtung sein, wenn diese verfolgt und nachgewiesen würden.

Nur die Abstellung dieser missbräuchlichen Verhaltensweisen dürfte dann Ziel der Maßnahme sein. Die geforderte Konnexität zwischen Zuwiderhandlung und Missbrauch dürfte zumindest im Fall des Forderns überhöhter Preise bestehen, da durch Schwächung der Marktstellung das Fordern überhöhter Preise erschwert würde. Es ist davon auszugehen, dass durch die Struktur der Unternehmen ein Risiko anhaltender oder wiederholter Zuwiderhandlungen gegeben ist. Hinsichtlich der *facilitating practice* dürfte es dagegen nur schwer begründbar sein, eine Entflechtung als Maßnahme anzuordnen. Die missbräuchliche Verhaltensweise *per se* wird nicht durch die gemeinsame Marktbeherrschung begünstigt oder erst ermöglicht. Auch nach einer Entflechtung könnten die Mineralölunternehmen diese Verhaltensweise fortführen.

In jedem Fall müsste aber, bevor eine Entflechtung angeordnet wird, gemäß den gesetzlichen Bestimmungen eine umfassende Auseinandersetzung mit

---

Maier-Rigaud, WuW 2012, 487; *Bechtold/Bosch/Brinker* in: Bechtold/Bosch/Brinker, EU-Kartellrecht, Art. 7 VO/1/2003, Rn. 16f.; *Voell*, Entflechtungen als Abhilfemaßnahmen im europäischen und deutschen Missbrauchsrecht, S. 110 ff.

943 Vgl. *Voell*, Entflechtungen als Abhilfemaßnahmen im europäischen und deutschen Missbrauchsrecht, S. 185f.

weiteren möglichen Abhilfemaßnahmen stattfinden, um den Anforderungen an die Verhältnismäßigkeit und der Subsidiarität der strukturellen Maßnahmen gerecht zu werden. Es ist davon auszugehen, dass Fallgestaltungen, die diesen Voraussetzungen entsprechen, nur in den seltensten Fällen vorliegen dürften.[944]

(2) Besonderheit aufgrund der gemeinsamen Marktbeherrschung

Bei Vorliegen einer gemeinsamen marktbeherrschenden Stellung und eines Missbrauchs durch mehrere Unternehmen gewinnt der Gleichheitssatz aus Art. 20 Charta der Grundrechte der Europäischen Union beziehungsweise Art. 3 GG besondere Bedeutung. Würden die Behörden nur gegenüber einem der Oligopolisten von der Möglichkeit der Entflechtung Gebrauch machen, obwohl die anderen ebenso Teil des marktbeherrschenden Oligopols und der missbräuchlichen Verhaltensweise sind, könnte der Gleichbehandlungsgrundsatz auf der Stufe des Auswahlermessens betroffen sein.[945] Daher sollten die Behörden versuchen, wenn möglich, alle Unternehmen gleich zu belasten, indem strukturelle Veränderungen gegenüber allen angeordnet werden, zumindest wenn ein weitestgehend symmetrisches Oligopol vorliegt. Die Anordnung muss aber auch weiterhin verhältnismäßig sein.[946] Die Annahme einer Gesamtschuld der Unternehmen und die Herstellung einer gleichen Betroffenheit aller Unternehmen über einen Ausgleich im Innenverhältnis, dürften mangels Vorliegens eines rechtlich ausgestalteten Innenverhältnisses zwischen den Unternehmen nur schwer möglich sein.[947]

Würde also mehreren gemeinsam marktbeherrschenden Mineralölkonzernen missbräuchlich überhöhte Preise nachgewiesen werden können, müsste der Gleichheitssatz Beachtung finden.

---

944 *Mäsch* in: Berg/Mäsch, Deutsches und Europäisches Kartellrecht, 3. Aufl., 2018, § 32 GWB, Rn. 19.

945 *Voell*, Entflechtungen als Abhilfemaßnahmen im europäischen und deutschen Missbrauchsrecht, S. 191f.

946 Vgl. *Engel*, Preprints of the Max Planck Institute for Research on Collective Goods 2007, 75f., https://www.coll.mpg.de/pdf_dat/2007_22online.pdf, zuletzt abgerufen am 6.1.2018.

947 *Engel*, Preprints of the Max Planck Institute for Research on Collective Goods 2007, 76, https://www.coll.mpg.de/pdf_dat/2007_22online.pdf, zuletzt abgerufen am 6.1.2018.

(3) Konkrete Ausgestaltung

Würden die Anforderungen für eine Entflechtung der Mineralölkonzerne als Abhilfemaßnahme gegen einen Ausbeutungsmissbrauch erfüllt sein, würde sich die Frage stellen, ob in dem speziellen Fall der Preissetzungen auf den Tankstellenmärkten eine vertikale oder horizontale Entflechtung stattfinden sollte.

Eine horizontale Entflechtung würde bedeuten, dass die Mineralölkonzerne einen Teil ihres Tankstellennetzes abgeben müssten.[948] Mit Anordnung einer vertikalen Entflechtung würde dagegen verhindert werden, dass die Mineralölkonzerne auf mehreren Marktstufen gleichzeitig tätig sind, z.B. in Form einer Trennung von Raffineriekapazitäten bzw. -zugang und dem Tankstellengeschäft.[949] Beide Wege wären im Zusammenhang mit der Entflechtung von Mineralölkonzernen denkbar.[950]

Obwohl zwar auch die vertikale Integration der Mineralölkonzerne zur gemeinsamen Marktbeherrschung beiträgt und diese häufig bestimmte Formen des Behinderungsmissbrauchs erst möglich macht, so ist für den möglichen Preishöhenmissbrauch sowie die geringe Wettbewerbsintensität eher deren Stärke auf der letzten Vertriebsstufe entscheidend. Auf den deutschen Tankstellenmärkten ist die geringe Wettbewerbsintensität, wie dargestellt, hauptsächlich auf die hohe Konzentration der Anbieter auf dieser Marktstufe zurückzuführen, sodass eine horizontale Entflechtung wahrscheinlich eine Wettbewerbsförderung auf dieser Marktstufe bedeuten würde.[951] Es ist anzunehmen, dass auch die Möglichkeit des Ausbeutungsmissbrauchs zum größten Teil auf die starke Marktmacht der Mineralölkonzerne auf der letzten Vertriebsstufe zurückzuführen ist.

Folgt man der oben dargestellten Auffassung, dass auch eine horizontale Entflechtung, die hauptsächlich darauf gerichtet ist, einen Missbrauch durch Förderung des Wettbewerbs zu verhindern, zulässig ist, wäre eine solche das näherliegende Mittel, um Preishöhenmissbräuchen auf den Tankstellenmärkten

---

948 Zu verhaltensunabhängiger Entflechtung, aber übertragbar: Bundeskartellamt: Benzinpreise - Marktmacht, Preissetzung und Konsequenzen, Hintergrundpapier zur Tagung des Arbeitskreises Kartellrecht am 6.11.2011, S. 14f.

949 Zu verhaltensunabhängiger Entflechtung, aber übertragbar: Bundeskartellamt: Benzinpreise - Marktmacht, Preissetzung und Konsequenzen, Hintergrundpapier zur Tagung des Arbeitskreises Kartellrecht am 6.11.2011, S. 14f.

950 Zu verhaltensunabhängiger Entflechtung, aber übertragbar: Bundeskartellamt: Benzinpreise - Marktmacht, Preissetzung und Konsequenzen, Hintergrundpapier zur Tagung des Arbeitskreises Kartellrecht am 6.11.2011, S. 14f.

951 Vgl. Bundeskartellamt: Benzinpreise - Marktmacht, Preissetzung und Konsequenzen, Hintergrundpapier zur Tagung des Arbeitskreises Kartellrecht am 6.11.2011, S. 15.

entgegenzuwirken. Bei einer horizontalen Entflechtung müssen jedoch auch immer die Effizienzverluste im Sinne des Verlustes von Größenvorteilen[952] sowie die Verhältnismäßigkeit berücksichtigt werden. Denkbar wäre aber auch ein vertikales Eingreifen in der Form, dass es den vertikal integrierten Mineralölkonzernen untersagt würde, neue Tankstellen zu betreiben.[953]

b) Verbot von *facilitating practices*

Liegt eine *facilitating practice* vor, welche eine implizite Kollusion der Oligopolisten fördert, so kommt es in Betracht, diese zu verbieten. So wird die künstlich geschaffene oder verstärkte Interdependenz, die der impliziten Kollusion zu Grunde liegt, verringert und damit eine wettbewerbsfreundlichere Marktstruktur geschaffen.[954] Auch wenn die *facilitating practice* selbst nicht als Missbrauch verfolgt werden kann, da sie z.B. bereits zur Begründung der kollektiven Einheit sowie zur Beherrschung herangezogen wurde, kann sie bei Vorliegen eines anderen missbräuchlichen Verhaltens auf der Rechtfolgenseite unterbunden werden.[955] In jedem Fall muss die Anordnung zur wirksamen Abstellung der Zuwiderhandlung erforderlich und verhältnismäßig sein.

c) Einschränkung der Preissetzungsfreiheit

Bei einem Preishöhenmissbrauch ist es möglich, dem Unternehmen eine bestimmte Preissenkung vorzuschreiben. Zulässig ist danach eine unbefristete statische Preissenkungsverfügung, mit der eine absolute Preisobergrenze festgelegt wird. Auch eine statische Erlösobergrenze[956] oder eine dynamische Preissenkungsverfügung[957], die z.B. an die jeweils tatsächlich erhobenen Preise eines

---

952 Zu verhaltensunabhängiger Entflechtung, aber übertragbar: Bundeskartellamt: Benzinpreise -Marktmacht, Preissetzung und Konsequenzen, Hintergrundpapier zur Tagung des Arbeitskreises Kartellrecht am 6.11.2011, S. 15.

953 Zu verhaltensunabhängiger Entflechtung, aber übertragbar: Bundeskartellamt, Bundeskartellamt, Benzinpreise -Marktmacht, Preissetzung und Konsequenzen, Hintergrundpapier zur Tagung des Arbeitskreises Kartellrecht am 6.11.2011, S. 15.

954 *Schuchmann*, Die Behandlung von tacit collusion im europäischen und deutschen Kartellrecht, S. 194f.

955 *Jungermann*, Kollektive Marktbeherrschung durch interdependentes Parallelverhalten und deren Missbrauch, S. 334f., 348; *Schuchmann*, Die Behandlung von tacit collusion im europäischen und deutschen Kartellrecht, S. 194f.

956 *Wolf* in: MüKo, Kartellrecht, § 19 GWB, Rn. 204.

957 *Wolf* in: MüKo, Kartellrecht, § 19 GWB, Rn. 204.

Vergleichsunternehmens anknüpft, sind ebenfalls zulässig. Weitere staatliche, verstoßunabhängige Maßnahmen werden unten untersucht werden.[958]

2. *Bußgeld*

Die Kartellbehörden besitzen außerdem die Möglichkeit, ein Bußgeld gegen die Oligopolisten zu verhängen, gemäß Art. 23 Abs. 2 VO 1/2003 bzw. § 81 Abs. 1, 2 und 4 GWB. Dieses kann bis zu 10% des im vorausgegangenen Geschäftsjahr erzielten Gesamtumsatzes betragen, muss aber der Schwere und Dauer des missbräuchlichen Verhaltens entsprechen.[959]

3. *Verpflichtungszusagen*

Die Unternehmen können gemäß Art. 9 VO 1 /2003 bzw. § 32 b GWB Verpflichtungen eingehen, die geeignet sind, die ihnen von der Kartellbehörde nach vorläufiger Beurteilung mitgeteilten Bedenken auszuräumen. Erklären die Behörden diese Verpflichtungszusagen durch Verfügung für bindend, so verpflichten sie sich gleichzeitig, von ihrer Befugnis, durch Abstellungs- oder Missbrauchsverfügung vorzugehen, keinen Gebrauch zu machen. Die Einhaltung der Zusage kann dann aber im Wege des Verwaltungszwangs durchgesetzt werden.[960] Die Verbindlicherklärung durch die Kartellbehörden enthält keine verbindliche Aussage zur Rechtmäßigkeit oder Rechtswidrigkeit des in Frage stehenden Verhaltens. Es erfolgt lediglich eine vorläufige Beurteilung der Gestalt, dass die Behörde Zweifel an der Rechtmäßigkeit hat, diese aber durch die Verpflichtungszusage beseitigt werden können.[961] Verpflichtungszusagen sind besser als Abstellungsverfügungen geeignet, die Unternehmen auch bezüglich ihres zukünftigen Verhaltens zu binden, da ihnen detaillierte Verhaltenspflichten auferlegt werden können.[962]

---

958 Zur Diskussion hinsichtlich einer Beschränkung der Preissetzungsfreiheit unabhängig von einem Verstoß und den grundsätzlichen Bedenken siehe S. 223ff.

959 *Jungermann*, Kollektive Marktbeherrschung durch interdependentes Parallelverhalten und deren Missbrauch, S. 352.

960 *Bechtold/Bosch* in: Bechtold/Bosch, GWB, § 32b, Rn. 6.

961 *Bechtold/Bosch* in: Bechtold/Bosch, GWB, § 32b, Rn. 1.

962 *Schuchmann*, Die Behandlung von tacit collusion im europäischen und deutschen Kartellrecht, S. 197.

4. *Einstweilige Maßnahmen*

Die Kartellbehörden können außerdem, gemäß Art. 8 VO 1/2003 bzw. § 32 a GWB, in dringenden Fällen, wenn die Gefahr eines ernsten, nicht wieder gutzumachenden Schadens für den Wettbewerb besteht, von Amts wegen auf der Grundlage einer *prima facie* festgestellten Zuwiderhandlung durch Entscheidung einstweilige Maßnahmen anordnen.

VI. Gesonderte Instrumente der verstoßunabhängigen Regulierung

1. *Sinnhaftigkeit einer verstoßunabhängigen Entflechtung*

Trotz zahlreicher Versuche und Vorschläge, eine verstoßunabhängige Entflechtungsregelung in Deutschland einzuführen[963], wurde eine solche auch nicht mit der 9. GWB-Novelle umgesetzt. Dennoch soll knapp auf die Sinnhaftigkeit einer solchen Entflechtungsmöglichkeit eingegangen werden. Es ist zu erwarten, dass auch in Zukunft die Einführung einer solchen untersucht werden wird. Sie könnte ein geeignetes Mittel darstellen, um den negativen Folgen impliziter Kollusion entgegenzutreten und diesbezüglich bestehende Lücken im Kartellrecht zu verringern. Insbesondere im Falle einer verfestigten, oligopolistischen Marktstruktur, bei welcher in absehbarer Zeit kein funktionsfähiger Wettbewerb zu erwarten ist, könnte also eine verstoßunabhängige Entflechtung sinnvoll sein.

a) *Mögliche positive sowie negative Auswirkungen*

Im Rahmen der Diskussion über die Sinnhaftigkeit einer verstoßunabhängigen Entflechtungsmöglichkeit sind insbesondere die negativen und positiven Effekte auf die Wohlfahrt zu berücksichtigen. Nachfolgend sollen daher die wettbewerbstheoretischen Wirkungen dieser Möglichkeit dargestellt werden.

Der Ruf nach einer missbrauchsunabhängigen Entflechtung wird mit einer Lücke im Schutz des funktionsfähigen Wettbewerbs durch die Fusionskontrolle sowie der Missbrauchsaufsicht begründet, die auch durch eine Verschärfung

---

963 Z.B. Antrag der FDP-Franktion: BT-Drs. 16/4065 v. 17.1.2007 und Ablehnung: BT-Drs. 16/5946 v. 4.7.2007; Land Hessen, Entwurf eines Gesetzes zur Änderung des Gesetzes gegen Wettbewerbsbeschränkungen, Antrag der FDP-Fraktion: BRat-Drs. 76/08; BTag, Antrag v. 13.2.2008, BT-Drs. 16/8079; Gesetzentwurf der FDP-Fraktion: BTag, Gesetzentwurf v. 5.3.2008, BT-Drs. 16/8405; Koalitionsvertragfür die 17. Legislaturperiode sah die Einführung eines Entflechtungsinstruments in das GWB als *ultima ratio* vor: Koalitionsvertrag von CDU, CSU und FDP v. 26.10.2009.

oder Ausweitung dieser nicht geschlossen werden kann.[964] Des Weiteren bestehen, wie aufgezeigt, praktische Grenzen einer behördlichen Kontrolle von Preishöhenmissbräuchen. Diese können eine Durchführung der Missbrauchskontrolle, selbst wenn das Verhalten vom Tatbestand erfasst ist, erschweren oder gar unmöglich machen.[965] Stellt also eine hohe oder verfestigte Unternehmenskonzentration auf dem Markt oder die Unternehmensstruktur das Wettbewerbshindernis oder die Ursache für einen Missbrauch der Marktbeherrschung dar, so ist nur eine Änderung der Strukturen möglich.[966]

Naheliegende positiver Effekte einer Entflechtung sind insbesondere die Zunahme an Wettbewerb und die damit einhergehenden positiven Wohlfahrtsgewinne, wie das sinkende Potential für Ausbeutung und Behinderung durch die marktmächtigen Unternehmen, sowie eine Verbesserung der allokativen Effizienz. Die Monopolkommission betont auch, dass die Regelung sich, ebenso wie die Fusionskontrolle, allein gegen die Unternehmensstruktur zum Schutz und zur Belebung des Wettbewerbs richten und damit die derzeitige Marktstrukturkontrolle vervollständigen würde, ohne dass ihr ein Sanktionscharakter oder ein Unwerturteil gegenüber marktbeherrschenden Stellungen innewohne.[967]

Ferner wird auf eine positive Vorfeldwirkung der Entflechtungsmöglichkeit in Form einer Abschreckung hingewiesen. Durch eine solche gesetzliche Befugnis würde der Anreiz für die Unternehmen, durch schwer nachzuweisende Missbrauchspraktiken ihre Marktmacht zu erhöhen, vermindert, da sie jederzeit mit der Anordnung einer Entflechtung rechnen müssen, wenn sie dadurch mehr Marktmacht erlangen. Mit einem Rückgang an Behinderungs- und Ausbeutungspraktiken steigen dann auch der Wettbewerb und die allokative Effizienz.[968]

Auf der anderen Seite, wäre aber nicht nur ein positiver Vorfeldeffekt von der Maßnahme zu erwarten. Die permanente Gefahr, Adressat einer Entflechtungsanordnung zu werden, kann zu einem Verlust an Investitions- und Innovationsanreizen und damit zu negativen Wohlfahrtseffekt führen. Es ist damit zu rechnen, dass die Unternehmen im schlechtesten Fall auf internes, aber auch auf externes Wachstum verzichten, um einer Entflechtungsanordnung vorzubeugen.[969] Diese Gefahr ist bei der Einführung einer Entflechtungsmöglichkeit

964 Monopolkommission, 58. Sondergutachten 2010, Rn. 27ff. mit Verweis auf Entwurfsbegründung in Rn. 12.

965 Vgl. Monopolkommission, 58. Sondergutachten 2010, Rn. 32.

966 Monopolkommission, 58. Sondergutachten 2010, Rn. 12, 27ff.

967 Monopolkommission, 58. Sondergutachten 2010, Rn. 68f.

968 Dargestellt in: Monopolkommission, 58. Sondergutachten 2010, Rn. 50.

969 Monopolkommission, 58. Sondergutachten 2010, Rn. 51ff.; *Ehricke*, WuW 2011, 3, 3.

im Gegensatz zu der bestehenden Missbrauchskontrolle besonders hoch, da die Unternehmen das Vorliegen der Voraussetzungen für ein Eingreifen schlecht oder gar nicht vorhersehen und steuern könnten.[970] Neben der Abschreckung, Marktmacht durch kartellrechtswidriges Verhalten zu vergrößern, geht mit der Möglichkeit einer Entflechtung vor allem also auch grundsätzlich eine Abschreckung vor zu großem Wettbewerbserfolg einher.[971] Dies widerspricht einem Wirtschaftssystem, welches auf dem Wettbewerbsgedanken basiert und nach welchem derjenige, der sich am Markt durch Leistung durchsetzt, seine Marktmacht vergrößern soll.[972]

Nicht nur im Vorfeld einer Entflechtung besteht die Gefahr negativer Effekte auf die Wohlfahrt. Mit einer durchgeführten Entflechtung drohen auch immer der Verlust von Rationalisierungsgewinnen und der Wegfall von Vorteilen, die sich aus der Größe und dem Verbund von Unternehmen ergeben.[973] Ob hingegen nach einer Entflechtung der Innovationsanreiz des betroffenen Unternehmens und des Käufers steigt, lässt sich nicht verallgemeinernd vorhersagen.[974]

Zudem werden häufig Bedenken geäußert, das Bundeskartellamt könne die Entflechtungsmöglichkeit nutzen, um Marktstrukturen nach seinen Vorstellungen zu schaffen.[975]

b) Gestaltungsansätze

Die bisherigen Vorschläge, wie eine missbrauchsunabhängige Entflechtungsmöglichkeit ausgestaltet sein sollte, berücksichtigen die zu erwartenden negativen Effekte auf die Wohlfahrt und stellten insbesondere bestimmte Voraussetzungen für eine solche auf.

So sollte nach dem Referentenentwurf vom 5. Mai 2010[976] eine Entflechtung nur auf einem Markt mit gesamtwirtschaftlicher Bedeutung möglich sein. Laut der Begründung zum Referentenentwurf sind Märkte von gesamtwirtschaftlicher Bedeutung auch solche, die der Versorgung mit wichtigen Gütern oder Dienstleistungen dienen. Ferner bestimmte der Referentenentwurf, eine Entflechtung

---

970 *Ehricke*, WuW 2011, 3, 3.

971 Z.B. *Satzky*, WuW 2010, 614, 621.

972 Z.B. *Ehricke*, WuW 2011, 3, 3.

973 Monopolkommission, 58. Sondergutachten 2010, Rn. 71ff.

974 Monopolkommission, 58. Sondergutachten 2010, Rn. 78.

975 *Satzky*, WuW 2010, 614, 619.

976 Referentenentwurf zur achten GWB-Novelle v. 5.5.2010; siehe dazu *Voell*, Entflechtungen als Abhilfemaßnahmen im europäischen und deutschen Missbrauchsrecht, S. 30.

sei nur zulässig, wenn Wettbewerb auf dem betroffenen Markt überhaupt möglich ist und zu erwarten ist, dass die Marktbeherrschung auf absehbare Zeit fortdauert.[977] Des Weiteren war eine Kompensation der betroffenen Unternehmen im Referentenentwurf vorgesehen. Auch die Monopolkommission betonte, dass eine solche zur Überwindung der negativen Vorfeldwirkungen, das heißt insbesondere der sinkende Anreiz zu Innovation und Investition, notwendig sei.[978] Die Monopolkommission wies außerdem darauf hin, dass bei jeder Anordnung einer Entflechtung eine Abwägung der effizienzsteigernden und effizienzmindernden Wirkungen einer solchen stattfinden müsse, egal in welchem verfahrensrechtlichen Rahmen eine solche stattfindet.[979]

c) *Stellungnahme*

Es ist unbestritten, dass sowohl die genannten positiven als auch die genannten negativen Wirkungen mit einer objektiven Entflechtungsmöglichkeit einhergehen können, sodass eine Einführung einer genauen Abwägung und einer höchst aufmerksamen und umsichtigen rechtlichen Ausgestaltung bedarf. Dennoch wäre für Marktstrukturen mit einer hohen und verfestigten Marktkonzentration, auf welchen mit den bisherigen kartellrechtlichen Mitteln der Schutz und die Wiederbelebung des Wettbewerbs nicht erwartet werden kann, die Möglichkeit einer missbrauchsunabhängigen Entflechtung wünschenswert.

So wäre sicherlich auch eine verstoßunabhängige vertikale oder horizontale Entflechtung der Oligopolisten denkbar, um die anzunehmende implizite Kollusion auf den Tankstellenmärkten zu beschränken.[980] Die oben zur verstoßabhängigen Entflechtungsmöglichkeit dargestellten Gedanken, wie eine

977 § 41 a Abs. 1 Referentenentwurf v. 5.5.2010: „Das Bundeskartellamt kann anordnen, dass marktbeherrschende Unternehmen Teile ihres Vermögens veräußern oder auf andere Weise verselbständigen müssen (Entflechtungsanordnung), wenn ihre Marktbeherrschung nicht nur vorübergehend ist, sondern schon länger besteht und voraussichtlich mindestens 5 Jahre fortbestehen wird, auf dem betroffenen Markt Wettbewerb technisch, strukturell und wirtschaftlich möglich ist, die Eingreifvoraussetzungen des § 32e Abs. 1 vorliegen und der betroffene Markt eine gesamtwirtschaftliche Bedeutung hat."

978 Monopolkommission, 58. Sondergutachten 2010, Rn. 59ff.

979 Siehe dazu ausführlich Monopolkommission, 58. Sondergutachten 2010, Rn. 79ff.

980 Bundeskartellamt: Benzinpreise - Marktmacht, Preissetzung und Konsequenzen, Hintergrundpapier zur Tagung des Arbeitskreises Kartellrecht am 6.11.2011, S. 14f.

solche Entflechtung der Oligopolisten ausgestaltet werden könnte, sind hierauf übertragbar.[981]

Mit einer solchen Möglichkeit müsste aber sicherlich äußerst zurückhaltend umgegangen werden. So müssten nicht nur, wie erörtert, die eventuellen negativen Wohlfahrtseffekte Berücksichtigung finden, sondern es muss auch sichergestellt werden, dass die Grundrechte und grundrechtgleichen Rechte der Unternehmen keine Verletzung erfahren.[982] Insbesondere wird eine objektive Entflechtungsanordnung regelmäßig eine Enteignung im Sinne des Art. 14 Abs. 3 GG und nicht lediglich eine Inhalts- und Schrankenbestimmung darstellen, sodass eine Entschädigung in jedem Fall gemäß Art. 14 Abs. 3 S. 2 GG vorgesehen sein müsste.[983]

Dennoch sollte es möglich sein, eine ausdifferenzierte gesetzliche Möglichkeit einer verstoßunabhängigen Entflechtung zu schaffen. An eine Nutzung sollten aber hohe Anforderungen gestellt werden.

Da das Bundeskartellamt der gerichtlichen Kontrolle unterstünde, ist nicht zu erwarten, dass das Bundeskartellamt, wie von einigen befürchtet, die Entflechtungsmöglichkeit nutzen könnte, um Marktstrukturen nach seinen Vorstellungen zu schaffen.[984]

2. Sektorspezifische Regulierung

Zusätzlich zu den Mitteln des Kartellrechts kann auf Märkten mit einer engen oligopolistischen Marktstruktur und bei Vorliegen weiterer bestimmter Umstände über eine sektorspezifische Regulierung durch den Staat nachgedacht werden. Nachfolgend soll dargestellt werden, auf welchen Märkten und warum eine solche bereits stattfindet, und hinterfragt werden, ob eine solche sinnvoll ist. Im Anschluss wird erörtert, ob eine vergleichbare Regulierung auch auf anderen Märkten und insbesondere den Tankstellenmärkten denkbar ist.

a) Grundsätzliche Überlegungen zur Sinnhaftigkeit einer sektorspezifischen Regulierung

Ist ein Markt gegeben, auf welchem keine optimalen Ergebnisse für die Konsumentenwohlfahrt erzielt werden oder sogar eine Schwächung der Konsumentenwohlfahrt zu beobachten ist, stellt sich die Frage nach der Einführung einer

981 Siehe S. 210ff.
982 Dazu Monopolkommission, 58. Sondergutachten 2010, Rn. 92ff.
983 Vgl. *Becker*, ZRP 2010, 105, 107ff.
984 Vgl. Monopolkommission, 58. Sondergutachten 2010, Rn. 39.

sektorspezifischen Regulierung durch den Staat in Form der Öffnung monopolistischer Strukturen und die Herstellung funktionierenden Wettbewerbs im Vorfeld des Marktgeschehens, das heißt *ex-ante*.[985] Insbesondere für Märkte, die hohe Marktzutrittsschranken besitzen, könnte eine Ausbeutungskontrolle in Form einer *ex ante*-Regulierung gegenüber einer *ex-post* stattfindenden Ausbeutungskontrolle im Sinne des Missbrauchsverbots zu bevorzugen sein.[986]

Eine spezialisierte Regulierungsbehörde ist in der Lage, eine dauerhafte Verhaltenskontrolle und eine ständige Überprüfung der geforderten Preise durchzuführen. Eine solche ist häufig aufgrund der sich stetig verändernden Wettbewerbsbedingungen sowie Kostenstrukturen der Unternehmen und der Gefahr kompensatorischer Maßnahmen der Unternehmen notwendig. Auch wenn einzelne Abteilungen der Kartellbehörden dazu bestimmt werden, sich mit der Preiskontrolle auf bestimmten Märkten zu beschäftigen, so besteht doch stets die Gefahr, dass die Kartellbehörden zunehmend regulative Aufgaben wahrnehmen und ihre ursprünglichen Tätigkeitsbereiche in den Hintergrund treten.[987]

Trotz dieser Vorteile einer gesonderten *ex ante* Regulierung ist diese aber bisher auf Märkte beschränkt, die aufgrund von natürlichen Gegebenheiten auch in Zukunft keine Form des Wettbewerbs erwarten lassen bzw. auf denen dieser nicht erwünscht ist. Sie stellen also Ausnahmebereiche dar.[988] Dagegen sind die *ex post* wirkenden, kartellrechtlichen Ausbeutungsverbote auf Märkte gerichtet, auf welchen grundsätzlich Wettbewerb möglich und auch erwünscht ist.[989]

Diese unterschiedliche Ausrichtung der beiden Instrumente ist so auch sinnvoll und sollte beibehalten werden.[990] Denn die Ausbeutungskontrolle stellt gegenüber dem Regulierungsrecht eine flexiblere Möglichkeit der Preiskontrolle

---

985 *Schüler*, Der institutionelle Regulierungsrahmen für die europäische Energiewirtschaft, S. 92.

986 *Höft*, Die Kontrolle des Ausbeutungsmissbrauchs im Recht der Wettbewerbsbeschränkungen, S. 124.

987 Zu einer ausführlichen Darstellung der genannten Vorteilen einer gesonderten *ex ante*-Preisregulierung: *Höft*, Die Kontrolle des Ausbeutungsmissbrauchs im Recht der Wettbewerbsbeschränkungen, S. 124f.

988 *Schmidt*, Wettbewerbspolitik und Kartellrecht, S.44-51; *Höft*, Die Kontrolle des Ausbeutungsmissbrauchs im Recht der Wettbewerbsbeschränkungen, S. 125.

989 RegEntw. zur Preismissbrauchsnovelle 2007, BT-Drs. 16/5847, S. 1; *Höft*, Die Kontrolle des Ausbeutungsmissbrauchs im Recht der Wettbewerbsbeschränkungen, S. 125.

990 Vgl. *Höft*, Die Kontrolle des Ausbeutungsmissbrauchs im Recht der Wettbewerbsbeschränkungen, S. 125.

dar. Im Falle eines Wiedererstarkens des Wettbewerbs, ist es mit wesentlich mehr Aufwand verbunden, einen regulierten Markt zu deregulieren, als die Ausbeutungskontrolle durch die Kartellbehörden einzudämmen.[991] Ferner besteht bei sektorspezifischen Regulierungsbehörden eine erhöhte Gefahr der politischen Einflussnahme und der Einflussnahme durch nationale bedeutende Unternehmen, sogenannte *„national champions“*.[992] Ist auch nur damit zu rechnen, dass zu einem Zeitpunkt ein Erstarken an Restwettbewerb und ein Überwiegen der wohlfahrtssteigernden Effekte eintritt, so sollte die Preishöhenkontrolle eingeschränkt werden. Im Falle eines regulativen Regimes bestünde diese Möglichkeit nur schwer, was letztlich wettbewerbsschädigende Wirkung entfalten könnte.[993]

Aus diesen Gründen findet in Deutschland bisher vor allem eine Regulierung von Netzzugängen statt, da diese oftmals natürliche Monopole darstellen. Die Bundesnetzagentur ist als oberste deutsche Regulierungsbehörde für die Aufrechterhaltung und die Förderung des Wettbewerbs in sogenannten Netzmärkten (Energie, Post, Telekommunikation und Eisenbahn) verantwortlich. So übernimmt die Bundesnetzagentur die Aufgabe der Entgeltregulierung im Energiebereich für den Zugang zu den Stromnetzen und Gasleitungen gemäß dem Energiewirtschaftsgesetz, im Telekommunikationssektor gemäß den §§ 27ff. Telekommunikationsgesetz („TKG“) für Zugangsleistungen (Vorproduktebene) und für Endnutzerleistungen, sowie im Eisenbahnsektor für den Zugang zur Eisenbahninfrastruktur nach dem Allgemeinen Eisenbahngesetz.

Die im TKG genannten Kriterien für die Bestimmung, welche Märkte überhaupt für eine Regulierung nach dem TKG in Betracht kommen[994], unterstreichen noch einmal die Nichtanwendbarkeit der *ex ante*-Regulierung auf Märkte, auf denen Wettbewerb grundsätzlich möglich und erwünscht ist. Danach unterfallen nur Märkte der Regulierung, auf welchen beträchtliche und anhaltende strukturell oder rechtlich bedingte Marktzutrittsschranken existieren, welche längerfristig nicht zu wirksamem Wettbewerb tendieren und auf denen die

---

991 *Höft*, Die Kontrolle des Ausbeutungsmissbrauchs im Recht der Wettbewerbsbeschränkungen, S. 126.

992 *Möschel*, K&R 2002, 161, 162.

993 Vgl. *Höft*, Die Kontrolle des Ausbeutungsmissbrauchs im Recht der Wettbewerbsbeschränkungen, S. 126.

994 § 10 Abs. 2 S. 1 TKG: „Für eine Regulierung nach diesem Teil kommen Märkte in Betracht, die durch beträchtliche und anhaltende strukturell oder rechtlich bedingte Marktzutrittsschranken gekennzeichnet sind, längerfristig nicht zu wirksamem Wettbewerb tendieren und auf denen die Anwendung des allgemeinen Wettbewerbsrechts allein nicht ausreicht, um dem betreffenden Marktversagen entgegenzuwirken.“.

Anwendung des allgemeinen Wettbewerbsrechts allein nicht ausreicht, um dem betreffenden Marktversagen entgegenzuwirken.[995]

b) *Sinnhaftigkeit einer sektorspezifischen Regulierung auf anderen Märkten, insbesondere auf Tankstellenmärkten*

Eine ähnliche sektorspezifische Regulierung für andere Bereiche sollte zumindest dann möglich und sinnvoll sein, wenn ähnliche Marktmerkmale wie sie den bisherigen Regulierungsvorschriften, etwa dem TKG, zugrunde liegen gegeben sind.

Die Tankstellenmärkte erfüllen diese Voraussetzungen allerdings tendenziell nicht. Auf der einen Seite herrschen auf den deutschen Tankstellenmärkten relativ hohe Marktzutrittsschranken und die anzunehmende implizite Kollusion der Oligopolisten fällt nach den obigen Ausführungen nicht unter das Kartellverbot. Auf der anderen Seite ist aber nicht von Marktstrukturen, die ein natürliches Monopol darstellen oder einem solchem ähneln, auszugehen. Es handelt sich nicht um einen wettbewerblichen Ausnahmebereich[996], sondern um einen nicht ganz selten auftretenden Markt mit oligopolistischen Strukturen und einer hohen Transparenz. Wettbewerbliche Ausnahmebereiche bestehen insbesondere bei Industrien, die durch natürliche Netzeigenschaften geprägt sind. Das heißt, dass die in einem Markt nachgefragte Menge von einem einzigen Anbieter auf Grund seiner Technologie und Kostenstruktur zu niedrigeren Kosten produziert werden kann als von jeder größeren Anzahl von Unternehmen und im Wettbewerb auf Dauer nur ein Unternehmen überleben würde. Zudem ist es für diese Märkte typisch, dass die Erstellung und der Betrieb von Leitungsnetzen erhebliche Fixkosten verursacht, sodass eine Multiplizierung der Netzinfrastruktur volkswirtschaftlich nicht vertretbar wäre.[997]

Solche Strukturen liegen auf den deutschen Tankstellenmärkten nicht vor. Von einer sektorspezifischen Regulierung für den Tankstellensektor ist also tendenziell abzuraten.

---

995 Zu den einzelnen Kriterien ausführlich: *Schütz* in: Geppert/Schütz, Beck´scher TKG-Kommentar, § 10 TKG, Rn. 13ff.

996 Vgl. *Markert/Möschel* in: Immenga/Mestmäcker, Wettbewerbsrecht, Anhang 1 Telekommunikation, Rn. 1; *Höft*, Die Kontrolle des Ausbeutungsmissbrauchs im Recht der Wettbewerbsbeschränkungen, S. 125.

997 *Markert/Möschel* in: Immenga/Mestmäcker, Wettbewerbsrecht, Anhang 1 Telekommunikation, Rn. 1; *Höft*, Die Kontrolle des Ausbeutungsmissbrauchs im Recht der Wettbewerbsbeschränkungen, S. 126.

Es bleibt trotz der aufgezeigten Schwierigkeiten zu hoffen, dass sich mit einer strengen Kontrolle von Ausbeutungs- und Behinderungspraktiken, einer Erhöhung der Markttransparenz für die Konsumenten, einer eventuellen Anwendung struktureller Maßnahmen sowie eventueller Regelungen zum Preissetzungsverhalten stärkerer Wettbewerb einstellt.

3. *Regelungen zum Preissetzungsverhalten und zur Erhöhung der Markttransparenz*

Das Problem eines über dem wettbewerblichen Niveau liegenden Preislevels aufgrund impliziter Kollusion als Folge oligopolistischer Strukturen tritt weltweit auf. Hauptsächlich wird darauf entweder mit Maßnahmen zur Erhöhung der Markttransparenz mit dem Ziel der besseren Information der Verbraucher sowie der Kartellbehörden, und/oder mit Maßnahmen zur Regulierung des Preissetzungsverhaltens reagiert.[998]

a) Regulierung der Preissetzungsfrequenz

Häufig wird von staatlicher Seite versucht, das Preissetzungsverhalten der Unternehmen durch Vorgaben zur Frequenz der Preissetzung zu beeinflussen. Mit Festschreibung einer Änderungsfrequenz geht das Ziel einher, die Preisvolatilität und damit auch die Transparenz für die Konsumenten zu steigern und ein geringeres Preisniveau herbeizuführen.

Beispiele hierfür sind Regelungen in Australien und Österreich für den Vertrieb von Kraftstoffen auf den Tankstellenmärkten. Seit Januar 2011 ist es den Tankstellen in Österreich lediglich gestattet, den Benzinpreis einmal am Tag um 12 Uhr zu erhöhen. Für die Anzahl der Preissenkungen an einem Tag wurde dagegen keine Begrenzung festgelegt.[999] In West-Australien wurde 2001 dagegen ein Konzept erlassen, nach welchem es den Unternehmen nur zu einem bestimmten Zeitpunkt des Vortags gestattet ist, den Preis durch eine Meldung zum Handelsministerium für den Folgetag festzusetzen, und welches keine weiteren Preisänderungen an einem Tag zulässt.[1000]

998 Vgl. *Dewenter/Haucap/Heimeshoff*, Maßnahmen zur Steigerung des Wettbewerbs auf den Kraftstoffmärkten in Deutschland - ADAC Studie zur Mobilität, S. 11.

999 Art. II § 1a des österreichischen Preistransparenzgesetzes; Preistransparenzverordnung Treibstoffpreise 2011 (ursprünglich befristet bis 31.12.2013 und nun befristet bis 31.12.2022).

1000 Petroleum Products Pricing Amendment Act 2000.

Die Einführung solcher Regelungen wurde von der Bundesregierung im Rahmen der Diskussionen um die 8. GWB-Novelle ausdrücklich abgelehnt, obgleich sie mitunter gefordert wurde[1001]. Der tatsächliche Nutzen solcher Regelungen ist also umstritten.

Spieltheoretisch ist von solchen Maßnahmen ein geringeres Preisniveau zu erwarten, insbesondere wenn auch die Preissenkungen reguliert werden.[1002] Der Wettbewerber, welcher einen hohen Preis setzt, kann nicht mehr davon ausgehen, dass die anderen Wettbewerber zeitnah seinem Beispiel folgen und ebenfalls hohe Preise setzen, denn eine solche Anpassung ist für einen gewissen Zeitraum nicht mehr möglich. Außerdem kann er seinen Preis auch nicht mehr auf das Niveau der anderen Wettbewerber absenken, wenn auch Preissenkungen reguliert werden. Es besteht für ihn also ein erhöhtes Risiko, dass Nachfrager zu Wettbewerbern abwandern.[1003] Das Risiko ist umso höher, je größer der Zeitraum ist, in welchem eine Preisänderung untersagt ist, und je leichter es für die Nachfrager ist, zu einem Wettbewerber zu wechseln.[1004]

In der Realität liegt jedoch kein einmaliges, sondern ein wiederholtes Spiel vor und die Spieler können lernen, sich auch unter solchen Bedingungen zu koordinieren. Es wäre also auch nach der Spieltheorie zu erwarten, dass die Preiszyklen zwar jeweils länger dauern, aber dass diese durchaus auftreten. Es besteht also immer die Gefahr, dass es zu neuen Formen gleichförmigen Verhaltens kommt, wenn auch mit größeren Zeitabständen zwischen den Preisänderungen.[1005] Hinsichtlich der westaustralischen Regelung[1006] sowie der österreichischen Regelung[1007] wird zudem vielfach angezweifelt, dass diese zu einem durchschnittlich geringeren Preisniveau führen.

1001 Z.B. Entschließungsantrag des Freistaates Thüringen, BR-Drs. 870/11 sowie die Empfehlung der Ausschüsse hierzu, BR-Drs. 870/1/11; Entschließungsantrag des Landes Hessen, BR-Drs. 870/2/11.

1002 *Reindl/Wein*, Wirtschaftsdienst 2012, 678, 683ff.

1003 *Reindl/Wein*, Wirtschaftsdienst 2012, 683ff.

1004 *Reindl/Wein*, Wirtschaftsdienst 2012, 678, 683ff.

1005 *Reindl/Wein*, Wirtschaftsdienst 2012, 678, 685f.

1006 *Haucap/Müller*, DICE Discussion Paper, Nr. 47 2012, 3f.; *Dewenter/Heimeshoff*, DICE Discussion Paper Nr. 51 2012, 17, http://www.dice.hhu.de/forschung-dice/dice-discussion-papers.html, zuletzt abgerufen am 6.1.2018; *Wang*, JPE 2009, 987; *Byrne/de Roos*: Learning to Coordinate: A Study on Retail Gasoline, https://papers.ssrn.com/sol3/papers.cfm?abstract_id=2570637, zuletzt abgerufen am 6.1.2018

1007 *Haucap/Müller*, DICE Discussion Paper, Nr. 47 2012, 3; *Berninghaus/Hesch/Hildebrand*, Wirtschaftsdienst 2012, 46, 50.

Dennoch ist eine Wirksamkeit solcher Regelungen unter bestimmten Umständen und auf bestimmten Märkten nicht ausgeschlossen. Je sensibler die Nachfrager auf die Preissetzungen eines Unternehmens reagieren, desto mehr steigt das Risiko der Unternehmen bei einer Preiserhöhung.[1008] Je höher zudem die möglichen Absatzeinbußen sind, mit desto weniger und geringeren Preiserhöhungen ist zu rechnen.[1009] Auch wenn die Befürchtung besteht, dass sich ein mit dem ursprünglich zu beobachtenden Preiszyklus vergleichbarer Zyklus mit größeren Zeitabständen einstellt, so entstehen dennoch allein aufgrund der größeren Zeitabstände zwischen den Preisänderungen höhere Risiken für die Unternehmen. Wählen sie einen höheren Preis als die Wettbewerber, dürfte sich dies in einem Zeitraum von einem Tag spürbar auf Anzahl der Nachfrager, die sie auf sich vereinen, bemerkbar machen. Die Unternehmen sind den Risiken des Wettbewerbs wieder in einem erhöhten Maße ausgesetzt. Eine mit dem australischen Modell vergleichbare Regelung unterbindet außerdem ein Ausnutzen des Nachfrageverhaltens im Laufe des Tages und führt zu einer größeren Planungssicherheit und Transparenz für die Nachfrager.[1010]

Dies ist bei einer Regelung, bei welcher die Anzahl der Preissenkungen weiterhin unbegrenzt ist, wie bei der österreichischen Regelung, nicht gegeben. Wählt ein Unternehmen hier einen höheren Preis als die Wettbewerber, so ist es ihm aufgrund der großen Markttransparenz wieder möglich, seine Preise in kurzer Zeit anzupassen und eine signifikante Abwanderung von Nachfragern zu verhindern. Die oben beschriebenen Mechanismen wirken in diesem Fall nicht gleich effizient.

In jedem Fall gilt aber, je größer die Abstände für die Preisänderungen gewählt werden, desto größer werden auch die Risiken für die Unternehmen. Damit steigt aber auch die Gefahr, dass die Unternehmen, dazu gezwungen werden, Produkte zu Preisen abzugeben, die nicht mehr den aktuellen Preisfaktoren entsprechen. Würden die Preisfaktoren einen günstigeren Preis erlauben, ist der eintretende Wohlfahrtsverlust offensichtlich. Aber auch im Falle eines Zwangs der Unternehmen zu Preisen, die ihre Kosten nicht mehr decken oder die zumindest keinen Gewinn mehr zulassen, würden die Unternehmen und damit langfristig auch der Wettbewerb auf diesen Märkten geschwächt werden. Wie bei jeder Preisregulierung durch den Staat ist also auch bei den Details der

---

1008 *Reindl/Wein*, Wirtschaftsdienst 2012, 678, 685f.

1009 *Reindl/Wein*, Wirtschaftsdienst 2012, 678, 683ff.

1010 *Dewenter/Haucap/Heimeshoff*, Maßnahmen zur Steigerung des Wettbewerbs auf den Kraftstoffmärkten in Deutschland - ADAC Studie zur Mobilität, S. 15.

Ausgestaltung einer solchen Regelung auf die eventuellen Nachteile, die Marktgegebenheiten und die Entwicklung der Preisfaktoren Rücksicht zu nehmen.[1011]

Die Einführung solcher Regelungen ist also mit Zurückhaltung zu betrachten. Es bedarf noch weitergehender empirischer Daten und Studien, um die Auswirkungen dieser mit einiger Sicherheit einschätzen zu können. Auch das Bundeskartellamt sieht in solchen Regelungen allgemein die Gefahr, dass diese zu einem unerwünschten Ergebnis führen.[1012] Dennoch sollten solche Regelungen für oligopolistische Märkte mit impliziter Kollusion, wie den deutschen Tankstellenmärkten, nicht kategorisch ausgeschlossen werden. Stattdessen ist eine weitergehende rechtliche und ökonomische Auseinandersetzung mit diesen wünschenswert.

b) Bessere Information der Kartellbehörden und Konsumenten über das Marktverhalten der Oligopolisten

Statt oder neben Regelungen zur Preissetzungsfrequenz sind Maßnahmen möglich, die die Transparenz für die Konsumenten verstärken sollen. So sind Unternehmen in West-Australien verpflichtet, ihre Preisänderungen vorab zu melden.[1013]

In Deutschland wurden mit Einführung der Markttransparenzstelle Maßnahmen ergriffen, um sowohl bessere Voraussetzungen für die Durchsetzung des Kartell- und Missbrauchsverbots auf den deutschen Tankstellenmärkten zu schaffen als auch um die Transparenz für die Konsumenten zu erhöhen. Dazu soll es staatlichen Stellen vereinfacht werden, den Markt und die Verhaltensweisen der Unternehmen zu beobachten, und durch Veröffentlichung von Informationen sollen Informationsasymmetrien abgebaut werden. Die Erhöhung der vertikalen Transparenz soll zu mehr Effizienz führen, indem die Transaktionskosten gesenkt werden.[1014]

1011 Vgl. Bundeskartellamt: Benzinpreise - Marktmacht, Preissetzung und Konsequenzen, Hintergrundpapier zur Tagung des Arbeitskreises Kartellrecht am 6.11.2011, S. 14.

1012 Bundeskartellamt: Benzinpreise - Marktmacht, Preissetzung und Konsequenzen, Hintergrundpapier zur Tagung des Arbeitskreises Kartellrecht am 6.11.2011, S. 14.

1013 Petroleum Products Pricing Amendment Act 2000.

1014 *Dewenter/Löw*, NZKart 2015, 458, 459.

aa) *Erhöhung der Transparenz durch staatliche Anordnung im Allgemeinen*

Die Erhöhung der Markttransparenz durch staatliche Anordnungen sind zum Teil berechtigter Kritik ausgesetzt. Es ist insbesondere fraglich, ob eine Erhöhung der Markttransparenz durch die Weitergabe von Informationen an Verbraucherinformationsdienste tatsächlich eine Verbesserung für die Konsumentenwohlfahrt bewirkt. Zwar verstärkt eine zunehmende Transparenz den Wettbewerb grundsätzlich, wenn ein funktionierender Wettbewerb auf einem Markt gegeben ist[1015], und auch die Theorie vom vollkommenen Wettbewerb besagt grundsätzlich, dass das Vorliegen eines vollständigen Wettbewerbsmarkts eine vollkommene Markttransparenz voraussetzt[1016]. Ein Informationsaustausch birgt aber auch immer die Gefahr des koordinierten Verhaltens der Anbieter.[1017] Mit Einführung der Verbraucherinformationsportale droht eine Verstärkung der Transparenz zwischen den Oligopolisten (horizontale Transparenz), da nicht nur die Konsumenten, sondern auch die Tankstellenbetreiber und Mineralölkonzerne diese Portale nutzen können.[1018] In solchen Fällen kann die erhöhte Markttransparenz zu einer verstärkten Möglichkeit impliziter Kollusion und einer verstärkten gemeinsamen Marktbeherrschung der Oligopolisten führen.

Auch die Europäische Kommission und das Bundeskartellamt sind sich grundsätzlich der Gefahr einer Steigerung der Wettbewerbsbeschränkungen durch eine gesteigerte Transparenz basierend auf Marktinformationssystemen bewusst. Laut der Europäischen Kommission und des Gerichtshofs der Europäischen Union sind bei der Beurteilung der Wirkungen von vertraglichen Marktinformationssystemen auf den Wettbewerb insbesondere die Marktstruktur, der Konzentrationsgrad, der Inhalt der Informationen, die Individualisierung der beteiligten Unternehmen sowie der Ausschluss der Marktgegenseite von den Informationen entscheidend.[1019] So betonte das Gericht der Europäischen Union in *John Deere*, dass ein zeitnaher Austausch von Informationen auf einem hoch konzentrierten oligopolistischen Markt zwischen den wichtigsten Anbietern

---

1015 EuG, Urt. v. 27.10.1994, Rs. T-35/92 - Slg. 1994, II-957, Rn. 51 - *John Deere*; EuGH, Urt. v. 28.5.1998, Rs. C-7/95 P - Slg. 2003, I-10821, Rn. 84 - *Thyssen/Kommission*; *Dreher/Hoffmann*, WuW 2011, 1181, 1183.

1016 *Kerber/Schwalbe* in: MüKo, Europäisches Wettbewerbsrecht, Einleitung, Rn. 152.

1017 Horizontalleitlinien, Rn. 65 ff.; *Dewenter/Löw*, NZKart 2015, 458, 459.

1018 *Dewenter/Löw*, NZKart 2015, 458, 459.

1019 Z.B. EuG, Urt. v. 27.10.1994, Rs. T-35/92 - Slg. 1994, II-957, Rn. 51 - *John Deere; Mestmäcker/Schweitzer*, Europäisches Wettbewerbsrecht, § 10, Rn. 66.

zu einer spürbaren Beschränkung des noch vorhandenen Wettbewerbs führen kann.[1020] Auch das Bundeskartellamt geht davon aus, dass grundsätzlich alle Marktinformationssysteme aufgrund der erhöhten Markttransparenz Geheimwettbewerb verringern und implizite Kollusion auf oligopolistischen Märkten unterstützen können.[1021]

bb) Erhöhung der Transparenz durch Einführung der Markttransparenzstelle für Kraftstoffe

(1) Einführung der Markttransparenzstelle

§ 47 k GWB[1022] sieht vor, dass eine Markttransparenzstelle für Kraftstoffe geschaffen wird, die den Handel mit Kraftstoffen beobachten soll, um den Kartellbehörden die Aufdeckung und Sanktionierung von Verstößen gegen das jeweilige unionsrechtliche und nationale Kartell- und Missbrauchsverbot zu vereinfachen (Abs. 1). Dazu werden die Betreiber von Tankstellen oder die Unternehmen, die diesen die Preise vorgeben, verpflichtet, jede Änderung von Kraftstoffpreisen in Echtzeit und differenziert nach Sorten an die Markttransparenzstelle zu übermitteln (Abs. 2). Zugleich wird die Markttransparenzstelle ermächtigt, die gesammelten Preisdaten an Anbieter von Verbraucherinformationsdiensten zum Zweck der Verbraucherinformation weiterzugeben (Abs. 5). Die im März 2013 erlassene und auf § 47 k Abs. 8 GWB basierende Verordnung zur Markttransparenzstelle für Kraftstoffe („MTS-Kraftstoff-Verordnung") regelt detailliert die Meldepflicht und die Weitergabe der Informationen an die Verbraucherinformationsdienste.

In diesem Zusammenhang stellt sich die oben aufgeworfene Frage, ob die positiven Wirkungen der verstärkten vertikalen Transparenz gegenüber den negativen Effekten der verstärkten horizontalen Transparenz überwiegen. Es ist zu hinterfragen, ob die Kartellbehörden einen so weitreichenden Informationsaustausch zwischen Wettbewerbern verbunden mit Echtzeitmeldungen und einer unbegrenzten Zugänglichkeit der Informationen für zulässig befunden hätten, wenn dieser durch die Wettbewerber selbst eingeführt worden wäre.[1023]

1020 EuG, Urt. v. 27.10.1994, Rs. T-35/92 - Slg. 1994, II-957, Rn. 51 - *John Deere;* bestätigt durch EuGH 28.5.1998, Rs. C-7/95 P - Slg. 1998, I-3111, Rn. 68 - *John Deere.*

1021 Zwischenbericht des Bundeskartellamts zur Sektoruntersuchung Milch, S. 114ff.

1022 Eingefügt durch das Gesetz zur Einrichtung einer Markttransparenzstelle für den Großhandel mit Strom und Gas vom 05.12.2012 - BGBl. I S. 2403 mit weiteren Nachweisen.

1023 Dies grundsätzlich verneinend *Knauff*, NJW 2012, 2408, 2410.

(2) *Mögliche Auswirkungen auf den Wettbewerb*

Im Fall der Veröffentlichung von Kraftstoffpreisen wie sie § 47 k GWB in Verbindung mit der MTS-Kraftstoff-Verordnung vorsieht ist eine Wettbewerbsstärkung bezweckt[1024], indem die Informationen nicht nur für die Wettbewerber, sondern gerade auch für die Konsumenten öffentlich zugänglich gemacht werden. Wie oben erläutert, besteht unter den Wettbewerbern bereits eine hohe Transparenz. Diese wird zwar mit der Weitergabe der Preisinformationen an die Verbraucherinformationsdienste noch verstärkt, aber dieser negative Effekt könnte durch positive Effekte, die mit einer erhöhten Zugänglichkeit an Preisinformationen für die Konsumenten einhergehen, ausgeglichen werden.[1025] Das Informationsgefälle zwischen Mineralölkonzernen und Konsumenten wird verringert und den Konsumenten ein schneller und nicht aufwendiger Weg zum Preisvergleich ermöglicht. Bei einer intensiven Nutzung der bereitgestellten Informationen ist daher ein Überwiegen der für die Konsumenten positiven Effekte nicht ausgeschlossen. Damit könnte auch nach den in der Rechtsprechung aufgestellten Kriterien für vertragliche Marktinformationssysteme eine Wirksamkeit eines solchen Informationssystems anzunehmen sein. Dies hängt aber insbesondere davon ab, welche Auswirkungen die verstärkte vertikale Transparenz mit sich bringt und ob diese die koordinierenden Effekte der verstärkten horizontalen Transparenz ausgleichen kann.[1026]

(3) *Zweifel an der Nutzung durch die Verbraucher*

Es bestehen in der Realität Zweifel darüber, ob die Konsumenten die bereitgestellten Informationen auch intensiv nutzen. Nur dann dürfte aber die vertikale Transparenz ausreichende positive Effekte bewirken und damit eine erhöhte Transparenz zwischen den Oligopolisten vertretbar sein.

Der ADAC hat in der Zeit vom Dezember 2011 bis Januar 2012 eine Befragung von 1005 Autofahrern zu ihren Tankverhalten, Fahrgewohnheiten, Markenpräferenzen und persönlichen Angaben vornehmen lassen.[1027] Diese Studie ergab, dass nur ein Teil der Befragten auf Preisänderungen überhaupt reagiert. Etwa 40-50% zeigen kein preiselastisches Verhalten. So gaben über 43% der Befragten

---

1024 Vgl. *Knauff*, NJW 2012, 2408, 2410.

1025 Vgl. *Dewenter/Löw*, NZKart 2015, 458, 459.

1026 Vgl. *Dewenter/Löw*, NZKart 2015, 458, 459.

1027 Ergebnisse der Befragung sind zusammengefasst in *Dewenter/Haucap/Heimeshoff*, Maßnahmen zur Steigerung des Wettbewerbs auf den Kraftstoffmärkten in Deutschland - ADAC Studie zur Mobilität, S. 25ff.

an, dass sie nur tanken, wenn der Tank fast leer gefahren ist und damit nicht an bestimmten Tagen oder wenn Preissenkungen zu beobachten sind. Etwa ebenso viele tanken nur an einer Tankstelle und wechseln nicht bei Preisunterschieden.[1028] Ferner gaben die Befragten bei der Frage, was ihnen an einer Tankstelle wichtig ist, fast ebenso häufig wie den Preis die Erreichbarkeit der Tankstelle an, sodass zumindest für einen Teil der Konsumenten der Preis nicht das wichtigste Kriterium ist.[1029] Zudem vergleichen 40% die Preise selten oder nie. Der gleiche Prozentsatz nimmt auch keine „kleinen Umwege" oder Wartezeiten für niedrigere Preise in Kauf.[1030] Besonders interessant für die Beurteilung von Veröffentlichungen von Preisdaten über Verbraucherinformationsdienste ist, dass nur etwa 7,6% der Befragten angaben Online-Systeme zu benutzen.[1031] Es muss jedoch beachtet werden, dass zum Zeitpunkt der Befragung diese Systeme noch nicht so bekannt waren wie nach Einführung der Markttransparenzstelle.

Der Allensbacher Kurzbericht vom Dezember 2013[1032] zeigt ein ähnliches Bild hinsichtlich der Bereitschaft zum Preisvergleich unter Autofahrern, wenngleich die Anzahl der preissensiblen Autofahrer hier etwas höher liegt. Laut dieser Befragung entscheiden sich 62% der Befragten regelmäßig bzw. gelegentlich für die Tankstelle mit dem niedrigsten Preis, auch wenn sie dafür Umwege in Kauf nehmen müssen. 36% gaben an, dass sie unabhängig vom Preis die Tankstelle anfahren, die am günstigsten liegt. Zum Zeitpunkt der Befragung ab September 2013, dem Beginn des Testbetriebs der Markttransparenzstelle, haben bereits 24% der Autofahrer das Angebot der Verbraucherinformationsdienste genutzt und weitere 61% haben zumindest bereits davon gehört.

Eine 2017 erfolgte Untersuchung des Düsseldorfer Instituts für Wettbewerbsökonomie[1033], die vom Mineralölwirtschaftsverband (MWV) in Auftrag gegeben

---

1028 *Dewenter/Haucap/Heimeshoff*, Maßnahmen zur Steigerung des Wettbewerbs auf den Kraftstoffmärkten in Deutschland - ADAC Studie zur Mobilität, S. 26.

1029 *Dewenter/Haucap/Heimeshoff*, Maßnahmen zur Steigerung des Wettbewerbs auf den Kraftstoffmärkten in Deutschland - ADAC Studie zur Mobilität, S. 28.

1030 *Dewenter/Haucap/Heimeshoff*, Maßnahmen zur Steigerung des Wettbewerbs auf den Kraftstoffmärkten in Deutschland - ADAC Studie zur Mobilität, S. 29.

1031 *Dewenter/Haucap/Heimeshoff*, Maßnahmen zur Steigerung des Wettbewerbs auf den Kraftstoffmärkten in Deutschland - ADAC Studie zur Mobilität, S. 30.

1032 *Ifd Allensbach*: Allensbacher Kurzbericht, Nr. 12/2013, https://www.ifd-allensbach.de/uploads/tx_reportsndocs/PD_2013_12.pdf, zuletzt abgerufen am 6.1.2018.

1033 *Haucap/Heimeshoff/Kehder/Odenkirchen/Thorwarth*: Ordnungspolitische Perspektiven, Auswirkungen der Markttransparenzstelle für Kraftstoffe (MTS-K): Änderungen im Anbieter- und Nachfragerverhalten, Düsseldorfer Institut für Wettbewerbsökonomie, August 2017, http://www.dice.hhu.de/fileadmin/redaktion/Fakultaeten/

wurde, kommt zu dem Schluss, dass die Einführung der Markttransparenzstelle sowohl auf Anbieter- als auch auf Nachfragerseite zu deutlichen Änderungen und indirekt zu einer Intensivierung des Wettbewerbs geführt hat.[1034] So spricht die zunehmend größer werdende Anzahl an Preisänderungen[1035], welche vor allem auf die deutlich gestiegene Zahl an Preisunterbietungen zurückzuführen ist, sowie die größer werdenden Preisspannen zwischen Tagesniedrigst- und Tageshöchstpreisen für eine Intensivierung des Wettbewerbs. Bei einer Reduktion der Wettbewerbsintensität wäre eine Verlangsamung der Zyklen zu erwarten gewesen. Des Weiteren ergab die Untersuchung, dass die Autofahrer in Deutschland im Untersuchungsjahr 2015 deutlich mehr in sogenannten Preistälern getankt haben als noch im Jahr 2012. Dies ist ein Indiz dafür, dass eine nicht geringe Anzahl der Autofahrer die Preisvergleichsapps und somit die Informationen der Markttransparenzstelle zu nutzen scheint, um preisbewusster zu tanken.[1036]

Eine im Jahr 2016 ebenfalls vom Düsseldorfer Institut für Wettbewerbsökonomie veröffentlichte Studie[1037] lässt dagegen an der Wirkung der Markttransparenzstelle Zweifel aufkommen. Im Rahmen dieser Studie wurde untersucht,

---

Wirtschaftswissenschaftliche_Fakultaet/DICE/Ordnungspolitische_Perspektiven/91_OP_Haucap_Heimeshoff_Kehder_Odenkirchen_Thorwarth.pdf, zuletzt abgerufen am 6.1.2018.

1034 Es wird mitunter an der Unabhängigkeit der Studie und der richtigen Interpretation der gefundenen Ergebnisse gezweifelt: https://www.handelsblatt.com/politik/deutschland/markttransparenzstelle-fuer-kraftstoffe-ungewoehnliche-allianzen/20665496.html?ticket=ST-5518811-nqCT7ICDu2dsSk1XiJbe-ap4, zuletzt abgerufen am 6.1.2018.

1035 Die wird bestätigt durch: Jahresbericht 2017 der Markttransparenzstelle für Kraftstoffe (MTS-K).

1036 *Haucap/Heimeshoff/Kehder/Odenkirchen/Thorwarth*: Ordnungspolitische Perspektiven, Auswirkungen der Markttransparenzstelle für Kraftstoffe (MTS-K): Änderungen im Anbieter- und Nachfragerverhalten, Düsseldorfer Institut für Wettbewerbsökonomie, August 2017, S. 12, http://www.dice.hhu.de/fileadmin/redaktion/Fakultaeten/Wirtschaftswissenschaftliche_Fakultaet/DICE/Ordnungspolitische_Perspektiven/91_OP_Haucap_Heimeshoff_Kehder_Odenkirchen_Thorwarth.pdf, zuletzt abgerufen am 6.1.2018.

1037 *Dewenter/Heimeshoff/Lüth,* Discussion Paper, The Impact of the Market Transparency Unit for Fuels on Gasoline Prices in Germany, 2016, https://www.uni-duesseldorf.de/home/fileadmin/redaktion/DUP/Info_PDFs/Reihen/Wirtschaftswissenschaften/DICE_DP/220_Dewenter_Heimeshoff_Lueth.pdf, zuletzt abgerufen am 6.1.2018.

wie sich die Durchschnittspreise nach Einführung der Markttransparenzstelle relativ zu anderen EU-Ländern entwickelt haben. Diesel hat sich danach relativ zu den anderen EU-Ländern um rund zwei Cent, Benzin um gut drei Cent verteuert. Eine naheliegende Erklärung für diese Beobachtung ist eine Abnahme an Wettbewerb. Damit würden negative Effekte für die Konsumentenwohlfahrt anzunehmen sein. Eine im Jahr 2017 veröffentlichte theoretische Analyse unterstützt dies.[1038]

Die Interpretation der seit Einführung der Markttransparenzstelle erfolgten Preissetzung auf dem Tankstellenmarkt ist also ambivalent und es lassen sich noch keine abschließenden Aussagen zu den Auswirkungen dieser auf die Konsumentenwohlfahrt treffen. Zumindest ist aber eine gewisse Skepsis auch nach den bisherigen Erfahrungen in Deutschland gegenüber Marktinformationssystemen angebracht.

(4) Weitere Bedenken hinsichtlich der Wirkung

Neben der Frage, ob die Verbraucherinformationsdienste tatsächlich genutzt werden, treten weitere Fragen im Zusammenhang mit der Markttransparenzstelle und der Veröffentlichung der Daten auf.

So muss beachtet werden, dass es sich um eine äußerst volatile Transparenz handelt. Aufgrund der Tatsache, dass die Tankstellen jederzeit ihre Preise ändern können und sie in der Praxis auch rege von dieser Möglichkeit Gebrauch machen, kann es geschehen, dass selbst bei einer Abfrage der Preise bei Ankunft an der vermeintlich günstigsten Tankstelle bereits die Preise wieder geändert wurden und damit der Unmut der Kunden hervorgerufen wird.[1039]

Es wird ferner mitunter angezweifelt, dass es einer staatlichen Stelle bedarf, die die Informationen sammelt und an die Verbraucherinformationsdienste weitergibt. Es hätte bereits vor Geltung des § 47 k GWB und der MTS- Kraftstoff-Verordnung Verbraucherinformationsdienste gegeben, die über aktuelle Preise informiert haben.[1040]

Dies ist richtig, es muss aber beachtet werden, dass die Markttransparenzstelle primär die Aufgabe besitzt, die Informationen für eine erleichterte Beobachtung der Unternehmen sowie eine erleichterte und effektivere Durchsetzung

---

1038 *Eibelshäuser/Wilhelm*: Markets Take Breaks: Dynamic Price Competition with Opening Hours, Beiträge zur Jahrestagung des Vereins für Socialpolitik 2017, S. 39, https://www.econstor.eu/handle/10419/168247, zuletzt abgerufen am 6.1.2018.

1039 *Mundt*, ifo Schnelldienst 2012, 3, 4.

1040 *Zimmer*, BB 2012, 1, 2.

des Wettbewerbsrechts zu sammeln. Ursprünglich sollte sogar eine Weitergabe der Informationen gar nicht stattfinden.[1041] Die Möglichkeit der gebündelten Weitergabe der Daten an die Verbraucherinformationsdienste ist nur ein positiver Nebeneffekt, der die Aufgabe der Dienste vereinfacht und eine lückenlosere Information der Konsumenten ermöglicht. Dies sollte auch zur Stärkung der Transparenz für die Verbraucher genutzt werden, wenn die Regierung und der Gesetzgeber diesen Weg zur Lösung der Probleme im Zusammenhang mit dem oligopolistischen Anbietermarkt für richtig erachten.

Da die Unternehmen auch nach der erfolgten Sektoruntersuchung keine bedeutenden Konsequenzen zu befürchten hatten, bestehen allerdings begründete Zweifel, dass von der ständigen Beobachtung durch die Markttransparenzstelle eine präventive Abschreckungswirkung ausgeht, wie es der Regierungsentwurf vorsieht[1042].[1043]

Des Weiteren könnte an dem Verhältnis zwischen Nutzen und Aufwand gezweifelt werden. Insbesondere freie Tankstellen und kleinere Unternehmen könnten unverhältnismäßig mit Bürokratiekosten belastet werden. Auch der Aufwand für den Staat und damit die Kosten für die Steuerzahler sind nicht gänzlich unbedeutend.[1044] Nach § 3 der Verordnung werden aber auf Antrag Meldepflichtige freigestellt, wenn die Tankstelle in dem der Antragstellung vorangegangenen Kalenderjahr einen Gesamtdurchsatz von Otto- und Dieselkraftstoffen von 750 Kubikmetern oder weniger hatte oder für die Meldepflichtigen die Einhaltung dieser Pflichten eine unzumutbare Härte bedeuten würde.

c) *Vereinbarkeit der Maßnahmen mit den Grundfreiheiten und der Selbstbelastungsfreiheit*

Fraglich ist darüber hinaus die Vereinbarkeit mit den Grundfreiheiten und der Selbstbelastungsfreiheit der Unternehmen, wenn die Unternehmen zu Echtzeitmeldungen sowie die Herstellung uneingeschränkter Zugänglichkeit der Informationen für die Öffentlichkeit verpflichtet werden und Regelungen zum

1041 *Mundt*, ifo Schnelldienst 2012, 3, 4 zu dem Gesetzentwurf.

1042 Gesetzesentwurf der Bundesregierung: Entwurf eines Gesetzes zur Einrichtung einer Markttransparenzstelle für den Großhandel mit Strom und Gas (Marktransparenzstellengesetz), im Folgenden RegE, http://www.bmwi.de/BMWi/Redaktion/PDF/G/gesetzentwurf-markttransparenzstellen-gesetz,property=pdf,bereich=bmwi,sprache=de,rwb=true.pdf (zuletzt 4.10.2014), S.6.

1043 *Lüdemann/Lüdemann*, WuW 2012, 917, 925.

1044 *Lüdemann/Lüdemann*, WuW 2012, 917, 925.

Preissetzungsverhalten, insbesondere die Preisänderungsabstände, erlassen werden.

Regelungen zum Preissetzungsverhalten können grundsätzlich die Attraktivität für die Nutzung der Warenverkehrs- und Niederlassungsfreiheit in Deutschland verringern und damit eine Maßnahme gleicher Wirkung im Sinne des *Dassonville*-Urteils[1045]darstellen.[1046] Allerdings sind nach der sogenannten *Keck*-Formel vertriebsbezogene Regelungen, die bestimmte Verkaufsmodalitäten beschränken oder verbieten, nicht geeignet, den Handel zwischen den Mitgliedstaaten zu behindern und stellen damit keine Maßnahme gleicher Wirkung im Sinne des *Dassonville*-Urteils dar, solange sie keine Diskriminierung begründen.[1047]

Es kommt dabei weniger darauf an, ob eine Verkaufsmodalität vorliegt, sondern vor allem darauf an, ob eine spezifische Beeinträchtigung des Marktzugangs oder der Wettbewerbsfähigkeit der eingeführten Waren stattfindet.[1048] Dies kann bei Preisregelungen nicht grundsätzlich ausgeschlossen werden. Das heißt eine Preisregelung, egal ob sie zwischen eingeführten und einheimischen Waren unterscheidet oder unterschiedslos gilt, stellt nur dann keine Maßnahme gleicher Wirkung dar, wenn die Absatzmodalität unterschiedslos anwendbar sind und auch faktisch nicht marktzugangshindernd wirken.[1049]

Bei Regelungen, die sich auf die Möglichkeiten der Preissetzung der Unternehmen beziehen, insbesondere auf die Preisänderungsabstände wie die österreichische oder west-australische Regelung, kann nicht automatisch davon ausgegangen werden, dass sie als Verkaufsmodalität nicht den Marktzugang erschweren und auf ausländische und inländische Produkte die gleiche Wirkung haben.[1050] Allerdings dürfte bei Regelungen hinsichtlich der Preisänderungsabstände generell nicht von einer marktzugangshindernden Wirkung für ausländische Produkte auszugehen sein, da diese Regelungen grundsätzlich die Einfuhr aus dem Ausland nicht weniger attraktiv machen dürften.

1045 EuGH, Urt. v. 11. Juli 1974, Rs. 8/74 - *Dassonville.*

1046 So auch *Knauff*, NJW 2012, 2408, 2410.

1047 EuGH, Urt. v. 24. November 1993, Rs. C-267/91 u. C-268/91 - *Keck und Mithouard.*

1048 *Müller*-Graff in: von der Groeben/Schwarze/Hatje, Europäisches Unionsrecht, Art. 34 AEUV, Rn. 139ff.

1049 *Müller*-Graff in: von der Groeben/Schwarze/Hatje, Europäisches Unionsrecht, Art. 34 AEUV, Rn. 139ff.

1050 *Müller*-Graff in: von der Groeben/Schwarze/Hatje, Europäisches Unionsrecht, Art. 34 AEUV, Rn. 139ff.

Hinsichtlich der Pflicht der Datenübermittlung an die Behörden nach § 47 k GWB könnte die Vereinbarkeit mit dem Grundsatz der Selbstbelastungsfreiheit aus Art. 2 in Verbindung mit Art. 1 GG bedenklich sein, geht man von einer Anwendung dieses Grundrechts auf juristische Personen aus.[1051] § 47 k GWB bezweckt ausdrücklich eine erleichterte Aufdeckung und Sanktionierung von Wettbewerbsverstößen und stellt damit nicht nur eine Nebenfolge dar.[1052] Das BVerfG geht aber davon aus, dass der Grundsatz der Selbstbelastungsfreiheit nicht auf Unternehmen anwendbar ist, da dieser einen Bezug zur Menschenwürde besitzt,[1053] sodass eine vertiefte Auseinandersetzung mit dieser Frage überflüssig erscheint.

d) Ad hoc-*Maßnahmen als weiterer Ansatz*

Teilweise wird eine Abkehr von strafenden Maßnahmen hin zu *ad hoc*-Maßnahmen nach dem Vorbild des britischen Systems zur Marktuntersuchung („*UK market investigation regime*") vorgeschlagen.[1054] Dieses System sieht Marktuntersuchungen durch Kartellbehörden vor, wenn auf einem Markt Probleme hinsichtlich eines funktionsfähigen Wettbewerbs auftreten, und ermächtigt diese auch ohne Hinweise auf ein rechtswidriges Verhalten der Unternehmen, Veränderungen auf dem Markt zu verlangen. Dies kommt der oben vorgeschlagenen Einführung einer objektiven Entflechtungsregelung nahe.

1051 So *Knauff*, NJW 2012, 2408, 2411f.

1052 *Knauff*, NJW 2012, 2408, 2412.

1053 BVerfG, Beschl. v. 26.2.1997 - 1 BvR 2172/96 - BVerfGE 95, 220; BVerfG, Beschl. v. 22. 10. 1980, 2 BvR 1172, 1238/79, NJW 1981, 1087f.

1054 *Wish/Sufrin*, Oligopolistic Market and EC Competition Law, Yearbook of European Law 1992, 59; erwähnt in: *Petit* in: Liannos/Geradin, The Oligopoly Problem in EU Competition Law, S. 55f.

Drittes Kapitel Zusammenfassung

Am Ende dieser Arbeit bleibt festzustellen, dass das Kartellrecht im Hinblick auf das Phänomen der impliziten Kollusion Defizite aufweist, aber auch Möglichkeiten bestehen, der impliziten Kollusion und den damit verbundenen Folgen entgegenzuwirken.

A. Grundsätzliche Erkenntnisse zur Bewertung impliziter Kollusion

1. Eine Anwendung des Kartellverbots auf das Phänomen der impliziten Kollusion aufgrund der ähnlichen negativen Folgen für die Konsumentenwohlfahrt wie bei den vom Kartellverbot erfassten Verhaltensweisen wäre, insbesondere nach einem stärker auswirkungsbasierten Ansatz, vom Sinn und Zweck des Kartellverbots gedeckt. Allerdings muss eine solche Anwendung mangels einer Fühlungnahme der Oligopolisten untereinander dennoch abgelehnt werden, da dem Verbot der Schutz des Selbstständigkeitspostulats zugrunde liegt. Wird dieser durch das Verhalten der Unternehmen nicht gefährdet, sondern nutzen die Unternehmen allein die Marktgegebenheiten und liegt keine Zweiseitigkeit des Verhaltens vor, ist das Kartellverbot nicht berührt.

2. Die Führung eines Indizienbeweises hinsichtlich einer für einen Kartellverstoß notwendigen Abstimmung dürfte den Kartellbehörden im Verwaltungs- und Bußgeldverfahren sowie der beweisbelasteten Partei im Zivilverfahren im Falle eines parallelen Verhaltens auf einem engen oligopolistischen Markt selten gelingen. Daher wäre grundsätzlich eine Beweislastumkehr für das Tatbestandsmerkmal der abgestimmten Verhaltensweise für enge oligopolistische Märkte unter strengen Voraussetzungen denkbar. Es müssten aber insbesondere der Untersuchungsgrundsatz sowie der Grundsatz der Unschuldsvermutung im Verwaltungs- und Bußgeldverfahren ausreichend Beachtung finden.

Einer Anwendung des deutschen Lauterkeitsrechts auf Fälle der impliziten Kollusion ohne Hinzutreten zusätzlicher Umstände steht primär die Wertung des Kartellrechts entgegen, ein solches Verhalten allein nicht als rechtswidrig anzusehen. Das UWG ist anders als Artikel 5 FTCA kein Auffangtatbestand für solche Verhaltensweisen, die nicht von dem Kartellrecht erfasst sind, sondern soll die Marktteilnehmern vor unlauteren Geschäftspraktiken und damit auch den Wettbewerb schützen. Es fehlt an einem zusätzlichen Unlauterkeitselement.

4. Eine gemeinsame Marktbeherrschung kann sowohl im Rahmen der Fusionskontrolle als auch im Rahmen des Missbrauchsverbots auf impliziter Kollusion beruhen, wenn die *Airtours*-Kriterien erfüllt sind. Diese bedürfen allerdings im Falle des Missbrauchsverbots einer Anpassung. Mögliche Schwierigkeiten und Unsicherheiten bei der Bestimmung, ob eine gemeinsame Marktbeherrschung besteht, z.B. ob eine implizite Kollusion in Form eines Parallelverhaltens oder Binnenwettbewerb vorliegt, dürfen nicht zu einer Abkehr vom Missbrauchsverbot führen.

5. Implizite Kollusion *per se* kann aus verschiedenen Gründen nicht als missbräuchliches Verhalten im Sinne des Missbrauchsverbots angesehen werden. Insbesondere kann implizite Kollusion, welche bereits Grundlage der gemeinsamen Marktbeherrschung der Oligopolisten ist, nicht zugleich ein missbräuchliches Verhalten darstellen. Anderenfalls wäre der Grundsatz verletzt, dass das Innehaben einer marktbeherrschenden Stellung allein kein missbräuchliches Verhalten begründen kann.

Es sind jedoch zusätzliche Verhaltensweisen denkbar, die einen Missbrauch darstellen können. So erscheint unter anderem ein Missbrauch durch Verhaltensweisen, die die Markttransparenz fördern, sogenannte *facilitating practices*, naheliegend. Insbesondere sollte aber das Augenmerk auf einem Missbrauch durch überhöhte Preise liegen, da mit impliziter Kollusion typischerweise ein überhöhtes Preisniveau einhergeht.

Das Bundeskartellamt sollte also in Zukunft nicht gänzlich von der Kontrolle eventueller Ausbeutungsmissbräuche durch Oligopolisten zugunsten einer Kontrolle von Behinderungsmissbräuchen, dem Abbau vertikaler Wettbewerbsbeschränkungen und einer strengeren Fusionskontrolle absehen, wie es in dem Bericht zur Sektoruntersuchung angedeutet hat[1055]. Überhöhte Preise treffen die Verbraucher unmittelbar und können die Konsumentenwohlfahrt auch auf längere Zeit schädigen.

Eine mit § 29 GWB vergleichbare Regelung und insbesondere eine vergleichbare Beweiserleichterung für andere Bereiche ist denkbar, wenn ähnliche Verhältnisse wie im Gas- und Stromsektor vorliegen.

6. Eine verstärkte Fusionskontrolle stellt kein ausreichendes Instrument dar, um die mit impliziter Kollusion verbundenen negativen Folgen für die Konsumentenwohlfahrt ausreichend zu begrenzen. Eine bereits bestehende Marktstruktur kann im Wege der Fusionskontrolle nicht geändert werden. Allerdings

1055 Bundeskartellamt, Sektoruntersuchung Kraftstoffe - Abschlussbericht Mai 2011, S. 139.

sollte die Fusionskontrolle selbstverständlich konsequent umgesetzt werden, um eine Marktstruktur, die implizite Kollusion fördert, zu verhindern.

Daher ist eine zusätzliche, *ex-post* stattfindende Marktstrukturkontrolle in Form struktureller Maßnahmen und in Form der Entflechtung notwendig.

7. Eine Entflechtung von Unternehmen ist bisher nur in Form einer verstoßabhängigen Entflechtung nach § 32 GWB möglich. Bei Anordnung einer solchen sind insbesondere das Konnexitätserfordernis, der Verhältnismäßigkeitsgrundsatz sowie der Subsidiaritätsgrundsatz zu beachten. Zudem darf es nicht zu einer Entflechtung bei zulässigem Verhalten kommen. Sollte zukünftig eine missbrauchsunabhängige Entflechtungsmöglichkeit durch den Gesetzgeber geschaffen werden, so müsste an diese hohe Anforderungen gestellt werden, um die Grundrechte sowie grundrechtsgleichen Rechte zu wahren und sicherzustellen, dass die für die Konsumentenwohlfahrt positiven Wirkungen überwiegen.

8. Sektorspezifische Regulierung sollte auf Märkte beschränkt bleiben, die aufgrund von natürlichen Gegebenheiten auch in Zukunft keine Form des Wettbewerbs erwarten lassen bzw. auf denen dieser nicht erwünscht ist.

9. Die Auseinandersetzung mit den weiteren bisher gefundenen Ansätzen zur Eindämmung der häufig mit einem engen Oligopol verbundenen negativen Folgen für die Konsumentenwohlfahrt hat gezeigt, dass jede Regulierung durch den Staat auch mit Risiken behaftet ist und trotz wirtschaftswissenschaftlicher Modelle keine Gewissheit über die Auswirkungen solcher Maßnahmen besteht. Der Erfolg einer Regelung zur Erhöhung der Markttransparenz, indem Preisinformationen beobachtet und öffentlich zugänglich gemacht werden, hängt maßgeblich von den Umständen des Einzelfalls und insbesondere von dem Verhalten der Konsumenten ab. Mit Einführung einer Regulierung der Änderungsfrequenz hinsichtlich Preiserhöhungen und Preissenkungen bestünde die Chance, das sonst auf einem Wettbewerbsmarkt bestehende Risiko der Preissetzung in einem gewissen Umfang herbeizuführen und die implizite Kollusion der Oligopolisten zu durchbrechen. Solche Arten der Regulierung sollten also nicht unberücksichtigt bleiben.

Für die Entwicklung weiterer Instrumente, um impliziter Kollusion entgegenzutreten, dürften auch zukünftige wirtschaftswissenschaftliche Auseinandersetzungen mit der Marktstruktur des engen Oligopols, die Sammlung weiterer Erkenntnisse über Preissetzungsalgorithmen sowie Erfahrungen mit Ansätzen in anderen Ländern entscheidend sein.

B. Erkenntnisse hinsichtlich der Tankstellenmärkte

I. Interpretation der Beobachtungen über den Markt und das Preissetzungsverhalten im Zusammenhang mit der Frage nach einer gemeinsamen Marktbeherrschung

1. Es wurde deutlich, dass eine Interpretation der mit der Sektoruntersuchung gesammelten Daten zur Markt- und Wettbewerbssituation auf den deutschen Tankstellenmärkten durch das Bundeskartellamt nicht einfach und zwingend ist. So unterstützen nicht alle Beobachtungen und gesammelten Informationen die Annahme einer marktbeherrschenden Stellung durch die Mineralölkonzerne. Insbesondere bestehen Zweifel hinsichtlich der Deutung des ermittelten Preissetzungsmusters als Zeichen eines Mangels an Binnen- und Außenwettbewerbs.

2. Im Hinblick auf das Vorliegen von Binnenwettbewerb ist vor allem die Bedeutung der Beobachtung sogenannter Edgeworth-Preiszyklen fraglich. Es ist zu erwarten, dass sich die Wirtschaftswissenschaften in Zukunft weiterhin mit diesem Phänomen und insbesondere seiner Entstehung auseinandersetzen. Obwohl bei einer Analyse der Marktsituation die Beobachtungen und Daten stets zu einem gewissen Grad mehrdeutig sind, würde eine eindeutigere Auslegung der Edgeworth-Preiszyklen auch eine eindeutigere Aussage hinsichtlich eines funktionierenden Binnenwettbewerbs auf den deutschen Tankstellenmärkten ermöglichen.

3. Im Zusammenhang mit der Frage nach Außenwettbewerb ist insbesondere die Deutung der in kleinen Schritten erfolgenden Preissenkungen fraglich. Dennoch ist dem Bundeskartellamt basierend auf den bisher vorhandenen Informationen über die Preissetzung und den wirtschaftswissenschaftlichen Erkenntnissen tendenziell zuzustimmen, wenn es ein enges Oligopol mit einer gemeinsamen marktbeherrschenden Stellung der Oligopolisten annimmt. Anzeichen, die gegen eine gemeinsame Marktbeherrschung und für funktionierenden Wettbewerb sprechen, sollten aber dennoch nicht gänzlich ausgeblendet werden. Bei Vorliegen neuer Fakten oder wirtschaftswissenschaftlicher Erkenntnisse sollten die gezogenen Schlüsse zur Wettbewerbsstruktur überprüft werden. Es bleibt anzumerken, dass sich aufgrund vergangener und aktueller Entwicklungen seit der Sektoruntersuchung Änderungen hinsichtlich der dargestellten Faktoren ergeben haben können. Daher wäre eine erneute Bewertung, ob und durch welche Unternehmen ein marktbeherrschendes Oligopol vorliegt, sinnvoll.

II. Rechtliche Fragen und Probleme bezüglich der Anwendung des Kartellrechts

1. Das Bundeskartellamt hat sich in der Sektoruntersuchung nur knapp mit den rechtlichen Fragen in Bezug auf die Beurteilung des parallelen Preissetzungsverhaltens befasst. Somit könnte der Eindruck entstehen, dass es nicht in Betracht kommt, dass dieses Verhalten einen Verstoß gegen das Kartell- oder Missbrauchsverbot darstellt.

2. Es ist dem Bundeskartellamt zuzustimmen, dass das implizite Parallelverhalten auf den Tankstellenmärkten nach den grundsätzlich angestellten Überlegungen nicht vom Kartellverbot erfasst ist, da es an einer Fühlungnahme fehlt.

3. Vor dem Hintergrund, dass das Verlangen überhöhter Preise sowohl im europäischen als auch im deutschen Kartellrecht ein missbräuchliches Verhalten darstellen kann und das Bundeskartellamt von einem überhöhten Preisniveau auf den deutschen Tankstellenmärkten ausgeht, war die Auseinandersetzung mit einem eventuellen Vorliegen missbräuchlichen Verhaltens durch die Oligopolisten naheliegend. Ein Verhalten, das neben die parallele Preissetzung tritt und eine Missbräuchlichkeit begründen könnte, könnte die oftmals bestehende vertragliche Verpflichtung der Tankstellenpächter und Angestellten zur Beobachtung und Meldung der Wettbewerberpreise darstellen. Mit diesem Verhalten wird die Markttransparenz zwischen den Wettbewerbern weiter erhöht und eine implizite Kollusion weiter vereinfacht, sodass in diesem Verhalten eine sogenannte *facilitating practice* zu sehen sein könnte. Diese Verpflichtungen haben nach Einführung der Markttransparenzstelle und der Stärkung der Verbraucherinformationsdienste sicherlich eine Modifikation erfahren, die rechtliche Bewertung dürfte aber ähnlich ausfallen.

4. Daneben besteht die offensichtlichere Möglichkeit des Missbrauchs aufgrund überhöhter Preise durch die Mineralölkonzerne. Diese Arbeit kann jedoch nicht konkret einen Missbrauch durch überhöhte Preise auf den deutschen Tankstellenmärkten prüfen. Es wird aber aufgezeigt, warum trotz der grundsätzlich mit einer staatlichen Preishöhenkontrolle verbundenen Gefahren für die Konsumentenwohlfahrt bei einem verfestigten Oligopol wie es auf den deutschen Tankstellenmärkten vorliegt eine *ex post* stattfindende Preishöhenkontrolle geboten ist. Auf diesen Märkten gibt es keine staatliche Entgeltregulierung, es ist keine Weiterentwicklung des Markts durch Innovation zu erwarten und die gemeinsame marktbeherrschende Stellung ist gefestigt. Es ist daher davon auszugehen, dass sich eine Preishöhenkontrolle auch auf längere Zeit für die Konsumentenwohlfahrt positiv auswirkt. Die dargestellten Probleme bei der

Anwendung des Vergleichsmarktkonzepts im Rahmen der Preishöhenkontrolle sollten einer solchen nicht generell im Weg stehen.

5. Außerdem bestünde für den Gesetzgeber die Möglichkeit, eine dem § 29 GWB vergleichbare Vorschrift für den Tankstellen-Kraftstoffsektor zu schaffen. Den Kartellbehörden wird durch diese Vorschrift, insbesondere durch die enthaltene Beweislastumkehr, die Durchsetzung der Missbrauchsvorschriften erheblich erleichtert. Die Gründe, die zur Einführung dieser strengeren Missbrauchsvorschrift für den Energiesektor geführt haben, könnten eine vergleichbare Vorschrift für den Tankstellen-Kraftstoffsektor rechtfertigen, da eine gewisse Vergleichbarkeit dieser Sektoren gegeben ist.

6. Sollte es in Zukunft zur Einführung einer verhaltensunabhängigen Entflechtungsmöglichkeit kommen, so könnten die Mineralölkonzerne auf Grund der geschilderten Marktstruktur auf den deutschen Tankstellenmärkten Gegenstand einer solchen Entflechtung sein.

7. Der derzeitige Versuch in Deutschland, die Markttransparenz für die Verbraucher zu erhöhen und damit die Asymmetrie der Transparenz zwischen diesen und den Mineralölunternehmen zu verringern, hängt erheblich von der Bereitschaft der Verbraucher ab, die Informationsangebote zu nutzen und Preisvergleiche anzustellen. Sollte diese Bereitschaft nicht oder nur in sehr begrenzten Umfang vorliegen, ist letztendlich mit keiner Veränderung des Preisniveaus für Kraftstoffe zu rechnen. Es könnte das implizite Parallelverhalten für die Mineralölkonzerne sogar vereinfacht werden. Möchte man eine quantitative Grenze für Preisänderungen einführen, so erscheint das westaustralische Modell das geeignetste für die deutschen Märkte zu sein.

III. Ausblick

Es ist zu erwarten, dass auch in Zukunft die Diskussionen rund um die Kraftstoffpreise an den Tankstellen anhalten und die Kartellbehörden sich mit diesem Problem auseinandersetzen müssen.

Seit Eskalation des Ukrainekrieges Ende Februar 2022 war eine weitere Erhöhung der Kraftstoffpreise in Deutschland zu beobachten und der Ruf nach staatlichen Maßnahmen hat wieder zugenommen. Das Bundeskartellamt ging im Mai 2022 von einer seit Monaten anhaltenden Entkopplung von Rohölpreis und Raffinerie- bzw. Tankstellenpreisen aus und kündigte an, die Preisentwicklung weiter verstärkt zu beobachten. Das Bundeskartellamt wies aber auch darauf hin, dass es bislang keine Hinweise für ein kartellrechtswidriges Verhalten sehe und dass es auch sehr hohe Preise nicht einfach verbieten könne.[1056]

Es ist also anzunehmen, dass das Bundeskartellamt in Zukunft eine im Vergleich zur Sektoruntersuchung noch umfassendere Marktuntersuchung und Marktbeobachtung vornehmen wird. Dies ist zu begrüßen. Es bleibt abzuwarten, ob eine gewisse Entspannung der verfestigten Oligopolstruktur auf den deutschen Tankstellenmärkten durch die Markttransparenzstelle, die noch verstärkte Marktbeobachtung sowie einer eventuell zunehmenden Nutzung der Verbraucherinformationsdienste herbeigeführt werden kann. Zusätzlich sollten die Kartellbehörden und der Gesetzgeber aufgrund der hohen Bedeutung des Gutes Kraftstoffe für die Wirtschaft und auch die Konsumenten an zusätzliche Wege denken, diesem Problem zu begegnen. Einige mögliche Wege wurden in dieser Arbeit aufgezeigt. Von diesen aufgezeigten Wegen wären eine genauere Untersuchung durch das Bundeskartellamt, ob missbräuchlich überhöhte Preise vorliegen, sowie die Einführung einer Regelung durch den Gesetzgeber, die die Häufigkeit der Preisänderung begrenzt, die am naheliegendsten und womöglich auch am einfachsten umsetzbaren Maßnahmen. Darüber hinaus sollte auch weiterhin über eine verhaltensunabhängige Entflechtungsmöglichkeit nachgedacht werden.

1056 https://www.bundeskartellamt.de/SharedDocs/Publikation/DE/Pressemitteilungen/2022/31_05_2022_Benzinpreise.pdf?__blob=publicationFile&v=2.

Literaturverzeichnis

Ackermann, Thomas: Excessive pricing and the goals of competition law in: Zimmer, Daniel (Hrsg.): The Goals of Competition Law, S. 349 (zitiert als: *Ackermann* in: Zimmer, The Goals of Competition Law)

Aigner, Andreas: Oligopolistischer Preisparallelismus unter dem Regime des Art. 82 EG, ÖBl 2002, 52

ders.: Kollektive Marktbeherrschung im EG-Vertrag, Wien, 2001

Albach, Horst: Als-Ob-Konzept und zeitlicher Vergleichsmarkt, Tübingen, 1976

Albers, Wolfgang: Der „more economic approach" bei Verdrängungsmissbräuchen: Zum Stand der Überlegungen der Europäischen Kommission in: *Ahrens, Börries/Behrens, Peter/v. Dietze, Philipp (Hrsg.)*: Marktmacht und Missbrauch, 2007, S. 11 (zitiert als: *Albers* in: Ahrens/Behrens/v. Dietze, Marktmacht und Missbrauch)

Atkinson, Benjamin: Retail Gasoline Price Cycles: Evidence from Guelph, Ontario Using Bi-Hourly, Station-Specific Retail Price Data, The Energy Journal, 2009, 85

Basedow, Jürgen: Konsumentenwohlfahrt und Effizienz - Neue Leitbilder der Wettbewerbspolitik?, WuW 2007, 712

Baum, Herbert: Wettbewerbspolitik auf dem Treibstoffmarkt, Baden-Baden, 1983

Bavasso, Antonio: Gencor: A Judicial Review of the Commission's Policy and Practice, World Competition 1999, 45

Bechtold, Rainer/Bosch, Wolfgang/Brinker, Ingo (Hrsg.): EU-Kartellrecht, 3. Auflage, 2014 (zitiert als: *Bearbeiter* in: Bechtold/Bosch/Brinker, EU-Kartellrecht)

Bechtold, Rainer/Bosch, Wolfgang (Hrsg.): GWB, 9. Auflage, 2018 (zitiert als: *Bearbeiter* in: Bechtold/Bosch, GWB)

Becker, Florian: Entflechtung im Wettbewerbsrecht und Eigentumsgrundrecht, ZRP 2010, 105

Belke, Rolf: Die vertikalen Wettbewerbsbeschränkungsverbote nach der Kartellgesetznovelle 1973, ZHR 1975, 129

Benisch, Werner: Marktvergleich zur Feststellung mißbräuchlicher Preise, WuW 1974, 801

Berg, Werner/Mäsch, Gerold (Hrsg.), Deutsches und Europäisches Kartellrecht, 3. Auflage 2018 (zitiert als: *Bearbeiter* in: Berg/Mäsch, Deutsches und Europäisches Kartellrecht, GWB)*Berninghaus, Siegfried/Hesch, Michael/Hildebrand, Andreas*: Zur Wirkung regulatorischer Preiseingriffe auf dem Tankstellenmarkt, Wirtschaftsdienst 2012, 46

Böni, Franz/Palzer: Christoph, Kollektive Marktbeherrschung - Sinnbild für „Des Kaisers neue Kleider“?, WuW 2009, 477

Bornkamm, Joachim/ Montag, Frank/ Säcker, Franz Jürgen (Hrsg.): Münchener Kommentar, Band 1, Europäisches Wettbewerbsrecht, 2. Auflage, 2015 (zitiert als: *Bearbeiter* in: MüKo, Europäisches Wettbewerbsrecht)

dies.: Münchener Kommentar, Band 2, Gesetz gegen Wettbewerbsbeschränkungen, 2. Auflage, 2015 (zitiert als: *Bearbeiter* in: MüKo, Kartellrecht)

Bülow, Peter: Gleichförmiges Unternehmensverhalten ohne Kommunikation, Berlin, 1983

Bundeskartellamt und Autorité de la Concurrence: Papier „Competition Law and Data“, 2016

Bundeskartellamt: Sektoruntersuchung Kraftstoffe - Abschlussbericht Mai 2011

dass.: A Bundeskartellamt/Competition Law Forum Debate on Reform of Article 82: A „Dialectic“ on Competing Approaches, European Competition Journal 2006, 211

dass.: Tätigkeitsbericht 1967, BT-Drs. V/2841

dass.: Tätigkeitsbericht 1974, BT-Drs. 7/3791

dass.: Hintergrundpapier, Entflechtung als Instrument des Kartellrechts, Arbeitskreis Kartellrecht v. 7.10.2010

Byrne, David P./de Roos, Nicolas: Learning to Coordinate: A Study on Retail Gasoline, https://papers.ssrn.com/sol3/papers.cfm?abstract_id=2570637, zuletzt abgerufen am 6.1.2018

Callery, Craig: Considering the oligopoly problem, E.C.L.R. 2011, 142

Calliess, Christian/Ruffert, Matthias (Hrsg.): EUV/AEUV, 5. Auflage, 2016 (zitiert als: *Bearbeiter* in: Calliess/Ruffert, EUV/AEUV)

Capobianco, Antonio/Gonzaga, Pedro: Algorithms and Competition: Friends or Foes?, Competition Policy International, 2017, 4

Chamberlin, Edward Hastings: Duopoly: Value when sellers are few, Quarterly Journal of Economics 1929, 44

Chang, Yie-Yun: Abgestimmtes Verhalten im amerikanischen, europäischen und deutschen Kartellrecht, München, 1992

Competition & Markets Authority, Pricing Algorithms - Economic working paper on the use of algorithms to facilitate collusion and personalised pricing, 8.10.2018, https://assets.publishing.service.gov.uk/government/uploads/system/uploads/attachment_data/file/746353/Algorithms_econ_report.pdf, zuletzt abgerufen am 28.12.2019 (zitiert als: *CMA*, Pricing Algorithms - Economic working paper on the use of algorithms to facilitate collusion and personalised pricing, 8.10.2018, Rn.)

CRA: Gibt es ein marktbeherrschendes Tankstellenoligopol in Deutschland?, Gutachten im Auftrag der BP Europa SE, November 2010

Danner, Wolfgang/Theobald, Christian (Hrsg.): Energierecht, 2013 (zitiert als: *Bearbeiter* in: Danner/Theobald, Energierecht)

Dauses, Manfred A./Ludwigs, Markus (Hrsg.): Handbuch des EU-Wirtschaftsrecht, 45. EL, 2018 (zitiert als: *Bearbeiter* in: Dauses/Ludwigs, EU-Wirtschaftsrecht)

Deselaers, Wolfgang: Abschlussbericht des Bundeskartellamtes zur Sektoruntersuchung Kraftstoffe - alter Wein in neuen Schläuchen zum Thema marktbeherrschendes Oligopol? in: *Studienvereinigung Kartellrecht e.V (Hrsg.),* Festschrift für Cornelis Canenbley zum 70. Geburtstag, S. 131 (zitiert als: *Deselaers* in: Festschrift für Canenbley)

Deutscher Bundestag: Bericht des Ausschusses für Wirtschaft, WUW 1980, 366

Dewenter, Ralf/Haucap, Justus/Heimeshoff, Ulrich: Maßnahmen zur Steigerung des Wettbewerbs auf den Kraftstoffmärkten in Deutschland, ADAC Studie zur Mobilität 2012, Düsseldorfer Institut für Wettbewerbsökonomie (DICE) (zitiert als: *Dewenter/Haucap/Heimeshoff*, ADAC Studie zur Mobilität 2012)

Dewenter, Ralf/Heimeshoff, Ulrich: Less Pain at the Pump? The Effects of Regulatory Interventions in Retail Gasoline Markets, DICE Discussion Paper Nr. 51 2012, http://www.dice.hhu.de/forschung-dice/dice-discussion-papers.html, zuletzt abgerufen am 6.1.2018 (zitiert als: *Dewenter/Heimeshoff*, DICE Discussion Paper Nr. 51 2012)

Dewenter, Ralf/Heimeshoff, Ulrich/Lüth, Hendrik: Discussion Paper, The Impact of the Market Transparency Unit for Fuels on Gasoline Prices in Germany, Düsseldorfer Institut für Wettbewerbsökonomie (DICE), Mai 2016, https://www.uni-duesseldorf.de/home/fileadmin/redaktion/DUP/Info_PDFs/Reihen/Wirtschaftswissenschaften/DICE_DP/220_Dewenter_Heimeshoff_Lueth.pdf, zuletzt abgerufen am 6.1.2018 (zitiert als: *Dewenter/Heimeshoff/Lüth,* Discussion Paper, The Impact of the Market Transparency Unit for Fuels on Gasoline Prices in Germany, 2016)

Dewenter, Ralf/Löw, Franziska: Kommunikation zwischen Unternehmen als kollusives Instrument, NZKart 2015, 458

Dibadj, Reza: Conscious Parallelism Revisited, San Diego Law Review 2010, 589

Dreher, Meinrad/Hoffmann, Jens: Kartellrechtsverstöße durch Informationsaustausch? - Die neue kartellrechtliche Praxis und Rechtsprechung zum Informationsaustausch, WuW 2011, 1181

Ebers, Martin: Dynamic Algorithmic Pricing: Abgestimmte Verhaltensweise oder rechtmäßiges Parallelverhalten? 2016, 554

Eckard, Fabian: Anwendung und Durchsetzung des Kartellverbots im dezentralen Legalausnahmesystem, Berlin, 2011

Ehlermann, Claus-Dieter/Atanasiu, Isabela: What Is an Abuse of a Dominant Position?, European Competition Law Annual 2003, 91

Ehricke, Ulrich: Die Vereinbarkeit des geplanten § 29 GWB n.F. mit den Warenverkehrsvorschriften des EG-Vertrags, EUZW 2007, 717

ders.: Eine missbrauchsunabhängige Entflechtung ist nicht mit Grundprinzipien des Wettbewerbsrechts vereinbar!, WuW 2011, 3

Eibelshäuser, Steffen/Wilhelm, Sascha: Markets Take Breaks: Dynamic Price Competition with Opening Hours, Beiträge zur Jahrestagung des Vereins für Socialpolitik 2017: Alternative Geld- und Finanzarchitekturen - Session: Studies of Specific Sectors of Markets, https://www.econstor.eu/handle/10419/168247, zuletzt abgerufen am 6.1.2018

Eilmansberger, Thomas: Welcher Preis ist wann angemessen?, ÖBl 2008, 14

Enchelmaier, Stefan: Europäische Wettbewerbspolitik im Oligopol, Baden-Baden, 1997

Engel, Christoph: Die verfassungsrechtliche Zulässigkeit eines Entflechtungstatbestandes im Gesetz gegen Wettbewerbsbeschränkungen, Preprints of the Max Planck Institute for Research on Collective Goods 2007, https://www.coll.mpg.de/pdf_dat/2007_22online.pdf, zuletzt abgerufen am 6.1.2018

Engelsing, Felix in: Modernisierung von Art. 82 EG: Konsumentenwohlfahrt und Effizienz als neue Leitbilder?, in: *Ahrens, Börries/Behrens, Peter/v. Dietze, Philipp (Hrsg.)*: Marktmacht und Missbrauch, S. 80 (zitiert als: *Engelsing* in: *Ahrens/Behrens/v. Dietze (Hrsg.)*: Marktmacht und Missbrauch)

ESMT-CA: Wettbewerb im Hamburger Tankstellenmarkt. Eine empirische Analyse, Gutachten im Auftrag des Mineralölwirtschaftsverbandes, Januar 2011

Etter, Boris: The Assessment of Mergers in the EC under the Concept of Collective Dominance, World Competition 2000, 103

Eucken, Walter in: ORDO Jahrbuch für die Ordnung von Wirtschaft und Gesellschaft, Vol. 2 (1949), 1.

Europäische Kommission: Leitlinien zur Bewertung horizontaler Zusammenschlüsse gemäß der Ratsverordnung über die Kontrolle von Unternehmenszusammenschlüssen, (2004/C 31/03)

dies.: Mitteilung der Kommission: Leitlinien für vertikale Beschränkungen, (2010/C 130/01)

dies.: Bekanntmachung der Kommission, Leitlinien zur Anwendung von Artikel 81 Absatz 3 EG-Vertrag, (2004/C 101/08)

dies.: Erläuterungen zu den Prioritäten der Kommission bei der Anwendung von Art. 82 des EG-Vertrags auf Fälle von Behinderungsmissbrauch durch marktbeherrschende Unternehmen (2009/C 45/07) *dies.*: Mitteilung, Anwendung der Wettbewerbsregeln auf Zugangsvereinbarungen im Telekommunikationsbereich, (1998 C 265/2)

Evans, David/Padilla, Jorge A.: Designing Antitrust Rules for Assessing Unilateral Practices, J.Comp.L. & Econ. 2005, 97

Ezrachi, Ariel/Stucke, Mauricedies.: Virtual Competition: The Promise and Perils of the Algorithm-Driven Economy, 2016

Faull, Jonathan/Nikpay, Ali: The EU Law of Competition, 3. Auflage, Oxford, 2014

Faull, Jonathan/Nikpay, Ali: The EC Law of Competition, 2. Auflage, Oxford, 2007

Feuerstein, Switgard: Collusion in Industrial Economics - A Survey, 5 Journal of Industry, Competition and Trade 2005, 163

Filippelli, Marilena: Collective Dominance and Collusion, Cheltenham, 2013

Fischer, Robert: Der Mißbrauch einer marktbeherrschenden Stellung (§ 22 GWB) in der Rechtsprechung des Bundesgerichtshofes, ZGR 1978, 235

Fletcher, Amelia/Jardine, Alina: Towards an Appropriate Policy for Excessive Pricing in: *Ehlermann, Claus-Dieter/Marquis, Mel (Hrsg.)*, European Competition Law Annual 2007, S. 533 (zitiert als: *Fletcher/Jardine* in: Ehlermann/Marquis, European Competition Law Annual 2007)

Friederiszick, Hans: Kritische Würdigung der Feststellung kollektiver Marktbeherrschung, Vortrag - Arbeitskreis Kartellrecht, 2011, https://www.bundeskartellamt.de/SharedDocs/Publikation/DE/Reden/Hans%20Friederiszick%20-%20Kritische%20Würdigung%20der%20Feststellung%20kollektiver%20Marktbeherrschung.pdf?__blob=publicationFile&v=2, zuletzt abgerufen am 6.1.2018

Fuchs, Andreas: Die 7. GWB-Novelle - Grundkonzeption und praktische Konsequenzen, WRP 2005, 1384

Gabriel, Siegfried: Preiskontrolle im Rahmen der Wettbewerbspolitik, Tübingen, 1976

Gal, Michal S.: Algorithmic-facilitated Coordination: Market and Legal Solutions, Competition Policy International 2017

dies.: Reducing Rivals' Prices: Government-Supported Mavericks as New Solutions for Oligopoly Pricing, Stanford Journal of Law, Business and Finance 2007, 73

dies.: Algorithms as Illegal Agreements, Berkley Technology Law Journal, 2019, 67*Gal, Michal S./Elkin-Koren, Niva*: Algorithmic Consumers, Harvard Journal of Law & Technology, 2017

Galle, René: Ein wirtschaftlicher Ansatz im Kartellrecht, Baden-Baden, 2009

Geppert, Martin/Schütz, Raimund (Hrsg.): Beck´scher TKG-Kommentar, 4. Auflage, 2013 (zitiert als: *Bearbeiter* in: Geppert/Schütz, Beck´scher TKG-Kommentar)

Gleave, Sandro: Der Tankstellenmarkt im Lichte der aktuellen Rechtsprechung, Schwerpunkte des Kartellrechts, Köln, 2012

Göhsl, Jan-Frederick: Algorithm Pricing and Article 101 TFEU - Can Competition Law deal with algorithm pricing?, WuW 2018, 121

Gotthold, Jürgen: Mißbrauchsaufsicht über Preise - Zum Sondergutachten der Monopolkommission, WRP 1975, 499

Grabitz, Eberhard/Hilf, Meinhard/Nettesheim, Martin (Hrsg.): Das Recht der Europäischen Union, 65. EL, August 2018 (zitiert als: *Bearbeiter* in: Grabitz/Hilf/Nettesheim, Das Recht der Europäischen Union)

Grillo, Michele: Collusion and Facilitating Practices: A new Perspective in Antitrust Analysis, European Journal of Law and Economics 2002, 151

Grimmer, Klaus: Die kartellrechtliche Aufsicht nach §§ 103, 104 GWB bei mißbräuchlich überhöhten Strompreisen in der Elektrizitätswirtschaft, Baden-Baden, 1980

Groeben, Hans von der /Schwarze, Jürgen/Hatje, Armin (Hrsg.): Europäisches Unionsrecht, 7. Auflage 2015 (zitiert als: *Bearbeiter* in: von der Groeben/Schwarze/Hatje, Europäisches Unionsrecht)

Hansen, Knud: Zur Unterscheidung vom bewußten Parallelverhalten und abgestimmten Verhaltensweisen in der kartellbehördlichen Praxis, ZHR 1972, 52

Harte-Bavendamm, Henning/Henning-Bodewig, Frauke u.a. (Hrsg.): UWG, 4. Auflage 2016 (zitiert als: *Bearbeiter* in: Harte-Bavendamm/Henning-Bodewig, UWG)

Haucap, Justus/Diez, Willi/ Otto, Hans-Joachim/ Bontrup, Heinz-J.: Steigende Benzinpreise: Fehlende Transparenz auf dem Öl- und Kraftstoffmarkt? ifo Schnelldienst 11/2012, 3, https://www.cesifo-group.de/DocDL/ifosd_2012_11_1.pdf, zuletzt abgerufen am 6.1.2018

Haucap, Justus/ Heimeshoff, Ulrich/Kehder, Christiane/Odenkirchen, Johannes/Thorwarth, Susanne: Ordnungspolitische Perspektiven, Auswirkungen der Markttransparenzstelle für Kraftstoffe (MTS-K): Änderungen im Anbieter- und Nachfragerverhalten, Düsseldorfer Institut für Wettbewerbsökonomie, August 2017, http://www.dice.hhu.de/fileadmin/redaktion/Fakultaeten/Wirtschaftswissenschaftliche_Fakultaet/DICE/Ordnungspolitische_Perspektiven/91_OP_Haucap_Heimeshoff_Kehder_Odenkirchen_Thorwarth.pdf, zuletzt abgerufen am 6.1.2018

Haucap, Justus/Müller, Hans Christian: The Effects of Gasoline Price Regulations: Experimental Evidence, DICE Discussion Paper Nr. 47 2012, http://www.

dice.hhu.de/forschung-dice/dice-discussion-papers.html, zuletzt abgerufen am 6.1.2018

Haupt, Heiko: Collective Dominance under Article 82 E.C. and E.C. in the Light of the Airtours Judgment, E.C.L.R. 2002, 434

Hawk, Barry E./Motta, Giorgio A.: 8th edition of the Treviso Conference on "Antitrust Between EC Law and National Law" 2008, 65, http://ssrn.com/abstract=1301693, zuletzt abgerufen am 6.1.2018

Heermann, Peter W./ Schlingloff, Jochen (Hrsg.): Münchener Kommentar, Lauterkeitsrecht, 2. Auflage, 2014 (zitiert als: *Bearbeiter* in: MüKo, Lauterkeitsrecht)

Heinemann, Andreas/Gebicka, Aleksandra: Can Computers Form Cartels? About the Need for European Institutions to Revise the Concertation Doctrine in the Information Age, Journal of European Competition Law & Practice 2016, 431

Höft, Jan Christoph: Die Kontrolle des Ausbeutungsmissbrauchs im Recht der Wettbewerbsbeschränkungen, Köln, 2013

Hoppmann, Erich: Preiskontrolle und Als-Ob-Konzept, Tübingen, 1974

Hovenkamp, Herbert: Federal Antitrust Policy - The Law of Competition and Its Practice, Saint Paul, 2015

IfD Allensbach: Allensbacher Kurzbericht, Dank "Benzinpreis-App" günstiger tanken?, Nr. 12/2013, https://www.ifd-allensbach.de/uploads/tx_reportsndocs/PD_2013_12.pdf, zuletzt abgerufen am 6.1.2018

Immenga, Ulrich/Mestmäcker, Ernst-Joachim (Hrsg.): Wettbewerbsrecht Band 1/Teil 1: EU, Kommentar zum Europäischen Kartellrecht, 5. Auflage, 2012 (zitiert als: *Bearbeiter* in: Immenga/Mestmäcker, EU-Wettbewerbsrecht).

dies.: Wettbewerbsrecht Band 2:/Teil 1: GWB, Kommentar zum Deutschen Kartellrecht, 5. Auflage, 2014 (zitiert als: *Bearbeiter* in: Immenga/Mestmäcker, Wettbewerbsrecht).

dies.: Wettbewerbsrecht Band 2:/Teil 1: GWB, Kommentar zum Deutschen Kartellrecht, 4. Auflage, 2007 (zitiert als: *Bearbeiter* in: Immenga/Mestmäcker, Wettbewerbsrecht, 4. Auflage).

dies.: Wettbewerbsrecht Band 1/Teil 1: EU, Kommentar zum Europäischen Kartellrech, 6. Auflage, 2019 (zitiert als: *Bearbeiter* in: Immenga/Mestmäcker, EU-Wettbewerbsrecht, 6. Auflage).

Ittoo, Ashwin/Petit, Nicolas: Algorithmic Pricing Agents and Tacit Collusion: A Technological Perspective, abrufbar unter: https://papers.ssrn.com/sol3/papers.cfm?abstract_id=3046405, zuletzt abgerufen am 3.1.2020

Ivaldi, Marc/Jullien, Bruno/Rey, Patrick/Seabright, Paul/ Tirole, Jean: The economics of tacit collusion, Final Report for DG Competition, European

Commission, March 2003, http://ec.europa.eu/competition/mergers/studies_reports/the_economics_of_tacit_collusion_en.pdf, zuletzt abgerufen am 6.1.2018

Jaeger, Wolfgang/Pohlmann, Petra/Rieger, Harald/Schroeder, Dirk (Hrsg.): Frankfurter Kommentar zum Kartellrecht, Band III, Art. 102 AEUV, VO (EG) Nr. 139/2004, VO (EG) Nr. 1/2003, Loseblattsammlung (91. EL, September 2018), 2018 (zitiert als: *Bearbeiter* in: Frankfurter Kommentar Band III).

dies.: Frankfurter Kommentar zum Kartellrecht, Band IV, EG-Kartellrecht (Teil 5-7)/Sachregister/§§ 1-19 GWB, Loseblattsammlung (91. EL, September 2018), 2018 (zitiert als: *Bearbeiter* in: Frankfurter Kommentar Band IV).

dies.: Frankfurter Kommentar zum Kartellrecht, Band V, §§ 20-73 GWB, Loseblattsammlung (91. EL, September 2018), 2018 (zitiert als: *Bearbeiter* in: Frankfurter Kommentar Band V)

Joliet, René: Der Begriff der missbräuchlichen Ausnutzung in Art. 86 EWG-Vertrag, EuR 1973, 97

Jones, Alison/Sufrin, Brenda: EC Competition Law, Oxford, 2016

Jungermann, Frank: Kollektive Marktbeherrschung durch interdependentes Parallelverhalten und deren Missbrauch, Köln, 2007

Kantzenbach, Erhard/ Kottmann, Elke/ Krüger, Reinald: Kollektive Marktbeherrschung: Neue Industrieökonomie und Erfahrungen aus der Europäischen Fusionskontrolle, Baden-Baden, 1996

Käseberg, Thorsten/von Kalben, Jonas: Herausforderungen der Künstlichen Intelligenz für die Wettbewerbspolitik - Preisbildung durch Algorithmen, WuW 2018, 2

Kersting, Christian/Podszun, Rupprecht: Die 9. GWB-Novelle, München, 2017

Klees, Andreas/Hauser, Sebastian Max: Oligopolistische Reaktionsverbundenheit im Anwendungsbereich des Art. 82 EG, EWS, 2008, 7

Klees, Andreas/Hauser, Sebastian Max: Eigentumsrechtliche Entflechtungen in der Energiewirtschaft als strukturelle Maßnahme i.S. des Art. 7 Abs. 1 Satz 2 VO 1/2003, WuW 2007, 596

Kling, Michael/Thomas, Stefan: Kartellrecht, 2. Auflage, München, 2016

Klumpe, Gerhard/Thiede, Thomas: Keeping the Floodgates Shut - Kartellschadensersatz nach der 9. GWB-Novelle, NZKart 2017, 332

Knauff, Matthias: Staatliche Benzinpreiskontrolle, NJW 2012, 2408

Knöpfle, Robert: Zur Berücksichtigung der Kosten, insbesondere der Gemeinkosten, bei der kartellrechtlichen Mißbrauchsaufsicht, BB 1975, 1607

ders.: Ist die Frage nach der Gewinnhöhe bei der Mißbrauchsaufsicht über marktbeherrschende Unternehmen mit einem freiheitlichen Wirtschaftssystem vereinbar?, BB 1979, 1101

ders.: Ist die kartellrechtliche Preisüberhöhungsaufsicht effizient oder mit äußerster Zurückhaltung durchzuführen?, BB Beilage 13 zu Heft 21 1994, 1

Köhler, Helmut: Zur Konkurrenz lauterkeitsrechtlicher und kartellrechtlicher Normen, WRP 2005, 645

Köhler, Helmut/Bornkamm, Joachim/Feddersen, Jörn (Hrsg.): UWG, 36. Auflage, 2018 (zitiert als: *Bearbeiter* in: Köhler/Bornkamm/Feddersen, UWG)

Koleva, Raliza: Die Preismissbrauchskontrolle nach § 29 GWB, Baden-Baden, 2013

Koppensteiner, Hans-Georg: Marktbezogene Unlauterkeit und Missbrauch von Marktmacht, WRP, 2007, 475

Korah, Valentine: Gencor v Commission: collective dominance, E.C.L.R. 1999, 337

dies.: EC Competition Law and Practice, Oxford, 7. Auflage, 2000

Krenzer, Anne/Le More, Pauline: The Bundeskartellamt's fuel sector inquiry: a French perspective, E.C.L.R. 2012, 146

Krüger, Wolfgang/Rauscher, Thomas (Hrsg.): Münchener Kommentar, ZPO, 5. Auflage (zitiert als: *Bearbeiter* in: MüKo, ZPO)

Künstner, Kim: Preissetzung durch Algorithmen als Herausforderung des Kartellrechts, GRUR 2019, 36

Künstner, Kim/Franz, Benjamin: Preisalgorithmen und Dynamic Pricing: Eine neue Kategorie kartellrechtswidriger Abstimmungen?, K&R 2017, 688

Künzler, Adrian: Effizienz oder Wettbewerbsfreiheit?, Tübingen, 2008

Langen, Eugen/Bunte, Hermann-Josef (Hrsg.): Kartellrecht, Band 1, Deutsches Kartellrecht, 13. Auflage, 2018 (zitiert als: *Bearbeiter* in: Langen/Bunte, Deutsches Kartellrecht)

dies.: Kartellrecht, Band 2, Europäisches Kartellrecht, 13. Auflage, 2018 (zitiert als: *Bearbeiter* in: Langen/Bunte, Europäisches Kartellrecht)

Lettl, Tobias: Abstimmung im Sinne von Art. 101 Abs. 1 AEUV, § 1 GWB, WuW 2017, 422

Liebscher, Christoph/Flohr, Eckard/Petsche, Alexander (Hrsg.): Handbuch der EU-Gruppenfreistellungsverordnungen, 2. Auflage, 2012 (zitiert als: *Bearbeiter* in: Liebscher/Flohr/Petsche, Handbuch der EU-Gruppenfreistellungsverordnungen)

Linder, Birgit: Kollektive Marktbeherrschung in der europäischen Missbrauchs- und Fusionskontrolle, Baden-Baden, 2005

Loewenheim, Ulrich/Meessen, Karl M./Riesenkampff, Alexander/Kersting, Christian/Meyer-Lindemann, Hans Jürgen (Hrsg.): Kartellrecht, 4. Auflage, 2020 (zitiert als: *Bearbeiter* in: Loewenheim/Meessen/Riesenkampff/Kersting/Meyer-Lindemann, Kartellrecht, 4. Auflage)

dies.: Kartellrecht, 3. Auflage, 2016 (zitiert als: *Bearbeiter* in: Loewenheim/Meessen/Riesenkampff/Kersting/Meyer-Lindemann, Kartellrecht, 3. Auflage)

dies.: Kartellrecht, 2. Auflage, 2009 (zitiert als: *Bearbeiter* in: Loewenheim/Meessen/Riesenkampff/Kersting/Meyer-Lindemann, Kartellrecht, 2. Auflage)

Lotze, Andreas/Thomale, Hans-Christoph: Neues zur Kontrolle von Energiepreisen: Preismissbrauchsaufsicht und Anreizregulierung, WuW 2008, 257

Lowe, Philip/Maier-Rigaud, Frank P.: Quo Vadis Antitrust Remedies, Fordham Corp. L. Inst. 2008, 597

Lüdemann, Volker/Lüdemann, Jörn: Transparenz und Wettbewerb: Was kann die neue Markttransparenzstelle für den Großhandel mit Strom und Gas leisten?, WuW 2012, 917

Lühle, Stefan: Beschränkungen und Verbote des Kraftfahrzeugverkehrs zur Verminderung der Luftbelastung, Berlin, 1998

Maier-Rigaud, Frank: Zur Idee der Subsidiarität struktureller Maßnahmen im europäischen Wettbewerbsrecht, WuW 2012, 487

Marchisio, Emiliano: Critical Remarks on Collective Dominant Position in EU and Italian Antitrust Law, E.C.L.R. 2013, 559

Markert, Kurt: Die Preishöhenkontrolle der Strom- und Gaspreise nach dem neuen § 29 GWB, ZNER 2007, 365

Markttransparenzstelle für Kraftstoffe (MTS-K): Jahresbericht 2017, 16.3.2018

Martinek, Michael/Semler, Franz-Jörg/ Flohr, Eckard (Hrsg.): Handbuch des Vertriebsrechts, 4. Auflage, 2016 (zitiert als: *Bearbeiter* in: Martinek/Semler/Flohr, Handbuch des Vertriebsrechts)

Maskin, Erik/Tirole, Jean: A Theory of Dynamic Oligopoly, Econometrica 1988, 571

Massey, Patrick/McDowell, Moore: Joint dominance and tacit collusion: Some implications for competition and regulatory policy, European Competition Journal 2010, 427

McGregor, Lorna: The Future for the Control of Oligopolies Following Compagnie Maritime Belge, E.C.L.R., 2001, 434

Mestmäcker, Ernst-Joachim/Schweitzer, Heike: Europäisches Wettbewerbsrecht, 3. Auflage, München, 2014

Mezzanotte, Félix E., The Anti-Collusion Toolkit: Limits of a Policy that Combats the Facilitation of Collusion, European Law Journal 2011, 295

Monopolkommission:

1. Sondergutachten, Anwendung und Möglichkeiten der Mißbrauchsaufsicht über marktbeherrschende Unternehmen seit Inkrafttreten der Kartellgesetznovelle, 1975

47. Sondergutachten, Preiskontrollen in Energiewirtschaft und Handel? Zur Novellierung des GWB, 2007

58. Sondergutachten, Gestaltungsoptionen und Leistungsgrenzen einer kartellrechtlichen Unternehmensentflechtung, 2010

Monti, Giorgio, The Scope of Collective Dominance under Articles 82 EC, C.M.L.R. 2001, 131

Möschel, Wernhard: Der Oligopolmissbrauch im Recht der Wettbewerbsbeschränkungen, Tübingen, 1974

ders.: Marktmacht und Preiskontrolle, BB 1976, 49

ders.: Mißbrauchsaufsicht über marktbeherrschende Unternehmen, NJW 1975, 753

ders.: Preiskontrollen über marktbeherrschende Unternehmen, JZ 1975, 393-399

ders.: Hat das Telekommunikationsgesetz seine Bewährungsprobe bestanden?, K&R 2002, 161

Motta, Massimo/de Streel, Alexandre: The Pros and Cons of High Prices, Konkurrensverket (*Swedish Competition Authority*), 2007, 14

dies.: What Is an Abuse of a Dominant Position?, European Competition Law Annual 2003, 91

Müller-Graff, Peter-Christian: Sektorale kartellrechtliche Preiskontrolle im Licht der Grundfreiheiten des Binnenmarktes in: *Müller, Gerda/Osterloh, Eilert/Stein, Thorsten (Hrsg.)*, Festschrift für Günther Hirsch zum 65. Geburtstag, 2008 (zitiert als: *Müller-Graff* in: Festschrift für Hirsch)

Müller-Uri, Rolf: Kartellrecht, Köln, 1989

Mundt, Andreas: Nachtrag: Steigende Benzinpreise: Fehlende Transparenz auf dem Öl- und Kraftstoffmarkt? ifo Schnelldienst 2012, 3, https://www.cesifo-group.de/DocDL/SD-12-2012.pdf, zuletzt abgerufen am 6.1.2018

Muniz, Pablo: Increasing powers and increasing uncertainty: collective dominance and pricing abuses, European Law Review 2000, 645

Musielak, Hans-Joachim/Voit, Wolfang (Hrsg.): ZPO, 15. Auflage, 2018 (zitiert als: *Bearbeiter* in: Musielak/Voit, ZPO)

Neumann, Carl Wolfgang: Allgemeine Wettbewerbstheorie und Preismißbrauchsaufsicht, München, 1983

Niels, Gunnar: Collective dominance: more than just oligopolistic interdependence, E.C.L.R. 2001, 168

Noel, Michael D.: Edgeworth Price Cycles and Focal Prices: Computational Dynamic Markov Equilibria, Journal of Economics & Management Strategy 2008, 364

O´Donoghue, Robert/Padilla, Jorge: The Law and Economics of Art. 102 AEUV, 2. Auflage, Oxford, 2013

OECD: Algorithms and Collusion -Competition Policy in the Digital Age, OECD Background Paper, 2017 (zitiert als: OECD, Algorithms and Collusion)

OECD: Algorithms and Collusion - Background Note by the Secretariat, DAF/COMP(2017)4, 17.5.2017

OFT: Assessment of Conduct: Draft competition law guideline for consultation (2004), abrufbar unter: https://webarchive.nationalarchives.gov.uk/20131101172401/http://oft.gov.uk/shared_oft/business_leaflets/competition_law/oft414a.pdf, zuletzt abgerufen am 3.1.2020

Ohly, Ansgar/Sosnitza, Olaf: UWG, 7. Auflage, 2016

Paul, Thomas: Behinderungsmissbrauch nach Art. 82 EG und der "more economic approach, Köln, 2008

Petit, Nicolas: The Oligopoly Problem in EU Competition Law in: *Liannos, Ioannis/Geradin, Damien (Hrsg.)*: Research Handbook in European Competition Law, 2013 (zitiert als: *Petit* in: Liannos/Geradin, The Oligopoly Problem in EU Competition Law)

Pischel, Gerhard/Hausner, Sebastian: Informationsaustausch zwischen Wettbewerbern -Zum Stand der kartellrechtlichen Entwicklungen, EuZW 2013, 498

Podszun, Rupprecht: Der "more economic approach" im Lauterkeitsrecht, WRP 2009, 509

Posner, Richard A.: Oligopoly and Antitrust Laws: A Suggested Approach, Stanford Law. Review, 1969, 1562

Reich, Norbert: Mißbrauch der Mißbrauchsaufsicht durch Preiskontrolle über marktbeherrschende Unternehmen?, ZRP 1975, 159

Reichelt, Danielt/Karl, Matthias: Die Änderungen des Gesetzes gegen Wettbewerbsbeschränkungen durch die 7. GWB-Novelle, DB 2005, 1436

Reindl, Andreas/Wein, Thomas: Feste Benzinpreise für einen Tag -Mehr Preiswettbewerb durch die 24h-Regel, Wirtschaftsdienst 2012, 678

Reuter, Paul: Höchst-Preiskontrolle nach § 22 Abs. 4 und 5 GWB?, München, 1981

Ritter, Jan-Stephan/Lücke, Alexander: Die Bekämpfung von Preismissbrauch im Bereich der Energieversorgung und des Lebensmittelhandels - geplante Änderungen des GWB, WuW 2007, 698

Roman, Vlad Dan: Digital markets and pricing algorithms - a dynamic approach towards horizontal competition, E.C.L.R. 2018, 37

Rosenberg, Hubertus von: Unbundling through the back door...the case of network divestiture as a remedy in the energy sector, E.C.L.R. 2009, 237

Röller, Lars-Hendrik, Exploitative conduct in: *Ehlermann, Claus-Dieter/Marquis, Mel (Hrsg.),* A Reformed Approach to Article 82 EC, European Competition Law Annual 2007, S. 525 (zitiert als: *Röller* in: Ehlermann/Marquis, European Competition Law Annual 2007)

Saenger, Ingo (Hrsg.): Zivilprozessordnung, 7. Auflage, 2017 (zitiert als: *Bearbeiter* in: Saenger, ZPO)

Satzky, Horst: Novellierung des GWB: Entflechtung von Großkonzernen, WuW 2010, 614

Schmidt, Ingo: Wettbewerbspolitik und Kartellrecht, 9. Auflage, Berlin, 2012

Schmidt, Ingo: Möglichkeiten zu einer wirksameren Performance-Kontrolle, WuW 2012, 795

Scholz, Rupert: Entflechtung und Verfassung, Baden-Baden, 1981

Schuchmann, Fritz: Die Behandlung von tacit collusion im europäischen und deutschen Kartellrecht, Baden-Baden, 2017

Schüler, Maria: Der institutionelle Regulierungsrahmen für die europäische Energiewirtschaft, Baden-Baden, 2019

Schulte, Josef/Just, Christoph (Hrsg.): Kartellrecht, 2. Auflage, 2015 (zitiert als: Bearbeiter in: Schulte/Just, Kartellrecht)

Schwarze, Jürgen (Hrsg.): EU-Kommentar, 3. Auflage, 2012 (zitiert als: *Bearbeiter* in: Schwarze, EU-Kommentar)

Siciliani, Paolo, Should We Act ex post Against Tacit Collusion - and How?, J.E.C.L.A.P 2014, 294

Simonetti, D.J.: Conscious Parallelism and the Sherman Act: An Analysis and Proposal, Vand. L. Rev. 1977, 1227

Soames, Trevor: An analysis of the principles of concerted practice and collective dominance: a distinction without a difference?, E.C.L.R. 1996, 24

Streinz, Rudolf (Hrsg.): EUV/AEUV, 3. Auflage, 2018 (zitiert als: *Bearbeiter* in: Streinz, EUV/AEUV)

Stroux, Sigrid: Is EC oligopoly control outgrowing its infancy?, World Competition 2000, 3

dies.: Joined Cases C-395/96 P and C-396/96 P, Compagnie Maritime Belge and Others v. Commission, Judgment of the Fifth Chamber of 16 March 2000, C.M.L.R. 2000, 1249

Trimarchi, Pietro, Die rechtliche Beurteilung abgestimmter Verhaltensweisen auf oligopolistischen Märkten, GRUR Int 1970, 311

Turner, Donald F.: The Definition of Agreement under the Sherman Act: Concious Parallelism and Refusals to Deal, Harv.L.Rev. 1962, 655

Ulmer, Peter: Abgestimmte Verhaltensweise im Kartellrecht, Karlsruhe, 1972

Vecchi, Teresa: Unilateral Conduct in an Oligopoly according to the Discussion Paper on Art. 82: Conscious Parallelism or Abuse of a Dominant Position?, World Competition 2008, 385

Voell, Bastian: Entflechtungen als Abhilfemaßnahmen im europäischen und deutschen Missbrauchsrecht, Berlin, 2014

Wagner, Eckart: Die Analyse kollektiver Marktbeherrschung in der deutschen Fusionskontrolle im Vergleich zur europäischen Fusionskontrolle, WuW 2009, 619

Wang, Zhongmin: (Mixed) Strategy in Oligopoly Pricing: Evidence from Gasoline Price Cycles Before and Under a Timing Regulation, JPE 2009, 987

Weiser, Christian: Preismissbrauch nach Artikel 86 EWG-Vertrag, Köln, 1987

Weizsäcker, Carl Christian von: Schriftliche Stellungnahme für die öffentliche Anhörung des BT-Wirtschaftsausschusses am 5.11.2007 (Ausschuss-Drucks. 16(9)838,43)

Wiedemann, Gerhard (Hrsg.): Handbuch des Kartellrechts, 3. Auflage 2016 (zitiert als: *Bearbeiter* in: Wiedemann, Kartellrecht)

Wish, Richard/Bailey, David: Competition Law, 9. Auflage, Oxford, 2018

Wish, Richard/Sufrin, Brenda: Oligopolistic Market and EC Competition Law, Yearbook of European Law 1992, 59

Withers, Chris/Jephcott, Mark: Where to now for E.C. oligopoly control?, E.C.L.R. 2001, 295

Wolf, Maik: Algorithmusgestützte Preissetzung im Online-Einzelhandel als abgestimmte Verhaltensweise - Ein Beitrag zur Bewältigung des „Predictable Agent", NZKart 2019, 2

Ylinen, Johannes: Digital Pricing und Kartellrecht, NZKArt 2018, 19

Zimmer, Daniel: Markttransparenzstellengesetz: Transparenz als Staatsaufgabe?, BB 2012, 1

Zimmer, Daniel/Paul, Thomas: Entwicklungstendenzen der europäischen und der deutschen Kartellrechtspraxis, JZ 2008, 611

Zohlnhöfer, Werner: Wettbewerbspolitik im Oligopol, Tübingen, 1968

www.ingramcontent.com/pod-product-compliance
Ingram Content Group UK Ltd.
Pitfield, Milton Keynes, MK11 3LW, UK
UKHW021933290926
8980IPUK00016B/1597

9 783631 885420